21世纪大学俄语系列教材

俄文网络
信息资源及利用

崔卫 刘戈 著

北京大学出版社
PEKING UNIVERSITY PRESS

图书在版编目(CIP)数据

俄文网络信息资源及利用/崔卫,刘戈著.—北京:北京大学出版社,2013.1
(21世纪大学俄语系列教材)
ISBN 978-7-301-20729-1

Ⅰ.①俄… Ⅱ.①崔…②刘… Ⅲ.①俄语－计算机网络－信息资源－资源利用－高等学校－教材 Ⅳ.①G250.73

中国版本图书馆 CIP 数据核字(2012)第 118288 号

书　　　　名：	俄文网络信息资源及利用
著作责任者：	崔　卫　刘　戈　著
责　任　编　辑：	李　哲
标　准　书　号：	ISBN 978-7-301-20729-1/H·3070
出　版　发　行：	北京大学出版社
地　　　　址：	北京市海淀区成府路 205 号　100871
网　　　　址：	http://www.pup.cn　新浪官方微博:@北京大学出版社
电　子　信　箱：	zbing@pup.pku.edu.cn
电　　　　话：	邮购部 62752015　发行部 62750672　编辑部 62759634　出版部 62754962
印　　　　刷　者：	北京虎彩文化传播有限公司
经　　销　　者：	新华书店
	787 毫米×1092 毫米　16 开本　21 印张　390 千字
	2013 年 1 月第 1 版　2020 年 11 月第 3 次印刷
定　　　　价：	45.00 元

未经许可,不得以任何方式复制或抄袭本书之部分或全部内容。
版权所有,侵权必究
举报电话:010-62752024　电子信箱:fd@pup.pku.edu.cn

КТО ИЩЕТ,
ТОТ ВСЕГДА НАЙДЁТ.

目　　录

序 ··· 1

上篇　俄文网络信息检索

第一章　搜索引擎 ·· 10
第一节　搜索引擎概述 ··· 10
1.1.1　什么是搜索引擎? ·· 10
1.1.2　搜索引擎的发展 ·· 10
1.1.3　搜索引擎的基本特点 ··· 12
1.1.4　搜索引擎工作原理和检索技术工具 ···································· 12
1.1.5　搜索引擎分类 ··· 15
第二节　俄罗斯的俄文搜索引擎 ··· 17
1.2.1　Яндекс ··· 17
1.2.2　Рамблер ··· 25
1.2.3　Апорт ·· 30
1.2.4　GoGo.ru ··· 32
1.2.5　Нигма.рф ··· 33
1.2.6　其他搜索引擎 ··· 36
第三节　非俄罗斯的俄文搜索引擎 ·· 44
1.3.1　Google俄文版 ··· 44
1.3.2　Бинг ·· 49
1.3.3　Yahoo! Russia ··· 50
1.3.4　其他国际俄文搜索引擎 ·· 51
第二章　互动问答和统计排行 ·· 54
第一节　什么是互动问答平台? ·· 54
第二节　俄文互动问答平台 ··· 55
2.2.1　Генон ·· 55
2.2.2　Ответы@Mail.Ru ·· 58
2.2.3　Google Вопросы и ответы ·· 60

2.2.4 其他俄文互动问答平台 ································ 62
第三节 俄文FAQ平台 ·· 65
第四节 统计排名 ··· 66

中篇　俄文网络信息资源

第三章　学术信息资源 ·· 77
　第一节　网上图书馆 ·· 77
　　3.1.1 俄文虚拟图书馆 ······································ 78
　　3.1.2 俄罗斯现实图书馆网络版 ····························· 96
　第二节　网上论文库 ··· 101
　　3.2.1 East View Universal Database（俄罗斯独联体大全数据库）··· 101
　　3.2.2 通用网上论文库 ······································ 104
　　3.2.3 专题网上论文库 ······································ 106
　　3.2.4 网上论文搜索引擎 ···································· 107
　第三节　网上工具 ··· 107
　　3.3.1 俄语（详解）词典和俄外词典 ······················· 108
　　3.3.2 通用百科知识词典 ···································· 110
　　3.3.3 专业学科词典 ·· 115
　　3.3.4 专题知识词典 ·· 116
　　3.3.5 综合在线词典 ·· 118
　第四节　在线翻译 ··· 121

第四章　大众媒体资源 ·· 125
　第一节　专业网络资讯媒体 ······································ 126
　第二节　资讯纸质媒体网络版 ···································· 131
　第三节　电视广播网络媒体 ······································ 136
　　4.3.1 电视网络媒体 ·· 136
　　4.3.2 广播网络媒体 ·· 142
　第四节　通讯社和媒体集团 ······································ 146

第五章　政府政治资源 ·· 148
　第一节　政府网络资源 ·· 148
　第二节　政治网络资源 ·· 154
　　5.2.1 政治研究网络资源 ···································· 154
　　5.2.2 安全类网络资源 ······································ 157
　　5.2.3 俄罗斯政党和社会组织网络资源 ····················· 158

第六章　人文社科资源 ·· 162
　第一节　文学类网络资源 ·· 162

第二节　历史、国情类网络资源 ·· 164
　　　　6.2.1　历史类网络资源 ·· 164
　　　　6.2.2　国情类网络资源 ·· 166
　　第三节　哲学、宗教、法律类网络资源 ·································· 168
　　　　6.3.1　哲学类网络资源 ·· 168
　　　　6.3.2　宗教类网络资源 ·· 170
　　　　6.3.3　法律类网络资源 ·· 171
　　第四节　语言学网络资源 ·· 172
　　第五节　俄语教学、研究与学习网络资源 ································ 175
　　　　6.5.1　俄语教学、研究与学习资源 ·································· 175
　　　　6.5.2　俄语语料库及其建设 ·· 178

第七章　科学教育网络资源 ·· 181
　　第一节　科学类网络资源 ·· 181
　　　　7.1.1　自然科学网络资源 ·· 181
　　　　7.1.2　国家地理、地图学类网络资源 ································ 183
　　第二节　教育类网络资源 ·· 185
　　　　7.2.1　教育类综合网络资源 ·· 186
　　　　7.2.2　教育信息化与远程教育资源 ·································· 187
　　　　7.2.3　高等教育网络资源 ·· 188

第八章　计算机互联网网络资源 ·· 191
　　第一节　信息科学综合网络资源 ·· 191
　　第二节　软件类网络资源 ·· 193
　　　　8.2.1　软件下载网络资源 ·· 193
　　　　8.2.2　破解软件网络资源 ·· 195

第九章　文化艺术网络资源 ·· 198
　　第一节　文化总揽与文化学网络资源 ···································· 198
　　　　9.1.1　文化总揽网络资源 ·· 198
　　　　9.1.2　文化学网络资源 ·· 201
　　第二节　博物馆与名胜网络资源 ·· 202
　　第三节　绘画建筑雕塑艺术网络资源 ···································· 210
　　第四节　风俗文化、民间艺术网络资源 ·································· 212
　　第五节　影视和舞台艺术网络资源 ······································ 215
　　第六节　图片摄影网络资源 ·· 223

第十章　生活娱乐网络资源 ·· 224
　　第一节　音乐娱乐网络资源 ·· 224
　　　　10.1.1　音乐总揽和音乐风格网络资源 ································ 224
　　　　10.1.2　音乐下载网络资源 ··· 227

10.1.3　歌词、音乐录影带、伴奏带网络资源 ……………………………… 232
　　10.1.4　音乐人主页 …………………………………………………………… 234
第二节　休闲生活网络资源 …………………………………………………………… 236
第三节　旅游体育资源 ………………………………………………………………… 241
第四节　网上支付及购物资源 ………………………………………………………… 244

第十一章　国防军事网络资源 …………………………………………………………… 247
第一节　军事综合网络信息资源 ……………………………………………………… 247
第二节　军兵种网络资源 ……………………………………………………………… 255
第三节　武器装备网络资源 …………………………………………………………… 257

第十二章　中俄网站资源和综合性门户网站 …………………………………………… 261
第一节　俄网的中俄网站资源 ………………………………………………………… 261
第二节　中国互联网的中俄网站资源 ………………………………………………… 268
第三节　综合性门户网站 ……………………………………………………………… 274

下篇　俄文网上交流资源

第十三章　邮箱、通讯、论坛和聊天室资源 …………………………………………… 281
第一节　电子邮箱资源 ………………………………………………………………… 281
第二节　即时通讯资源 ………………………………………………………………… 283
第三节　俄网论坛资源 ………………………………………………………………… 285
第四节　俄网聊天室资源 ……………………………………………………………… 288

第十四章　网络日志（博客）和社交网络资源 ………………………………………… 291
第一节　网络日志（博客）资源 ……………………………………………………… 291
第二节　俄网社交网络资源 …………………………………………………………… 297

第十五章　共享交换下载资源 …………………………………………………………… 304
第一节　Web下载资源 ………………………………………………………………… 304
第二节　P2P下载资源 ………………………………………………………………… 309
　　15.2.1　俄网BT下载资源 …………………………………………………… 309
　　15.2.2　俄网eMule下载资源 ………………………………………………… 315
第三节　网络视频分享资源 …………………………………………………………… 316
第四节　网络电视资源 ………………………………………………………………… 320

附录一　部分常用俄文网络术语、俚语 ………………………………………………… 323
附录二　俄文聊天常用基本表情符号 …………………………………………………… 325
主要参考文献 ……………………………………………………………………………… 326
后记 ………………………………………………………………………………………… 328

序

一、什么是 *РУНЕТ*？

什么是 Рунет（Runet，俄罗斯互联网，简称"俄网"）？这是所有研究俄罗斯互联网的人要首先面对的问题，这是所有在俄文网络信息海洋中畅游的人所时刻触及的东西，这是本书不能回避和首先应回答的问题。网络上关于 Рунет 有很多说法，常见的有：

  Рунет 就是俄罗斯的互联网。互联网上的界域通常不是按照地理特征来划分的，而是按照语言。因此，Рунет 不仅指 .ru 域名的网站，还指所有俄文的和（或）定位于俄罗斯的网站。

——Яндекс.ру（Интернетско-русский разговорник）

  Рунет 是互联网的俄文部分。这一术语用于表示诸多域名为 .ru 的网站。随着域名系统的发展，它还可以用来表示那些网站语言主要是俄语或网站语言之一是俄语的网站。更广义上讲，它不仅包含网站，还包含用以对其进行支持的其他技术工具（如服务器、传输通道等），以及与之有关的人（如为网站和访问者服务的公司管理人员和职员）。

——Forums. Два компа

  Рунет 是属于俄罗斯互联网的所有网络资源，即其网络内容的语言是俄语并定位于说俄语的访问者。

——Readmas.ru

  狭义地理解，Рунет 指属于俄罗斯国家域名 .ru 的国际互联网的组成部分，但这并不能反映实际情况，因为"属于 Рунет"的网络信息资源可能在任何域名网站上，其相关服务器物理上也可能居于世界任何国家。Рунет 信息资源不仅有万维网（WWW），还有电子邮箱地址、FTP 服务、网络中继聊天和会议、各种规模的局域网等。任何国家说俄语的人都可以使用它们。显然，是否属于 Рунет 的标准只有一个——就是"语言"，从技术上说就是俄文的西里尔编码。

——俄文维基百科

综上所述，Рунет应包含以下要素：（1）俄语网页；（2）重点定位于俄罗斯；（3）主要域名为.ru；（4）万维网及其他网络信息传输资源。

РУНЕТ从构词角度来说是来源于俄罗斯域名.ру和网络的英文net的音译名нет的复合词。1994年.ru被正式注册为俄罗斯联邦国家域名，其实，严格意义上说，.ru并不是第一个俄罗斯域名，与俄罗斯有关的第一个域名是1990年正式注册的.su（来自Soviet Union - Советский Союз，苏联），至今仍有俄罗斯的网站在使用这个域名。Рунет这一术语最早是由笔名为Великий Дядя的拉斐·阿斯兰别科夫（Раффи Асланбеков现居住于以色列）首次引入俄罗斯网络社会的。2001年Рунет一词被正式收入洛巴金（В.В. Лопатин）主编的科学院正字法词典，2005年收入罗津塔利（Д.Э. Розенталь）主编的同类词典。根据这一构词方式，已独立的前苏联各共和国的对应网络分别可称为УАнет（乌克兰网），Байнет（白俄罗斯网），Казнет（哈萨克斯坦网），Киргнет（吉尔吉斯斯坦网），Узнет（乌兹别克斯坦网），Таджнет（塔吉克斯坦网），Туркнет（土库曼斯坦网），Армнет（亚美尼亚网），Грунет（格鲁吉亚网），Азернет（阿塞拜疆网），Молднет（摩尔多瓦网），还有Татнет（鞑靼网），等等。鉴于上述国家俄语的通用性，这些国家网都"部分组成"了РУНЕТ。与Рунет相对的词是Буржуйнет（也有另一变体Буржунет），它是所有非俄语网的统称，是个网络俚俗词。通常情况下，该词与另一网络同根词буржуйский同义，主要指英语资源，所以也可称欧美网。

Рунет包含了太多俄罗斯人的感情，一位俄罗斯网友在Рунет诞生15"周岁"的时候，写了一篇博文《.RU，我爱你》：

……

亲爱的Рунет，祝你生日快乐。我确实没见过你幼年的样子，但记得你刚上学的时的模样。我爱你，……但有时却怀念你没那么出名的时候，你那时外表还不太整洁，但内心很美丽。

俄罗斯人甚至把.RU设计到了2014年俄罗斯索契冬奥会的会徽上，这是历史上首次将一个国家的互联网域名作为图案主元素设计到国际大型体育赛事的会徽中。

二、俄罗斯互联网发展历程

俄罗斯互联网并不是从1994年.RU这一顶级域名注册之日平地而起的，之前，甚至在苏联解体前，俄罗斯网的雏形就已形成。

（一）前俄罗斯网时期

苏联时期计算机网络的研制主要是在军工企业框架内进行，为巩固国家防御能力服务。（Емельянов С.В. 2002）

前俄罗斯网大事记

| 1952年 | 苏联开始建立自动化反导系统计算机联系网络。 |

续表

1974年	КОИ-8码成为计算机网络俄语字母编码标准。
20世纪80年代初	苏联自动化应用科研所开始国际计算机网络实验。
1988年	基于UNIX平台的ДЕМОС操作系统获苏联政府奖,其俄语字母编码标准为KOI8-R。
1989年	ДЕМОС专家与库尔恰托夫原子能研究院合作实验使用调制解调器接入国际互联网。
1990年8月	苏联第一个真正的互联网平台Релком建立,开始通过电话线接入方式的互联网民用服务。
1990年9月19日	.SU正式注册为苏联国家级域名,这一天被认为是苏联互联网的诞生日。
1991年8月	苏网络首次介入政治纷争:Релком用户通过网络散发叶利钦声明,公开支持叶利钦夺权。
1992年7月	Релком正式接入欧洲互联网络EUNet。
1992年	个人网站("太阳神的子孙",Внуки да Ждьбога)、媒体网站(《消息报》)、电子图书馆("叶甫盖尼电子图书馆")出现。在金融大亨索罗斯的带动下,俄罗斯互联网商业投资增加,互联网服务市场开始萌芽,Demos Plus, Ntchno, GlasNet, SovA Teleport, Eunet/Relcom, X-Atom, FREEnet等企业崭露头角。
1993年4月	第一部由俄罗斯人撰写的俄文版互联网研究专著《世界互联网——科技与商务应用》出版。
1993年5月	科学网络RELARN诞生。

.SU域名命运后记

1994年苏联UNIX用户协会(SUUG - Soviet UNIX User's Group)将.SU域名的管理权转给了РосНИИРОС,2001年该公司又将大部分管辖权转给了"互联网发展基金会"。2001年10月决定开放.su域名自由注册,2002年1月.su域名注册终止,但正式运营商RU-CENTER公司在经过充分调研后,应用户需求于2003年6月再次开放.su二级域名注册。目前,.su域名发展较快,每月有近150个新二级域名注册,其注册用户遍及俄罗斯及其他独联体和波罗的海国家。截至2012年1月,.su域名注册用户共100245个,俄联邦用户占96%,其中司法界用户占68%。当前.su域名有三个授权注册管理单位:РосНИИРОС, Фонд развития Интернет, RU-CENTER。

(二)俄罗斯网时期

俄罗斯互联网大事记

1994年4月7日	国际网络中心InterNIC正式将.ru注册为俄联邦国家级域名,这一天被公认为俄罗斯互联网(Рунет)的诞生日。www.1-9-9-4.ru成为首个以.ru为域名的网站。
1994年7月	俄联邦科技部和索罗斯基金共同投资铺设莫斯科科研机构南部骨干网网线。
1994年11月	俄罗斯第一个全文网络图书馆——马克西姆·莫什科夫图书馆建立。
1994年	第一届最佳俄文在线文学竞赛举办,蜘蛛网(Тенета)胜出。
1995年1月	开办了俄罗斯第一个网站设计工作室:Артемий Лебедев工作室。
1995年4月	第一个离线传媒网站同时也是第一个网络电子杂志《教师报》(《Учительская газета》)创刊。
1995年5月	首个信息机构网站"俄罗斯商业咨询"(РосБизнесКонсалтинг,简称РБК)开通。
1995年10月	首个网络商店开张、首家网页设计工作室成立。

续表

时间	事件
1995年11月	俄罗斯互联网首个娱乐资源"笑话"网（Анекдот.ru）诞生。
1995年12月	国家杜马中期选举结果首次在网络上公布。
1996年3月	首个网吧Тетрис在圣彼得堡开始营业。
1996年3月	亚博卢集团开设首个政党网站。
1996年6月	第一个网络收费广告发布。
1996年8月	首个网络搜索引擎"漫步者"（Rambler）面世；首次与"和平"号空间站宇航员举行网络会议。
1996年11月	首次实现网络音乐会直播，由АукцЫон组合演奏。
1996年12月	首个网络聊天室Кроватка出现；首个行业门户"俄罗斯汽车网"开通。
1996年12月	首个互联网专业网络出版物《互联网晚报》诞生，该网络杂志亦被有些人视为第一个俄语博客；第一个音乐门户"音乐"网（Music.ru）开通。
1997年3月	第一个互联网分类排行榜Rambler's TOP100发布。
1997年9月	搜索引擎Yandex上线；第一个免费邮箱服务pochta.ru开始运行。
1998年1月	邮件游戏"黑手党"（«Мафия»）面世。
1998年4月	首个政治门户Polit.ru开通；首个俄罗斯黑客在纽约被逮捕；俄罗斯首个网店Озон开业。
1998年4月	首次现任总统网络会议直播，叶利钦致辞："你们好，网民们！"
1998年6月	联邦安全局开始要求网络服务提供商接入专用网络通道对互联网进行安全检查。
1998年9月30日	第一次俄网网民普查，人数已达1百万。自此，每年此日俄罗斯都会庆祝"世界互联网日"。
1998年10月	mail.ru免费邮箱服务推出，数月之内奠定了俄最大网络供应商（按用户数量）的地位。
1998年11月	俄罗斯首个通用电子系统Webmoney完成了俄网首例电子支付。
1998年11月	"人民周末"网（people.weekend.ru）的"刺穿隐秘和谎言的爪子"（Коготь, раздиающий завесу скрытности лжи）一文开创网络揭露名人隐私和丑闻的先例。"爪子"网后被删除，存活时间不到1天。自此，"爪子"（коготь）一词成了"网络揭黑"的代名词。
1999年3月	著名网记Антон Носик和网络设计师Артемий Лебедев创办了首个网络日报Газета.ру，从此俄罗斯网络大众传媒进入大发展时代。
1999年11月	阿列克谢·托尔卡乔夫（Алексей Толкачев）在美国博客网站LiveJournal（2007年被俄SUP Fabrik公司收购）俄文版发表了首篇俄文日志，成为迄今最大的俄文社交网站Живой журнал（简称ЖЖ）的开端。
1999年11月	首个互联网专业搜集和统计网站平台SpyLog开办，至2000年它已成为俄网最大的统计服务商。
2000年1月	第一个网络文学社区Стихи.ру（后改为"国家文学网"）开通，不久作者群数量超过5万。
2000年4月	车臣分裂分子与俄联邦政府网络信息战爆发。
2000年4月	尤科斯公司在总裁霍多尔科夫斯基倡导下开始实施网络公益教育计划，先后开办了«fio.ru»、«Поколение.ру»、«Учитель.ру»、«Библиотекарь.ру»等。
2000年6月	传媒大亨古辛斯基被捕，之后移居国外，其名下的НТВ.ру, Анекдот.ру, Итоги.ру, Реклама.ру均受影响。
2001年1月	俄新社新闻频道在俄新闻社中首次开通全免费新闻频道网站rian.ru.
2001年3月	普京总统首次接受网络媒体Страна.ру, Газета.ру, BBC online的联合采访。

2001年4月	首个俄文百科网站Рубрикон开通。
2001年5月	俄文维基百科（Русская Википедия）启动。
2001年12月	国家杜马通过"电子签名法"，俄罗斯电子商务进入蓬勃发展期。
2001年12月	普京总统首次通过广播、电视和网络媒体与民互动，从此这一传统保留至今。
2002年1月	《电子俄罗斯》联邦目标纲要被批准，俄罗斯信息化建设步入快速轨道。
2003年2月	《关于保障获取联邦政府及联邦执行机构信息》的第98号政府令出台，掀起政府网站建设高潮。
2004年4月	网络电子图书馆侵犯作者著作权案开庭。
2004年10月	首家免费公共视频网站Rambler Vision开通。
2004年11月	第一届"俄网奖"颁奖及Рунет10周年庆典。
2005年	庆祝.SU域名15周年；博客和网络日志日益普及；Web 2.0技术促进了网络个性化时代的来临。
2006年	网络词汇"风起云涌"，告别网络空间，开始大规模进入人们日常生活词库。
2007年9月	俄文维基百科已收录20万文，而相比较，30卷《苏联大百科》收录为近10万文；РосНИИРОС宣布.ru域名注册数达百万。
2007年10月	第一副总理梅德韦杰夫宣布完成所有学校（近6万所）全部接入互联网规划。
2008年6月	总统梅德维杰夫批准创建俄文域名.ру, .нет, .орг。
2008年11月	ICANN指定.РФ为俄联邦国家级域名。
2010年2月	俄文维基百科收文突破50万。
2010年4月	据ВЦИОМ最新统计，38%的俄罗斯人使用互联网。

俄罗斯互联网大事记所反映的不仅是现代网络信息技术的发展历程，更有"互联网"、"人"、"社会"之间依存关系的不断发展过程。面对浩淼的俄网资源，一个信息时代的网民，一个俄文网络信息资源的可能使用者，一个以俄语为外语的普通学者、学生乃至普通的社会人，一个对俄罗斯的一切感兴趣的中国人，又该如何去审视俄罗斯的网络世界和社会，如何充分利用俄网的一切有用信息为自己的工作、学习、生活服务呢？我们需要一定的专门知识来回答上述问题。

三、什么是俄文网络信息学？

俄文网络信息学是以俄罗斯互联网上的俄文信息资源为主要研究对象，探讨俄文信息检索、信息资源使用和借助于互联网进行俄文信息交流的侧重应用性知识的学科。它具有现实应用上的迫切性和学术研究上的必要性。

俄罗斯，一个具有独特历史传统和民族文化内涵的国度，一个被认为是世界上资源最丰富的国家之一，一个具有极大发展潜力的国家，引人注目的"金砖国家"、"新兴发展体"之一，一个与中国有着三千多公里边境线的世界大国，一个与中国具有战略伙伴关系的相互具有重要影响的国家，它时刻在吸引着国人的注意力。人们对她的历史、文化、经济、政治、军事等等方面的兴趣与日俱增。国人迫切想了解这个国家的方方面面，于是从电视、广播、报纸……还有互联网上来接收有关这个国家的信息。互联网对于那些不能亲临俄罗斯的人、对于那些去过俄罗斯又要再了解她的人都是一个最好不过的媒介。

俄罗斯互联网发展十分迅猛，截至2010年4月俄网民数已占总人口的38%，居欧洲第三，同期中国网民数3.84亿，居世界第一，但普及率尚不及三成。

俄罗斯互联网信息资源也越来越引起中国研究人员的关注。据中国知网学术论文数据统计[①]，1998年至2010年4月中国学术论文网络数据库（CNKI）的学术刊物、学位论文和重要会议论文集中专门论述或重点论述俄文网络及信息的文章约148篇，主要涉及外国语言文学、信息技术、传媒和图书馆、军事与安全、经济及其他，其分布图为：

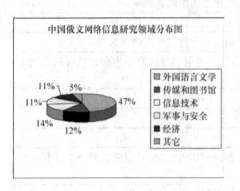

由数据可以看出，国内的外国语言文学（主要还是俄语界）是研究俄文网络信息理论和实际应用的主力军，这与国内俄语教学和学习研究的不断发展是密切相关的。总的来看，此类学术研究还远远不能满足广大研究者、学习者的需求，存在小、散、杂的缺陷，亟待学术上的总结、综合与提升。

俄文网络信息的研究内容涵盖俄罗斯网（Рунет）的主要俄文信息资源，同时也把部分非俄罗斯网的俄文信息或涉及俄罗斯的网络信息服务收入其中，特别是中国的俄文或俄罗斯网络信息服务；其受众是所有对俄文网络信息感兴趣的研究者、学生等各类人士，考虑到读者的俄语水平不等，我们在书中使用相关术语和网络名称时尽量给出中文译名。俄文网络信息学能够为相关人员提供对于俄文网络信息的宏观和微观知识，获得自己独立探索俄文网络信息的方法，提高网络信息搜索和使用技巧，从而为相关人员的工作、学习、生活提供帮助。本书从应用角度说是"俄文网络信息资源与利用"，从学术角度说是"俄文网络信息学"。本书不是俄文网站目录大全，细化、引导和总结是本书的最主要目的。

四、俄文网络信息资源概述

随着俄罗斯互联网的迅猛发展，俄文网络信息资源也呈现出爆发式增长趋势，从2008年开始.ru域名注册保持一倍的年增长率[②]，俄罗斯互联网信息资源日益多样化，其资源领域分布如下：

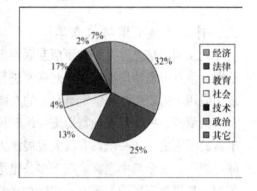

针对俄文网络信息资源的分布状况，结合任务、对象和目的，我们将俄文网络信息学分为网络信息检索、网络信息资源和网络信息交流三大版块。

在网络资源检索方面，我们将重点介绍俄文搜索引擎、统计排行、问答平台、FAQ等。

---

① 之所以选取1998年为统计起点，是因为直到Win98操作系统发布之始，图形操作系统对俄文字符的支持才真正完全、简易，这时在国内俄文网络信息使用人员中才开始普及化。
② 2010年数据为1—2月份。

在网络信息资源方面，我们将侧重于社会、人文科学信息资源，同时兼顾部分自然科学信息资源进行分类阐述，具体分类如下：

学术信息资源；大众传媒资源；政府政治资源；文化艺术资源；生活娱乐资源；计算机互联网资源；科学教育资源；人文社科资源；国防军事资源；中俄网站资源；其他资源等。

在网上交流方面，我们将侧重介绍电子邮箱、新闻组和RSS、即时通讯、博客、聊天室、论坛、交友社区、网络视频、网络电视以及共享资源之网盘、BT和eMule下载等。

在当今的信息化、网络化时代，具备基本的信息素质已成为人们在这个时代不落伍的重要条件之一。有学者认为，大学生应具有的基本信息素质的核心能力有：（1）识别信息需求，知道完整和准确的信息是制定明智决策的基础；（2）在信息需求的基础上系统地提出问题的能力；（3）识别潜在信息源并制定成功检索策略的能力；（4）检索信息的能力；（5）评价信息和信息源的能力；（6）为实际应用组织信息，将信息整合到现有的知识体系中，并以最恰当的方法传递和交流知识的能力；（7）批判性地利用信息并解决问题的能力。[①]我们认为上述能力指标的大部分对于"信息大众"来说也同样适用。

是为本书的出发点。

---

① 参考自柴晓娟《网络学术资源检索与利用》（南京大学出版社，2009）。

上篇

俄文网络信息检索

搜索引擎

第一节 搜索引擎概述

1.1.1 什么是搜索引擎？

搜索引擎（英文为search engine）的俄文名称为поисковая система，поисковый механизм，поисковый сервер，поисковая машина，поисковик（口语词），искалка（网络俚俗词）等。它是指网络上以一定的策略搜集信息，对信息进行组织和处理，并为用户提供信息检索服务的工具和系统，是网络资源检索工具的总称（隋莉萍2008：50）。从使用者角度看，搜索引擎为用户提供了一个查找互联网上信息内容的接口，用户通过一定方式向互联网的检索工具提交搜索请求，最后由该系统或工具返回查询的结果，从而帮助用户找到所需信息。搜索引擎的概念中包含以下内容：（1）是一种在互联网网站上（有时是新闻组或ftp服务器）提供信息检索的在线服务；（2）是一种互联网信息搜索工具，其工作程序是制作索引、检索信息和反馈结果；（3）是个用来搜索和发送信息的系统；（4）是个根据查询请求获得关于符合查询要求的互联网资源的信息的专门网站。

1.1.2 搜索引擎的发展

在万维网（World Wide Web）还没有出现的时候，加拿大麦吉尔大学（University of McGill）的学生Alan Emtage等人于1990年开发了Arhie这样一种在各FTP服务器上搜索文件的工具，它不是检索网页，但基本工作方式同现代的搜索引擎，因此，它被公认为现代搜索引擎之始。其后，受Archie的启发，美国内华达大学于1993年开发了一个Gopher（Gopher FAQ）搜索工具Veronica FAQ。Jughead是后来另一个Gopher搜索工具。

世界上第一个真正的万维网搜索引擎是麻省理工学院的Matthew Gray于1993年开发的World wide Web Wanderer（又称作Wandex），刚开始它只用来统计互联网上的服务器数量，后来则发展为也能够捕获网址（URL）。第一个全文搜索引擎是华盛顿大学的学生于1994年4月开发的WebCrawler，与以前的搜索引擎不同，它是根据关键词进行检索，这已成为了今天所有基本搜索引擎的标准。真正具有现代意义的搜索引擎是卡内基·梅隆大学的Michael Mauldin于1994年7月创建的Lycos，其具有网页自动摘要和远超其他搜索引擎的数据量大的特点。

1994年4月，斯坦福大学的两名博士生，美籍华人杨致远和David Filo共同创办了

Yahoo！。正是Yahoo（雅虎）使得搜索引擎真正地大众化，并几乎成为了20世纪90年代互联网的代名词。与此同时及稍后，又陆续出现了一系列大型搜索引擎，如"Excite"，"Infoseek"，"Inktomi"，"Northern Light"和"AltaVista"[①]等。它们互为竞争，也相互支持，各领风骚一时，共同构成了世界互联网搜索引擎的大家庭。1998年9月Google正式版发布，从此它作为世上最重要的搜索引擎而风靡世界，2006年4月，Google宣布其中文名称"谷歌"，这是Google第一个在非英语国家起的名字。

目前全球搜索引擎排行榜如下：（根据comScore公司2009年12月数据）

Top 10 Search Properties by comScore qSearch
December 2009 vs. December 2008

	Searches (MM)		
	Dec-2008	Dec-2009	Percent Change
Worldwide	89,708	131,354	46%
Google Sites	55,638	87,809	58%
Yahoo! Sites	8,389	9,444	13%
Baidu.com Inc.	7,963	8,534	7%
Microsoft Sites	2,403	4,094	70%
eBay	1,327	2,102	58%
NHN Corporation	1,892	2,069	9%
Yandex	992	1,892	91%
Facebook.com	1,023	1,572	54%
Ask Network	1,053	1,507	43%
Alibaba.com Corporation	1,118	1,102	-1%

与我们有关的就是中国公司百度和阿里巴巴分别排名第3和第10，俄罗斯的Yandex排名第7。

1996年AltaVista将搜索的语法形态扩展到了俄语。1996年10月俄罗斯第一个搜索引擎Rambler（漫步者）创立，它标志着俄网（Рунет）网络信息检索新纪元的开始；11月另一个俄网重要引擎Aport也正式推出。1997年9月立足于本土的Yandex正式发布，经过十多年的不断发展，它已成为在俄罗斯所占市场份额最多、最大的搜索引擎。当今，支持自动化分类和"云"搜索的新一代俄罗斯搜索引擎Nigma，Quintura等也在不断向老牌引擎发起冲击。目前，俄文搜索引擎种类多样，数量繁多，专业细化，但俄罗斯本土引擎中排行前三的始终为Yandex，GoGo和Rambler所占据。俄文各搜索引擎所占市场份额如图（据SpyLog.ru数据）。

[①] "Excite"以概念搜索闻名，"Infoseek"因与Netscape（网景）的战略性合作而发展，"Inktomi"以为其他搜索引擎提供搜索服务而具特色，"Northern Light"以支持即时新闻和对搜索结果进行简单的自动分类而著称，"AltaVista"第一个支持自然语言搜索。

1.1.3 搜索引擎的基本特点

搜索引擎具有如下主要特点：

（1）完全性。作为衡量一个搜索引擎性能和功用的重要指标，完全性是指按照查询要求所找到的文件数与互联网上符合该要求的文件总数之比。例如，互联网上有100个包含«как выбрать автомобиль»这一语句的页面，按照相关查询总共只找到了其中的60个，这样其完全性参数就为0.6，即完全性参数越大，用户找不到所需文件的概率就越小，当然，前提是该文件必须在互联网上存在。

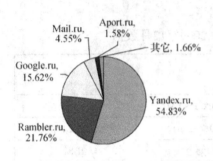

（2）精确性。它是指所找到的文件与用户查询要求的符合程度。例如，按照查询要求«как выбрать автомобиль»，在互联网上共有100个这样的文件，其中有50个包含语句«как выбрать автомобиль»，而其他的页面可能仅仅是夹杂这几个词，例如«как правильно выбрать магнитолу и установить в автомобиль»，那么其精确度是0.5，精确度越高，用户就会越快找到他所需要的文件，各种"垃圾"信息就会越少，查询结果和查询要求的符合度就越高。

（3）即时性。它是指从互联网上某一文件的发布到文件被纳入搜索引擎的索引数据库中所历时间。在某一"重大"新闻出现后的第二天，许多用户会就该新闻通过搜索引擎进行相应要求的查询。客观上，从这一专题新闻信息的发布开始不少于一天了，但相关基本文件早已纳入搜索引擎的索引并可查询，因为大型搜索引擎都有每天数次更新的"快速库"。

（4）快速性。搜索引擎的快速性和数据装载的稳定性是密切相关的。例如，据"Rambler排行榜"统计，在工作时间，Rambler平均1秒钟有近60个查询需求，这一负荷量要求尽量缩短每条查询要求的处理时间。这时，用户和搜索引擎的利益是相符的：访问者希望尽快获得查询结果，而搜索引擎也需要尽速处理完查询要求，以免造成其他问题的处理延迟。

（5）直观性。面对大多数的查询要求，搜索引擎会反馈成百上千的结果。由于查询要求的不准确以及搜索机制的不精确，反馈的前面结果往往不包含所需信息，用户经常面临在反馈结果中进行二次检索。因此，反馈结果网页中的说明性文字就显得尤为重要，详细直观的文字解释有助于用户在搜寻结果中尽快定位。

1.1.4 搜索引擎工作原理和检索技术工具

引擎搜索时包括几个连续操作程序：搜集、整理和提交信息。搜索有四个阶段：（1）确定信息需求，形成信息查询；（2）确定所有可能的信息源；（3）从大量信息数据中提取信息；（4）辨认搜索结果并评价。

搜索引擎搜集信息时按照一定的检索模块发生作用。这是一个自动运行的过程，依靠的是搜索引擎自身的网页搜索程序，例如网络蜘蛛（Spider，Паук）或是机器人

（Robots，Робот），也有称作爬行器（Webcrawler，«путешествующий» паук）的。它们在各个网页中爬行，访问这些网页，并且可以根据网页中的超链接再连接到其他网页，就像蜘蛛在网中"爬行"一样。最后，这些"蜘蛛"将游历过的网页的网址带回搜索引擎，通过索引生成器（Indexer，индексатор）创建详尽的网络目录。每个被保存的网页都包含以下信息：URL地址，保存日期，服务器响应的http标题以及网页本身的html文件。引擎的自动信息搜集功能有两种：（1）定期搜索，即每隔一段时间，引擎主动"派出"网页搜索程序，对一定IP地址范围内的网站进行检索，并对新的网站信息进行数据库更新；（2）提交网站搜索，即在一定时间内向某网站定向派出网页搜索程序，扫描并将有关信息存入数据库，以备查用。

搜索引擎整理信息的过程称为"建立索引"。即对数据库中保存的信息按照一定的规则进行编排，这样就会大大加速引擎查找所保存信息的进程。而不同引擎之间的差别在很大程度上就是建立索引的方式的不同，从而造成不同搜索引擎在搜索结果数量和质量上的差别，我们才会感觉有的引擎"好用"，有的引擎"不好用"。搜索引擎只有在用户向引擎发出查询命令时，才会向用户提交搜索返回信息。用户的信息查询界面也是各搜索引擎"比拼"的方向之一。一般有分类目录查询界面和关键词查询界面。分类目录检索是将网上的信息资源按一定内容进行层次分类，用户依照线性结构来逐层逐类查找信息。关键词检索是用户在所提供的搜索引擎查询框内输入想要查询的关键词或者短语，甚至句子，并交由引擎在台后按一定逻辑运算进行检索，最后给出查询结果。然后，用户按照查询结果中的超链接就可以访问到有关网站。

搜索引擎使用一定的检索技术工具，主要是：

（一）布尔逻辑检索

布尔逻辑检索是各检索系统中使用最为普遍的检索方式，是最基本的逻辑匹配模式，几乎所有的网络信息检索系统都支持布尔逻辑检索。其运算符（Логический оператор）包括逻辑"与"、逻辑"或"和逻辑"非"三种。

逻辑"与"用"AND"或"*"（也有用"&"的）运算符表示，可以检索出同时含有检索词A检索词B的信息，是交叉或限定关系的组配，其作用是缩小检索范围，例如Пётр AND Иванов（或者Пётр & Иванов），表示检索"Пётр Иванов"的结果。逻辑"或"用"OR"或"+"（有的系统用"｜"）运算符表示，可以检索出含有检索词A或者含有检索词B或者含有A、B的信息，是并列概念的组配，其作用是扩大检索范围，例如Наука｜Техника，表示检索"Наука"或"Техника"或同时检索出"Наука"和"Техника"的结果。逻辑"非"用"NOT"或"—"（有的系统用"！"或者"~"）运算符表示，可以检索出检索词A而不含有检索词B的信息，是排除关系的组配，其作用是减少影响检索的相关因素，提高信息检索的查准率，例如Президенты РФ ~ Ельцин，表示的除叶利钦外所有有关俄联邦总统的信息。[①]

---

① 由于俄语词汇形态变化的影响，除了被检索的俄文关键词的原形外，相关变格或变位及时态变化形式也同样在检索结果中显示出来。

几大俄文搜索引擎所支持的逻辑运算符在表达方式上不尽相同，其比较见下表：

Оператор \ Поисковая система		Апорт (Aport)	Рамблер (Rambler)	Google	Яндекс (Yandex)
И	Синтаксис	И, AND, &, +	AND, &	По умолчанию	& (в пределах предложения) && (в пределах документа)
	Примеры	приготовление И форели	приготовление AND форели	приготовление AND форели	приготовление & форели приготовление && форели
ИЛИ	Синтаксис	ИЛИ, OR, |	OR, |	OR, |	|
	Примеры	выращивание ИЛИ разведение	выращивание OR разведение	выращивание OR разведение	выращивание | разведение
НЕ	Синтаксис	НЕ, NOT, -	NOT	- (минус)	~ (в пределах предложения) ~~ (в пределах предложения)
	Примеры	грибы НЕ рецепты	грибы NOT рецепты	грибы-рецепты	грибы~рецепты грибы~~рецепты

用布尔逻辑运算符组配检索词构成的检索提问，逻辑运算符AND、OR、NOT的运算次序在不同的检索系统中有不同的规定。一般来说，在无其他优先检索条件下，布尔逻辑运算符有下列几种处理顺序。

（1）NOT最先执行，AND其次执行，OR最后执行。

（2）AND最先执行，NOT其次执行，OR最后执行。

（3）OR最先执行，AND其次执行，NOT最后执行。

（4）按自然顺序，AND、OR、NOT谁在前就先执行谁。

在有优先检索法条件下，需按优先条件执行检索。优先运算符用"（）"表达，它将检索表达式的某一部分用"（）"括起来，表示首先运算"（）"中的提问式，而不按系统默认的运算符优先级别运行。（史红改等2009：25）

对于大多数俄文搜索引擎来说，运算符"И"的执行优先性要高于运算符"ИЛИ"，运算符"НЕ"一般居后。例如，搜索грибы and производство or разведение，将会找到同时含有грибы和производство的网页信息或者只含有разведение的网页信息。优先检索符"（）"可用来改变检索次序，例如，搜索грибы and (производство or разведение)，将会找到含有грибы和производство的网页信息或者грибы和разведение的网页信息。但Google.ru不支持该优先检索符。在当使用运算符"НЕ"时，例如，搜索грибы and (производство or разведение or выращивание) not рецепты，则会找到与разведение (производство或者выращиванием) грибов有关，但与кулинарные рецепты无关的网页信息。

由于俄语的形态学特点，Aport, Rambler和Yandex支持搜索检索词汇的所有词形，例如，如果在检索词中有"мыть"，那么搜索结果中会出现мыть的所有词形变化形式（如动词的人称、时态、式、体等等），但同时也会出现同形词，如代词мой（试与动词мыть的第二人称命令式单数形式мой相比较）。为了排除那些不需要的词形，则可以在搜索时使用特殊运算符，例如，对于Yandex来说，可以用!мой的表达式。但Google.ru只支持所输入的词形，而不会将该词形的原形的所有形态变化形式显示出来。

大多数俄文搜索引擎默认忽略搜索请求中的连接词、语气词、前置词、代词等高频辅助词。如果必须要检索上述词汇的话，可以在这些词前加上符号"+"，如товары по ценам +по，表示搜索结果中要含有前置词по。①

如果需要检索引文或者句子，则几大俄文搜索引擎分别支持的符号为：

Апорт (Aport) – " "或者' '

Яндекс (Yandex) – " "

Рамблер (Rambler) – " "

Google.ru – « »，" "，-..-

例如，搜索"защита населения и территорий"，在上述搜索引擎中，只有Aport的检索结果是" "中按照检索词序所出现的词的所有词形，其他搜索引擎则只检索" "中的词形。

（二）其他检索方式

截词检索式利用检索词的词干或不完整词形进行检索，常用的截词符号为"?"和"*"，作用在于扩大检索范围，提高查全率。例如，comput?可检索computer，computers，computing等；？外语？可检索大学外语教学、专业外语院校等等。

限制检索是一种附加检索条件，不能单独使用，需与检索词检索配合使用。它可以对文献的作者、语种、国别、文献类型、刊名等等进行限制性检索，目的是为了提高检索的准确率。

此外，还有词位检索，又称全文检索或相邻度检索。

这些检索技术在俄文搜索引擎中被使用和支持的程度不尽相同，有的搜索引擎并不支持上述某种搜索方式，在使用的时候要具体情况具体对待。

1.1.5 搜索引擎分类②

搜索引擎按不同分类标准可以有不同分类方式。

（一）按照内容

搜索引擎分为：

（1）综合类搜索引擎

当前互联网搜索引擎的大部分都是综合类搜索引擎，其信息资源的主题范围和数据类型不受限制，涵盖各学科专业的各类信息。它对于查询跨学科主题有较理想查全率，但在检索特定领域和专业的信息时，查准率并不理想，如AltaVista、Yahoo!等。

（2）专业类搜索引擎

专业类搜索引擎只涉及某一领域、专业的信息，规模有限。它对于查询特定领域的信息有较高的查询速度和专指度，可以提高查全率和查准率，但往往不能胜任查询跨学科知

---

① "+"，"-"与检索词之间不留空格。
② 参考谢新洲《网络信息检索技术与案例》（北京图书馆出版社2005）、隋莉萍《网络信息检索与利用》（清华大学出版社2008）。

识的任务，如Research Resources for the Social Sciences、INfomine等。

（3）特殊类搜索引擎

特殊类搜索引擎专门用来检索某一类型信息或数据，例如电话黄页查询、地图查询、图片检索、新闻检索、音乐搜索等等。其功能虽单一，但对于查询某一类型数据来说，却具有较高的查全率，如谷歌地球、雅虎音乐搜索等。

（二）按照检索机制或信息的组织方式

搜索引擎分为：

（1）目录式搜索引擎

目录式搜索引擎（又称分类目录式搜索引擎）（Search Index/Directory）是由专业人员以人工或半自动方式搜索网络信息资源，并将搜集、整理的信息资源按照一定的主题分类体系编制一种可供浏览和检索的分层目录。用户可以通过逐层浏览目录，逐步细化并最终找到具体的信息资源。该种搜索引擎层次结构清晰，易于查找，检索效率好，导航质量高。所收目录需经人工编制，因此检索准确性较高。但其数据库规模相对较小，更新不是即时的，因此可能导致信息查全率不高。该类搜索引擎比较适合于查找综合性、概括性的主题知识，或对检索准确度要求较高的查询要求。例如Yahoo!雅虎，其他著名的还有Open Directory Project（DMOZ）、LookSmart、About等。国内的搜狐、新浪、网易搜索也都属于这一类。

（2）全文式搜索引擎

全文式搜索引擎（Full Text Search Engine）又称为检索型或索引式或关键词搜索引擎，是利用网络"蜘蛛"、"机器人"等自动跟踪软件，自动分析网页的超链接，依靠超链接和HTML代码分析获取网页信息，并采用自动搜索、自动标引、自动文摘等方式建立和维护相关索引数据库，以Web形式提供给用户一定的检索界面，由用户输入检索的关键词，并最终将结果反馈给用户。该种搜索引擎数据更新及时，采集信息范围广，速度快，数据库容量庞大。但由于标引过程缺乏人工干预，故准确性较差，检索结果误差也较大。该类引擎比较适合于检索特定的信息以及较为专业化、具体或者类属不明确的查询要求。例如国外具代表性的有Google、Fast/AllTheWeb、AltaVista、Inktomi、Teoma、WiseNut等，国内著名的有百度（Baidu）、搜狗等。

（3）元搜索引擎

元搜索引擎（Meta Search Engine）又称集合式搜索引擎，它是将多个独立的搜索引擎集成到一起，并提供一个统一的检索界面，将用户的查询要求同时提交给多个独立搜索引擎，其检索结果可以共享多个独立引擎的数据库。该种搜索引擎可以省去用户记忆多个引擎的不便，从而获得全面的检索效果。该类搜索引擎一般都没有自己的信息数据库，但都有自己研发的特色元搜索技术。著名的元搜索引擎有InfoSpace、Dogpile、Vivisimo等，中文的有觅搜（MetaSoo.com）等。①

（三）按照其他分类标准

按照信息查询的方式，搜索引擎可分为浏览式搜索引擎、关键词搜索引擎、全文搜索引擎、智能搜索引擎；按照检索资源类型，搜索引擎可分为万维网和非万维网搜索引擎；按照语种，搜索引擎可分为单语种搜索引擎、多语种搜索引擎和跨语言搜索引擎。

第二节　俄罗斯的俄文搜索引擎

"至今拥有市场认可的独立搜索引擎技术的国家只有4个：美国、韩国、俄罗斯和中国。"百度董事长兼首席执行官李彦宏在接受中国《环球时报》专访时如是说②。"世界上可能只有两个（成功）例子——中国的'百度'和俄罗斯的Yandex，这些国产搜索引擎打败了世界巨人。"俄罗斯《Диалог-Наука》公司首席IT专家安德烈·马萨洛维奇（Андрей Масалович）亦如是说。③俄罗斯的搜索引擎技术已得到了国际的普遍认可和赞誉。俄文搜索引擎是个较大的"家族"，在这一"家族"里既有俄罗斯本土的搜索引擎，也有外国的"洋"引擎。但真正能使俄罗斯在世界独立搜索引擎市场中占有一席之地并争得荣誉的是俄罗斯的"本土"引擎，特别是三大俄文搜索引擎Яндекс（Yandex），Рамблер（Rambler）和Апорт（Aport）。

本书中所介绍的俄网网站资源，我们都将给出"推荐星级指数"，用★或☆号标示，后者的星号表示降半水平。最主要的参考标准是：（1）中国人使用的方便性；（2）权威性；（3）好用度；（4）信息丰富性；（5）设计水平。最高为★★★★（极个别为四星半），并以此类推，对于按照上述标准不推荐或不好评判的网站，我们将不提供推荐指数。

1.2.1　Яндекс（Yandex）（www.yandex.ru ★★★★）

（一）Яндекс（Yandex）简介

凡是俄语世界的网民没有不知道Yandex"大名"的，其地位同百度之于中文网络世界相仿，它是俄语世界最大的搜索引擎，每天有超过1900万人④访问其网页。Yandex已从最初的搜索服务扩展到今天的几乎是"包罗万象"：从电子邮箱、博客、商业服务到各种在线游戏和在线支付等等。

人们目前只知道Yandex是俄罗斯本土引擎，其实它也具有一些"洋"血统，其股

---

① 有一种说法认为集合式搜索引擎（all-in-one search page）是元搜索引擎的初级阶段，它只是利用网站链接技术形成的搜索引擎集合，无自建数据库，并非真正意义上的搜索引擎，也不像真正的元搜索引擎那样有自己的元搜索技术，如中文的搜网全能搜（sowing.com）。本书采取宽泛的说法，将这些搜索引擎统称为元搜索引擎。
② 摘自《环球时报》2010年5月7日第2168期第17版。
③ http://rus.ruvr.ru/2010/04/28/7018676.html
④ 该数据截止至2010年3月。

东是荷兰Yandex N.V.公司。俄罗斯政府想打造一个"影响力不比Yandex差，但又没有外国股东参与的公司"。俄罗斯可能组建本国国家搜索引擎系统。俄罗斯大众传媒与通讯部开始讨论Yandex和Rambler搜索引擎系统的替代方案。与现有搜索引擎系统不同的是，新搜索引擎系统更应该致力于满足国家需要，如确保安全信息接入、过滤禁止内容。

1990年，《Аркадия》公司两位创始人阿尔卡季·鲍尔科夫斯基（Аркадий Борковский）和阿尔卡季·沃洛日（Аркадий Волож）研制出一种网络信息搜索程序Yandex；1993年《Аркадия》公司成为了CompTek公司的一个分部；1993—1994年俄罗斯科学院的阿普列相（Ю.Д. Апресян）实验室为Yandex提供了极大的技术支持；1996年它研制出决定其后命运的新算法，并导致了网络信息搜索中俄文形态的革命性变革；1997年Yandex作为一个网络俄文信息搜索系统在Softool展览上正式推出。Yandex一经推出，便在俄网（Рунет）上掀起了俄文搜索引擎的新风潮。

人们常问：Яндекс (Yandex)是什么意思？为什么起这么个名字？按照其系统研制者阿·沃洛日（А.Волож）等人的官方说法是，其俄文名称Яндекс是«Языковой индекс»（语言索引）的缩写，其英文名称Yandex是«yet another indexer»的缩写。为了更突出俄文特色，看起来更直观、突出，研制者们想出了"Яndex"的引擎正式名称及其相应公司Logo，该名称和俄文Яндекс和英文的Yandex同等使用。

按照公司的宣传说法，Yandex的最主要任务就是"对用户的问题给予回答"。这些问题有显性和隐性之分。显性问题由用户在搜索栏中提出，Yandex在搜索结果中予以解答；而对于像«какая сегодня погода»、«происходит ли сейчас что-то важное»、«можно ли проехать по городу»等等隐性问题，Yandex可以在其各类参考服务中给予解答。

Yandex对于其搜索技术充满自信，以其为代表的独立搜索引擎技术使得俄罗斯与美国、中国、韩国、捷克并列于世界。在俄文搜索引擎领域内，Yandex占据多项技术第一：第一次开始使用"俄语形态化"技术；第一次使用并行搜索技术；首次使用反垃圾邮件技术；最早使用"新闻引语"技术；首次建立"广告环境发布"系统等。按其所说，Yandex不仅占据着俄罗斯搜索引擎市场的80%的份额，其旗下的Яндекс.Маркет，Яндекс.Карты，Поиск по блогам，Народ.ру，Яндекс.Пробки.服务也分别占据俄罗斯市场该类服务的头把交椅，而Яндекс.Деньги，Почта Яндекса，Яндекс.Новости也处于行业前列。在俄罗斯市场，Yandex同其最大对手Google展开了激烈竞争，用其总裁沃洛日的话说："我们同Google在俄罗斯已竞争多年了，目前看非常成功。"

（二）Яндекс (Yandex)主页界面及简易检索功能

Yandex主要有四大类界面：

1）主页

主页界面可以完成检索与人们衣食住行等有关的各方信息的功能，如天气、新闻、交通、汇率等等。

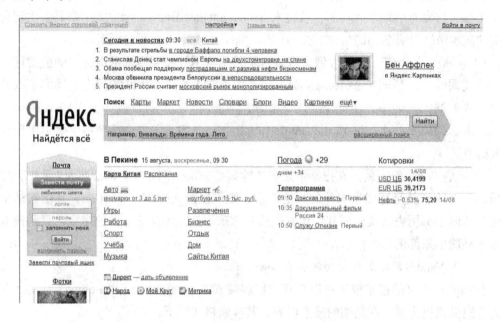

2）检索结果页面

3）Яндекс.Почта页面（即与用户个人"隐私"有关的邮箱、博客、同学录等都在此页面）

4）Яндекс.Карта页面

由Yandex的主页可以判断出它是以全文式搜索为主的引擎。但当前的俄文主流搜索引擎已很少有单纯性的目录式或者全文式，基本都具有目录检索和全文检索的功能，因此在Yandex关键词搜索栏下面也有像Авто/ Маркет/ Игры/ Развлечения/ Работа/ Бизнес/ Спорт/ Отдых/ Учёба/ Дом/ Музыка/ Сайты (страны пользователя)等12个分类目录，但是Yandex的主要检索优势还是在<u>关键词搜索</u>方面。

在主页的检索框内可以实现其基本搜索功能。由于俄语是形态变化十分丰富的语言，在检索框输入俄语单词时，Yandex充分考虑到了俄语的词形变化特点，在检索结果中会自动给出该单词的形态变化聚合体的所有词形，例如输入ель，检索结果会包含ель，ели，елка等所有与其有派生关系的词形。同时，Yandex也充分考虑到了单词的词类属性，在检索结果中只显示与所属单词相同词类的词形。例如检索профессионал（名词），检索结果只给出профессионал，профессионалы，但是带有其派生词профессиональный（形容词）的词形检索结果就不会出现。有时，用户为了检索特定词形，不想查找无关词形，就要使用特定的逻辑运算符。常见的逻辑运算符[①]有：

1）" "是引文符，例如输入"Падает снег, мороз сильный"，那么在检索结果中

---

① 以下所有逻辑运算符与单词间均不留空格。

就只会出现所输入的引文，而引文中其他可能变化词形则不会出现。

2）！是专有名词和普通名词区分符，例如输入!минеральные воды，那么检索结果将会出现所有上述两个词形及其派生词的网页，包括首字母大小写的词形，即不区分普通名词（小写）与专有名词（大写）；若输入!Минеральные Воды，则检索结果只会出现与该城市"矿水市"专有名词的名称有关的词形，即只有首字母大写的词形。

3）+是"与"符，大多数俄文搜索引擎是忽略不计被搜索词形组合中的前置词、代词、语气词等"停顿词"（стоп-слова）的，如果要求检索结果必须含有上述词汇或其他某个（些）词汇且词序必须符合搜索要求时，则使用"与"符，例如输入+быть+или+не быть，那么Гамлет的名句быть или не быть（生存还是毁灭）就会按照检索要求出现在结果页面中。

4）-是"非"符，就是在搜索结果中排除某些词汇，例如欲查询ЦСКА（"中央陆军俱乐部"）除了其足球俱乐部外的其他信息，则可以输入ЦСКА–футбол，其检索结果则会出现该俱乐部历史、俱乐部其他体育项目如冰球、篮球等球队方面的信息，只是没有那个著名足球俱乐部的相关信息。

（三）Yandex的扩展搜索功能和检索语言

在Yandex主页的搜索框下可以打开"扩展搜索"（Рашеренный поиск）页面，它可以为我们提供更为强大和精细的搜索内容。其搜索格式如下：

Я ищу后面可以输入所检索的词汇，其专门检索语言见下文；

На сайте可以输入想查的某网站的具体网址，这样检索结果将只限于该网站；

В регионе可以输入所查信息来源的国家或地区名称，如Китай，Россия；

Слова расположены на странице可以选择где угодно（该网页的任意位置）或者в заголовке（该网页的标题部分），抑或в ссылках（网页中所搜索的链接）；

Слова употреблены в тексте可以选择в любой форме（所查词汇的任意词形）或者точно так, как в запросе（精确到所查词汇的词形）；

Язык（语言）部分提供了Yandex所能查询的语言选项——любой，русский，

английский，французский，немецкий，украинский，белорусский，татарский，казахский（任意，俄语、英语、法语、德语、乌克兰语、白俄罗斯语、鞑靼语、哈萨克语）；

Дата обновления（更新日期）部分提供了任意一个、近两周、近一个月、近三个月、近一年、任意范围或者可任意输入起始日期；

Формат（文件格式）提供了любой，HTML，PDF，RTF，DOC，PPT，XLS，SWF等格式进行选择。

对于Yandex来说，除了上文所提到的在简易搜索中所使用的一般性特殊符号和一些补充参数外，为了实现更为精确地检索功能，它还拥有一系列专门检索语言，见下表：①

例 子	功 能
"К нам на утренний рассол"	引文的精确查询
"Прибыл * посол"	引文中所有符合省略要求的词形
полгорбушки & мосол	所检索的词汇在同一句子中
снаряжайся && добудь	所检索词汇在同一文件中
государственное дело && /3 улавливаешь нить	所检索词汇在同一文件中且它们间隔为2个句子
глухаря | куропатку | кого-нибудь	所检索的任何其中一个词汇
Татьяна /+2 Ларина	所检索的两词之间只有一个词汇，且词序与检索词序一致
крокодилы /-2 Амазонки	所检索两词之间只有一个词汇，且词序与检索词序相反
нешто я ~~ пойму	检索结果排除词汇пойму
чай ~ лаптем	在同一句子中出现词汇чай，但不要求词汇лаптем
!Соображаю !что !чему	要求检索结果同时精确出现被检索词形
!!политика	多半为词的词典词形
title:(в стране)	检索含有в стране的文件标题
url:ptici.narod.ru/ptici/kuropatka.htm	查找准确网址
inurl:vojne	网址中必须含有某一片断如vojne
link="www.rambler.ru*"	搜索所有带有www.rambler.ru 链接引用地址的网页
host:lib.ru	在lib.ru主服中搜索
rhost:ru.lib.*	在逆序的ru.lib.url的主伺服中搜索如ru.yandex.*
site:http://www.lib.ru/PXESY/FILATOW	搜索该网站下的所有网页
mime:pdf	只搜索某特定格式文档
lang:en	只在某特定语言网页中搜索
like="www.yandex.ru"	搜索所有带有网址www.yandex.ru及其与之相类似的网页
domain:ru	只在某特定域名中搜索
date:200712*	搜索某特定日期的信息如2007年12月的
date:20071215..20080101, date:>20091231	按特定日期间隔搜索
cat:11000051	按照Yandex导航目录搜索

---

① 部分内容参考自http://help.yandex.ru/search/?id=486817

（四）Yandex的搜索页面设置

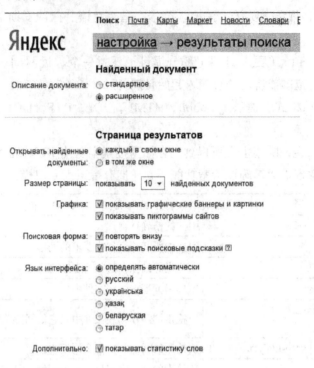

在Yandex的搜索框下有в найденном的复选框，其功能是可以缩小检索范围，例如想搜索кондиционеры（发蜡），你可以先在搜索框内输入кондиционер（该词也可能指空调、调节器等），然后选中该复选框，在搜索框中输入волосы，就可查找出有关"发蜡"的相关信息。在搜索框页面的右侧有Настройка（设置）选项，可以在检索信息前对检索结果进行预设。通过预设的选项设置，我们可以在Yandex的搜索结果页面上发现相关关键词统计信息。例如输入Взрыв в Домодедово进行检索，在搜索框下会出现统计结果：Статистика слов: домодедово — 31 958 638, в — 67 144 119 190, взрыв — 107 638 740. 在搜索结果页面底端会出现月内统计："Взрыв в Домодедово» Запросов за месяц: взрыв — 418 679, домодедово — 980 790. 如果你想查询最新更新的相关信息，可以选择页面底端显示页编号下方的Отсортировано по релевантности（相关度调整）按日期（по дате）检索。如果你对Yandex的检索结果不满意，它同时还为我们提供了其他搜索引擎的链接в других поисковых системах: Google Bing Yahoo! Rambler Mail.ru Яндекс.Каталог。

页面中的每条检索信息大多包含了标题、片断、网址、快照、关联等内容，其中，多数标题前都有特定图标，这是该网页所来源网站的Logo标志；标题和片断中都含有根据一定规则所检索的关键词，标题具有超链接；如果所搜索信息为文档内容，在标题栏后会标出文档格式，如.pdf, .rtf, .doc, .xsl等；在网页地址后有时还会有更新时间；网页快照（копия）是搜索引擎的通行做法，即网页缓存。搜索引擎在收录网页时，对网页进行备份，存在自己的服务器缓存里，当用户在搜索引擎中点击"网页快照"链接时，搜索引擎将Spider系统当时所抓取并保存的网页内容展现出来，称为"网页快照"。由于网页快照是存储在搜索引擎服务器中，所以查看网页快照的速度往往比直接访问网页要快。网页快照中，搜索的关键词用亮色显示，特别是当搜索的网页被删除或连接失效时，可以使用网页快照来查看这个网页原始的内容。关联（еще）内容部分是该网页所来源的网站中含有与该关键词相同且内容相近的网页。

Yandex还提供了搜索框提示（поисковые подсказки）功能，在搜索设置中可以取消或选用该功能。Yandex会根据用户的输入内容，在搜索框下方实时展示最符合的提示词。用户只需选择提示词并单击，就会返回该词的查询结果，用户不必再费力敲打键盘即可轻松地完成查询。对于俄文搜索词汇拼写错误，Yandex会提示纠正，例如输入я должон，则会返回结果：Быть может，вы искали «я должен»。

（五）Yandex的Колдунщики

搜索引擎对于搜索请求往往会返回数种最佳答案，这些答案有的是数字（如天气），有的是图片，有的又是对某一术语的解释，而有时又是时事新闻。搜索引擎可以借助于"平行搜索"（параллельный поиск）技术在不同专题中寻找答案并予以返回。Yandex将这一功能称作是Колдунщики (Koldunschiki)[①].它和Yahoo的«шорткаты»（shortcuts，雅虎捷径），Google的«onebox Results»，Bing的«быстрыми ответами»（instant answers，速查）具有相似的特性。

Yandex的Колдунщики (Koldunschiki)分两种类型，一类是利用返回搜索结果快速回答相关问题，主要包括以下种类：天气；调色（Цвета）；化学家（Химик）；诗歌（Стихолюб）；调酒（Бармен）；单位转换（Конвертер）；计时（Время）；词典；维基百科（Википедия）；音乐；牌价（Котировки）；城市情况；IP地址查询等。另一类是Yandex的专门服务信息，需进入相关专题进行查询，主要包括：新闻；商品；汽车；地图；地址；广告；电视节目；时刻表；图片；视频；贺卡；百科；媒体肖像；招聘等。

下面我们来简要介绍其中几类Колдунщики，它们都以其强大的功能为我们的工作、生活、学习带来非常大的便利，并能够发挥重要作用。

1）图片搜索（Поиск картинок http://images.yandex.ru）

Yandex提供了强大的图片搜索功能，是目前俄网最为风行、使用最为普遍的图片检索引擎之一。其使用方法也非常简便，在Яндекс.Картинки搜索框中输入检索图片的关键词信息即可。在Яндекс.Картинки的页面上可以进行检索图片尺寸和颜色的设置。Фильтр размера是尺寸过滤器，允许进行四种尺寸设置：（1）Любые为任意格式和大小；（2）обои可用于电脑桌面作为墙纸；（3）большие可用作打印的高质量图片；（4）средние可用于出版和文章引用之用；（5）маленькие可用于小型图片摘引、头像等。Фильтр цвета是颜色过滤器，它允许对检索图片的色度进行设置。

当输入关键词后，在返回结果页面的右上方会给出幻灯格式按钮，并显示检索出的该图片总数量。在每一张图片下会给出含有所查关键词的图片文字信息、图片的尺寸、来源网站网址等。点击该图片会打开另一页面。该图片可以用"右键另存为……"保存，在图片下方有来源网址。图片右侧是该图片在网络上的其他尺寸大小不一的副本。在图片显示

---

① Колдунщик一词来自于Колдун（巫师，魔法家），按照Яндекс图片检索的理解似可译为"魔法师"，但本文为了避免误解、歧义，我们采用英文音译词的转写法。

的网页底部为相似或相同类型图片的略图幻灯放映模式，可根据兴趣随意选择。

在 Яндекс.Картинки 页面左侧提供了一个视觉之旅游戏（Визуальный поиск），非常值得一玩。通过4—5步对预置图片的选择，Визуальный поиск 会告诉你哪里是你最想去的地方。

2）目录检索（Ядекст. Каталог http://yaca.yandex.ru）

前文曾分析过目录式搜索引擎的特点，并指出Yandex是兼有全文和目录式的综合搜索引擎，尽管前者即关键词搜索是其"强项"。Yandex的分类目录也有着自己的特色，分类根目录目前共有16类，它们包括：娱乐；传媒；居家；高科技；休闲；指南；工作；产业；体育；社会；学习；汽车；闪游；门户；文化；商业等。Ядекс.Каталог.提供的网站分类目录同样可以进行区域（国家）设置，另外，注册后，用户可以通过页面右上方的《Добавить сайт》自己添加目录中没有的网站信息，当然，必须经过管理员审核。

3）音乐搜索（Яндекс. Музыка http://music.yandex.ru/）

对于中国用户来说，当你进入该服务栏目时会见到下面的信息：

> *Спасибо,*
>
> *что зашли на Яндекс.Музыку*
>
> *Наши соглашения с правообладателями предусматривают прослушивание музыки только для пользователей из России, Украины, Беларуси и Казахстана. К сожалению, вы зашли на Яндекс.Музыку из другой страны. Мы хотим, чтобы вы могли пользоваться нашим сервисом, и надеемся исправить эту ситуацию. Заходите ещё. Ограничения преходящи, а Музыка вечна.*

感谢您来到Yandex音乐

根据我们与版权商的协议，只有来自俄罗斯、乌克兰、白俄罗斯和哈萨克斯坦的用户才能收听音乐。很遗憾您是来自其他国家。我们也想您能够享受我们的服务并希望改变这一状况。请再次来。限制是暂时的，而音乐是永恒的。

我们中国用户是遗憾的[①]，但俄罗斯、独联体用户又是幸运的，Yandex为他们提供了极其强大的音乐搜索功能，其重要性不亚于中文互联网世界的雅虎音乐、百度音乐、搜狗音乐之于华人用户。目前Яндекс. Музыка.已收录1300万首音乐作品，6万词曲作者，7万5千部专辑，并且这一数字还在不断更新。在其主页可以按照英文字母和俄文字母顺序搜索音乐作品，通过网络播放器进行试听，所搜索的音乐作品可以免费或付费下载。

4）商品搜索（Яндекс. Маркет http://market.yandex.ru/）

Yandex的商品搜索是目前Рунет上最大、使用最广泛的商品搜索网络服务，正如网站所推介的那样，它是"顾客与卖家在俄网上相遇的中心点"。它为消费者和商家都确立了严格的网络规则。当然，Яндекс. Маркет. 对于俄罗斯人的"用处"要比我们大得多，因

---

① 在中国，使用俄罗斯的在线代理可以进入Yandex音乐。

此，Yandex商品搜索服务的讲解对于俄罗斯人要更有价值。其商品搜索服务主要有3种类型：在搜索框中直接输入商品名称检索；利用提示框；使用分类导航。

对于某一具体型号商品的检索可以使用"型号卡片"（Карточка модели）功能，返回检索结果将会显示该商品的图片、主要性能参数、消费者评价回复等。此外，它还提供了相关商铺排行、相关商品排行、如何及时和便宜购物等功能选项，还可自动记录用户的购物爱好、选购目录、浏览记录等。

5）博客搜索（Яндекс.Блоги http://blogs.yandex.ru/）

博客目前已成为网络世界的最热门词汇之一，每天都会出现上百万个博客，俄网亦不例外。随着微博的日益盛行，博客搜索已成为网民的重要网络检索任务之一。Yandex是俄网为数不多的且提供了较强大功能的博客搜索工具，它为网络日志作者（Blogger）所推介的程序为RSS，发布和删除博客、获取博客排行信息都离不开它。实际上Яндекс.Блоги不仅可以提供博客检索，它还把论坛（Форум）也纳入了搜索范围。

Яндекс.Блоги的搜索方式非常简便，直接在搜索框内输入想要搜索的主题关键词或者是某位博主的姓名即可。Яндекс.Блоги的搜索页面还提供了以下服务：（1）头条关注（Главные темы дня），即近期最引人关注的事件博客；（2）网络热点（Самое популярное и обсуждаемое в интернете），这里提供了最主要的博客平台排行，如LiveJournal，LiveInternet，Блоги@Mail.Ru，Я.ру，Blogger.com，Diary.ru，BabyBlog.ru，Дневники на Mamba.ru；（3）微博记录（Записи микроблогов），与我国许多博客网站如新浪博客将微博单独分出不同，俄网一般是将微博也纳入博客搜索，这里也提供了最主要的微博平台排行，如Блоги@Mail.Ru，Twitter，Микроблоги на QIP.ru，Рутвит，Я.ру，Жужужу，Juick等；（4）博主排行（Блоггеры），即不同博客平台的博主依点击率的排行。

作为俄网最有权威的搜索引擎，Yandex也把自己定义为俄文博客排行的规则制定者，它所提供的Рунет博客排行榜在一定程度上展示了俄文博客的发展现状，具有很强的权威性和代表性，截止到2012年1月在Яндекс.Блоги的博客排行榜中共有52 256 150个博客。"俄网博客排行榜"是由参与Yandex博客搜索的所有博客（包括微博）组成，由专业统计工具进行统计，每天更新。浏览俄文博客可以使我们跟踪俄罗斯社会动态，体验俄罗斯文化，了解俄文新鲜词汇，从而充实我们关于俄罗斯、俄语的知识。

Yandex的其他Колдунщики (Koldunschiki)和服务，如Yandex词典（Яндекс.Словари），Yandex交友社区（Яндекс. Народ），Yandex邮箱（Яндекс. Почта），Yandex个人空间（Я.ру），Yandex地图（Яндекс.Карты）等都是俄网该方向用户众多、使用量大和具有巨大影响力的领域，非常有特色，我们将在"网络资源"和"网上交流"部分分别介绍上述服务。

1.2.2　Рамблер（Rambler）（www.rambler.ru ★★★★）

（一）Rambler简介

1991年在莫斯科郊外的小城布希诺（Пущино）集合起了一群对刚出现的互联网世界感兴趣的人，他们是德米特里·克柳科夫（Дмитрий Крюков）、谢尔盖·雷萨科夫

（Сергей Лысаков）、维克多·沃隆科夫（Виктор Воронков）、弗拉基米尔·萨莫伊洛夫（Владимир Самойлов）、尤里·叶尔绍夫（Юрий Ершов）。他们组成了一个公司《Стек》，俄罗斯互联网的发展历史注定要和这个团队紧密联系在一起。他们在小城布希诺组建了网络，并联入了莫斯科市的库尔恰多夫原子能研究院，通过这里与互联网世界联系在了一起。这是俄罗斯莫斯科外的第一个接入互联网的网络。1996年成为了俄网发展的关键年，正是在这一年，上述团队中的雷萨科夫和克柳科夫开始研发俄罗斯第一个搜索引擎，这时俄网的网站也不过30—50个。

　　关于Rambler名称的由来还有个有趣的说法。按照Rambler网站所说，克柳科夫随意翻阅英俄词典，不经意间一个词《Rambler》映入眼帘，"漫步者、流浪者"的释义很是符合他的心愿，于是，Rambler（Рамблер漫步者）这一搜索引擎的名字就诞生了。

　　1996年9月26日rambler.ru域名正式注册，10月8日《Стек》开始运行这一引擎。不可否认，在这期间俄网也出现了另外几个搜索引擎，但都悄无声息的消失了，Rambler坚持了下来并不断发展壮大，因此，它号称是俄网"第一"搜索引擎其实并不为过。目前，它定位于"在互联网导航、交流、媒体和娱乐方面为客户提供多种多样高质量服务的门户网站"①。2009年它荣获Рунет "文化与大众传媒"类别大奖。

　　Rambler.ru的服务项目有：搜索；新闻；邮箱；Discovery（发现频道）；Rambler-ICQ 7（即时通讯）；交友；价格；儿童；不动产；游戏；广告；星相；旅行；浏览器助手；地图；照片；视频；音频等。

　　（二）Rambler的搜索功能简介

　　1）Rambler最常见的搜索对象输入是某个词或词组，返回结果一般是html网页格式，如果是.doc，.pdf格式文件，则在返回结果中会以[DOC]，[PDF]等标示出来。对于输入的词组的处理，在返回搜索结果中会同时显示所有关键词，但前置词、感叹词等辅助词除外。Rambler的识别搜索语言是俄语、乌克兰语和英语。Rambler还有一项比较有用的搜索功能，就是检索文学作品中的某段引文，按其网站说法，"Rambler实际上可以为俄网的所有电子图书文档编制索引"。其输入规则也比Yandex查找引文使用" "运算符要简单，只需直接输入引文原句即可。在返回结果中，直接显示出该引文的出处、来源网址和网站，对于那些已经删除的引文信息，还以使用Восстановить текст功能进行恢复。这一功能还可以用来查找俄文歌词。Rambler还专门针对在互联网上查找某人信息编制了索引，用户只需输入该人的"名+（父称）+姓"即可查出有关他（她）的相关信息，如Алла Борисовна Пугачева.

　　2）Rambler的常用逻辑运算符有：

　　（1）&&是"与"符（即И），例如输入кролик && кошка，返回结果则会显示既有кролик，又有кошка. 但这两个词在搜索结果页面中既可能是按先后顺序相邻排列，也可能

---

① 参考自http://www.rambler.ru/doc/about.shtml

在不同句子中，排列顺序也不一定与输入时相同，甚至可能在不同的段落或文本中。如果需要控制返回结果中输入词之间的间距，Rambler支持调整符>和<。如果欲达到词汇的间距小于输入词的默认距离，可使用运算控制符&<或者&<<，反之，则是&>或者&>>。但&&没有调整符的用法。调整符&&可以同于扩大搜索范围，它支持的不是在一个文档中查找，而是在整个网站中搜索。需注意：如果输入词汇之间为空格，则Rambler默认为&&符，例如кролик кошка = кролик && кошка.

（2）|| 是"或"符（即ИЛИ），例如输入кролик || кошка，返回结果既可能含有кролик，也可能含有кошка，或者两者兼而有之。需注意：在扩展搜索中，如果输入词汇之间为空格，则Rambler默认为 || 符。

（3）NOT是"非"符（即НЕ），例如输入кролик NOT кошка，返回结果则只包含有кролик，不会出现кошка.这一用法在区分俄语的同形词时可以发挥极大作用。

（4）上述几个运算符的优先顺序为NOT → && → ||，但使用()可以变更优先顺序。

（5）+符表示该符号后面所检索的词在检索结果中必须出现；?符表示该符号后面所检索的词在检索结果中不是必现结果。例如输入+провайдеры интернета ?Москвы，在返回结果中провайдеры是必现词汇，而Москва则可出现可不出现。

（6）" "表示该符号内输入的俄文词汇的词形、词序与返回结果保持完全一致，例如输入Москва "прощаетсяс жертвами" теракта，则返回搜索结果中只会出现прощается с жертвами这样的词形组合和词序，其他间隔词序和其他词形变化都不会出现。

（7）( )符是运算符默认优先权变更符号，例如如果输入машина самолет || аэродром，则返回结果中会出现машина，самолёт或者аэродром或者同时出现；如果输入машина (самолет || аэродром)，则返回结果中машина以及самолет，аэродром中的任何一词。

（三）Rambler的检索界面和扩展搜索设置

在Rambler的返回搜索结果页面通常会有置顶的广告或公告栏，大多为与检索关键词有关的非搜索信息。下面则是用户检索的返回结果部分，其显示方式与Yandex大致相同，其中的сохрараненный текст为"网页快照"，与Yandex对应界面的Копия功能相同，искать на сайте为"在来源网站查找"，与Yandex的Ещё相似。

Rambler的扩展搜索设置为用户进行精确搜索提供了很大便利。首先在搜索框下可以进行Любое из слов，Все слова，Точную фразу的选择，默认为第二项。语言可以选择俄语、英语、乌克兰语，检索文档格式可以选择HTML，DOC，PDF. 文档起止日期也可以精确设置。对检索范围可以选择① 网页中的任意位置（где угодно на странице），② 网页标题（в заголовке страницы），③ 超链接（в гиперссылках）。搜索词汇的间隔可以选择是否受限，还可以选择在返回结果中是否排除某词，或者仅在某网站中搜索。结果显示参数可以选择按相关性排列还是按照更新日期的近远排列，一个页面显示10，15，30，50等不同条数，对结果可以选择4个过滤等级。

Rambler和Yandex一样，都提供了搜索提示功能，并且在部分返回结果的页面下部还提供了相近关键词搜索提示，可供用户自由选择，这充分地满足了用户的检索需求。随着移动通信的发展，Rambler、Yandex都提供了移动版的搜索引擎界面，通过智能手机同样可以上网使用这些搜索引擎。考虑到数据流量的影响，移动搜索引擎的界面要更为简洁、明了。

（四）Rambler's Top100

我们在俄网的许多著名网站上都会看到 这一图标，这正是Rambler引以为豪的网站分类排行服务，也是Rambler在与Yandex这一俄文搜索引擎巨头的激烈竞争中唯一有绝对把握胜出的服务项目。按照Rambler的说法，这是一个"非凡的（легендарный）俄文网络资源的分类排行系统"，是该领域内"无可争议的领袖"，是"俄网独具特色的中心，为普通用户和专业人士提供了俄罗斯互联网空间的全景式浏览"，"Top100使得俄罗斯互联网更加透明、明了、可以感知"。它主要起以下作用：（1）使得一般用户了解不同类型、领域、专题网站的比较信息，从而更好地搜索、使用所需网络信息，使自己成为专家；（2）使得个人站长能够快速、准确确定网站访问量，精确分析统计数据；（3）使得大型网站管理员能够对网站的受欢迎度进行比较性评价；（4）使得广告商在投放网络广告时有的放矢，有据可查。正是由于Rambler's Top100的权威性，大多数俄文网站，尤其是那些在俄网世界具有影响力的网站都是«участники Rambler Топ100»。此外，对于我们中国用户来说，Rambler's Top100可以起到分类目录式搜索引擎的作用，将它与全文式（关键词）搜索引擎相结合，可以更好地满足信息检索的需要。

Rambler's Top100截至2012年1月共有排名网站178608个，共分以下30个大类：汽车、摩托车；信息安全；商业和经济；国家和社会；休闲、娱乐；女性；法律、法规；互联网、通信；美容和健康；文化和艺术；个人理财；医疗；时尚；科学；房产；未知领域；新闻和传媒；教育；儿童；Rambler解决方案；旅行；工作和职业；宗教；家庭和日常生活；体育；参考、指南；建筑和维修；贸易；交通、运输；电子科技。在Rambler's Top100的目录页面还可以选择网站国家或区域、信息格式（文件、音视频、图片、资料

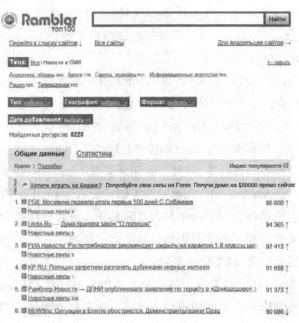

等)。下面我们以"新闻、传媒"(Новости и СМИ)专题类别为例来分析Top100的页面在统计、功能方面的特点。

Top100页面置顶的是在该类别标题下的分目录,如分析和观察、博客、报纸、杂志、通讯社、广播、电视等,同时给出每个分目录下的网站数量。网站排行榜默认的是概况(Общие данные)选项,标题下可以选择"简要"(Кратко)或"详细"(Подробно)显示方式。在"简要"显示界面,可以看到新闻、传媒类各网站的排列次序,每个网站都有网站名称和当日重要事件的标题,右侧显示每个网站的"广泛度指数"(Индикатор популярности)和指数的升降情况。在"详细"显示界面,可是显示每个网站的简要介绍和网站网址,其余信息同"简要"界面。

在网站排行榜页面选择"统计"(Статистика)选项,则显示出网站排行的各详细统计数字。

网站信息统计可以使用настроить进行功能设置,设置显示统计项目和日期,默认为浏览当日信息。每个网站的统计指标有:广泛度指数、访问量(Посетители)、点击率(Просмотры)和主页点击率(Просмотры главной страницы)。我们作为外国用户,通过给分类网站排行,可以了解俄网该类网站的主要信息,受欢迎度高的网站一定具有相当权威性,排名靠后的网站虽然关注率有所降低,但也不乏专业性较强、更细的网络信息,它们同样值得我们关注。其次,对于某些网站类别来说,俄罗斯人关注度高未必对我们就是最有用的,应当综合、全面考察每类网站信息和数据。

(五) Rambler的"解决方案"

与Yandex的Колдунщики相似,Rambler将自己类似的功能称作"解决方案"(Проекты)。这些解决方案主要有:购物(Price.ru);新闻;邮箱;词典;图片;视频;音频;地图;游戏;交友;贺卡;照片;金融;网络寻呼;Discovery发现频道;旅行;体育;房产;天气;广告;占星等。

下面介绍几类Rambler较有特色的解决方案,这些方案同样为我们进行信息搜索带来极大便利。

1)新闻搜索(Рамблер-Новости http://news.rambler.ru/)

Рамблер-Новости提供了强大的新闻搜索功能,其搜索方式有两种:

第一种可直接在搜索框中输入新闻事件或人物的关键词或句子进行检索,结果返回页面显示该新闻报道的全文、来源网站及评论、相关新闻链接、图片或视频,还有其他热点新闻链接,每条新闻标题前都有该报道网站的Logo标志,使人一目了然;

第二种是利用搜索框下的新闻主题进行检索,该主题与主页面下方的"专栏新闻"(Новости рубрик)是完全相同的,这些专栏有Политика, Мир, Экономика, Общество, Происшествия, Спорт, Авто, Наука и Техника, Культура, Lifestyle, Светская жизнь, Как бы новости等。

在搜索框下方,还显示当前热点新闻关键词,在检索结果页面还可以选择区域或国家属别进行检索。如果网民是从中国登录,则在页面右侧默认有所来自国家如中国的新闻标题。

2）图片搜索（Рамблер.Картинки http://images.rambler.ru/）和照片搜索（Рамблер-Фото http://foto.rambler.ru/）

Rambler的图片搜索在使用方法上与Яндекс.Картинки大同小异，只是在图片版权方面比Яндекс.Картинки要严格，在搜索结果返回页面一般都会给出图片版权提示，只显示略图和图片来源的链接，不提供图片的直接下载，用户需到图片的来源网站进行浏览和下载。

Рамблер-Фото与Рамблер.Картинки不同，后者是对俄网已有的所有图片进行搜索，而前者实际上是一种个人照片空间，由网民根据自己的喜好，通过注册申请一个照片空间，然后上传照片，其中的精彩照片可以共享为其他网民浏览、使用。这是Rambler比较有特色的一种服务，它使得网民可以对网络图片DIY，符合了当前网络个人化发展的潮流。

3）商品搜索（http://price.ru）

Rambler的购物或者说商品搜索在功能上实际上并不逊于Яндекс.Маркет，它秉承了Rambler's Top100的分类目录特色，给出了32个大项的购物分类，大到汽车，小到一张票，商品种类应有尽有。用户除了可以利用商品分类目录外，还可以在商品搜索框内输入品名或型号直接搜索。返回搜索结果一般会给出该商品的详细介绍、价格等信息。但需要指出的是，Price.ru并不像我国的网购如京东商城、凡客诚品、亚马逊那样直接从事网络购物交易，而是在搜索结果中给出该商品的来源网站信息和网址，用户可以直接登录到相关网站上进行交易。当然，Price.ru对于俄罗斯人来说是非常便捷的，它提供了一个商品搜索平台，但对于我们中国网民来说，目前现实意义并不大，最多是了解一下俄罗斯的商品行情。

Rambler的其他解决方案，如Рамблер.Видео、Рамблер.Аудио、Рамблер.Карты等也是俄网各自领域内具有一定影响的服务项目，我们将在下文的相关章节介绍这些服务。Rambler-ICQ 7与我国的腾讯QQ类似，在俄网也占据重要地位，我们将在"网上交流"部分加以介绍。Rambler 助手也与百度助手（工具条）相类似，是个浏览器插件，也在俄网享有较高知名度。

1.2.3 Апорт（Aport）（www.aport.ru ★★★）

（一）Aport及其搜索功能简介

Апорт于1997年11月11日正式联通Рунет，但在1996年就已经有了它的雏形。2000年前它一直是俄网最大的搜索引擎服务商，但之后的搜索引擎业务发展逐渐落后于

Yandex、Rambler。目前，它是俄罗斯最大的网络服务商"俄罗斯在线"(РОЛ — Россия-Он-Лайн)的搜索门户，隶属于Golden Telecom公司。一般认为，Aport是俄罗斯本土搜索引擎的"第三名"。

Aport同Yandex、Rambler一样，都是综合式搜索引擎，即同时可以进行关键词检索和分类目录检索。在进行关键词搜索时，Aport所使用的逻辑运算符与Yandex、Rambler存在许多相似之处，主要的有：

运算符	同义词	描述
И	AND & +	"与"符
ИЛИ	OR |	"或"符
НЕ	NOT ~	"非"符
( )		运算符优先顺序变更符号
" "	' '	允许搜索与其相同或相似的词汇，例如输入"яблоки на снегу"，返回结果可能有"яблоки на снегу"、"яблоки и снег"、"яблоки под снегом"等等。
сл2 (...)	с2(...) w2(...) [2,...]	词汇间距控制符，例如输入сл5(папа мама сын)，表示搜索词汇间隔在5个词汇之间。
url=	url:	搜索网站地址，例如输入url=www.rol.ru
title=		搜索标题
keywords=		搜索关键词，例如输入keywords(папа и мама)
alt=		搜索图片注释
anchor=		搜索链接
text=		搜索文本限制符

　　Aport的关键词搜索返回结果页面与Yandex，Rambler相类似，但返回结果的数量比它们要少得多。那么是否说Aport的搜索引擎就不值一用了呢？当然不是，Aport也提出了自己的"解决方案"（Проекты），它们在许多方面也非常具有自己的特色。

　　（二）Aport的"解决方案"

　　Aport的"方案"服务主要有：目录（Каталог）；图片；音频；视频；论文摘要；词典；邮箱；房产；地址；路线；天气；图书；交友；贺卡等。其中最有特色的是分类目录服务。Aport共划分了15个分类组别，主要是：汽车摩托；商业和经济；居家和家庭；交友和交际；互联网；电脑；文化和艺术；医学和健康；科学和教育；新闻和传媒；社会；娱乐和休闲；体育；国别地区等。每个分类组别展开后的页面显示出该类别网站的相关信息。

页面置顶部分是该分类组别的标题名称及其导航路径（Название рубрики и путь к рубрике），之后为该组别的次目录（подрубрики）和每个次目录的网站数量。在按字母搜索组别的下面是显示网站信息显示页面的调整栏，可以按照名称（Название）、引用指数（Индекс Цитируемости）和日期进行重新排序。

返回目录搜索结果中的每个网站都包含以下信息：（1）网站标题及其超链接；（2）标题前的网站主页截图按钮（Миниатюра）；（3）网站简介及其简介前的网站Logo标识；（4）引用指数；（5）网站地域；（6）评价标准（Лига）。当点击ИЦ（引用指数）前的Инфо选项时，则会打开网站详细统计信息。此外，Aport设计了详细、客观、科学的网站评价标准，这是俄网几个著名搜索引擎中所独有的，也具有较大的权威性。这一评价标准主要参考以下因素：网站类型，知名度，设计思想，满足需求与潜力等。评价分5级并以星号★标示：（1）最佳（★★★★Элитная лига），一般是在国际上或俄罗斯具有极高知名度的网站，像Государственный Русский Музей (www.rusmuseum.ru)，Библиотек Максима Мошкова (www.lib.ru)；（2）高级（★★★Высшая лига），一般是在俄罗斯该类别网站中具有较高知名度和权威性、有着广泛受众的网站，像Московский музей совр. Искусства (www.mmoma.ru)，Яндекс.Новости；（3）职业级（★★Профессиональная лига），一般是某组织或公司、企业及其法人等的网站，像Refer.ru，Апорт.Афиша；（4）业余级（★Любительская лига），一般指个人或团体所办、含有某些令人感兴趣的公共信息的网站；（5）禁止级（непубликуемые сайты），指含有令人反感内容和不良信息的某些网站。

总体来看，Aport的分类目录服务同Yandex，Rambler的类似功能相比较，尽管在信息量、收入网站数量上可能处于劣势，但在迎合网民口味、满足主流需求方面要做得更好，具有更加精炼和人性化的特点，页面设计简洁明了，各类功能按钮、链接使人一目了然。因此，Aport凭借其上述特点在俄网的搜索引擎大军中占据着自己的一席之地。

Aport的Апорт.Картинки，Апорт.Аудио，Апорт.Книги等专项服务或解决方案也具有自己非常鲜明的特色，我们将在下文的相关章节加以介绍。

1.2.4 GoGo.ru（http://go.mail.ru/ ★★★）

GoGo.ru或称作Поиск@Mail.ru，是Mail.ru公司研发的网络搜索引擎项目，于2007年6月投入使用，实际上，gogo.ru的域名在2000年就已注册，2006年在米哈伊尔·科斯炯（Михаил Костюн）的领导下开始研发，他也是俄罗斯著名搜索引擎Апорт的创始人。它的研发技术与Yandex有较大不同，其视频搜索服务和查问系统在俄文搜索引擎中占有重要地位，它在移动WAP资源搜索方面走在了许多俄文搜索引擎的前面。由于它在技术创新方面的出色表现，在SofTool-2007信息技术展上GoGo.ru获得年度互联网技术奖第一名。由于门户网站Mail.ru使用了Google的相关数据库，因此，Поиск@Mail.ru成为了俄语网络世界唯一能够跨出俄网进行互联网信息检索的搜索引擎。GoGo.ru正处于蓬勃发展时期，目前在俄网搜索引擎市场份额方面已超过

"老三"Aport的份额。

Поиск@Mail.ru (GoGo.ru)也是兼有关键词和分类目录的复合搜索引擎。其关键词搜索同样具有搜索提示功能。它的逻辑运算符与前面介绍的几个搜索引擎的主要运算符大致相同，但也有几处特殊规定：（1）引文使用运算符""，例如输入"Буря мглою небо кроет"，返回结果与输入句子在词形、词序方面保持不变；（2）#是检索词汇紧邻的强调符，例如输入посольство #россии в ирландии#，返回结果中要求这几个词汇必须紧邻；（3）运算符 |，=是"或"符，功能相同；（4）运算符！是精确检索某词形的符号；（5）运算符+可以排除同义词，例如输入Мерседес，搜索返回结果中就会出现Mercedes这样的同义词，如果不想出现这些同义词，则只需输入+Мерседес即可；（6）我们知道，俄文搜索引擎一般不支持专门检索一些"停止词"（стоп-слова：前置词、感叹词、连接词等），在输入这类词汇时，返回结果中可能出现也可能不出现，如果必须要检索这些词，则可以使用运算符+，例如输入сойти +с горы，则返回结果中就不会出现其他的前置词搭配形式。

Поиск@Mail.ru的常用检索服务还有图片、视频、商品、人物、工作、词典、问答等，其中视频、问答服务最有特色。问答服务的内容我们将在"互动问答"章节叙述。Поиск@Mail.ru视频搜索方式比较简单，只要选择视频服务选项，输入所要搜索的视频短片（видеоролики）的关键词即可。在返回结果页面会显示所有与之有关的视频片段，例如输入Филипп Киркоров，点击任一视频即可进入播放界面。在播放页面，播放器上会显示该视频的详细信息，如时长、大小、格式等，网民还可对该视频进行排行投票，在页面底端会给出与该段视频有关的其他视频信息，如Киркоров的其他专辑和MV等。

Поиск@Mail.ru也提供了分类目录服务Каталог@Mail.ru (http://list.mail.ru)，共有18个分类专题：汽车；商业和金融；家园；互联网；计算机；文化和艺术；医疗和健康；科学和教育；未知世界；新闻和传媒；社会和政治；休闲和娱乐；生产、制造；工作；体育；指南；商品和服务；幽默。打开次目录，返回结果页面与Aport比较相似，都有标题链接、内容简介、网址、网址Logo、转移值（количество переходов），只是缺少网站星级评价。

从实际感受来看，Поиск@Mail.ru (GoGo.ru)的全文搜索功能和质量比Aport要强大，但其分类目录服务却要比Aport逊色得多。

1.2.5 Нигма.рф（http://nigma.ru ★★★★）

如果说像Yandex，Rambler这样的俄文搜索引擎代表了俄网的网络搜索技术传统和厚实的网络文化底蕴的话，那么从技术角度说，代表了俄文搜索引擎发展未来的就应该算是Нигма了。Nigma.ru诞生于2005年4月12日，这一天又恰巧是俄罗斯的"航天节"。它从诞生之日起就被称作"智能搜索引擎"，特别是使用了分集技术（метод кластеризация）。

智能搜索引擎是结合了人工智能技术的新一代搜索引擎。它除了能提供传统的快速检索、相关度排序等功能，还能提供用户角色登记、用户兴趣自动识别、内容的语义理解、智能信息化过滤和推送等功能。智能搜索引擎设计追求的目标是：根据用户的请求，从可以获得的网络资源中检索出对用户最有价值的信息。智能搜索引擎具有信息服务的智能化、人性化特征，允许网民采用自然语言进行信息的检索，为他们提供更方便、更确切的搜索服务。

尽管目前的Yandex，俄文Google等都声称开始使用智能搜索技术，但Nigma.ru却是俄罗斯较早举起"智能搜索引擎"大旗的公司。该引擎的创始人维克多·拉弗连科（Виктор Лавренко）早先在著名IT公司Mail.ru工作过，后任副总裁。2004年他找到了莫斯科大学计算数学和控制系的天才学生弗拉基米尔·切尔内绍夫（Владимир Чернышов）一起开发全新的搜索引擎。最后他们成立了新的公司，并取名为Nigma（蜘蛛目下属的一个种的名称）[①]，据说这个名字好记并能和"网"联系起来。技术方面则与美国斯坦福大学相联合。根据引擎客户大部分来自俄罗斯等俄语国家的调研数据，2010年9月Nigma公司正式把Logo标识改为Нигма.рф，并申请了.рф的基里尔字母域名并开始了基里尔域名编制目录工作，成为了俄网基里尔字母域名搜索引擎"第一家"。目前，它已收录了11000个基里尔字母域名，但要知道，单在.рф域名下的许多网站还不能搜索；每天它要处理1百万个转入网站请求，每月约有3百多万访问者。从发展前景来看，它是最有可能赶超Yandex的俄文搜索引擎。

Нигма.рф (Nigma.ru) 的基本逻辑搜索符与Yandex，Rambler，Aport，Поиск@Mail.ru等大致相同，在检索页面的扩展搜索设置也基本相同。在搜索框的下方可以直接对于所调用的搜索引擎（默认是调用所有引擎）、搜索语言（默认是任一语言）、返回结果排列方式和其他项目进行设置。在返回搜索结果页面，基本显示方式与其他搜索引擎大同小异，每条检索结果下的Найти слова选项类似于其他引擎的"网页快照"。但在页面左端多出了"过滤"（Фильтр）设置，可以设置结果显示的日期、相似关键词等，这些关键词全部是引擎通过技术手段自动分析所得，从使用感受上看，非常精确，值得肯定。

Нигма.рф的分集技术简单地说就是引擎从千百万条返回结果中自动分类聚集，并利用分集过滤条对相关信息进行分集显示，而且分集过滤的第一条显示往往就是输入问题的答案，用户可以在分集过滤条中自主选择过滤结果，而无需在搜索返回页面

---

① Nigma is a genus of araneomorph spiders that occurs in Eurasia and Northern Africa. They include with N. walckenaeri the biggest member of the family Dictynidae (up to 5mm body length). ——来自维基百科

底端的следующая一页一页地打开了。

在Нигма (Nigma)的说明指南中，有这样一个问题："Nigma和其他搜索引擎相比有什么独到之处？它究竟会什么？"Nigma引以为豪的是它的"Nigma模块"（Нигма-фичи），与之相对应的功能我们在Yandex的Колдунщики（Koldunschiki）和Rambler的Проекты中也见到过。主要的Нигма-фичи功能模块有：

1）聪明搜索提示（умные поисковые подсказки）

我们通常所见到的搜索提示都是在搜索框内输入某词汇时会自动提示相关词汇，但Nigma进一步加以开发，发展出了问答提示和商品价格性能提示两种更高级的功能。问答提示又分三种类型：（1）简单请求，例如在输入**столица к**... 时，搜索框会自动提示**столица к**анады，**столица к**убы，**столица к**азахстана，**столица к**итая... 在每个提示后都会紧接对应的名称和网址，例如Оттава (www.ottawa.ca)，Гавана，Астана (www.astana.kz)，Пекин (www.beijing.org.cn)... （2）百科资料，例如上述提示中将鼠标停在该提示词汇上，则会出现关于Пекин的百科知识介绍；（3）精确请求，即输入更为精确的词汇后，在搜索提示中会出现与之相关的所有名称、网址等，例如输入Стив Джобс，提示信息会有рождение – 24 февраля 1954，гражданин – США，род деятельности – Глава CEO компании Apple Inc. ...这样一来，有关乔布斯的任何相关介绍都会出现。商品价格性能提示则更为神奇，输入商品品名或类别，那么搜索提示中相关型号的价格、性能参数都会提示出来供你选择。大部分情况下，聪明搜索提示会提示перевод，自动将检索词译为英语。

2）Nigma数学/化学（Нигма-Математика/Химия）

Nigma数学和Nigma化学是它最神奇、最"智能"的体现之一。智能搜索引擎的一个显著特点就是无需再选择搜索工具条，只有一个搜索框可以解决一切问题。Nigma数学允许在搜索框内输入复杂的数学公式，点击найти，就会返回一个"数学黑板"，上面有该题的解题思路和答案，当然，为了结果更精确，必需遵守Нигма-Математика制定的数学符号输入规则。此外，它还可以解决单位换算和汇率换算问题。Nigma化学可以解决无机化学和有机化学的化学元素、化学反应、化学公式、有机物合成等各种常见化学问题。

3）信息搜索（Инфопоиск）

这是Nigma的又一项独有的搜索技术，它支持进行一般信息搜索、图书信息搜索和工作信息搜索。一般信息搜索将在返回结果中以表格形式直接显示最主要信息，例如输入iPhone 4。如果用户需要了解详细信息，可以点击图表下的ещё展开表格查询。这可以为用户检索信息节约更多的时间。图书信息搜索的功能也是俄网主流引擎中功能最为强大的，它允许用户按照作者、风格、名称、文件类型进行检索，可以下载的文件在返回结果中会明显标出。工作搜索对于俄罗斯的那些求职者来说更是必不可少的网络搜索工具，例如输入职业、职位名称，返回搜索结果中就会以表格形式显示相关信息，包括职位、薪金、公司名称、电话和地址（如果有的话）。

4）官方网站（Официальные сайты）

如果某名人或公司、组织有自己的官方网站的话，那么Nigma支持官方网站优先结果显示，例如输入Д. Медведев，那么在返回结果中首先显示梅德韦杰夫的官方网站信息，还有博客（微博）、视频频道（如果有的话）等信息。这为用户直接检索最权威信息又提供了极大便利。

5）Nigma表格（Табличный Нигма-поиск）

Nigma是第一种根据用户搜索请求自动以表格形式返回检索结果的搜索引擎，例如输入Категория: президенты России，在返回结果中会自动显示一个表格，表格内有迄今三位俄罗斯总统的姓名全称、任期起止日、所属党派等等内容，这些内容可点击ещё колонки选项进行选择。用户点击总统姓名的超链接，可以直接进入维基百科的相关词条。在返回表格结果上方还有Исходный запрос和Показана таблица: Государственные деятели → искать по всем категориям 内容，点击искать по всем категориям，则会返回所有社会活动家（Государственные деятели）的表格信息。这些表格可以直接打印，也可以Excel表格形式下载，作为资料保存。

6）缩略语解译（Расшифровка сокращений）

我们都知道，在阅读俄文网络文件时，缩略语是一个十分令人头痛的问题。俄语缩略语种类繁多，许多最新的缩略词汇不断涌现，如果每次都登录相关网站去查证缩略语原义的话，将非常麻烦。Nigma支持缩略语提示功能，如果用户输入某缩略语，除了在返回结果中有原义显示外，在页面左端的过滤条上也会出现Аббревиатуры的选项，下面会显示所有与该缩略语解译相同的词组，点击这些词组的超链接可以转入相关网址。此外，Nigma还支持英文缩略语的解译。

7）图书检索（Поиск по библиотекам）

Nigma直接支持图书及其文本文件检索。例如，在搜索框内选择книги选项，输入作者姓名（Лев Толстой），在返回结果的第一项则会显示该作者的详细信息的超链接；如果输入作者姓名+作品名称（Лев Толстой Война и мир），在返回结果的第一项就会显示该作品文本的超链接。

此外，Нигма-Музыка是俄网主流搜索引擎中音乐文件检索功能最为强大的搜索引擎之一，而且它又不像Яндекс.Музыка对俄罗斯境外IP地址进行限制，它是"完全开放"的。Nigma的"种子"（Torrent）搜索服务是俄网主流引擎中仅有的，这对于P2P下载用户来说更是个福音。Nigma走的不是像Rambler，Yandex那样服务类型大而全的发展路子，其他的搜索引擎常见服务项目，如SMS、博客、邮箱、地图、词典、贺卡、交友等等，它们的俄网最主要服务商链接被置于页面顶端，供用户自主选择，这样就使得Nigma可以专心致志于搜索引擎本身的技术创新。总之，Нигма.рф是一种一经使用就令人爱不释手的搜索引擎，其发展前景不可限量。

1.2.6 其他搜索引擎

前文我们阐述过，搜索引擎按其工作方式主要可分为三种，分别是全文搜索引擎

（Full Text Search Engine）、目录索引类搜索引擎（Search Index/Directory）和元搜索引擎（Meta Search Engine）。除此之外，还有几种非主流形式的搜索引擎：

1）集合式搜索引擎。如HotBot在2002年底推出的引擎。该引擎类似META搜索引擎，但区别在于不是同时调用多个引擎进行搜索，而是由用户从提供的4个引擎当中选择，因此叫它"集合式"搜索引擎更确切些。

2）门户搜索引擎。如AOL Search、MSN Search等虽然提供搜索服务，但自身既没有分类目录也没有网页数据库，其搜索结果完全来自其他引擎。

3）免费链接列表（Free For All Links，简称FFA）。这类网站一般只简单地滚动排列链接条目，少部分有简单的分类目录，不过规模比起Yahoo等目录索引来要小得多。[1]

由于我们所研究的俄网（Рунет）的自身特点，我们把集合式搜索引擎归入了元引擎，将集合了全文（关键词）和目录索引的搜索引擎统称为"复合式引擎"，将门户搜索引擎归入复合式引擎，免费链接列表本书不看做是搜索引擎。有的学者还专门划分出多媒体搜索引擎，它包括图形引擎、音频视频引擎、电子地图等，另外还有各行业如化学、医学、农业、军事、专利等领域的搜索引擎。[2]我们把这些引擎都归入"专业搜索引擎"的范围，并将在"俄文网络资源"的部分加以介绍。上文所介绍的部分俄文主流搜索引擎也涉及到了这些方面，我们把它们涉及到的相关功能进行"拆解"，也放到网络资源部分进行介绍。[3]

俄罗斯的俄文搜索引擎除了我们上文所介绍的Yandex、Rambler、Aport、GoGo.ru、Нигма.рф外，还有许多搜索引擎在发挥着各自的作用。下面我们分类加以简单介绍。

1.2.6.1 元搜索引擎

元搜索引擎在检索的精确率上并不一定比其他独立搜索引擎高，但由于它集合了多个搜索引擎，能够使用户在短时间内获取更多的结果，因此，也成为部分网民的最爱。俄罗斯的俄文元搜索引擎主要有：[4]

➤ Au（http://www.au.ru ★★☆）

这是个功能非常强大的俄文元引擎，从某种程度上说它已经超越了元搜索引擎的范畴。它集合了Апорт、bing、Google、Rambler、Яндекс、Нигма、Википедия、GoGo等引擎，可单选进行检索。除了搜索引擎，它在主页上还设置了其他服务栏目：专网，如Мой мир@mail.ru、Одноклассники.ru、Facebook、ВКонтакте、Яндекс. Мой круг等；电子邮箱，如Email.ru、Rambler.Почта、Яндекс.Почта、Мета.Почта等；宠物；网络电视频道；财经；娱乐；幽默；图书；游戏；音乐；体育；旅行；交友等。这是个非常值得推荐的俄文元引擎。

---

[1] 上述内容参考自"搜索引擎直通车"网站的相关内容（http://www.se-express.com/about/about1.htm），在此向有关作者表示谢意。
[2] 谢新洲主编《网络信息检索技术与案例》，北京图书馆出版社，2005年。
[3] 下文所介绍的有些搜索引擎从"血统"上看并不是纯正的俄罗斯的，我们把这些立足于俄罗斯和Рунет、与俄合资、共同开发的引擎都归入俄罗斯的俄文搜索引擎。
[4] 本书在推介网络资源的部分将按照每类"推荐指数"最高的网站资源居前，其余按照网站名称的俄文、英文字母顺序排列的原则来排序；若推荐指数没有较高的，则按照后述原则正常排序。

其他常见元引擎

名称与网址	说　明
04.RU! http://www.404.ru/ ★★	集成了Google、Yandex、Rambler、Wikipedia、GoGo、Yahoo等引擎，只能单选。设计简洁，检索功能较完备。支持对图片、博客、词典、视频、商品、FTP文件进行检索。可以收听网站自带的网络广播，收看网络电视。
AdClick.ru http://www.adclick.ru/	引擎名称叫做"一键式"，集成了Google、Yandex、Bing、Rambler、Yahoo的搜索引擎，可以进行单选和多选。
AlterVista http://www.altervista.ru	一个从名字上让人们误以为是大名鼎鼎的元引擎AltaVista的搜索引擎，集成了Yandex、Aport、HotBot、Lycos、Google等搜索引擎。
Exactus http://exactus.ru	检索口号是《Всегда то, что искали!》，是俄罗斯科学院系统化分析研究院开发的目前唯一的智能化俄文元搜索引擎，支持自然语言检索，其数据库由Google、Yandex、Rambler支撑。还可调用维基百科进行检索。
In2u http://www.in2u.info/ ★	自称为МультиПоиск（多元搜索），可以在Google、Yandex、Rambler、Aport、MSN、Yahoo、AltaVista、Поиск@Mail.ru、KM.RU、Nigma.ru中进行选择，可以进行论文、新闻、图书、图片、软件、音乐、医药等专业搜索，功能比较强大。
Giggle.ru http://giggle.ru/	名字像Google，调用Yahoo、Google、Yandex引擎进行检索，可以直接查维基百科。
MetaBot.ru http://www.metabot.ru/ ★	一个号称在数据处理结果方面是俄网最强大的元搜索引擎；还可检索特定文档或音频、视频文件。
MetaBrain http://metabrain.ru/ ★	口号是《Мы найдём то, что Вы ищете》，俄英两个界面，可以同时在Google、MSN、Yahoo、Рамблер、Mail.ru、Aport等引擎中进行搜索，节约大量检索时间。
Type.ru http://www.type.ru/ ★☆	集合了Yandex、Rambler、Aport、Google、AltaVista、Excite和目录式的Mail.ru、РОЛ、Weblist、PingWin、OpenDirector、Yahoo以及ftp检索的FileSearch、Files.ru、FtpFind等和mp3音乐搜索的mp3Search、Delt、RMP、Mp3Files等专业引擎，但只能在每个类别中单选。由于长时没有更新，有的链接打不开。
ZxZ http://zxz.ru	一个简单的集成Google、Yandex的搜索引擎。

1.2.6.2　复合式搜索引擎

复合式搜索引擎往往兼有全文式和目录索引式引擎的特征，但又常以其中某一类型引擎为"擅长"。除了上文提到的几个引擎外，俄罗斯的复合式俄文搜索引擎主要有：[①]

➢ Визуальный мир（http://www.visualworld.ru/ ★★★）

这是俄网中绝无仅有的"可视化"（Визуальный）搜索引擎，如果选择页面上的"联想检索"（Ассоциативный поиск），例如输入Госдума，则在返回结果中会显示一个联想词汇目录，根据这些词汇，会同时显示一个"语义云"树状图，在"树"的每个节点上是各个联想词汇，在树状图下是相关网页的检索结果。只是由于网络生成树状图的信息处理过程需要花费一定时间，所以检索速度比较慢。当然，这并不妨碍它以这种可视化搜索结果而在俄网的搜索引擎中独树一帜。

---

① 这里我们把一些全文式俄文搜索引擎都归入了复合式引擎，因为目前俄文搜索引擎很少有只进行关键词检索的引擎了，大多集成了不同的网络信息检索服务功能。

➢ KM.RU（http://www.km.ru/ ★★☆）

KM.RU（Кирилл и Мефодий）是俄罗斯第一个也是最大的多元门户网站，它所提供的信息搜索服务立足于与Google的合作，检索逻辑语法基本等同于Google俄文版。除了关键词搜索服务外，在网站主页各个服务栏目中都有对应主题的网站链接，基本等同于目录检索服务。KM.Ru的全文检索结果比较完备，并不比许多专业搜索引擎的检索效果差。由于其网站的地位，这也使得用户在登录网站页面时经常使用它的搜索引擎服务，它的用户访问量一直比较大。

➢ Quintura（http://quintura.ru/ ★★☆）

这是俄网为数不多的以"可视化"（Визуальный）为"主打品牌"的搜索引擎，究其为可视化引擎，因此被称为"互动"搜索引擎，有英文版本。除了可以进行全文式搜索、支持搜索提示外，还提供目录索引服务，点击任一目录，可以进入可视化图形界面进行检索。但搜索引擎是调用Yandex进行检索。

➢ Quintura для детей（http://kids.quintura.ru/ ★★☆）

这是一款"孩子的"可视化搜索引擎，是Quintura引擎的儿童版，安装了儿童网络过滤程序，可以使儿童免受网络不良信息的侵蚀，而且设计极其精美，主页的卡通形象可以一下子抓住儿童的眼球。与一般目录索引网站放置目录的常规位置不同，该网站将专题目录置于搜索框上部，主要专题有宇宙、植物、动物、地球、科技、文化等10个大项。当点击开任何一个类别，则会展开该类别的所有分类别，内容十分丰富，虽说是针对俄语世界的儿童，但对于俄语是外语的外国人来说也是一个非常值得推荐的好网站。

➢ Agakids（http://agakids.ru/ ★★★）

无独有偶，Agakids是另一个儿童搜索引擎，同样按照有网站过滤程序，不同的是它的搜索可选项要更为丰富：既有可视化检索，又有文本、图片检索，还有专门针对父母的各项专业检索工具，更有儿童喜爱的动画片可以在网页上播放。对于不懂俄语的用户，还有英语界面可以显示。网站整体设计画面精美，功能完备，服务贴心，是该类网站的精品。

➢ Xfinder（http://www.xfinder.ru/ ★★★）

这是一个多元化综合性搜索引擎，它集合了几十种搜索引擎，并按照功能进行了分类，例如有通用引擎以及查找"种子"（Torrent）、音乐、视频、图片、论文和在线百科搜索等。特别是该引擎还分数个检索专栏，它们是：媒体检索、电子出版物检索、资源链接检索、主题检索和检索理论等，其中，主题检索又分几十个类别。

其他常见复合式引擎

名称与网址	说明
ЗонаРУ http://www.zoneru.org/ ★★	一个以检索新闻见长的搜索引擎，也可以进行其他方面信息的搜索。在主页上还将新闻按照类别进行了详细分类，每个分类目录下都有当前热点新闻，大多数置前的新闻都有视频可以观看。
Лучшие Рунет http://ru-best.ru/about.php	网站保证搜索信息"最干净"，除全文检索外，相关目录似多偏重互联网、计算机程序设计方面的内容，如反病毒、网络安全、Flash等。
МАМОНТ http://www.mmnt.ru	除了可以在万维网进行搜索外，也是为数不多的ftp搜索引擎之一。

МоёМесто.ru http://moemesto.ru ★	一个颇具搜索特色的引擎,它不依赖于网站管理员编制的网站索引,由网民搜索习惯作为搜索引擎的"指引",所有人的搜索结果都可以作为"指引"的基础数据库。
Ноль 9 http://www.nol9.ru/	一个定期变更所集合引擎的搜索引擎,本身具有俄文信息检索能力,同时又集合了像Yahoo,bing,Amfibi,Answers.com等国外引擎。还支持进行新闻和图片检索,"网站目录白皮书"里收录了18类共5千余个网站。
Поиск QIP.RU http://search.qip/ ★★	著名门户网站QIP.RU的搜索服务项目,检索内容包括基本网页、图片、视频、地图、文档、博客等等,但搜索技术依赖于Yandex引擎。
Поиск.ru http://poisk.ru/	一个比较独特的搜索引擎网站:网站本身具有俄文信息搜索功能,同时又集成了Yandex,Rambler,Google,Апорт,Yahoo!,Find.ru,AltaVista,Википедия,Price.ru,Яндекс.Карты等复合和专业搜索引擎,主页上也提供了许多服务栏目,不过都需要转到其他网站,还有新闻标题服务等。此外,其"孪生兄弟"Find.ru(http://find.ru/),只不过是个精简版。
Рутл http://www.rootle.ru/	主要提供黄页、租房、求职、求学、交友、休假方面的信息检索服务,在主页的Каталог也给出了上述类别的网站信息。
GOON http://goon.ru/ ★★	一个较大型的综合性搜索平台,既可以全文式搜索,也提供了详细的分类目录,共分11个类别,主要有商务、计算机与通信、家庭、社会与政治、娱乐与休闲、科学与教育、文化与艺术、互联网、职业与岗位、未知世界、医疗与健康等。还提供了网站排名、邮箱、新闻、天气等查询服务,特别是商品检索和找人的服务。还有非常实用的指南信息服务并置于主页的显著位置,如电话号码、地铁航班公交时间和线路、证件编号等信息查询。
FileSearch.ru http://www.filesearch.ru/ ★★	一个专业搜索FTP服务器的搜索引擎,可以检索文档、视频、音频、图片等不同网络信息。Top100栏目列出了世界ftp服务器地址,其中有不少俄罗斯的ftp服务器,所提供的信息容量以Gb记。
Codavr http://codavr.ru/	一款依赖于Google的专门为网站管理员服务的搜索引擎,服务于从事像HTML,DHTML,XML,Javascript,AJAX,MySQL,PHP,Python,Ruby,Java方面网站设计。
FASQu.com http://www.fasqu.com/	一款"专家型"搜索引擎,是POLOBIO公司在俄罗斯的延伸业务。专家引擎在页面引入各个"专家",由他们提供各类搜索建议,而且用户也可以申请成为专家。
FindMedia http://www.findmedia.ru/ ★	专业的多媒体信息检索网站,依赖于Google检索技术,支持专门搜索mp3,wma,ogg,midi等音乐文件以及歌词、P2P种子、Logo标识、技术信息、论文、电子书等,功能比较令人满意。
Flexum http://flexum.ru/ ★☆	自称为新一代的搜索引擎,可以算作"搜索引擎的搜索引擎"。除了全文式检索外,还提供了目录索引服务,共分16个门类。特色在于:各个目录索引中大部分是该类别的相关搜索引擎,尽管有些并不能算是严格意义上的搜索引擎,只能是某种检索工具。这一特色使得该引擎在俄网搜索引擎中比较少见。
Gurusearch.ru http://gurusearch.ru/index.php	口号是"我们知道你的搜索点击",除了关键词检索,还提供了11个门类的目录索引,目录索引内容侧重于日常生活和工作的方面。
MediumSEARCH.com http://www.mediumsearch.com/	据称是俄罗斯最早运用语义分析技术的搜索引擎,除了全文检索外,还有目录索引,分为商业、家居、服务、娱乐、技术、体育、学习工作等12个门类。

续表

Memori.ru http://memori.ru/ ★★	与МоёМесто.ru 定位相似，提出的口号是"记忆的书签"，除了像МоёМесто一样给出给出网民的关键词检索"习惯"，还有一些常见检索网站的简要介绍。网站提供了目录索引服务，共分19个门类，但这些目录索引是由网民提供和编制的。
Qwate http://qwate.ru/ ★☆	使用了Google的Ajax搜索技术，除了可以进行关键词检索外，还提供像图片、视频、新闻、博客、论坛、商店、百科知识、词典、（计算机）脚本语言、torrent种子、图书、音乐、工作等等十数项服务，门类齐全，使用较方便。
RIN.ru http://www.rin.ru/ ★★	RIN[①]可以进行专业的关键词检索服务，可以搜索资讯、音乐、组织、人物、黄页等，并有英语版本。它还提供了较详尽的分类目录，共分11个大类。网站的其他服务项目也比较丰富，紧贴日常生活和工作。
UKA.ru http://www.uka.ru	只收录近三年出现的优秀网站，除了可以进行全文检索，还提供了目录索引，性质与Rambler相似，是Top100网站排行。
Vfind http://all.vedenin.ru/ ★	称作专题搜索引擎，主页上有9个不同类型的专题图标：汽车、银行与贷款、舞蹈、音乐、视频、体育、图书、百科知识和词典、程序设计。它调用Google俄文版的搜索引擎进行信息检索。
Vizzy.ru http://vizzy.ru ★☆	称作"最令人意外的搜索引擎"，是个专业新闻搜索引擎，主页上点击站名的播放按钮，每个检索的新闻画面截图如3D效果般扑面而来，点击任何一幅，即可进入该新闻的详细报道。但对效果的过分关注，可能会降低用户对内容的关注度。
Webalta.ru http://www.webalta.ru/	应该算是一个纯全文式搜索引擎，而且依赖Yandex的数据库，但它又提供了新闻、汽车等方面的检索服务。
WEBFINDER http://webfinder.ru/ ★★	依赖于Google的搜索引擎技术，在页面上设置了30个搜索专题门类，各种类型应有尽有。
Woops! http://woops.ru	基于Web 2.0技术，可以识别许多搜索引擎不认的网站简称。
Zahav.ru http://search.zahav.ru/	依赖于Yandex搜索技术的全文式搜索引擎，还提供检索图片、新闻、图书和百科知识方面的检索服务。
迷你引擎	
Gogle. Россия http://gogle.ru/	俄文Google的山寨版。
Shmoogl.ru http://www.shmoogle.ru/	不要管它们，是玩笑网站。
Rambler beta http://nova.rambler.ru/srch?	Rambler的新测试版。
http://r0.ru/	简版Rambler。
http://www.ya.ru	简版Yandex。

[①] 俄罗斯信息网（RIN – Российская информационная сеть）

http://poiskovik.3dn.ru/Nm.htm http://poiskovik.3dn.ru/Gm.htm http://poiskovik.3dn.ru/Ggm.htm http://poiskovik.3dn.ru/Yxm.htm http://poiskovik.3dn.ru/Ym.htm http://poiskovik.3dn.ru/Rm.htm	搜索引擎Nigma、Metabot、Google、Gogo、Yandex、Yahoo、Rambler的迷你版。

1.2.6.3 目录索引搜索引擎

许多俄文目录式搜索引擎也集合了关键词搜索功能，但对于这些引擎来说，它们并没有把技术开发的重点放在关键词检索方面，其"主打"产品仍是目录索引，它也是这些引擎生存之本。

➢ Всего.RU（http://www.vsego.ru/ ★★☆）

Всего.ru是一个分类详尽、信息量大的目录式搜索引擎，共分20多个专题。点击任一专题可以进入次目录，次级目录的分类也都比Rambler、Aport这些著名网站的分类要详尽，收录的资源也非常丰富。每个目录下的返回结果都显示出网站的名称、简介和所属类别。使用上比较容易上手，是个值得推荐的目录引擎。

➢ Deport.ru（http://www.deport.ru/ ★★☆）

Deport.ru是以目录索引为主要检索方式、提供多种信息查询服务的目录检索综合性网站，其目录共分12个专题，查找网站可以从搜索框内或打开分类目录进行。它还提供了多达26项的生活、工作服务，因此它又被称作娱乐资讯门户网站。

➢ The List of Russian Web Servers（http://weblist.ru/ ★★☆）

这是个在俄网中独具特色的目录式搜索引擎，首先在于其目录详尽，专题共分14个大项，每一大项下又分不等的次目录（小项），在收录的详细性方面并不亚于Aport；其次，在网站的评价方面也与Aport相仿，采取星级标志，只是划分的等级比Aport要更多、更细；再次，该引擎所有网址全部是由网民提供（网民上传，网管批准）。引擎默认是英语界面，可由Russian Version选择俄文界面。正是由于目录索引网址由网民提供，所以各种信息良莠不齐，禁忌较少，应当正确识别。

其他常见目录索引引擎

名称与网址	说明
Все поисковики http://vsepoiskoviki.ru/ ★★	一个搜索引擎的搜索引擎。它以检索各类搜索引擎为主要服务内容。收录的搜索引擎种类齐全，例如除了俄网搜索引擎外，还有乌克兰、白俄罗斯、德国、法国、意大利、荷兰、西班牙、瑞典、瑞士、加拿大、以色列、美国等国一些搜索引擎。它还普及了关于搜索引擎的许多基本知识。
Ёпрст! http://www.eprst.ru	共有16个专题分类目录，收录网站内容侧重日常工作、生活。
Иван Сусанин http://ivan.susanin.com/ ★	"伊凡·苏萨宁"也是一个"老牌"的俄文搜索引擎（1998年），严格意义上说，它应该算是乌克兰企业的产品服务。其分类目录比较详尽，共分14个专题，收录网站信息量较大。

续表

名称与网址	说明
Расширенный каталог ресурсов Рунета http://runet.stwol.ru/	俄网资源的扩展性目录，分类比较详尽，有40多个专题，但每个专题的返回结果却介绍比较简单。
Улитка http://www.ulitka.ru/ ★	一个"老牌"的俄文搜索引擎（1998年），目录分23个专题。任一专题的返回结果中显示每个网站的简介内容以及录入时间、访问量，基本信息比较齐全。
Classes.ru http://www.classes.ru/catalog/ ★	全部是各类教育资源的分类目录，内容涉及在线学习、高等教育、中等教育、科技、培训班、翻译、参考资料、考试等。目录返回结果介绍详细，参考性强。
Exctlion! http://www.catalog.excelion.ru/ ★	Exctlion提供了较为详尽的分类目录检索，共分18个专题，在每一专题的返回搜索结果中都显示网站的名称、简介内容，设计比较简单，但信息量较大。
FullWeb http://www.fullweb.ru/	一个相对比较简单的分类目录网站，主要有汽车、经贸、城市地区、美容健康、休闲娱乐、媒体、图片、女性等类别。
Hi-Top http://hi-top.ru/ ★★	并不是严格意义上的搜索引擎，它是俄网优秀网络资源的集锦，既提供分类目录，也提供关键词检索服务。收录的网站资源主要有：电影、音乐、视频和电视、图书、个人电脑和软件、游戏、P2P下载、幽默、体育、扑克、交流、网络服务商、未知领域等。每个网站资源都有详细介绍和链接。
Optime http://www.optime.ru/	它也有搜索框，但它最引人关注的还是分类目录索引，共分64个门类，返回结果比较简单，但收录网站数量较多。
Refer.ru http://www.refer.ru/ ★	其服务信念是："您一定会找到您所寻找的！"，它保证所收录的所有网站全部是经过检验，正常运行的。它的目录共分25个专题。
Russia on the Net http://www.ru/rus/index.html/	俄网第一个目录索引式搜索引擎，只是发展后劲不足，落在了许多后起之秀之后。目前目录共分8个专题，还有比较有特色的个人网站目录。
Runet.puler.ru http://runet.puler.ru/	似乎是个统计排名类网络资源，实际上，它还是目录分类资源，每一类按照重要性等指标进行了排序，分出了十几类资源。
Up.ru http://www.up.ru/	在线目录网站，其分类目录索引全部都是www.rates.ru的网站排行。
Webstan http://www.webstan.ru/ ★★	俄网Web2.0优秀网站的一个指导性目录分类网络资源，有几十种分类，其中的网站大多为同类网络资源的佼佼者。

俄网还有部分专业搜索引擎，其中的电话黄页搜索工具比较类似分类目录引擎，这里仅列一二。

名称与网址	说明
Жёлтые страницы России http://yellowpages.rin.ru/	俄罗斯和独联体国家企业、组织黄页搜索引擎。
Жёлтые страницы Рунета http://www.yellowpagesrussia.ru/	俄网公司、企业、组织、部门黄页搜索引擎。
Справки.net/ Адреса и теле. http://spravki.net/go/phones/	Справки.net网站提供的俄罗斯重要地区的地址、电话目录。

续表

Справочник deport.ru http://yp.deport.ru/	Deport.ru网站的公司、企业、组织黄页检索工具。
E-АДРЕС.RU http://www.e-adres.ru/	俄罗斯地址、电话等黄页大全，是俄网同类功能最为强大的网站之一。
Media Атлас http://www.mediaatlas.ru/	"媒体地图册"是俄媒体实体的详细信息和联系方式。
Yellow-pages http://www.yell.ru/	莫斯科的电话黄页搜索引擎。

第三节 非俄罗斯的俄文搜索引擎

在俄罗斯的网络信息检索市场上还有一支重要力量，就是非俄罗斯"本土"的俄文搜索引擎，它们以Google俄文版为代表，对俄罗斯的搜索引擎市场发起了冲击。以Google为例，它已成为占据俄罗斯搜索引擎市场份额第二位的搜索引擎，仅次于Yandex。谷歌在中国已退居香港，尽管它找出各种借口，但在中文搜索市场上完败于百度却是不争的事实。在俄罗斯市场，俄罗斯"本土"的俄文搜索引擎，甚至包括行业老大Yandex，都还不足以彻底击败Гугл。后者以及其他一些西方国家的俄文搜索引擎仍在俄网发挥着一定作用，有着固定的客户群，而且数量还在不断增长。

1.3.1 Google俄文版（www.google.ru ★★★☆）

Google[①]引擎正式投入使用是1998年，几年间迅速发展成为目前世界上规模最大的搜索引擎，并向AOL、Compuserve、Netscape等许许多多其他门户和搜索引擎提供后台网页查询服务，其中也包括许多俄网的俄文搜索引擎。它属于典型的全文（Full Text）搜索引擎。Google提供常规及高级搜索功能。在高级搜索中，用户可限制某一搜索必须包含或排除特定的关键词或短语。该引擎允许用户定制搜索结果页面所含信息条目数量，可从10到100条任选。提供网站内部查询和横向相关查询。Google还提供特别主题搜索，如：Apple Macintosh，BSD Unix，Linux和大学院校搜索等。

Google允许以多种语言进行搜索，支持多达130多种语言，同时还可以在多达40多个国别专属引擎中进行选择。第一次进入Google，它会根据你的操作系统，确定语言界面。需要提醒的是，Google是通过cookie来存储页面设定的，所以，如果你的系统禁用cookie，就无法对Google界面进行个人设定了。如果我们中国用户想进入Google的俄文界面进行信息查询，可以点击搜索框右侧的"语言工具"选项，进入后从语言名单中选俄语即可，这样操作后的引擎地址应该是：http://www.google.com.hk/webhp?hl=ru。这里需要特别指出的是，有些中国用户使用Google进行俄文信息查询时，直接在中文的谷歌搜索框内输入俄文关键词，这样也会返回俄文搜索结果，似乎也能查到所需信息。其实，如此

---

① 西方主要搜索引擎的部分内容参考自"搜索引擎直通车"（http://www.se-express.com/index.htm）相关内容，在此谨对原作者表示谢意。

使用Google进行俄文信息查询是不正确的，或者说起码是不完善的。要知道，通过中文Google查询俄文信息的返回结果与通过Google的语言（俄语）选项查询俄文信息的返回结果是不相同的或不全相同的！感兴趣的读者可以实践一下，也就是说，真正与Google俄文版（Гугл）同步的应该是后者。Google俄文版在俄罗斯的真正域名是www.google.ru，但是用户在中国输入这个地址，得到的其实还是中文Google，不过是Logo标识变成了Russia而已，搜索返回结果并不是那个真正的Google.ru。

（一）搜索界面及主要搜索功能和规则

Google俄文版的首页很清爽，整体来看比俄罗斯的Yandex，Nigma等都要简洁。公司LOGO上面，排列了部分功能模块：图片、视频、地图、翻译、博客、Gmail等，这部分和Yandex的колдунщики非常相似。在搜索框下是Google搜索（Поиск в Google）和手气不错（Мне повезёт）两个搜索选项。其中，"手气不错"是Google独有的功能，按下《Мне повезёт》按钮将自动进入Google查询到的第一个网页。您将完全看不到其他的搜索结果。使用"手气不错"进行搜索表示用于搜索网页的时间较少而用于检查网页的时间较多。例如，输入МГУ，点击Мне повезёт按钮，用户将直接进入莫斯科大学的主页。

搜索结果显示网页标题、链接地址及网页字节数，匹配的关键词以粗体显示。其他特色功能包括"网页快照"（Сохраненная копия），即直接从数据库缓存中调出该页面的存档文件，而不实际连接到网页所在的网站（图像等多媒体元素仍需从目标网站下载），方便用户在预览网页内容后决定是否访问该网站，或者在网页被删除或暂时无法连接时，方便用户查看原网页的内容。Google.ru的返回结果页面和Yandex比较相似，某些地方甚至比后者还要简单。

对于Google俄文的搜索规则来说，它以关键词搜索时，返回结果中包含全部及部分关键词；短语搜索时默认以精确匹配方式进行；不支持单词多形态（Word Stemming）和断词（Word Truncation）查询；字母无大小写之分，默认全部为小写；通常，标点符号（包括 @#$%^&*()=+[]\）以及其他特殊字符）都会被忽略。而Yandex完全支持符合俄语形态变化要求的多形态查询和断词查询，Google则不支持，例如，如果在搜索框内输入идти，那么在Google的返回结果中将只会出现与关键词идти这一词形相同的结果，而在Yandex的返回结果中，则会出现所有与идти的性、数、体、态等形态变化有关的词形。

下面简单介绍一下在进行俄文信息检索时常用到的几个Google逻辑搜索符：

1）"与"(AND) 符，Google默认关键词间的空格为该搜索符，因此不需要再加该操作符。

2）词组搜索""符，即严格按照该词组的形式查找结果，不对搜索词组进行任何变动。Google搜索本身就将字词顺序和字词组合视为非常明显的整体搜索标志，除非有必要，否则不会拆分搜索字词，因此通常没必要加引号。这个命令在查询引文时比较有用，这和Yandex，Nigma等俄文引擎的规定是一样的。

3）要排除的字词 – 符，即在字词前紧靠该字词加一个减号，表示用户不希望搜索结果中出现包含该字词的网页。①

4）补全搜索词 * 符，通配符*是一个鲜为人知的功能，但是它的功能非常强大。如果您在查询中使用*，则Google会尝试将该星号视为任意未知词，然后查找最佳匹配结果。前文我们曾介绍过，对于许多搜索引擎来说，通配符*可以"补词"，例如输入тарт*，返回结果会出现诸如тарталетку，тартар这样的词，但Google俄文版不支持这个功能②，可是它支持补上整个单词，而不是单词的一部分，例如输入красная * площадь，返回结果会出现既有красная площадь，也有像Красная и Манежная площади这样的词组。

5）精确搜索 + 符，Google搜索自动采用同义词，因此会返回包含同义词的搜索结果，为了减少冗余返回结果，可以在搜索字词前边加一个加号+（请注意，不要在+号后面添加空格），Google将会搜索与您输入的内容完全匹配的字词。这与在单个字词上加双引号的作用是一样的。例如查询товары на рынках，则返回结果会出现许多不含на的字词；如果输入товары +на рынках，则返回结果必须包含на рынках的组合形式。

6）OR 是"或"符，用法基本同Yandex，Nigma等，只是"OR"必须全部是大写形式。符号 | 可以代替OR。

7）..是«от - до»符，限制在两个数字间进行检索。例如，搜索Русский язык за рубежом 2008..2010，则会在返回结果中出现2008—2010年间该杂志的所有相关信息。

除了上述常用检索符号外，俄文Google还使用其他一些高级搜索命令，主要有：

1）site: 当我们用site提交查询的时候，Google会限制查询仅在某个网站，或是某个域下面进行。例如，搜索взрыв в Демодедово site:www.vesti.ru，则返回结果是来自Вести.ru有关Демодедов爆炸案的报道。

2）link: 当我们使用link:URL提交查询的时候，Google会返回跟此URL做了链接的网站。例如，搜索link: http://ci-razvedka.ru/Google_Search_1.html，则会检索到所有与该网页有超链接的所有页面。

3）allintitle: 当我们用allintitle提交查询的时候，Google会限制搜索结果仅是那些在网页标题里边包含了我们所有查询关键词的网页。例如，搜索allintitle: викепедия яндекс，则会检索到所有网页标题含有викепедия和яндекс的网页。

4）intitle: 当我们用intitle进行查询的时候，Google会返回那些在网页标题里边包含了我们查询关键词的网页。例如，搜索intitle:викепедия яндекс，则在返回结果的网页标题中可能含有其中任何一个或全部检索词，而在网页内容中应都含有。

---

① 减号应该紧靠相应字词，并且减号的前面应该加一个空格。
② 其实，无论对于Yandex还是Google，俄文补词功能可以通过"搜索提示"来实现。

5）allinurl和inurl的区别与上面3）、4）的区别类似，只不过这里不是检索标题中关键词信息，而是检索URL（网址）。

6）related：用related提交查询，Google会返回跟我们要查询的网站结构内容相似的一些其他网站。例如，搜索related:www.lib.ru，则在返回结果会列出所有与Lib.ru相类似的电子图书馆的名称、网址。

7）define：当用define进行查询的时候，Google会返回包含查询关键词定义的页面。例如，搜索define:поисковая система，则会返回所有含有поисковая система定义的网页检索内容。

8）cache：提交cache:url，Google会显示当前网页的快照信息，从而替换网页的当前信息。

9）filetype：在查询里边包含filetype:扩展名时，Google会限制查询结果仅返回特定文件类型的网页。例如，搜索 Корпус русского языка filetype:pdf，则会检索出所有含有"俄语语料库"的pdf文件。

10）allintext：当用allintext提交查询的时候，Google会限制搜索结果仅仅是在网页正文里边包含了我们所有查询关键词的网页。

intext：当我们用intext进行查询的时候，Google会返回那些在文本正文里边包含了我们查询关键词的网页。

11）inanchor：当我们用inanchor提交查询的时候，Google会限制结果是那些在网页anchor链接里边包含了查询关键词的网页。

（二）网页搜索特色

俄文Google还提供了许多网页搜索特色功能，主要有：

1）每日要点（Запросы на каждый день），其中包括天气查询（如输入Погода в Иркутске）和时区查询（如输入часовой пояс Владивостока）；

2）参考工具（Справочные инструменты），其中包括计算器（如输入(5+2*2)/7=）、单位换算（如输入10 см в дюймах）；

3）语言工具（Языковые инструменты），其中包括词典定义（如输入Definition инвертор）、拼写检查（如输入искуство）；

4）定位搜索（Локальный поиск），其中包括定位搜索（如输入суши в Санкт-Петербурге）以及影院定位（如输入Аватар в Москве）；

5）出行安排（Планнирование поездки），其中包括外汇转换（如输入30000 рублей в долларах США）及地图服务（如输入карта Санк-Петербурга）。

（三）搜索产品服务

1）iGoogle（http://www.google.com/ig?hl=ru&source=mpes）

这是Google提供的一项服务。该服务让使用者按照个人的喜好方便地定制和整合不同来源的信息，使之成为个性化的门户，例如自订新闻、财经、天气以及更多常用小工具特别是Gmail到自己的Google个性化首页。

2）Поиск. Картинки/Видео

Google.ru提供了强大的图片检索服务，其检索方式和页面显示与Яндекс.Картинки大同小异。但其视频搜索服务已被俄方屏蔽。

3）Поиск. Новости/Блоги/Микроблоги

Google.ru的新闻资讯检索服务、博客/微博检索服务也同样功能很强，在俄网信息搜索领域成为了Yandex的强大竞争对手。

4）Каталог Google

很多人知道Google是个典型的全文式搜索引擎，但并不了解Google还提供了一个详尽的目录索引。Google 的网络目录内容是依据"Open Directory"[①]，经由全球各地的义务编辑人员精心挑选，再由 Google 的"网页级别"技术分析，让网页依照其重要性先后排列出，并透过网页介绍里的横线长度，来标明此网页的重要程度。它不是像大多数目录索引引擎按照字母顺序排列网站。Google究其是全球性引擎，因此，它所标榜的"World分类"也是其他所有引擎只能望其项背的。"World"分类内有世界各种语言的网页目录。例如"World/Nederlands"，这分类里的所有内容包括简介都是用德文书写。这些会被归类在"World" 语言目录下的网页，大都是用这语言的原始网页，而不是从其他的语言翻译成的。

Google目录共分14个专题，大多数语言的目录索引名是相同的。当使用 Google 目录检索时，搜索范围将限定于您所在的网页分类内。当寻找特定目标时，分类搜索可帮助您更快找到确实的资料。Каталог Google的次目录与Aport的目录分类比较相似，但最后的返回结果页面时，它的显示方式具有不同特点，特别是网页简介前面的"绿线"标志。这些长短不一的绿色横线恰恰是Google引以为豪的"网页级别"技术的体现，是网页重要程度的指标，借助分析网页的引用频率，和在其他网站内的链接质量，来判定这网页的重要与否。这与Aport所使用的星级标识来评价网站是异曲同工的，只是后者一般是由人工来评判。

Google.ru 的其他服务如词典、图书、地图等都是具有鲜明特色的搜索产品，更不用说它的"衍生"产品，如Gmail、YouTube、Picasa、Talk、Blogger、Вопросы-ответы等，更是在俄语世界拥有大量用户，其中有些服务我们在下文的相关章节中还将加以介绍。但从我们的信息搜索实践来看，我们始终认为"本土的就是最合适的"，就像百度之于中国市场一样，"全球化"要操心的事总比"一国"、"一语"的事情要多，专心致志做一个国家、一种语言的产品总会更精一些、更大一些。从检索质量、数据的信息量上，感觉Yandex还是要超过Google.ru. 当然，我们也不否认在搜索引擎的某些服务方面，后者还是要超过前者的。对于中国用户，我们的使用建议还是先用"本土"的好，在"本土"产品效果不佳时再求助于"外来"的，也不失为一种经济、高效的检索俄文信息手段。

---

① "Open Directory project" 是网景公司所主持的一项大型公共网页目录。由全世界各地的义务编辑人员来审核挑选网页，并依照网页的性质及内容来分门别类。Google 是用这个分类架构来设计Google 的网页目录。

1.3.2　Бинг（bing）（http://www.bing.com/ ★★★）

2009年5月29日微软公司正式宣布全球同步推出搜索品牌"Bing"，中文名定为"必应"，俄文为音译词бинг。到2010年底，bing搜索引擎用户已超9000万。其实，bing并不是此时才"横空出世"，它的前身是MSN Search，Windows Live Search，Live Search。凭借微软公司强大的技术实力，bing在世界搜索引擎市场上日益成为Google的直接竞争对手，以致有网友将bing戏称为以下单词的缩写《Bing Is Not Google》或者《But It's Not Google》。

Бинг (Bing)是全文式搜索引擎，它在检索信息的页面设计方面与我们熟知的几个主流搜索引擎确有些不同。在bing的主页（http://www.bing.com）就可以选择"国家"选项，直接定位于Бинг。但是在我国登录"必应"的主页地址是http://cn.bing.com/，它通过bing.com选择"中文简体"也可以。bing主打"快乐搜索体验"，通过提供更加有序组织和丰富实用的决策参考，帮助用户获得便捷愉悦的搜索体验，并获得所需结果。bing搜索打破常规，在搜索结果页面左侧设置了统一的浏览栏，称作"相关搜索请求"（Связанные поисковые запросы），对不同类型的搜索结果进行动态分类，帮助用户更加方便地找到相关搜索结果，这比较类似于Nigma的"聪明提示"功能，好像在搜索提示中也会出现，不过从技术角度来说，还不如Nigma"聪明"些。bing搜索在首页设置了每日更新的背景图片，通过来源于世界各地的高质量的图片，加上即将上线的与图片内容紧密相关的热点搜索提示，使用户在访问必应搜索的同时获得愉悦体验和丰富资讯。更加人性化的搜索界面和多种提升效率的技术，使得bing搜索的用户体验增加了更多的快乐元素。

Бинг (bing)的基础搜索逻辑符与Google基本相同，如AND或&，NOT或-，OR或|，" "，( )等，但有几项特殊规定：（1）默认情况下，所有搜索均为 AND 搜索；（2）必须使用大写的NOT和OR运算符；（3）获取搜索结果时仅使用前 10 个搜索条件；（4）对于停止词及某些标点符号，除非它们包含在引号中或以符号"+"开头，否则将被忽略；（5）分组搜索条件和布尔运算符的优先级为( ) > " " > NOT + - > AND & > OR |。

Бинг (bing)的高级搜索关键字主要有：

关键字	定义	示例
contains:	只搜索包含指定文件类型的链接的网站。	若要搜索包含.mp3文件链接的网站，请键入 музыка contains:mp3。
filetype:	仅返回以指定文件类型创建的网页。	若要查找以PDF格式创建的报表，请键入主题，后面加filetype:pdf。
inanchor:、inbody:、intitle:	这些关键字将返回元数据中包含指定搜索条件（如定位标记、正文或标题等）的网页。为每个搜索条件指定一个关键字，您也可以根据需要使用多个关键字。	若要查找定位标记中包含msn、且正文中包含spaces和magog的网页，请键入inanchor:msn inbody:spaces inbody:magog
ip:	查找托管在特定IP地址的网站。IP地址必须是以英文句点分开的地址。键入关键字ip:，后面加网站的IP地址。	键入 IP:207.46.249.252。

language:	返回指定语言的网页。在关键字language:后面直接指定语言代码。使用搜索生成器中的"语言"功能也可以指定网页的语言。		若只需查看有关汽车信息的俄文网页，请键入"авто" language:ru。但这个操作在英文bing下使用更加方便。
loc: 或 location:	返回特定国家或地区的网页。在关键字loc:后面直接指定国家或地区代码。若要搜索两种或两种以上语言，请使用逻辑运算符OR对语言分组。		若要查看有关俄罗斯或乌克兰教堂的网页，请键入церковь (loc:RU OR loc:UA)。
prefer:	着重强调某个搜索条件或运算符，以限定搜索结果。		若要查找足球的相关网页，但搜索内容主要限定在某球队，请键入футбол prefer:Зенит。
site:	返回属于指定网站的网页。		若要查找lenta.ru有关埃及危机的报道，可输入"кризис в Египте" (site:www.lenta.ru)。
feed:	在网站上查找搜索条件的RSS或Atom源。		若要查找关于футбол的RSS或Atom源，请键入feed:футбол。
hasfeed:	在网站上查找包含搜索条件的RSS或Atom源的网页。		若要在NEWSru网站上查找包含与恐怖活动有关的RSS或Atom源的网页，请键入site: http://www.newsru.com hasfeed:теракты。
url:	检查列出的域或网址是否位于Bing索引中。		若要验证Rambler域是否位于索引中，请键入url:rambler.ru。

除了网页搜索外，Бинг (bing)还提供了几项非常值得称道的服务，它们是Видео，Изображения，Перевод等。Бинг.Видео搜索很简单，只要在搜索框内输入检索的关键词并选择Картинки，进行搜索即可。在返回结果页面，所有符合检索要求的视频截图会显示出来，每个视频都会标出标题、网址、时长、日期等信息。对于Windows默认格式的视频，在包含视频搜索结果的结果页面上，用户无需点击视频，只需要将鼠标放置在视频上，bing搜索立刻开始播放视频的精华片段，帮助用户确定是否是自己寻找的视频内容。尤为值得称道的是页面左边的选项栏，主要内容有：时长选项，包括短片（小于5分钟）、中等（5—20分钟）、长片（20分钟以上）；屏幕类型，包括标准和宽屏；许可度；来源。Бинг.Изображения 的图像搜索功能也十分强大，相比前面介绍过的几个主流搜索引擎，它的操作设计更为人性化。Bing搜索结果图片无需繁琐的点击下一页，而是在一个页面内，轻松地拖动鼠标，便可以浏览相关图片搜索结果。并且，用户还可以对图片搜索结果的大小、布局、颜色、样式进行选择，快速找到中意的图片。Бинг.Перевод是它的另一个功能非常强大的服务，实际上它是借用微软在线翻译平台（http://www.microsofttranslator.com/）实现了几十种语言互译（其中包括俄英汉）的功能，这使得人们在选择Google多语言翻译平台时又多了一个很好的选择。

1.3.3 Yahoo! Russia (по-русски)（http://ru.yahoo.com/ ★）

Yahoo!（雅虎）过去曾被称为搜索引擎之王，是最早的目录索引之一，也是目前最重要的搜索服务网站之一，在全部互联网搜索应用中所占份额高达36%左右。除主站（Mother Yahoo）外，还设有美国都会城市分站（Yahoo Cities，如芝加哥分站）、国别分站（如雅虎中国、雅虎俄罗斯）和国际地区分站（如Yahoo Asia）。其数据库中的注册网站无论是在形式上还是内容上质量都非常高。总体来说，雅虎的本地化做得比Google要好很多，不像后者欲霸全球，四面为敌，几乎各国（美国除外）都以挤走Google为快事。中文雅虎在2005年被阿里巴巴收购后，业务取得了长足发展，现在基本上已完全"中国化"了，除了名字还能使人想起它的前身，已经基本上看不出是个"外来户"了（而在2010年谷歌撤退到香港）。俄文Yahoo! 似乎在俄罗斯的发展远不如在东方邻居发展得这么顺利。俄罗斯在早期是"盼"着Yahoo!的，他们说："在雅虎（早期）的多语言选项中俄罗斯置于国家语言选项的第一位，但是始终没有一个真正的俄文版本"①，直到2004年雅虎才正式推出"俄文Yahoo!"（ru.yahoo.com），其实此时并不晚，俄文Google也是于2004年进入俄罗斯市场。但至今，俄文Yahoo! 尽管在本地化上做出了巨大努力，但在俄网搜索引擎的市场份额上远远逊于Google。2010年Yahoo!高层几次宣布要再次大举进入俄罗斯市场，对俄文Yahoo! 进行重新包装，更改域名，但俄罗斯专家对此表示怀疑，并认为它已错过了最好的发展期。当然，作为世界目录索引的"老大"，俄文Yahoo! 还是有着自己的特色的。

Yahoo早期是典型的目录索引式搜索引擎，目前可以通过两种方式在上面查找信息，一是通常的关键词搜索，一是按分类目录逐层查找。以关键词搜索时，网站排列基于分类目录及网站信息与关键字串的相关程度。包含关键词的目录及该目录下的匹配网站排在最前面。以目录检索时，网站排列则按字母顺序。Yahoo于2004年2月推出了自己的全文搜索引擎，并将默认搜索设置为网页搜索。Yahoo早期的目录分类可以通过网址www.yahoo.com主页的区域或国家设置，找到俄罗斯，就可以看到相关的目录索引。但目前俄文Yahoo的目录索引的使用必须注册为正式用户，然后通过主页左侧的Сайты Yahoo→изменить，登录Yahoo分类目录提交申请才能使用。Yahoo的传统分类目录一般为14个门类。雅虎中国改版后也是先抛弃了免费的分类目录查询，之后开设了"雅虎网址大全"（http://site.yahoo.com.cn/），才满足了一般用户检索信息的需要。俄文Yahoo在这方面始终没有开发相关产品，因此一般俄文用户无法直接进入分类目录进行检索，也无法得到用户的青睐，尽管Yahoo分类目录的权威性毋庸置疑。

俄文Yahoo的全文搜索逻辑符号及其用法与其他几个主流引擎大致相同，也有比较好用的搜索提示功能。通过搜索框上方的选项，我们还可以进行图片、资讯检索，但检索质量同Google，Yandex等引擎相比还是有不小的差距。俄文Yahoo其他的服务中像邮箱、交流等具有较强竞争力，我们将在下文叙述。

1.3.4 其他国际俄文搜索引擎

> AltaVista（http://altavista.digital.com）

Altavista②是全球最知名的网上搜寻引擎公司之一，同时提供搜寻引擎后台技术支持等相关产品。AltaVista这名称是西班牙语"从高处望下"（взгляд сверху），它于1995年

---

① http://www.cnews.ru/news/top/index.shtml?2004/10/06/166221
② 本部分内容主要参考自百度百科。

由迪吉多公司（Digital Equipment Corporation）创立。AltaVista是功能全面的多语言搜索引擎，曾经名噪一时，但现在其地位已被Google取代。即便如此，它仍被认为是功能最完善，搜索精度较高的全文搜索引擎之一。AltaVista提供常规搜索、高级搜索和主题搜索，主题包括图像、MP3/Audio & Video等。主页显示LookSmart的索引目录并提供LookSmart注册。高级搜索提供用户以日期、语种、布尔逻辑和近似条件搜索。常规及高级搜索均允许针对Title、URL或特定的域名进行检索。用户还可以在定制的搜索条件（包括Title、URL、Host、Links（如anchor、applet、image和text）等）输入框中填入文字，以此为条件进行搜索。

AltaVista[1]全球索引的最成功之处在于，它从技术上实现了在整个网络中支持多语言代码，帮助用户更简单、快捷地查寻任何语言的信息。允许以25种不同的语言进行搜索，并提供英、法、德、意、葡萄牙、西班牙等语言双向翻译。其他特色服务包括重大新闻（发生于6小时至14天之间），新闻组及购物查询。

它的搜索规则主要是：进行精确匹配查询时可使用" "号，但多数时候即使不用" "号，AltaVista也默认以精确匹配方式查询；不支持自动断词查询，但允许使用通配符*。区分字母大小写。当以大写字母查询时，默认为精确匹配，即查询结果不包括小写的关键词；而以小写字母查询时，则同时查找大写和小写。搜索结果页面首先列出3个"Featured Sites"，来源自Overture的付费网站。随后如果有与查询条件相关的新闻，则列出数条新闻链接。接着是从自己数据库中查到的网页。

很多人以为AltaVista的多语言搜索引擎的地址是www.altavist.com，其实它的真实地址应为http://altavista.digital.com，支持俄文、中文等语言的检索，但由于某种原因，在我国无法登录。

> DMOZ по-русски（http://www.dmoz.org/World/Russian/）

DMOZ是一个著名的开放式分类目录（Open DirectoryProject），DMOZ在内容编辑模式上有些类似于早期雅虎网站的分类目录，也是由编辑人员手工编辑的，不过DMOZ与雅虎分类目录的重要区别之一在于，DMOZ的编辑人员并不是该网站的专职人员，而是由分布于世界各地的志愿者在从事这些工作。根据DMOZ网站上的相关介绍，"Open Directory Project是互联网上最大的，最广泛的人工目录。它是由来自世界各地的志愿者共同维护与建设的最大的全球目录社区。"DMOZ的俄文目录索引截至2012年1月共收录网站87329个（主要来自俄语国家），共分16个大项专题。检索可以在搜索框内选择Весь каталог或者только в Russia选项进行，也可以直接进入目录内检索网站。

> Fast/AllTheWeb（www.alltheweb.com）

Fast总部位于挪威，成立于1997年，其技术起源于挪威科技大学的相关研究开发结

---

[1] 本节的部分内容参考自维基百科、百度百科和百度知道的相关内容。

果，而AllTheWeb（ATW）是其对外展示技术的窗口网站。AllTheWeb是当今成长最快的搜索引擎，目前支持225种文件格式搜索，其数据库已存有49种语言的31亿个Web文件。而且以其更新速度快，搜索精度高而受到广泛关注，被认为是Google强有力的竞争对手。

ATW属于全文搜索引擎。目前提供常规搜索、高级搜索和主题搜索功能，它支持直接输入俄文进行检索，或者在搜索框的Options选项中选择Russian即可。常规搜索支持普通关键词搜索，以及+、-、括号( )等逻辑命令符号，分别对应AND、NOT、OR等布尔逻辑命令，并且可使用引号""进行精确匹配搜索。此外，它还支持一些特殊搜索命令，如url.tld:domain; link.all:URLtext; normal.title:text; url.all:text; normal.titlehead:text; url.domain:text; link.extension:text等。高级搜索提供限定语言、关键词过滤、域名过滤、IP地址过滤和指定网页大小等高级搜索功能，方便用户进行更精确的查询。尤其值得一提的是AllTheWeb允许按更新时间查询网页，这一功能甚至连Google也是没有的。主题搜索包括新闻搜索、FTP文件搜索、图像搜索、视频文件搜索、Macromedia Flash搜索和MP3搜索。

➢ PLAZOO（http://www.plazoo.com/ru/）

这是一个产自荷兰的独特搜索引擎，其搜索语言有英、德、荷、俄、捷、法、波等。其特色在于它的主打搜索项目是RSS消息、博客、新闻等，搜索主题也覆盖至IT、博客、传媒、市场、游戏、音乐、科技、广告、市场、体育、经济等领域。

➢ Redtram Russia（http://ru.redtram.com/ ★）

RedTram（http://redtram.com/）是来自乌克兰的新闻搜索引擎，它在俄罗斯比较流行，目前致力于国际化发展，可以进行俄语、英语、乌克兰语、法语、波兰语、德语、意大利语、西班牙语和中文的新闻检索。它还划分了14个专题的新闻，供用户分类检索。

➢ Поиск Европа（http://www.euroseek.net/）

这是一个欧洲搜索引擎，支持13种欧洲语言，其中包括俄语。该网站也给出了稍嫌零乱的目录索引，是英文界面，但进入后可以选择俄语。

互动问答和统计排行

第一节 什么是互动问答平台？[①]

问答平台或者问答系统有多个术语解释，英文称作Question Answering System，简称QA System，俄文术语有Система вопросов и ответов，Вопросно-ответная система。随着第二代互联网、特别是Web2.0技术的逐渐成熟，广大网民越来越习惯于使用互联网的丰富资源来寻找问题答案，而在使用互联网查找答案时，人们更习惯使用自然语言来提问，另外也懒于大海捞针式的自查答案，更想"不劳而获"立即得到问题的解答。传统的搜索引擎已无法满足这一需求，这样一来问答系统或平台就应运而生了。问答系统是指系统接受用户以自然语言形式描述的提问，并从大量的异构数据中查找出能回答该提问的准确、简洁的答案的信息检索系统。问答系统是信息检索系统的一种高级形式，它能用准确、简洁的自然语言回答用户用自然语言提出的问题。其研究兴起的主要原因是人们对快速、准确地获取信息的需求。问答系统是目前人工智能和自然语言处理领域中一个备受关注并具有广泛发展前景的研究方向。

在问答平台上，网民可以利用它进行提问或答问。随着参与的人数不断增加，慢慢地就形成了一个每个人都可以参加的网络社区。在这样的社区内，网民不再是向一个个"引擎"提交搜索请求的被动参与者，而是社区的主人。他们可以对答案进行投票，选出他们认为正确的答案。那些积极参加社区活动并且经常可以得到很高投票支持率的网民可以在许多这样的平台上获得"专家"称号，这反过来又可以帮助那些新手对不同的答案的可信度进行专家评价。在中文网络世界，问答平台逐渐兴起和火爆。"百度知道"定位于基于搜索的互动式知识问答分享平台，其最大特点就在于和搜索引擎的完美结合，让用户所拥有的隐性知识转化成显性知识；"搜搜问问"是腾讯SOSO为广大用户提供的问答互动平台；"新浪爱问"则是中文智慧型互动搜索引擎，是一个独有的互动问答平台；谷歌和天涯社区联合开发的"天涯问答"是一个问答知识社区；"雅虎知识堂"则是在传统搜索引擎基础上发展出来的新型高效率中文搜索产品。从国内网络界所使用的名词来看，一般比较公认"互动问答平台"和"交互社区"的说法，因此，本书为了照顾国内的习惯，也使用了"互动问答平台"这样的说法。在Рунет领域，一般把问答系统看做是搜索引擎的一种

[①] 本节的部分内容参考自维基百科、百度百科和百度知道的相关内容。

变体形式，在目录索引和排行统计的归类方面大部分都置于网络信息检索下的搜索引擎目录中。

我们可以从知识领域、答案来源等角度来替问答系统做分类。从知识领域来看，可分为"封闭领域"以及"开放领域"两类系统。封闭领域系统专注于回答特定领域的问题，如医药或特定公司等。由于问题领域受限，系统有比较大的发挥空间，可以导入如专属本体论等知识，或将答案来源全部转换成结构性资料，来有效提升系统的表现。开放领域系统则希望不设限问题的内容范围，天文地理无所不问。系统中所有知识与元件都必须尽量做到与领域不相关，当然难度也相对地提高。若根据答案来源来区分，可分为"数据库问答"、"常问问题问答"、"新闻问答"、"互联网问答"等系统。我们下面要探讨的俄文知识互动问答平台主要是指封闭领域内的互联网问答。

互动问答平台所接受的问题类型主要有两种不同的角度：一种是按照自然语言问句来划分为仿真陈述问答和限定式问答；还有另外一种分类方法，事根据词性标注的结果，识别问句中的专有疑问代词，如英文的Who, What, Why, When, Where, How等，中文的谁、什么、哪里、为什么、怎么等，俄文的Кто, Что, Как, Где, Когда等。互动问答平台一般都集成了自动切分词、智能搜索、自动分类等一整套的自然语言处理和信息检索技术。有些特殊的问答平台也提供如增加敏感词过滤（将涉及色情、政治等敏感词自动过滤）、舆情监控等功能模块。互动问答平台系统一般可分为4个部分：（1）网页预处理部分，即对所有网页进行正文提取，获取网页的标题文本以及其他网页指向该网页的链接文本信息；（2）索引部分，即对全部文本信息分词和建立索引；（3）查询处理部分，即实现对主题集的查询输入构造；（4）检索部分，即实现对检索结果取出、排序和后处理。也有意见将互动问答平台的运行机理定为：（1）问题分析，又包括问题预处理、确定问题类型、提取问题关键词、对关键词进行扩展；（2）句子检索；（3）答案抽取；（4）评价及用户需求发现。

第二节 俄文互动问答平台

同我国一样，俄文互动问答平台也是呈现出"群雄并起"的局面，从外来的Google到本土的行业领军Yandex无不看准了这块"大蛋糕"。上文我们说过，在俄网一般是把问答系统归于搜索引擎领域，而且各大俄文问答平台也是努力将信息检索同互动问答相结合，以求占据搜索引擎市场的更大份额。

2.2.1 Генон（Genon）（http://www.genon.ru/ ★★☆）

Genon.ru网站是这样介绍自己的性质和功能：这是一个社会性的检索平台，在这一平台中，根据已注册用户所形成的内部知识库可以完成对所需信息的检索。由用户来完成对信息的收集、整理和检验并和其他网站进行合作。Генон公司成立于2003年并一直致力于信息检索技术和优化的开发，2006年9月1日Генон问答平台正式投入运行。目前，

Генон已成长为俄网最大的查询资源网站，[1]至2010年10月月访问量220万，拥有上万名来自俄罗斯和其他独联体国家的作者，他们持续地维护和补充着为所有人共享的知识库，有几十名编辑在检查着发布资料的质量，上百个合作伙伴网站为其提供可靠的信息来源。截至2012年1月，Генон共有（注册的）17385名作者、55名编辑、回答61909个问题、提供111716个链接到38257个网站。

Генон的服务目的是"完善为人们提供知识的方法"（совершенствовать способы предоставления знаний людям.）。其运行机制是实现将提问和解答一起来储存和保留这些经过检验的信息的模式。每个人都可以在Генон中补充自己的知识。答问是由在Генон注册的作者来"创造"并由编辑依据相应规则进行检查。因此，这样问答体系组成了平台的知识库，其中的答复更是专业的、不包含任何功利性质和垃圾信息。对于作者和编辑的动力还来自于网站根据他们答复数量和质量而提供的经济奖励。

Генон提供的服务一般针对四类不同用户："访问者"、"作者"、"编辑"和"合作伙伴"，我们主要关心的主要还是前三者，特别是"访问者"用户的服务。

对于"访问者"来说，他们没有在网站注册，其首要任务是通过Генон查找自己所需要的信息，即问题的答案。这就需要访问者首先应了解网站主页各个栏目的功能。在搜索框下面是"随机问题"（Случайный вопрос），点选该选项后，会打开随机问题网页，每日每时都会更新不同的问题。例如，

提问：Где можно посмотреть онлайн мультфильмы про Новый год?（哪里能在线观看关于新年的动画片？）

答复：（给出了详细的国内外新年动画片的下载和在线观看地址）

Русские мультфильмы:

newyear.2-you.info — галерея новогодних мультфильмов: все мультфильмы можно скачать бесплатно и без регистрации;

qiq.ru — новогодние мультфильмы (1969—2008 гг.), два диска (нужна регистрация);

megainfa.ru — новогодние мультфильмы (1969—2008 гг.), два диска (без регистрации);

cccp-mult.com — скачать сборник мультфильмов «Новогодние чудеса»;

Скачать м/ф «Мороз Иванович», СССР, «Союзмультфильм», 1981;

Скачать м/ф «Когда зажигаются ёлки», СССР, «Союзмультфильм», 1950;

……

Зарубежные мультфильмы:

Смотреть онлайн «Красавица и чудовище. Заколдованное Рождество».

hotinga.ru — скачать «Микки спасает Санту»;

Смотреть онлайн «Микки спасает Санту»;

……

此外，网站还自动给出了Генон有关新年的相关问题，如

---

[1] 引自Википедия关于Генон的数据。

◆ Как отмечают Новый год в разных странах мира?（世界各国如何庆祝新年？）

◆ Как поздравить с Новым годом на разных языках мира?（如何用各种语言祝贺新年？）

◆ Как выбрать живую новогоднюю ёлку?（如何挑选活的新年枞树？）

◆ Где в интернете есть новогодние песенки для детей?（网上哪里有儿童新年歌曲？）

……

Генон还给出了"相似问题"（Похожие вопросы）和"有用答案"（Полезные ответы）选项，供用户进行扩展性选择。

访问者可以在问题搜索框内提问，提问方式要求必须输入符合俄语语法规则要求的疑问句。常用疑问词构成的疑问句主要有以下种类：

1）Что такое...? 即"什么是……?"或者Чем (что, чему, чего...)...? 即что的间接格形式，例如，Что такое батл (battle)? /Чем отличается заяц от кролика?/ В чём встречать Новый 2011 год Кролика (Зайца или Кота)?/ Чему равна скорость света?/ Что подарить на Новый 2011 год Кролика (Кота)?

Генон不支持Что значит...? Что означает...?的提问方式。

2）Кто такой...? Кто...? 即"谁、什么人（是）……?"，例如，Кто такой Майкл Джексон?/ Кто такие моржи?/ Кто самый высокий человек в мире?/ Кто такая Церера?

3）Как...? 即"如何……? 怎么……?"，例如，Как приготовить плов?/ Как изменить формат видео?/ Как создать почтовый ящик и настроить электронную почту?

4）Какой ...? 即"什么（东西）、哪个（哪些）……?"，例如，Какой цветок самый большой в мире?/ Какая гора самая высокая в мире?/ Какие страны входят в Евросоюз?/ С какими странами граничит Россия?

5）Каков(-а, -о, -ы)...? 即"……怎么样?"，例如，Каков сюжет фильма «Ванильное небо»?/ Какова биография Гончарова Ивана Александровича?/ Каково расстояние от Земли до Солнца?

6）Где...? Откуда...? 即"哪里……? ……从哪儿（来自哪儿）?"，例如，Где в интернете можно найти бесплатный хостинг?/ Где в интернете скачать программы для pdf формата? / Откуда появилось слово "робот"?

7）Когда...? 即"何时（什么时候）……?"，例如, Когда будет отмечаться Масленица в 2011 году?/ Когда было открыто радиоизлучение Солнца?

8）Почему...? Зачем...? 即"为什么……?"，例如，Почему мы называем символ @ - "собака"? / Почему Новый год отмечают 1 января?/ Зачем нужны запятые?

9）Сколько...? 即"多少……?"，例如，Сколько на Земле материков?/ Сколько сантиметров в дюйме?

10）...ли...? 即"……是否……?"，例如，Выступала ли группа Boyz II Men в Москве?/ Могут ли существовать планеты, не связанные со звездами?

使用最为普遍的问句是Что такое...?，此外，要善于利用Какой...? Каков...? 问句来提问。Генон支持多疑问词提问，例如：Кем, когда и где был сооружён первый памятник

Ломоносову？和大多数俄文搜索引擎类似，Генон搜索框还支持搜索提示，在输入某些相近问题时会出现和关键词提示相仿的问题提示，但目前这一功能还不够完善，提示的范围、质量还有待提高。

访问者还可以利用网站左边的问题专题分类栏目来查找相关信息。Генон划分了30个提问专题，主要有：汽车、商业、算命、儿童、女性、居家、休闲和娱乐、饮食、法律、游戏、互联网、影视、计算机、文化艺术、文学、医疗和健康、音乐、科学和教育、房产、情感和关系、自然、宗教、通信、体育、旅游、经济等。在网站页面的中间列出了上述专题的最新提问。尤为人性化的设计是页面右端的"已阅答案"（Просмотренные ответы），不论用户是否注册，如果访问者的IP地址不变，则会一直保留该用户的浏览记录。

如果提出的问题在Генон知识库中已有解答，则在返回结果页面会显示已编辑好的答案、相关答案和评论投票。例如，提问Что такое Янцзы？，页面显示出Янцзы"长江"的百科解释以及包括维基百科在内的三个出处，此外还有"相似问题"和"有用答案"供访问者进行扩展阅读。如果提出的问题在Генон知识库中没有解答或还无人提出此类问题，则在返回页面也会显示一些类似的提问。例如，提问Какая площадь самая большая в мире？，页面显示一些相关度极小的问答，但在页面下方给出了默认引擎Yandex的检索结果，排在前面的是另一著名互动问答平台«Ответы@Mail.Ru»的精确答案及其其他相关问答。Генон默认在没有现成答案情况下，可以利用其他平台解决问题。

对于"作者"、"编辑"，Генон也提供了周到的服务。凡是注册的"访问者"都可以成为"作者"，"作者"可以就任何问题发布自己的答案，但必须符合一定规则，要求答案尽量完整。发布了50个被认可的答案的"作者"可以申请成为"编辑"，"编辑"有权检查并订正其他"作者"的答案并参与平台的发展建设和得到额外的报酬。已取得"编辑"地位的用户如果30天内没有写一条答案，则会失去这一地位。Генон为"作者"、"编辑"发送奖金，答案有1000次独立访问点击（重复不算）的"作者"可获30卢布，所检查的答案有1000个独立访问点击的"编辑"也可获30卢布。为了扩大Генон这一网络社区的影响，它创办了"Genon俱乐部"，任何用户按照一定手续都可以加入社区，享受更加贴心的服务。

2.2.2　Ответы@Mail.Ru（http://otvet.mail.ru/　★★★）

Ответы@Mail.Ru是Mail.ru公司的一个著名服务品牌，就像它的邮箱、交友、搜图、购物等服务一样。Ответы@Mail.Ru 于2006年8月21日研发成功投入应用，经过5年的发展，它已成长为俄网最大的互动问答平台之一，每月有350万人访问该网站，截至2012年1月，它共有注册用户33387人，公开性问题138404个，经用户投票的问题11349016个，解答368120681个，已构成了一个庞大的问答数据库。在这里，用户"可以提出问题，从现实生活中人们的答复中获取答案，提高自己的知名度，发表意见，对其他用户的答复进行评价"，[①]网站

---

① Википедия – Ответы@mail.ru.

的宣传口号就是："分享知识、获取积分、提高排名"。Mail.ru公司总经理德米特里·格里申（Дмитрий Гришин）归纳了Ответы@mail.ru的精髓："我们的服务要满足人们在互联网上的两个基本需求——搜索信息和进行交流"。

为了鼓励人们更多地使用Ответы@mail.ru来提问和解答，它制定了比Генон复杂得多的排名和评价机制，主要内容有积分制、社区地位、有用值、创造值等。每位用户都有个人积分（личный счёт），新的注册用户为100分。每登录1次获1分，每提一个问题扣除5分，每答复一个问题获0—5分不等。Ответы@mail.ru 制定了一个对应不同社区地位的"头衔"系列，共13级，每级都有不同的分值相对应，它们分别是：新手（Новичок），学徒（Ученик），行家（Знаток），专家（Профи），工长（Мастер），领导（Гуру），思考者（Мыслитель），智者（Мудрец），豁达者（Просветлённый），贤哲（Оракул），天才（Гений），人工智能（Искусственный интеллект），最高智慧（Высший разум）。用户的社区地位越高，答题的分值也就越高。为此，平台又设计了一个"有用值"，即每人的优秀答案和全部答案数的比值，例如，如果某用户的150个解答中有30个被评为优，那么他的"有用值"就是0.2（20%），其对应的每个问题的答题所获份数为4分。为了提高答复问题的质量，网站还设立了"创造值"（КС — коэффициент созидательности），专门奖励那些答复内容丰富、图文并茂并有极强可读性的作者。每位注册用户都有一间"个人办公室"，里面有上述各个指标的数据和排名情况。这样一来，我们在查询问答系统时，就会看到各种不同的解答，那些"头衔"低的作者的答复往往只有一两个词、一两句话，没有太多参考价值（当然也要看问题的难度），而那些"头衔"级别高、"有用值"和"创造值"高的作者的答复往往非常内容丰富，有图片、有视频，有明确出处和阅读导引，有的甚至可以作为一篇短文加以保存。Ответы@mail.ru 的"头衔"体系与Генон相比要更细、更多。

对于未注册的用户来说，检索问题答案就是他们最主要的任务。有两种方式进行检索，一是可以利用专题类型（Тематические категории）进行检索，这与Генон的问题专题有相似之处。在网站主页左端排列了25种专题，主要有：汽车、摩托；商业、财经；城市和国家；星相；休闲、娱乐；饮食、烹饪；动植物；交友、爱情；文化和艺术；计算机、互联网；美容和健康；科技、语言；教育；社会、政治、传媒；旅游；工作、职位；家庭、儿童；体育；时尚、明星；哲学；法律；幽默等。其中最热门的专题是"交友、爱情"，最易引起争议的专题是"社会"、"文化"、"政治"、"哲学和未知领域"，而"幽默"专题也享有较高人气。而那些编辑认为是优秀的问答则被放入"精品"（Золотой фонд）类别。还有一种检索问题和答案的方式是利用搜索框。这里我们必须了解Ответы@mail.ru 对问题性质的几种基本规定，否则我们将看不懂页面中所问的问题以及相关解答。首先，在主页我们会看到"公开性问题"（Открытые вопросы），处于该状态的问题一般发布时间为3小时—4日，超过此时限，则问题或作废被删除，或被关闭，无法继续深究。对于"公开性问题"，无论有多少个答案，注册用户都可以继续予以解答，直到确定了最佳答案并关闭问题为止。其次，我们在许多问题的解答页面会看到"最佳答案"（Лучший ответ），只要公开性问题的答案超过2个，（注册的）提问者就可以自行确定最佳答案；如果他无法确定的话，就可以要求其他用户对答案进行"投票"，一旦确定了最佳答案，该问题就被关闭，不再接受解答，这时成为"封闭性问题"（Закрытые вопросы），但可以为广大网民查询，好的问答可作为精品保存。如果提问者在4日内没有确定最佳答案，网民都可以对相关答案进行投票，此时的问题处于投票状态（Вопросы на голосовании）。此外，在每个专题类别中都有该类问题排行顺序，据此可了解当前哪些问题最热门。

在搜索框内检索问题必须包含"标志词"（Метки），相当于"关键词"，例如Где купить BMW？其中，где，купить，BMW都是标志词，这是问答平台自动处理和用户回答以及专题归类的重要依据。Ответы@mail.ru 的问句疑问词与Генон的规定基本相同。除了Генон所规定的那些基本格式外，Ответы@mail.ru 的规定要更为宽泛一些。Генон对提问的俄语语法、拼写要求极为严格，禁止错词、错句，而Ответы@mail.ru 虽然也有类似的要求，但在对待俚语、口语词等方面要更为宽容一些；对于句首单词、姓名、地名等的大小写并无严格要求，这就带来了整个网站的提问更加口语化，甚至在风格上类似于聊天室，这也许就是网站策划所欲达到的另一重要目标吧——交流。我们来看它的提问，要更加符合自然语言的要求，大多就是日常生活中的问句，并且带有很多感叹词、语气词、日常称呼等表达和用法，例如：Люди！Помогите！！.../ Внимание！！！.../ Пожалуйста добрые люди очень надо！！.../ Подскажите пожалуйста .../ Напомните.../ Посоветуйте！.../ Привет зайчики и котики！А какая .../ Вы согласны с тем, что...?/ Скажите, что...? 另外，与Генон不同，Ответы@mail.ru 完全支持Что означает...? Что значит...? Что за ...? 的提问方式。

搜索建议：对于这类提问格式比较随意的问答平台，我们在检索时不宜严格按照疑问句格式来搜索，可以尽量提取问题的"标志词"，直接输入标志词即可。例如，我想查询"少林寺的历史是什么？"，如果输入Какова история монастыря Шаолинь?，那么可能就搜索不出我们需要的结果；如果直接输入история Шаолинь或者Шаолинь，我们不仅可以检索到所需要的答案，还会找到俄罗斯人提出的许多关于少林功夫的有趣提问，如"少林功夫和日本忍者哪个厉害？"等等。从我们检索的感受来看，Ответы@mail.ru 所含问题的种类和数量都要大大超过Генон，一般都会查到所需的常用信息，但也带来了诸如垃圾信息增多、查找翻页更麻烦的问题。

2.2.3　Google Вопросы и ответы（http://otvety.google.ru/otvety/　★★☆）

Google问答（Google ВиО — Вопросы и ответы）是Google公司于2007年6月28日在俄罗斯开办的业务。其实Google公司早就开办了类似的英文问答服务《Google Answers》，这个服务是收费的，且有几百名专家为用户的提问提供解答服务，后来由于各种原因而停办。俄罗斯是Google公司开办问答服务的第二个国家，并把ВиО的宗旨定位为："每一个问题都有答案"（каждому вопросу – ответ）。由于该业务在俄罗斯市场反响很好，Google公司与中国的天涯社区合作于2007年8月开办了与俄罗斯的ВиО性质相同的"天涯问答"，之后又开办了泰语版、波兰语版等等。Google 公司这样定

义ВиО 平台："这是一个以问答方式组织信息的社区。在这里您可以查找、交换或组织信息并和那些分享你的兴趣的人见面。社区是完全免费的，可以在任何时间和在任何可以上网的地方通行。解决问题、结识人们现在变得如此简单！"①

Google ВиО也为每位注册用户制定了一套评价规则，其核心就是积分和威望值（баллы и репутация）。积分是用户在社区中排名的指标，它主要通过参与答题和投票的数量来确定。威望值是对用户工作的荣誉和对社区的贡献来确定的，参考依据是提供的高质量答复的数量。一般情况下，只要注册就会赠送10个威望值和20个积分。每天只要登录就会记入4分，每答复一个问题就获2分，只要注册用户的答案被评为"最佳答案"或者提问被评为"好"就会获得2个威望值。当然，如果乱提问或不尽义务，也会被扣分。和Генон，Ответы@mail.ru 一样，Google ВиО也为其用户规定了一套"头衔"，以区分每人的知识水平和为社区的贡献层次。它的"头衔"体系是：雏儿（Новорожденный），中学生（Ученик средней школы），大学生（Студент младших курсов），（中小学）教师（Учитель），副博士（Кандидат наук），助教（Ассистент），讲师（Преподаватель），副教授（Доцент），教授（Профессор）。Google ВиО特别重视网站专家队伍，并同时从用户中进行补充，不定期地通过Google的Picasa，Orkut，Google Groups，Blogger和YouTube平台举行见面会，探讨改进社区建设问题。

对于一般未注册用户来说，搜索问题及答案主要面对的是两种检索页面：专题类型和搜索框。在专题类型方面，Google秉承了它的一贯风格，就是简洁。它只设计了5类专题：计算机；休闲；关系；科学；社会，但每类专题下的分目录专题则内容更为繁多。为此，Google ВиО设计了一种"标签"（Ярлыки）功能，当用户打开任何一个最终专题目录的提问页面时，所有问题都会显示出来，在每个问题的后面都会带有绿色的"标签"，标明了该问题所属专题类别，并可直接链接到相关专题。每位作者的积分和威望值以及提问时限也一目了然。点击每个问题，则会打开最终的解答页面，除了问题答案外，下方还列出了您可能会感兴趣的相关问题列表。问题性质如果是"公开性问题"，则继续接受注册用户的评价。在专题类型检索功能方面，我们感觉Google ВиО比Ответы@mail.ru 的零乱要更为简洁实用一些，但又不像Генон那么中规中矩。

Google ВиО对使用搜索框提问方式的要求比Ответы@mail.ru 的随意性要严格，基本要求同Генон差不多，还是那些基本的疑问词和疑问句提问方式。检索问题时可以按照Ответы@mail.ru 的使用经验，可以严格按照疑问词使用规定进行提问检索，也可以只输入最主要的关键词，而无需输入疑问词。如果返回结果页面没有用户查询的问答，那么就会返回平台认为最接近的一些问答供用户自己选择。

总体来说，Google Вопросы и Ответы的使用上比Ответы@mail.ru要方便得多，问题质量也要高一些，基本和Генон差不多，但是知识库的数量，即可能检索出的问答数还是与Ответы@mail.ru，Генон有一定差距。

---

① 引自Википедия – Google Вопросы и Ответы.

2.2.4 其他俄文互动问答平台

➢ а Как（http://akak.ru/）

同ЗнайКак.ру类似，а Как也是一个只回答《Как…?》问题的问答平台，2008年9月投入运行。按网站的说法，可以是"Как сделать…"，"Как приготовить…"，…"Как научиться.."等等数千个和日常生活密切相关的"как"问题。网站设计也比较精美，共设置了28个专题问题类别，涉及了日常生活、工作的方方面面。对于注册的用户也实行积分制，根据积分划分4个等级：实习、新人、业者、专家。网站对提问的格式要求也比较严格。

➢ База вопросов（http://db.chgk.info/）

База вопросов "Что? Где? Когда?" 应该说不算一个"纯"的互动问答平台，因为问题的搜索并不是利用自己的数据，而是通过搜寻其他网站来源的相关问题，但是在返回结果页面，显示的还是以问答形式，内容有问题、答案、注释、来源、作者。搜索问题时只需输入关键词即可，一般无需加疑问词构成疑问句。回答的往往是"Что? Где? Когда?"一类问题。

➢ Все-Секреты.Ру（http://vse-sekrety.ru/ ★）

"秘密大全"网并非典型意义上的"问答"平台，但是网站的主旨还是解答人们社会生活中的各种"秘密"，正如主页上所标示的那样：Ответы на вопрос «Как? Что? Почему?»（回答"如何"、"什么"、"为什么"？）。主要问题类别有：高科技、数码、生活用具、美容、经贸、相互关系、居家和家装、健康、名人、体育等等。

➢ ГлавноеКак.ру（http://glavnoekak.ru/）

这也是一个定位于回答《Как…?》问题的问答平台，性质与ЗнайКак, а Как网站基本相同，也是针对日常生活的服务。主要还是通过搜索框进行问题检索，不支持非《Как...?》问题和一些调侃问答用语。它也提供了专题"标签"服务，但该标签过于庞杂，似乎不太利于查询。

➢ ДамОтвет.ру（http://damotvet.ru/）

ДамОтвет.ру是个设计简单的网站，主页只提供了三类专题进行问答：居家生活和家庭问题；计算机和技术；商业和财经。提问格式比较严格，答复非常规范，经过人员整理，所有可以检索到的答案都被称为"短文"（Статьи）。搜索框建议使用关键词搜索即可。

➢ ЗнайКак.ру（http://www.znaikak.ru/）

ЗнайКак.ру的特点就像其网站名字一样，就是它只回答《Как...?》的问题（当然有时也不是那么严格），网站开办于2004年5月。该问答平台设计比较精美，主页最吸引用户的是14个专题分类目录，特别是其他问答平台所没有的《Как выбрать...》、《Как сделать...》栏目，它也使用了"标签"（тэги）对专题栏目进行导航。该网站注册用户并不一定成为问题和答复的作者，需向网站管理员提出申请批准后才可以成为作者，从而拥有对别人的问题进行答复和评价的权利。它对提问格式要求也比较严格。目前该网站的问答数量还有待提升，但问题大多与日常生活、工作相关，因此对人们的帮助还是比较大的。当前的注册用户有1万多人。

> Надобы（http://nadoby.ru/）

Надобы定位于"愿望的编辑者"（Редактор желаний），它虽然也是一个问答平台，但由于定位于"满足人们愿望"，因此主要涉及的问答专题是财经、汽车和旅游。它寄希望于解答人们在旅游、借款、保险等等生活方面的问题。这里的提问一般比较中规中矩，也可以利用搜索框检索问题。只是人气不够旺。

> СУПЕР ОТВЕТ（http://www.superotvet.ru/）

Супер Ответ是个典型的互动问答平台，它把自己与其他问答平台最大的不同归结于严把问答质量关，不允许出现那种基本没有什么信息价值、插科打诨、没有任何实际意义的提问和解答。它只支持"标识词"（Метки）搜索问题，并根据问答的积分划分注册用户的不同层次"头衔"，如大学生、教师、教授等。

> Умник – Вопросы и ответы（http://svio.net/）

和其他主流俄文问答平台一样，Умник主要支持用搜索框检索问题，依赖搜索引擎技术，借助Yandex、Rambler、@Mail.ru的搜索技术来搜索网络中的问题。为了用户检索方便，它也提供了"标签"功能，分出了近20种专题分类，可能是为了吸引更多用户，在其他主流问答平台禁止的一些话题，这里允许讨论。

> Что такое?（http://www.4totakoe.ru/index.php ★★）

"什么是……？"网其实算不上是一个严格意义上的互动问答平台，它只是收集了网络上的诸多领域内的问题答案，登载出来供人们参考。其领域有：定义、计算机、音乐、世界、关系、最新更新等。

> Яндекс.Ответы（http://ask.yandex.ru/ ★★）

Яндекс.Ответы于2009年4月投入运行，截至2012年1月它可以检索7562505个问题，2千多万个解答。与其他主流互动问答平台不同，它不仅利用自己的已有知识数据库，还可以利用其他的一些数据源进行查询，主要有Ответы@mail.ru、可视化法律咨询（http://www.uristy.ru/）、系统管理员论坛（http://forum.sysadmins.su/）、livejournal社区、维基百科等。因此，Яндекс.Ответы可以查询上百万个如此大数量的问题也不足为怪了，它还是充分利用了Yandex搜索引擎的地位和技术来实现上述功能。和其他网站一样，Яндекс.Ответы也为注册的用户提供了一个积分体系以鼓励他们积极参与问答平台的交流。它还把所有的问题划分为专家型和争辩型，由提问者决定。专家型问题要求解答要精确、具有权威性，而争辩型问题可以发表不同意见，给出不同解答。由于它采用了Ответы@mail.ru的数据库，所以提问的形式要求就没有那么严格，风格比较随意，可以使用感叹词、语气词等。

➢ Askme.ru（http://www1.askme.ru/ ★）

Askme.ru是俄网最早的互动问答平台之一，从2002年开始提供服务，截至2012年1月该平台共有提问76695个，答复185742个。网站注册用户可以来提问或回答别的用户提出的问题、编辑文章、对别人的答复进行评价，每个进行了解答的用户都可以成为专家，专家可以获得一定积分。根据用户积分，网站将每月更新一次专家排行榜。与前几个问答平台不同，Askme.ru在主页首先吸引人们关注的是专题分栏，共有16个大类，每类都会显示提问的详情。Askme.ru 问题搜索框检索利用的是另一个问答搜索引擎AskGuru.ru的资源，同时还可利用Google的搜索引擎。

➢ AskNet.ru（http://www.asknet.ru/）

AskNet被称之为"语义搜索引擎"，使用的是AskNet Global Search的全球搜索技术，可以检索俄文、英文问题的答案，但答案的数据来源不是该网站，而是来自其他来源网站。其问题检索要求固定的格式，支持如Что такое...? Кто такой...? Сколько...? Когда...? Где (откуда)...? Какой...? Почему...? Как...?等疑问句形式，以及相对应的英文疑问句形式，如What is...? Who is...? How...? 等等。此外，引擎还默认通过"苏联大百科"（БСЭ）对术语进行解释。

➢ Dialogus.ru（http://www.dialogus.ru/）

这是由安德烈·布尼奇（Андрей Бунич）的"新技术信息咨询公司"（http://bunich.ru/consalting/）开办的一个问答服务平台，没有特殊规定，只要输入符合一般提问要求的问题即可查询到相关信息，但信息量有待提高。主页是英文，可设置俄文查询。

➢ vorum.ru（http://vorum.ru/ ★）

Vorum.ru也是一个比较有影响的俄文互动问答平台。它的主要特点是，与其他问答平台不同，它允许可以不注册而只是通过OpenID对问题进行评价；每个问题都有"标签"（теги），可以帮助用户准确找到相关专题类别；网站的问题没有时限，不管其答案是否已被评价，用户都可以不断答复和对答复进行投票；网站为用户提供了一个通信工具Переписка，可以向其他用户群发信件；每周通过Subscribe.ru 的服务程序来编制一周最佳答案列表，并在网站博客栏目予以公布；网站的Статьи和Видео是两个王牌栏目，前者主要是达到一定级别的作者或编辑总结或发表的精品文章，后者是允许用户把自己的讲解视频上传，内容主要涉及如何使用ВКонтакте，Одноклассники，ICQ等。

在vorum.ru主页提供了17种专题类别，当查找问答时还可以使用"联想标签"功能进行导航服务。主页还会列出Новые вопросы和Вопросы без ответа供用户浏览。网站对提问的规定比较严格，禁止使用像Ответы@mail.ru广泛使用的那些"废话"，如"Помогите!!!"，"Срочно!!!"等等。

第三节　俄文FAQ平台

FAQ是英文Frequently Asked Questions的缩写，中文意思就是"经常问到的问题"，或者更通俗地叫做"常见问题解答"，俄文的对应表达为ЧАВО (частые вопросы или часто задаваемые вопросы и ответы)，ЧаВо，ЧаВО，ЧЗВ (часто задаваемые вопросы)。从术语来看，俄文FAQ一般在俄网分类目录中归于"问答平台"«Вопросы и ответы»，而实际上，FAQ与我们前面所说的互动问答平台还是有一定区别的。本书虽然把俄文FAQ平台置于"互动问答平台"章节下叙述，但并不认为它们是等同的，只不过是为了照顾俄网归类习惯而这样安排。我们认为，它们最大的不同在于，大部分主流俄文问答平台还是把广大网民作为平台的参与者和社区交流的主人，问题大多切中日常生活、工作中的一般性问题和琐事，而FAQ主要是网站组织相关专家针对某一领域内的专业问题给予解答的平台。当然，它们的重合部分，即都是专家来回答的、涉及日常生活的问答部分，也不是那么容易区分的。由于俄文FAQ平台与我们中国人使用俄文信息资源的关联度不如"问答平台"那么紧密，所以本书只是简要介绍一下部分主要的俄文FAQ平台，其中部分资源还是可以为我们所借鉴的。

名称与网址	说　明
Вести Консультант http://app.consultant.vesti.ru/	«Вести.Консультант»的网络版测试版，所咨询的问题比较杂，版面也比较零乱。
ВОПРОСЫ?ОТВЕТЫ И СОВЕТЫ http://faqinfo.ru/ ★	设计功能比较强大，用户可以由此获得任何关于技术话题的问题的答案，可以通过专题检索问题或者是标识词搜索问题。专题种类较多。
Мозгобартер http://mozgobarter.ru/	一个交换咨询建议和课程的免费服务平台，注册用户可以通过skype，ICQ，电话等手段提出咨询问题，网站还开办了专用博客供用户交流。
Спрашивай.ру http://sprashivai.ru/	平台允许提各个方面的问题，可以匿名，也可以公开进行提问，但要求用户必须注册。
Спроси эксперта http://sprosiexperta.ru/	一个"只问专家"的网站，免费服务，专家来自法律、医学、IT业。
Советов.Com http://sovetov.com/	定位于"个人在线心理专家"，用户遇到的个人、家庭生活和性格、情感问题都可以在这里提问，期待解答。
Советую.ru http://www.sove2u.ru/	驾车族的问答平台。
Так-так-так http://taktaktak.ru/	一个免费的法律咨询问答网站，定位于"保护人们的各种权利"。
Тахути http://huti.ru/	一个解答日常生活问题的专业网站，接受从Facebook，ICQ，Gtalk到Jabber等各种公共社交网络的各种信息。
Узнай http://uznai.ru/	定位于"知识交易所"，活跃着"买""卖"知识的人，平台只是"顾客和专家之间的桥梁"，问题涉及人文学科、心理、法律、医学、体育、商业等许多专题。网站页面设计比较别致。
Эксперты на связи http://askfor.info/	一个可以"卖知识"赚钱的网站，问答涉及的专业领域很多。
Askdev http://www.askdev.ru/	由IT专家帮助用户解决各类涉及信息、电子技术方面的问题。

AskGuru http://www.askguru.ru/ ★	一个比较著名的问答系统，基本上等同于互动问答平台，只是它的问答数据库常被其他FAQ共享，因此将其归入FAQ平台。注册用户可以对其他用户的问题进行解答并成为"专家"。
AskLive http://asklive.ru/	一个专业的全球互动问题、咨询和答复平台，可以通过ICQ，Skype，Jabber，自己的其他网站通信手段来提出问题，通过积极参与网站活动还可以获取报酬。平台可以即时直播提问和解答。
DialogPlanet http://www.dialogplanet.ru/	一个咨询商品和服务的平台，由公司经理、律师、保险业人士、设计师等进行解答。
Exper-zone http://expert-zone.ru/	定位于"在线专家咨询"功能，注册用户可以和在线的各个行业（主要涉及民生）的专家即时交流，提问并获取解答。非注册用户只能看到问题，无法看到解答。
FUTURITI http://futuriti.ru/	风格基本类似于"问答平台"，不易将其加以区分。专题分类目录比较有趣，信息量较大，之所以归于FAQ，主要还是因为问答大都涉及日常生活的衣食住行玩乐等方面的内容。
liveExpert http://liveexpert.ru/	一个提供专业解答服务的平台，资源库里共有4千余名专家，可以通过论坛、博客、电话等各种方式提问，保证解答的问题需付费。
Moscow FAQ http://www.moscow-faq.ru/	所有涉及莫斯科日常生活常见问题大全的问答平台，由网民和专家共同解答。
RussiaFAQ http://russiafaq.ru/ ★★	关于俄罗斯的社会生活方面各类问题的点点滴滴，体现了俄罗斯大众关心的衣食住行乐的各个方面，既有公开性问题，又有热点问题，还有在线生活手册，帮助百姓解决遇到的各类问题。网站的文章可读性较强，网民和专家都可以对问题进行解答，是个值得推荐的俄文FAQ。
SOWETU.ru http://sowetu.ru/	定位于"有益建议的在线杂志"，专题涉及了日常生活的主要方面，如家庭、汽车、居家、健康、美容、理财、购物等等。文章具有一定可读性。

第四节 统计排名

网站的统计和排名（Статистика и рейтинг сайтов）是网站评价体系的重要指标，也是每个网站站主最为关心的。本书把俄文统计和排名网站资源归于"网络信息检索"部分，就是要强调每个俄文网站的统计数据和相对地位也是网络信息检索的重要内容，从目前国内出版的大部分关于"网络信息检索"方面的著述之内容来看，要么对这部分资源关注度不够，要么并不将其归入信息检索名下，很多只是在网络技术方面加以论述。因此，把"统计排名"归入"网络信息检索"进行叙述，也是本书的特色之一。作者认为，对使用Рунет资源的一般性用户来说，对于俄网的统计排名网站略知一二，可以帮助自己了解不同俄文网络资源的权威性和相对地位，可以更宏观地把握所查询的网络信息资源；对于那些高级用户来说，研究主要俄文统计排名网站的详细资料，可以更加准确地把握俄网相关资源及其研究的发展状况，从商业、信息、技术角度对俄网有着更深入的了解，从而有利于自己的科研和应用工作。本书所取的是上述两个目的的"中间"，即我们对俄网的网站统计和排名情况进行简单介绍，但不做深入研究，起到抛砖引玉作用，以期引起大家的兴趣。

　　站主总是很想了解他的网站究竟有多少访问者，哪些栏目更受欢迎，单位时间内有多少点击率等等信息，这些信息也是广告商关心的内容。服务记录文件或者称为网站日志（Log Files，log-файлы，логи），是种记录了网站各种活动信息的文件。研究这些记录文件就可以获得综合性的数据，从而得以研究用户的使用规律，研判广告的效用。通常要研究这样一些综合性数据，如IP，Cookie，Hit（地址、"甜饼"、点击）等，以及提交者（реферер，referer）等来了解访问者的数量、在网站的停留时间、点击的URL地址、搜索请求等等信息。因此，根据上述数据的统计分析网站（Статистика сайта，site statistics）就应运而生了，其主要统计内容有：如网站访问量的增长趋势图、用户访问最高的时段、访问最多的网页、停留时间、用户使用的搜索引擎、主要关键词等，这些可以称为网站访问数据的基础分析。有些网站拥有数量相对庞大的网站目录，其中那些最常被访问的网站置于排名靠前的位置，这样会给这些网站带来直接的利益，如广告支持、资金投入、股值增加、数据统计等。这就是网站的排名（Рейтинг сайтов，топ сайтов，rating，top）。为了参加这样的排名，网站必须在排名网站上注册，并安装它提供的计数器。计数器（Счетчик посещений，счетчик，counter）不仅可以统计网站访问者的数量，还可以统计上面所说的大部分信息。下面将介绍俄网部分主要的统计排名网站的简要情况。

　　➢ Alexa Top 500 Global Sites（http://www.alexa.com/topsites ★★★）[①]

　　Alexa是亚马逊旗下的网站排名网站，是一家专门发布网站世界排名的网站。搜索引擎起家的Alexa创建于1996年4月（美国），目的是让互联网网友在分享虚拟世界资源的同时，更多地参与互联网资源的组织。Alexa每天在网上搜集海量信息，不仅给出多达几十亿的网址链接，而且它通过Alexa工具条统计网站的访问量、PV等数据，给全球的每个网站进行排名。可以说，Alexa是当前拥有URL数量最庞大，排名信息发布最详尽的网站。2002年5月Alexa全新改版，放弃了搜索引擎转而与Google合作，变身为一家专门发布网站世界排名的网站。Alexa每天在网上搜集超过1,000GB的信息，然后进行整合发布，现在它搜集的URL数量已经超过了Google。

　　Alexa的网站世界排名主要分两种：综合排名和分类排名。综合排名也叫绝对排名，即特定的一个网站在所有网站中的名次。Alexa每三个月公布一次新的网站综合排名。此排名的依据是用户链接数（Users Reach）和页面浏览数（Page Views）三个月累积的几何平均值。分类排名，一是按主题分类，比如新闻、娱乐、购物等，Alexa给出某个特定网站在同一类网站中的名次。二是按国家（语言）分类，目前共有131个国家和地区可以选择，Alexa给出特定站点在所有此类区域（语言）网站中的名次，其中就包括俄罗斯（俄语）。Alexa还会根据网民对网站的评论，在综合排名信息中，用"★"来给网站评一个等级，最高为5星。Alexa 排名是目前常引用的用来评价某一网站访问量的一个指标，尤其是在中国在某种程度上已到了被某些网站"顶礼膜拜"的程度。事实上，Alexa 排名是根据对用户下载并

---

① 以下部分内容参考自百度百科和站长百科有关Alexa的百科知识。

安装了 Alexa Tools Bar 嵌入到 IE、FireFox等浏览器，从而监控其访问的网站数据进行统计的，因此，其排名数据不能说具有绝对的权威性。从国内查询Alexa的俄罗斯网站排名和统计信息[1]还可以通过Alexa中文官方网站（http://cn.alexa.com/）来查询。目前，俄网排名前8位的俄文网站是：Яндекс、Почта@Mail.ru、ВКонтакте、Google по-русски、Википедия、Одноклассники.ru、Рамблер、Народ.ru。按星级标准评价，几个著名俄文网站的Alexa排名信息如下：

网站名称	星 级	Alexa流量排名	RU流量排名
Яндекс	★★★★	24	1
Рамблер	★★★★★	164	11
mail.ru	★★★☆	30	2
ВКонтакте	★★★☆	35	3
googl.ru	★★★★☆	46	4
Liveinternet	★★★★★	180	12
Народ.ru	★★★★★	243	14
lenta.ru	★★★★	431	23

➢ LiveInternet.ru/Рейтинг сайтов（http://www.liveinternet.ru/rating/ru/ ★★☆）

提起LiveInternet俄网网民记住的首先还是它的日志服务，但LiveInternet.ru/Рейтинг сайтов也是LiveInternet公司的三大名牌产品之一，由公司创始人格尔曼·克里缅科（Герман Клименко）于2003年研发并投入运营，目前该排名已成长为俄网具有重要影响的统计排名体系，在许多俄网网站的统计排名标识中都可以见到LiveInternet的计数器Logo标志。网站的统计排名目录入口可以通过公司主页http://www.liveinternet.ru/的Рейтинг сайтов栏进入，在主页的排名目录中共设置了22个类别。它的总分类目录共有47个专题类别，任选一专题，可进入该专题的网站排行榜。默认按照访问量由大到小显示该类专题的搜索参与排名的网站名称，但网站的详细统计信息需注册才能够查阅。目录还支持通过搜索框检索网站的排名情况，只需在搜索框中输入网站名称即可得到返回结果。

从使用感受来看，该排名系统使用比较简单，没有过分复杂的统计排名指标，而且每一专题的网站排名比较符合我们所想象的网站排序，那些著名网站基本上都在"该在"的位置。尤为难得的是，该排名目录支持17种语言，其中包括简体中文，甚至对于那些不懂俄语的人也能使用。因此，从使用的方便性上来说，它是比较合适的。

➢ Rambler's Top100（http://top100.rambler.ru/ ★★★）

这是俄罗斯访问量最大的排名网站，截至2011年2月该目录共收俄网网站178608个，它承诺为参与排名的网站提供周到的服务，如统计指定网页的访问总量，每日、7日、30日内的页面访问数量，上述时限内未计入的访问量及其原因，疑似访问数，回转访问数，访问分配情况等等。关于Rambler's Top100的知识我们已在"搜索引擎"章节中有关Rambler引擎的部分进行了详细介绍，这里仅就网站排名的"广泛度指数"进

---
[1] 由于某种原因，从我国国内无法直接登录其官方主页。

行简要分析，它是Rambler's Top100的一个特有评价指标。从2002年秋天起，Rambler就开始使用这一参数，它强调，这一参数"就像是Google的PageRank算法一样，是根据网页之间的超链接来实现的，但我们还补充了由Top100计算器所统计的网页实际访问量的数据。"它还认为，传统的超链接算法不够全面，而其计数器使得统计更加公正。Google的"佩奇等级"或称"网页等级"（PageRank）是根据网站的外部链接和内部链接的数量和质量来衡量网站的价值，这个就是所谓的"链接流行度"或"链接广泛度"（Link Popularity）问题。Rambler's Top100在此基础上提出了自己的"广泛度指数"，与此类似的还有Yandex、Aport的"引用指数"（Индекс цитирования）。也就是说，一个网站的广泛度指数越高，它的受欢迎度也就越高。我们来看一下根据广泛度指数Rambler's Top100的前20名网站的排名情况。

1. Почта@Mail.ru — национальная почтовая служба. 114 406 ↓
2. Мой мир@Mail.Ru 107 178 ↓
3. Рамблер: главная страница — В Египте распущен парламент и отменена конституция 106 509 ↓
   Новостные ленты 1
4. Национальный битторрент трекер torrents.ru 103 680 ↓
5. QIP.ru 101 162 ↓
6. Рамблер-Почта: престижный адрес бесплатно 99 884 ↑
7. Знакомства@Mail.Ru: сайт знакомств Рунета 98 840 ↑
8. BitTorrent-трекер tfile.ru 98 491 ↓
   Новостные ленты 1
9. КиноПоиск — все фильмы планеты 96 941 ↓
   Новостные ленты 1
10. Gismeteo.ru: первый погодный сайт Рунета 96 065 ↓
    Новостные ленты 3805
11. Арена - Онлайн RPG 95 559 ↓
12. Продажа б/у легковых автомобилей на Auto.ru — По всему свету с AUTO.RU! 95 291 ↓
    Новостные ленты 10
13. Sportbox.ru: Футбол，хоккей，биатлон. Live видео，статистика 95 124 ↓
    Новостные ленты 3
14. Живой Журнал (LiveJournal.com) 94 675 ↓
15. Кинозал.ТВ - фильмы и мультфильмы，афиша кино 94 519 ↓
16. РБК: Правительство Х.Мубарака останется прежним до выборов. 93 634 ↑
    Новостные ленты 3
17. Lenta.Ru — В Египте распущен парламент 93 557 ↑
    Новостные ленты 2
18. Drom.ru - автомобильный сайт (объявления，отзывы，каталог) — Автофорумы - самые популярные в России 93 534 ↓
    Новостные ленты 2
19. Online-переводчик Компания ПРОМТ 93 217 ↓
20. Чемпионат.ру: Тихонов возвращается в Спартак! 93 155
    Новостные ленты 12

这个排名是动态的，但进入前20（20-ка）的网站一般变化并不大，通常为上下4名的出入。从上述网站排名我们可以看出：有13个是IT企业，4个网络传媒公司，只有2个为实体经济，即18个与网络有关，其中主要是电子邮箱服务、交友、网络日志、新闻与体育、共享下载等。这些20-ка网站很多是各个网络服务领域内的佼佼者，我们在后面介绍俄文网络资源的具体类别时都会提到，这也是我们中国用户所关注的俄网资源，许多可以为我们的学习、工作、生活提供巨大帮助。但是，也有些进入"前20强"的网站同我们中国用户的日常信息需求没什么大的关系，也不会成为我们关注的重点。因此，我们建议，在利用Rambler's Top100目录进行信息检索时，我们一方面应关注那些在所查领域内排名靠前的网站，另一方面，作为外国用户，我们也不应迷信这些所谓的"排名"，许多排名靠后、甚至是上不了排名榜的网站同样会给我们带来惊喜。

➢ SpyLOG（http://dir.spylog.ru/）★★）

SpyLOG是俄罗斯仅次于Rambler's Top100的统计排名服务网站，在俄网的该类服务中处于举足轻重的地位，我们在俄网众多网站的统计图标中都会看到SpyLOG的计数器LOGO标志。SpyLOG公司成立于1999年底，成立伊始公司就定位于提供优质的统计服务，但当时的服务内容还比较单调，使用的是一种可以免费注册的SpyLOG Tracker服务。2000年夏天网站注册用户已超5万，因此，公司决定发起"全球统计"项目（проект «Глобальная статистика»），它囊括了俄罗斯及整个俄文互联网络的统计数据，从此时起俄网每3个网站就有1个安装了SpyLOG的统计计数器。2001年1月SpyLOG的注册ID数已超过10万。2001年4月SpyLOG开发了新的统计引擎1.6版，并为许多著名商业企业提供市场调查和统计服务，此举为其赢得了极大的市场份额和知名度。2002年5月它又推出了"SpyLOG监控包"（пакет SpyLOG-Монитор）的服务项目以及之后的VPS服务，又占据了一定的市场份额。2003年SpyLOG建立了统计过滤系统，2004年更改了计费服务办法。这些都极大地促进了SpyLOG的发展。截至2011年2月，SpyLOG的注册用户数已达267292户。

SpyLOG提供4类统计工具：SpyLOG TRACKER（追踪），SpyLOG FILTERS（过滤），SpyLOG RESEARCH（搜寻），SpyLOG МОНИТОР（监控）。对于我们一般用户来说，我们还是关心SpyLOG的网站排名服务。SpyLOG/ TOP的主页直接显示的是"Рунет积极需求目录排名"（Рейтинг потребительской активности Рунета）和"快看目录"（Простой каталог）。前者主要是按照统计数据，目前使用最为频繁的排名目录，如Туризм，Компьютерная техника，Авто，Российские банки等；后者是所有排名根（子）目录的快捷浏览版，只显示搜索目录标题和超链接，点击任一超链接可以进入"快看目录"的详细版。主页中间是某类别的排名顺序，默认按"访问量"排名，页面左边是所有目录列表，共59类，可以方便选择。此外，用户还可以选择主页的"专题目录"选项，从而进入专题目录页面。

"专题目录"页面与"快看目录"页面类似，只是专题分类更概括一些，共分12个大专题。页面还显示出收录网站总数和每个专题网站数量，截至2011年2月共收录网站468850

个。如果需要显示更多信息，可以在"高级设置"（Расширенные настройки）中进行设置，设置方式对于快看栏目同样适用。最多可以选择显示3栏信息，参数主要是：访问量、点击率、主机数、类别百分比、核心数等。SpyLOG的统计数值和排名可能会与其他统计排名引擎的结论有部分不同，其实这也不难理解，一是因为统计方式不同，二是安装计数器的网站也不一致，三是服务对象可能不一致。从使用感受来看，SpyLOG/TOP的分类更细，排名展示也简洁明了，没有那些略显深奥的统计用语，但许多排名次序与我们中国用户的使用需求和预想结果来看还是差距较大，许多在某领域内我们熟悉的网站名字往往排不上靠前的位次。这就需要我们来正确使用和看待这一排名和统计结果。

SpyLOG公司为了拓展业务范围，整合了相关服务，于2009年将整合后的服务更名为Openstat（www.openstat.ru），并开设了Openstat Рейтинг（http://rating.openstat.ru/）。Openstat定位于公开、权威、标准，不接受任何广告赞助，它的固定客户是大银行、保险公司以及通信、交通、旅游、贸易、房产、工业等产业和组织机构等。目前来看，该统计排名与SpyLOG/TOP并行不悖，但不排除将来取代后者。

> Рейтинг@Mail.ru（http://top.mail.ru/ ★★☆）

Рейтинг@Mail.ru 是@Mail.ru公司的一个重要的网络统计服务品牌，在俄网的统计排名服务的影响力方面基本可以和SpyLOG并驾齐驱，而且由于@Mail.ru其他服务项目在网民中的所拥有的普及性，所以它的统计排名服务在某种程度上比专业性更强的SpyLOG要更为一般网民所熟知。我们在许多俄网参与统计排名的网站上都可以见到Рейтинг@Mail.ru的计数器Logo。截至2012年1月Рейтинг@Mail.ru共收录了349780个有效计数器，共有55666729个访问者。

在网站主页页面中间，我们可以看到其排名目录，共分17个专题类别。点击任一专题的链接，我们可以进入该专题的详细统计排名信息页面。每个排名网站都显示出访问者、主机数、点击率、网页数等数据信息，而且每个数据下面都有距上次统计的数字变动情况，信息十分详尽。在页面的左端是该专题的次目录，以便用户可以方便地查询这些次专题的统计信息。从使用的感受上看，Рейтинг@Mail.ru兼具了专业性和适用性，所收网站数量也非常多，排序比较符合我们的使用习惯和心理预期，因此它是比较适合使用的统计排名网站。

> Рейтинг сайтов. Топ 100（http://top.ucoz.ru/ ★★）

这是一个充满创意的公司uCoz（http://www.ucoz.ru/）的统计排名服务，该公司致力于网站设计，从免费到付费，并荣获2009年Рунет "技术与创新" 大奖。公司网站的统计排名网页设计也秉承了它的风格：华丽、大方。该网站支持多语言网站排名检索，共有俄、英、法、乌、阿、西、德、匈等7种语言。网站提供3种统计排名服务：网站排名、论坛排名和目录排名。其中，"网站排名"（Рейтинг сайтов）共分50个主题，共收入排名网站255290个，每个主题分目录都为排名网站提供网络节点（主机）数和点击率的数据和排序。"论坛排名"（Рейтинг форумов）共分46个主题，共收入排名论坛41339个，每个分主题都为排名论坛提供论坛话题数和跟帖数及排序。"目录排名"（Рейтинг каталогов）是"目录的目录"排名，共分50个主题，共收入排名目录数85665个，每个分主题都为排名目录提供收录数和示例数。该统计排名特别是后两类排名服务在俄网的类似领域内非常独特，从使用感受上看，该网站也非常简便、易上手。

其他常见统计排名资源

名称与网址	说明
ГДЕ.РУ ТОП100 http://top.gde.ru/index.php	ГДЕ.ру搜索引擎的一项统计排名服务项目，该公司专注于俄网的邮箱、交友和日志信息检索内容服务。该统计排名服务内容涉及公告板（日志）、论坛、地址等分类目录检索服务以及Top100的网站排名服务。它支持排名目录检索和排名网站搜索框检索，目录共划分了18个主题，截至2012年1月共收录排名网站57590个。该平台为每个排名网站提供主题类别排序以及详细的按照日期的图形统计数据。
Рейтинг России http://top.rossia.su/ ★	该排名系统秉承了Rossia.su的宣传口号："РОССИЯ начинается здесь!"（"俄罗斯从这里开始！"）因为域名.RU起源于.SU，而.SU起源于Rossia。域名.SU目前仍在保留并不断发展壮大。网站提供专题目录排名及网站关键词目录检索，共划分了51个主题，收录排名网站27727个（截至2012年1月）。它为每个网站都提供网络节点数、访问量、点击率和网站评价参数等数据。
Рейтинг Рунета http://www.ratingruneta.ru/	排名竞赛网站，本身并不提供统计服务，是通过网络投票来决定参与网站竞赛的优胜者，共分18个专题门类。
Рейтинг сайтов Goon http://goon.ru/r/?fromsite=1	搜索引擎Goon的统计排名服务，它提供了主题排名目录，共划分了46个主题，收录排名网站7035个。它为每个排名网站提供主机、访问量、点击率的数据统计服务。
РУССКИЙ ТОП Каталог рейтинг http://russian-top.ru/ ★★	一个免费的俄网网站排行并兼有搜索引擎功能的网站。网站目录分类非常详细，共划分有近40个类别，每一类都有网站排行，介绍网站的基本情况并提供链接地址。这是个较好的排名目录搜索引擎，具有推荐价值。
Список доменов RU http://resident.su/	算不上是严格的排名网站，但确实是.RU域名的统计信息网。它给出了.RU域名下所有网站的总体统计数据和统计图表，数据涵盖1996—2010年每个年月日的网站统计数据，非常详实。
ALL-TOP http://www.all-top.ru/	一个提供主题目录排名检索的网站，共分58个主题目录，截至2012年1月收录有1967个网站。网站还支持多个主流搜索引擎搜索功能，统计信息以点击率为主。
Kmindex http://www.kmindex.ru/	著名的多元门户网站KM（Кирилл и Мефодий）的统计排名服务项目，它依靠KM.ru的强大技术实力和知名度为用户提供按照访问量的排名名单和详实的对应数据，并提供主题目录排名，共分40多个专题，截至2012年1月共收录注册网站161381个。
ListTop http://www.listtop.ru/	一个传统的俄网统计排名网站，于2000年注册。提供主题目录检索服务，共分8个类别，也支持网站的关键词搜索。但参与其排名即网站收录数始终不高。

续表

HotLog http://hotlog.ru/top ★	俄罗斯一个老牌的网站统计排名服务网站，由"ИнфоСтарз"公司于2001年10月开发成功并投入运营，现居俄网同类服务的前五名。截至2012年1月其注册网站已达513062个。它的排名目录共分14个专题。在每个专题的分目录的返回结果页面，主要是根据排名网站的访问量、点击率来排序，在给出上述数据的同时，还展示每个网站排序的升降情况。从具体使用情况上看，它比较方便、容易上手，返回结果显示简洁。
PHP Topsites http://sitetop.info/	网站定位于"俄网优秀网站排名"，目前共有参与排名网站386个。提供主题目录排名，共分25个专题，并按网页数进行统计。
Rate.ru http://www.rates.ru/	定位于俄网商务网站排名，但收录范围比较宽泛，设置了26个专题目录，页面设计也比较与众不同，支持网站关键词搜索。只是收录网站数量尚少。
RUTOP http://rutop.org/	一个统计信息图形化的统计排名网站，统计信息显示明晰，许多中小网站加入。支持关键词搜索和目录检索，共分12个专题门类。
TOPrating.ru http://toprating.ru/	网站提供许多专题的图片、视频、音频等文件，由网民自己参与投票决定其排名，是个极富创意的广告和营销，正待售。
Winrate.net http://top.winrate.net/	2004年注册的一个统计排名服务网站，提供较为详细的统计信息，如当日和7日内的点击率、排名升降情况以及浏览器版本、操作系统版本等统计信息。另提供主题目录排名检索，共分68个主题类别。
YandeG http://yandeg.ru/	一个创办于2007年的统计排名服务网站，至今已收录注册排名网站27671个。它提供了22个主题的排名目录，为每个主题都提供了按点击率数据大小进行排名的名单，尤其是主页还提供了当日的十佳网站排名。

中篇

俄文网络信息资源

网络信息资源（Информационные ресурсы Интернета, Информационные ресурсы в сети Интернет, Интернет-ресурсы）是指通过计算机网络可以利用的各种信息资源的总和。具体地说，是指所有以电子数据形式把文字、图像、声音、动画等多种形式的信息存储在光、磁等非纸介质的载体中，并通过网络通信、计算机或终端等方式再现出来的资源。网络信息资源的特点主要有：（1）存储数字化；（2）表现形式多样化；（3）以网络为传播媒介；（4）传播方式的动态性；（4）数量巨大，增长迅速；（5）自由发布，交流直接；（6）检索方便，价廉实惠；（6）分散无序，缺乏管理；（7）内容庞杂，质量不一。①

俄网（Рунет）蕴藏着海量的网络信息资源，我们在上篇的"统计排名"章节中曾指出过，像Rambler's Top100、Рейтинг@mai.ru等排名系统所收录的网站就有几十万个，截至2010年底，.ru域名总数为2996848个，比2009年增长16%。因此，我们不可能也不需要将所有俄网资源面面俱到加以介绍，我们在推介俄网信息资源时必须有所侧重，避免做成一个俄网网站目录大全。我们在选介和划分俄文网络资源时主要从以下几点出发：（1）通用性，即选介资源尽量做到不偏科，不选那些专业性过强的网站进行介绍；（2）实用性，即选介的大部分资源争取做到能满足本书的绝大多数读者的信息需求，能够对日常工作、生活、学习带来具体的帮助；（3）权威性，即选介的俄网信息资源一般要符合在各自领域内能得到多数人公认的要求，有些知名度较小但也确实极富特色的网络信息资源我们也适当收录。另外，由于作者的科学专业知识有限，且许多读者对社会科学方面的俄文网络信息资源需求更多些，因此，推介的俄文网络信息资源可能会偏"文"、偏"生活"一些。我们在上篇"俄文网络信息检索"中所介绍的许多网站也是网络信息的重要资源，本书中我们把它们归于"查询其他网络信息资源的检索工具"，而那些用来为网民进行网络交流服务的网络资源我们则将之归于"网络信息交流"资源，在《下篇》中叙述。

---

① 以上内容参考自百度百科有关词条和《网络学术信息资源检索与利用》（国防工业出版社，2002）。

学术信息资源

我们所说的"学术信息资源"是指用于学术研究的网络信息工具平台。平时我们进行学术研究、查阅资料要去图书馆，我们要准备各式各样的课程论文、毕业论文，我们要借助许多词典、工具书来查询、查证学术问题等等。那么，本章就是把上述任务进行"网络化"。

第一节　网上图书馆

网上图书馆，又名网络图书馆（библиотека онлайн）、电子图书馆（электронная библиотека）或数字图书馆（цифровая библиотека）。网络环境改变了传统意义上图书馆馆藏概念的内涵和外延，网络时代的图书馆，是现实图书馆被信息技术化的产物。网络图书馆，依旧残留着图书馆起源特性，即"保存记事的习惯、各类记载、藏书之所"等等。只不过，图书馆从传统意义演变为网络化，促进了人类曾经和正在创造着的优秀资源的共享。网络图书馆，空间无限拓展，不因地域偏僻而资源匮乏；时间无限压缩，不因岁月流去而拮据贫富群体。它被誉为"知识宝库"、"知识喷泉"、"社会心脏"、"校外第二课堂"，其主要职能如下：（1）加快了传播人类文化遗产的速度与广度；（2）大大强化了信息资源开发；（3）以网络为纽带，馆藏文献走向数字化；（4）参与社会教育、思想教育、文明建设、文化素质的教育职能以及丰富大众文化生活教育的职能。[①]

俄文网络图书馆在我们的学习、工作与生活中发挥着越来越重要的作用。首先，它可以为我们提供便捷的图书检索途径，通过网络图书馆，我们不必亲临现实图书馆，就能检索到现实图书馆的大部分藏书目录，可以节省大量的检索时间，大大提高工作效率。其次，电子图书馆能够为我们提供海量的电子图书，而电子图书所具有的纸制图书所无可比拟的优势，如方便存储、易于检索、更新快捷、数据庞大等，为"好书"之人的书籍资源选择提供了极大便利。最后，网上图书馆极大地缩短了空间距离，在经济上节省了读者的财力。试想，许多品种丰富的俄文图书，如果不亲临俄罗斯，你如何才能购得？对于动辄成百上千页的作品，你爱不释手，可又如何舍得一掷千金？这些对于网上图书馆来说都不是问题。因此，在当今的数字化时代，了解和掌握网上图书馆的使用方法对于知识的更新和把握具有重要意义。

[①] 上述内容参考自百度百科词条"网络图书馆"的内容。

俄文网上图书馆大体分为两类：一类是虚拟图书馆，另一种是现实图书馆的在线（网络）版。前者有时又被称作"狭义的数字图书馆"，是指通过计算机信息网络技术实现的具有传统图书馆基本功能的网络实体，可以实现跨地域跨时空的信息采集和管理；后者主要指传统的现实图书馆为实现网络化服务而在互联网上创立的同名在线图书馆，一般可以实现网上书单检索、宣传、购买、复印等功能。

3.1.1 俄文虚拟图书馆

我们将虚拟图书馆按照以下类别分别加以叙述：综合类、专题类、有声类和检索类。

3.1.1.1 综合图书馆

➢ Библиотека Максима Мошкова（http://www.lib.ru/ ★★☆）

"《马克西姆·莫什科夫图书馆》是俄罗斯互联网最著名的网络图书馆，它创办于1994年，（成千上万）的作者和读者每天在丰富着它的内容。它包括文学艺术、科幻和政治、技术资料和幽默、历史和诗歌、自由创作歌曲和俄罗斯摇滚、旅游和跳伞、哲学和密境，等等。"图书馆首页如是说道。一些不搭调的词汇组合在一起恰恰反映了站主马克西姆·莫什科夫的行事风格。细心的网民会发现，在俄网如此著名的网上图书馆，网页设计竟如此简单，白底上加上一些标题的超链接，恐怕随便什么刚入门的网友都能设计出来。网站的页面设计从1994年创办之日起就没变过，正如莫什科夫所解释的那样，他没有设计上的艺术细胞和思想，他更关心的是如何为网民提供更好的服务，用他的话说是"我在建设文学城"。而恰恰是这样一个设计上简单的不能再简单的网站却成了俄网网上图书馆的"领头兵"。它曾荣获数次《Премия Рунета》（俄网大奖），该图书馆总数据量约1200GB，共25,800,000份文件。[①]

但马克西姆·莫什科夫图书馆的办站理念在进入21世纪后却争议不断，2004年"KM在线"联合许多作家对莫什科夫图书馆提起诉讼，控告其侵犯著作权，最后法院裁决对莫什科夫图书馆罚款，但并未支持侵犯著作权诉讼。2005年许多著名作家再次对莫图书馆提起诉讼，但最后庭外和解。几次官司的结果让以Lib.ru等为代表的网络图书馆暂时松了口气，但这种以侵犯作者版权为手段的免费、自由的阅读、下载作品的经营方式究竟能持续多久谁也没底。我们认为，如果Lib.ru等这类网站不加以适当改变的话，最后必然不会长久。也许是看到了这一问题的严重性，Lib.ru的服务供应商也开办了网站Артефакт的网络图书馆（http://artefact.lib.ru/），由Андрей Пискунов创办和支持，它跟网站作品的所有著作权拥有人都保持着友好的关系，许多作品有作者授权。2009年初，它的作品数已达8200部，有22种语言，其双语作品译本是俄网最多的，文本格式以word文件为主。

图书馆网站内容涵盖文学、科技文献、娱乐作品等等。目录分为：（1）新入作品；

[①] 由于该图书馆没有发布最新数据，这里引用网站标明的数据截止到2003年10月。

(2)散文、诗歌;(3)古典文学;(4)儿童文学和探险;(5)科幻;(6)历史;(7)侦探;(8)文化、……学(逻辑学、心理学、哲学等等);(9)科技、教材和工具书;(10)各国UNIX服务;(11)音乐作品、电影、电视等;(12)幽默。以文学栏目为例,我们这里不仅能够看到像托尔斯泰、契诃夫这样的大家,也能看到像叶塞宁、叶甫图申科这样的中间力量,甚至还有"中国古典诗歌"目录,能下载到像李白、杜甫、王维等人的古诗和老子、孙子、庄子等人的古文名著俄文版。

该图书馆所提供的下载作品绝大多数是txt文本格式和html的网页格式,可直接下载保存,无需注册。

➤ Все для студента（http://www.twirpx.com/ ★★☆）

顾名思义,这是"专门为了大学生"的网站,正如网站自述所介绍的那样,"能找到解决问题的能力,这才是高校应该发展的技能",而网站就是为这个目的服务的。但从内容看,其服务对象可以扩展到任何需要电子图书的用户。

网站的电子资料分为两类:一类是共享的文档,一类是电子图书。前者主要是大学学习中绝大多数课程的辅导资料、课程论文,或者是为高考生准备的复习材料;后者是电子图书,书目共分24个主题,主要有:名人传记、各类文学作品、科技资料、历史文献、期刊杂志等。截至2012年1月,共享文档已达48万多份,电子图书5万多部,总容量4800多GB。网站可供下载的文件格式有几十种,常见的有Microsoft Office的常用格式(包括各个版本)、压缩文件格式(如7z,Rar,Zip)、镜像文件(如ISO)、图像文件、音频文件、视频文件和各类文本文件(如pdf,djvu,fb2,odt)等,但最常用的文档格式还是以doc,pdf,rtf为主。文件资料下载是免费的,但有一定条件:(1)需免费注册,由网站自动给用户提供的邮箱发一封确认信,经确认用户名才有效;(2)注册后每位用户自动分配60分的积分,每下载一个文件则扣除不等的积分数,如果积分用完,则不能下载文件,并且用户可以通过给网站以物质支持或上传文件来积累积分。这比较类似于百度文库的操作规则。该网站内容十分丰富,且所有下载链接都有效,具有很强的实用性,值得推荐用户使用。

➤ ЛитРес（http://www.litres.ru/ ★★☆）

"文献资源网"的电子图书性质与LitPORTAL大致相同,书目分17个主题,主要有:商务、科幻、侦探、恐怖、笑话、爱情、儿童、散文、诗歌、计算机、科学、教育、宗教、家庭、期刊、出版、工具书等,也是付费下载,但与LitPortal不同的是,还可以选择使用ЛитРес阅览器免费在线阅读,在线阅读完全是原文。

➤ Мир книг（http://www.mirknig.com/ ★★☆）

"图书世界"网是一个综合性的电子网络图书馆,收录图书共约30个专题目录,主要有:商务、军事、人文、家庭、少儿、健康、文化、科研、程序设计、宗教、诗歌、休闲等等以及音频、视频栏目等,收录种类多,内容丰富。所有图书均可免费下载,主要是通过像Letitbit,Fileshare等共享网盘平台,有的可以直接下载,也有小部分为收费服务。下载文档主要为pdf,djvu,txt,rtf等。

➤ МИРОВАЯ ЦИФРОВАЯ БИБЛИОТЕКА（http://www.wdl.org/ru/ ★★★★）

世界数字图书馆（The World Digital Library）网站于2009年4月21日在联合国教科文组织(UNESCO)总部所在地巴黎正式启用，为全球读者免费提供使用珍贵图书、地图、手抄本、影像与照片等服务。世界数字图书馆馆藏包罗万象，从图书到档案都有，使用者可利用7种语言，包含阿拉伯文、中文、英文、法文、葡萄牙文、俄文与西班牙文搜寻，其他的语言工具也适用。世界数字图书馆由教科文组织及32个合作的公共团体共同成立，而由全球规模最大的图书馆"美国国会图书馆"主导开发。参与这项计划的馆藏与技术合作国家，从巴西到英国、中国、埃及、法国、日本、俄罗斯、沙特阿拉伯及美国等国的图书馆及文化机构都有，他们将无价的文化素材数字化，让读者在网络上即可取得。世界数字图书馆构想，最初是由美国国会图书馆长毕灵顿（James Billington）所首创。它在互联网上以多语种形式免费提供源于世界各地各文化的重要原始材料，主要目的是：促进国际和文化间的相互理解；增加互联网上文化内容的数量和种类；为教育工作者、学者和普通观众提供资源；加强伙伴机构的能力建设，以缩小国家内部和国家之间的数码技术鸿沟。2006年12月，联合国教科文组织和美国国会图书馆召开了一次专家会议，专门讨论此项目。专家会议促使建立了制订项目准则的工作小组、并作出决定由美国国会图书馆、联合国教科文组织和五个伙伴机构（即亚历山大图书馆、巴西国家图书馆、埃及国家图书馆和档案馆、俄罗斯国立图书馆和俄罗斯国家图书馆）进行开发并提供将用于WDL原型的内容，并计划在2007年的联合国教科文组织大会上推出。元数据、导航及支持内容（例如：馆长视频）被翻译成7种语言。①

在http://www.wdl.org 的主页上可以进行7种语言的选择，除了上述俄文地址外，简体中文地址是http://www.wdl.org/zh/。网站页面是世界地图，按照北美、拉丁美洲及加勒比海地区、欧洲、中东和北非、非洲、中亚和南亚、东亚、东南亚、大洋洲和太平洋地区划分区块，每个区块有电子资料略图，地图下面是可以拖动的时间轴，从公元前8千年至今可以选取任一时间，拖动时间轴的同时地图的电子资料略图也同时改变。当选取某一具体对象（объекты）时，可以打开该对象的显示网页，内容有标题、文字简介、图片、音频或视频、资料来源等信息。特别值得一提的是，所有网页内容均可找到上述7种语言的对应版本。网站内容详实、设计精美，非常震撼，很值得一读。

➢ НАСЛЕДИЕ ОТЕЧЕСТВА（http://www.nasledie.ru/ ★★☆）

"祖国的遗产"网是由"祖国遗产"（Научно-Информационное Агентство "ПАСЛЕДИЕ ОТЕЧЕСТВА"）科学信息通讯社创立于1999年，强调服务于俄罗斯精神遗产的电子化。其有20个分类目录，主要有：财经、全球化、政府、选举、社会组织、内政、外交、军事、观察、教育、恐怖主义、文化、法律、记事和图书馆等。网站全部电子图书或文章都可以保存为html格式，且大多内容精彩，尤以时政类、资料类文章为佳，非常值得一读。

➢ Руниверс（http://www.runivers.ru/ ★★☆）

一个极富文化品位的电子图书馆，"我们的目的是保障网络上对第一手资料的自由使

---

① 上述内容参考自"世界数字图书馆"（中文）的网站简介。

用"（网站宣传语），其收录主题就是"俄罗斯历史与文化"。网站有：今日、图书馆、百科、历史画廊等版块，并有俄罗斯哲学、历史插图、俄罗斯领土历史、制图等。电子书为pdf, djvu格式，可以直接下载，在线百科也解释精到。网站设计精致大方，内容非常丰富。

➢ Mirbukv（http://mirbukv.com/ ★★☆）

这是个大型的综合性电子图书馆，创办不久，内容非常丰富。电子资源的专题主要有：军事、少儿父母、娱乐休闲、文学、人文科学、自然科学、计算机、工程科学等，电子资源的品种有电子书、有声图书、杂志及文化新闻报道等。电子书（杂志）格式为pdf, djvu，主要通过像Letitbit, Vip-file, iFolder, Turbobit[①]等共享网盘下载，mp3有声文件主要通过像Unibytes, share4web, gigabase等网盘下载。

➢ RoyalLib.ru（http://royallib.ru/ ★★☆）

这是个综合资源电子图书馆，收录有人文、社会和许多杂项的电子图书资源，每个电子图书都有doc, rtf, fb2, html, txt五种格式文档可以免费下载，或者可以在线阅览。

➢ WebLitera（http://weblitera.com/?l=ru ★★☆）

"国际免费在线图书馆"是个由西方公司于2008年创建的非常有创意的电子图书发展项目，其目标是收集互联网上的免费文艺图书连同其翻译作品，它支持英、德、法、西、意、中、俄等语言。它提供的双语平行阅读功能十分强大，读者可以将原文和译文进行比照阅读。这对于语言翻译、外语学习、文学鉴赏都具有非常重要的实用价值。以俄语译文为例，可以按照作品名称或作者姓名查找，大多是英语的世界名著，阅读时可以选择按词、句、段原译文对照阅读。

其他常见综合图书馆资源

名称与网址	说 明
5-KA.RU http://5ka.ru/biblioteks.html ★★	"五分网"的电子图书馆栏目，收录有神学、新闻学、世界古代史、历史、文化学、语言学、语文学、文艺学、科学、教育学、政治学、法学、心理学、社会学、经济学等专题电子图书，其中大多是本专业方向的重要作品或成果，所有资源均可在线免费阅览。
Библиотека Альдебаран http://lib.aldebaran.ru/ ★	"金牛座图书馆"截至2012年1月共收录电子图书71420部，它同LitPORTAL一样，也是通过与ЛисРес网站链接提供付费下载，但是可以使用其阅读器免费在线阅读。
Библиотека Allbest http://allbest.ru/library.html	著名的学习门户Allbest.ru的电子图书栏目，共分12个专题目录，主要有：商务、少儿、侦探、历史、经典文学、散文、幽默等等，它与LitPortal是合作伙伴，许多作品直接链接到后者。
Библиотека Инокентия Ахмерова http://www.ahmerov.com/ ★★	"阿赫麦罗夫在线图书馆"的电子图书均可在线免费阅览，一般为网页逐页翻阅模式，共分为：期刊、历史、文学、语言学、教育学、心理学、宗教学等等共15个门类。

---

① 俄网的电子图书下载经常使用Turbobit.net, Depositefiles.com, Letitbit.net, vip-file.com的链接，这些是俄网比较著名的常见网盘共享文件平台，我们将在《下篇》对此加以介绍。

续表

网站	说明
Библиотека РГИУ http://www.i-u.ru/biblio/ ★★	"俄罗斯人文网络大学图书馆"拥有种类非常丰富的教学及科技电子文献，主页提供按文献名或作者名的检索，可免费直接下载文献的doc-zip文档。截至2012年1月共收录近5千份/部电子文档。与其他许多电子图书馆网站不同的是，该网站还提供各个类别的讲座视频共450余个。
Библиотека Современника http://sovremennik.ws/ ★☆	"现代人图书馆"是个大型的电子图书馆，其电子图书涵盖了从文学、生活、文化、历史到科学、教育、政治等几十个专题，免费下载文档格式为pdf，djvu。
Библиотекарь.Ру http://www.bibliotekar.ru/ ★★	"图书馆员"网站是关于俄罗斯和世界历史、艺术、文化和应用科学文献的电子图书馆"（网站首页语）。共设12个作品栏目：俄罗斯历史、重印（十月革命前的作品和期刊）、绘画、经典文学、经济、医学、词典百科、居家日常生活和技术、有声读物、论文摘要、星相等。作品文本涉及许多令人感兴趣的内容，如历史解密、自然奥秘、宗教、神话、科学发现、宇宙奇观等等。俄罗斯历史和文化部分内容精彩，不仅有沙俄历史讲述，还有俄罗斯著名思想家以及民俗介绍。俄罗斯艺术、宗教、绘画、城市风情的栏目也内容丰富。整个网站设计美观、古朴，有历史厚重感。它提供的下载作品为html网页格式。
Бибиотека электронных изданий Института открытого образования МГУП http://www.hi-edu.ru/abc_courses.html ★	"莫斯科国立出版大学开放教育学院电子图书馆"不仅提供了许多图书馆的链接地址，还提供许多电子图书的在线全文阅览，其中不少是各个领域内的有影响书籍。
Библиотеки.net http://biblioteki.net/index.php ★★	一个大型的免费电子图书馆，内容涉及文艺、计算机、自然科学、人文总论、宗教、哲学、心理、健康、体育、军事、外语、休闲、教育、工具书和百科等等，免费下载图书格式为djvu，pdf，自动链接到Закачайся.ру平台下载。
Большая электронная библиотека http://big-library.info/ ★☆	"大电子图书馆网"是个大型的免费电子图书馆，创办于2006年，目前收录电子图书近32000部，共划分了近30个主题目录，从文至理、从学术到娱乐内容十分广泛。下载图书大多为rtf-zip格式。
БЭБ http://i--i.ru/	"免费电子图书馆"主要收录免费在线阅读的各类文章，共分15个分类主题。
ВсеКниги http://vceknigi.ru/	"所有的书"提供电子图书、有声读物、视频教学、期刊杂志、教学参考的免费下载，其电子图书分为十几个类别，有些书籍的下载需要注册登录。
Грамотей http://www.gramotey.com/index.htm?menu_item ★	"书记"网收录有30余个主题的电子图书，数量比较多，可免费下载，图书格式为txt，fb2，rtf等。
ГЛОБАЛТЕКА http://www.globalteka.ru/books.html ★	"科学资源环球图书馆"内容涵盖广泛的科学领域，涉及经济学和管理学、信息技术科学、基础科学、技术应用科学和人文科学，收录有论文摘要、文章、教学参考资料和图书。供完全免费下载的电子图书格式主要有doc，pdf等。
Дом Книг http://domknig.net/ ★	"书屋网"创办于2005年，所收录书目共分18个专题，主要有：侦探、商务、家庭、休闲、散文、小说、幽默、计算机和互联网、科学和教育、宗教、外语等。下载图书为pdf格式，下载时自动链接到Depositefiles网盘共享平台。

第三章　学术信息资源

续表

网站	介绍
ДомаКниг http://domaknig.net/ ★	"书店网"提供几十种专题的电子图书下载，其中包括休闲、文化艺术、医疗、体育、财经、文学、军事、科学和教育以及有声读物和期刊杂志的电子版。下载的电子图书格式主要为djvu，pdf等。
Домосед http://www.domosed3767.net/	"宅男宅女"电子图书馆致力于为那些"闷"在家里看书的人服务，共分14个专题，大多集中于人文学科特别是文学作品，下载自动链接到Depositefiles网盘，但常有失效链接。
Инет-Книги http://inet-knigi.org/	"网络图书"免费电子图书馆主要专题有文学、计算机、商业、心理、健康、家庭、休闲和教学参考书等，下载图书格式为rtf-rar。
Интернет-библиотека.ру http://www.internet-biblioteka.ru/	一个免费电子图书网站，创办于2009年，书目共分23个主题，主要有：生物、文化艺术、外语、历史、计算机、数学、医学、教育学、心理学、物理、化学、社会学、宗教、体育等。下载文件为pdf格式，分付费、免费两种下载方式。目前收录内容还不够丰富。
КнигаДаром http://knigadarom.com/ ★	"免费书网"创办于2008年，电子图书种类繁多，从自然科学到人文科学、社会科学达到近30个主题。所有电子图书均为txt-rar[①]，可直接免费下载。
Книга Shop http://knigashop.ru/	"书店网"提供了17种专题目录的电子图书，其中包括国内外文学、科学教育、商务、法律、历史、宗教、医学、计算机、幽默、烹饪等。下载需注册登录。
Книгин Дом онлайн библиотека http://knigindom.ru/	"在线书屋"网页页面设计比较精致，收录图书主要类别有侦探、散文、历史、家庭、休闲、幽默、少儿、计算机和互联网、教育、商业等，下载图书格式主要是pdf，rtf，txt，下载时自动链接到Depositefiles，Turbobit共享网盘下载。
Книжка.info http://www.knigka.info/ ★ ☆	一个大型的免费电子图书馆网站，提供几十种专题的电子图书下载目录，内容非常广泛，综合性强，下载图书信息详细，非常值得参考。图书格式主要是djvu，pdf等，大部分可以直接下载或通过Deposit共享平台下载。
Книжная Россия http://book-rossiya.ru/ ★ ☆	"图书俄罗斯"是个大型的免费电子图书馆，收录有从科技到人文学科的30余专题的电子图书，网站导航设计方便易用，下载文件为txt-rar格式。
Куб[②] http://www.koob.ru/ ★	一个传授"如何富有和幸福"（网站自述）知识的网站，共分9个主题目录，主要是：他与她、商业、学说、心理疗法、自修、科学、心理学、健康、宗教学，其中有许多其他电子图书馆很少收录的图书品种，下载自动链接到klex.ru，文件格式为djvu。
Литературное кафе http://www.litkafe.ru/	"文学咖啡屋"的电子图书栏目主要有：侦探、儿童、文献、居家、爱情、探险、散文、宗教、科幻、幽默等，下载书需注册，还提供论文摘要的检索服务。
Мир интересных книг http://www.knijek.net/	"好书世界"是个免费电子图书馆，收录图书分22个专题目录，主要有：技术、家庭、休闲、艺术、少儿、文学、历史、经济、军事等类别。下载图书格式主要有pdf，djvu，doc等，但需要注册登录。

---

① 俄文电子图书馆下载文档若为纯文本txt格式，则在简体中文操作系统下打开为乱码，必须在俄文系统下打开，可转为网页格式，再在中文系统下打开则正常显示俄文。

② "Куб"在这里和"立方"的意思没什么联系，不过是koob的音译词。

Научная библиотека СФУ ft http://lib71.library.krasu.ru/ft/ft/	西伯利亚联邦学院科学图书馆的ftp电子图书目录，ftp资源平时并不多见，且显示非常简单，必需打开每个文档才知道相应内容，大部分为doc，pdf格式。
ПОРТАЛУС http://www.portalus.ru/	一个较大型的电子参考资料网站，归类较有特色，共分三个半"厅"："俄罗斯厅"、"科学厅"和"文学厅"及半个"外语厅"。电子文档大多为html格式，每篇文章可以借助Google翻译引擎瞬间翻译为各种语言。
Публичная библиотека http://publ.lib.ru/publib.html ★	"公共图书馆"创立于1998年，是俄网较早建立的电子图书馆。它在"文艺作品和文献"及"科技文献"根目录下又划分了近20个专题子目录，不断更新，下载格式为doc-zip。
РАЭБ http://www.aselibrary.ru/index.html	"俄罗斯电子图书馆协会"网站创办于2005年，是就俄罗斯的电子图书馆发展和建设进行研讨的平台，本身并不提供电子图书链接。
Русская виртуальная библиотека http://www.rvb.ru/ ★	"俄语虚拟图书馆"创办于1999年，主要收录18世纪至20世纪俄罗斯著名作家的部分作品和语文学的一些内容，以及一些计算机图书的电子版。下载文件格式为html。
Сайт любителей книг http://booklove.ru/	"爱书网"所收录电子图书范围广泛，从计算机、科技等自然科学到法律、宗教、历史、文学等人文科学总计达30多个专题。每类图书都有下载排名和入站日期等信息，下载文件格式为txt，需注册登录下载。
Самые интересные книги http://lib.web-malina.com/index.php	"最好看的书"网创办于2000年，收录书目共分20余个专题，人文学科特别是文艺作品居多，作品资源比较丰富，下载文档格式为html。还可作图书搜索工具，但资源限于本站。
Скачать Книгу http://knigu.com/ ★ ☆	"下载书"网页面设计简洁，导航条功能完善，收录图书共分11个专题，主要有：军事、插图书、设计和维修、绘画、文艺、摄影、教学参考等类别，另外还单设了"人文科学"、"图书专集"、"手机JAVA图书"的类别，图书主要格式为pdf，doc等。
Университетская библиотека online http://www.biblioclub.ru/	"在线大学图书馆"是俄罗斯比较有影响的大型电子图书网站，文档格式以pdf为主，通过网站可直接免费下载所有图书的Demo版本，如需看完整版本则需付费，可通过SMS方式交付。网站设计精美、内容丰富，分类目录详尽，有17大类专题，如：文学、语文学科、哲学、历史、宗教、文化学、心理学、政治学、法学、经济学、自然科学、信息技术等。
Электронная библиотечная система IQLib.ru http://www.iqlib.ru/ ★	IQLib.ru网站的电子图书平台，电子图书检索平台的检索来源是该网站的电子图书藏书，主要定位于各类教学、教参性质。资源极其丰富，种类齐全，可查阅全部图书的图书简介和图书目录，注册后可阅览部分章节。
4read http://www.4read.org/ ★	口号是"好书永远伴随你！"，创办于2006年，目前收录图书主题目录有30种，包括科技、商务、法律、生活、信息技术、社会科学、文学作品等。电子图书资源比较丰富，可以免费下载，但必须注册后登录网站方可进行。

续表

Aleria http://aleria.net/	一个设计简单的免费电子图书网站,有俄、英两种语言界面,由网民和管理者共同维护,图书目录分IT、智慧、信仰、社会、语言、科学、技术、艺术、文学、历史、地理等专题,图书格式一般为djvu,pdf。
BookArchive http://bookarchive.ru/ ★★	创办于2007年,提供免费图书和杂志下载服务,主页有目录导航,共分十几个主题,内容涉及从科技文献、文学作品、学习资料到社会生活的各个方面。每个图书文件网站都给出了详细信息,包括图片、简介、格式和大小、质量、语言、出版时间等,可免费下载。供下载的文档为pdf格式,有声读物为mp3,主要是通过链接Turbobit,Depositefiles,Letitbit,vip-file等网盘共享平台下载,这与KODGES.RU(www.kodges.ru/)比较相似。该网站电子图书资源丰富,每个链接可选择免费或付费下载,下载链接都有效,值得推荐。
All-Books.su http://all-books.su/	一个坚守.su域名的电子图书馆,收录图书分为20个专题,其中包括计算机、科学和教育、休闲、文艺作品、军事、经济、医疗、法律、文化艺术等和期刊杂志电子版。电子图书格式以pdf,fb2等为主,下载需注册登录。
All-eBooks.com http://www.all-ebooks.com/ ★☆	创办于2006年,目前已发展成为主打计算机图书并兼顾其他类型图书的大型免费电子图书馆。收录图书的主题除计算机的各类别外,还有科学和教育、家庭、医疗和健康、文艺作品等,还有期刊杂志的电子版。每个下载图书都会提供详细出版信息和格式、大小,下载文档格式大多为pdf,并自动链接到Закачайка下载。
BOOK.ru http://www.book.ru/ ★★	网站具有强大的检索功能,收录有大部分门类的电子图书,例如安全、军事、自然科学、信息科学、文化、艺术、历史、心理、医学、教育、政治、法律、宗教、旅游、哲学、经济等等门类。所有图书均可在线阅览,但非注册用户只能看10页,注册用户允许阅览图书10%的内容,其他需付费。
BooksGid http://www.booksgid.com/ ★☆	一个免费的电子图书馆,创办于2006年,目前已收录电子图书26000多部,共分26个专题目录,包括从科技、信息技术、设计到历史、文化、军事、生活、家庭方面的广泛内容。下载图书格式为pdf,djvu,chm,fb2,doc,jpg。下载主要利用Turbobit,Depositefiles,Letitbit,vip-file等网盘共享平台。
Books-center http://books-center.ru/	网站性质与КнигаДаром(http://knigadarom.com/)非常相似,如在图书种类、图书格式等方面。还提供大量有声图书,电子书籍还可以按照作者姓名检索。
BookV http://bookv.ru/ ★☆	一个大型的免费电子图书馆,主要收录电子图书、有声图书及音乐文件。电子图书共分41种专题,从自然科学、社会科学到人文科学,乃至生活用书、学习参考,内容十分广泛,且网站设计精美,图书信息详尽,此外还有大量期刊杂志的电子版。下载文档多为pdf格式,下载时自动链接至Shareflare,I-filez.com,Letitbit,Turbotit,Unibytes.com等网盘共享平台。

续表

网站	介绍
E-lib.info http://www.e-lib.info/ ★	一个大型的免费电子图书馆，截至2012年1月共收录作品1万多部，分13个主题目录，主要有：商务、星相、侦探悬疑、少儿文学、科技、宗教、哲学、幽默、百科等。下载文档格式为txt-rar。
eLIBRARY http://elibrary.ru/defaultx.asp ★★	一个大型的免费电子读物平台，收录了绝大多数自然科学、基础理论科学、人文社会科学的分支学科的电子期刊，分类专题目录计40余种，几乎所有期刊文章都可在线阅读或免费下载，下载文件大多为pdf格式。
Elibrus http://elibrus.1gb.ru/	网站创办于2005年，页面设计相对简单，但内容比较丰富，专题有20多种，范围广泛，下载图书格式有txt-rar、doc、pdf、chm、html等，下载操作比较简单，可免费下载，无需登录。
FictionBook.lib http://fictionbook.ru/ ★★	一个大型综合性电子图书服务网站，它不能按照图书种类进行检索，但可以按照俄文或英文书名进行检索。所有图书均可在线阅览部分章节，或者下载这些章节的fb2文档到本地阅览，但若需要阅览全文，则需通过网站注册并交费。它与其他电子图书馆共同组成了ЛитРес网络图书联盟。
http://freebooks.net.ua/ ★☆ Freebooks	一个乌克兰的俄文电子图书，主题主要有：教材、有声教程、有声图书、计算机、文学、专业文献、杂志等。下载的电子图书，若字节较小，格式为pdf、rtf、txt等文档，可以直接下载；若文件较大，例如格式为ISO镜像文件，则需链接Letitbit，Turbotit，Depositfiles等网盘共享平台下载。
InetOtbor http://inetotbor.ru/	网站电子图书分类专题有近30个，内容涉及文理学科、社会生活、学习教育等各个方面，下载图书格式大多为txt，pdf等，可自动链接到Depositfiles网盘免费下载。
KODGES.RU http://www.kodges.ru/ ★★	网站创办于2006年，提供免费图书和期刊下载服务，共分16个主题：畅销书、计算机、科学和教育、技术、家庭、文学艺术、娱乐和休闲、体育、医疗和健康、军事、财经、文化和艺术、法律制度、报纸和杂志、有声读物及其他。每个图书文件网站都给出了详细信息，包括图片、简介、格式和大小、语言、出版时间等以及关联图书下载链接，可免费下载。供下载的文档为pdf格式，主要是通过像Turbobit，Depositefiles，Letitbit网盘共享平台下载。有声读物的下载除了上述方式外，还提供html格式有声文本供读者下载使用。网站电子图书资源丰富，每个链接可选择免费或付费下载，绝大多数下载链接有效，值得推荐。
Lib.align.ru http://www.2lib.ru/ ★	网站性质与E-lib.info比较类似，创办于2002年，收录电子图书达15623部（截至2012年1月）。没有主题目录，只有按作者名检索和下载图书排行。下载文档格式为txt-rar。
Lib.Min http://lib.mn/tag/жанр/ ★	一个收录有几十万部电子图书的免费下载网站，主题目录有20余种，下载格式为fb2等。

续表

名称与网址	说明
LitPORTAL http://www.litportal.ru/	自称为"文献网络资源"网，书目分为28个主题，主要有：笑话、商务、侦探、儿童、家庭、记录文献、经典、历史、计算机、政治、教育、医疗、诗歌、散文、心理、宗教、哲学、法律、语言学、词典和百科等，下载文件为txt-zip，需付费下载，利用ЛитРес网站的扫描文件链接。
LITRU http://www.litru.ru/ ★★	一个大型的免费电子图书馆，共有123种图书题材，37000多名作者，电子图书138088部，剧集7052部（截至2011年2月）。数字图书品种极其丰富，下载格式为fb2。
NeHudLit http://nehudlit.ru/ ★	自称作"非文艺图书馆"，主要专题有数学、物理、化学、生物、医学、地质、天文、经济、技术、哲学等和期刊杂志电子版。免费下载的电子文档格式为pdf-rar。
Online Библиотека http://www.bestlibrary.ru/	"在线图书馆"创办于1998年，收录作品涉及商务、侦探、经典小说、散文、心理、幽默等类别，作品可以在线阅读，也可以下载。下载文件为word文档，用rar，zip文件压缩。它是Библиотека Allbest.ru的前身，以后发展为Allbest的电子图书馆和LitPortal。
ReadAll http://readall.ru/	一个免费电子图书馆，内容比较庞杂，从笑话、小说到严肃的论文专著都被收录，主题目录有近30种。下载图书格式为txt-rar。
StoredBooks http://www.storedbooks.com/	一个大型的免费电子图书网站，目录分类有30余种，包括范围从文学作品到技术图书和生活用书，内容非常丰富。存有从网站创办以来至今的所有资料。下载文档格式多为pdf，djvu，但需注册登录。
VBooks.ru http://www.vbooks.ru/ ★★	大型免费电子图书馆，分类目录近40种，内容极其丰富，涵盖人文、社会科学、自然科学、信息技术以及学习参考、百科辞典等。电子图书可直接下载为txt-zip文件。
Vitbin.net http://vitbin.net/	一个免费电子图书馆，收录图书13000余部，分28个专题，主要有：幽默、侦探、经典文学、诗歌、爱情、科幻、自然科学、商业、历史、计算机、健康、心理、哲学等，可免费下载图书格式为txt。
ZipSites http://www.zipsites.ru/ ★☆	一个完全免费的电子图书馆，共分15个主题，主要有：哲学心理学、宗教学、词典百科、社会科学、教育、军事、民族学、数学和自然科学、应用科学和技术、医学、艺术音乐体育、语言学语文学、文学、音视频、信息技术等。图书格式主要为doc，pdf，但还有一个专门的文艺书籍栏，专用fb2格式，约有藏书14万册，容量33.4 GB。

3.1.1.2 专题图书馆

名称与网址	说 明
财经商贸图书馆	
Finbook http://finbook.biz/	主要收录投资、交易、商务、经济、管理、成功方面的电子图书，免费下载格式有doc，txt，pdf，chm，html等。
VuzLib http://vuzlib.net/	经济、财会和法律专业电子图书馆，收录有俄语和乌克兰语图书，可在线浏览并直接下载为html文件。

续表

	基础、自然科学与技术图书馆	
	АвиаБиблиотека http://avia.lib.ru/	"航空图书馆"收录回忆录和航空技术等文献，可存为html格式下载。
	Аналитическая химия http://moya-shkola.info/	"分析化学"网收录了有关化学、医药、微生物等方面的电子书，下载格式为djvu。
	Библиотека WWER http://lib.wwer.ru/	专业的关于原子能领域的免费电子图书馆，下载的文档格式为djvu。
	Билбиотека технической литературы http://bamper.info/	"技术图书馆"收录日常生活、工业生产、科技应用中的各类技术图书，免费下载图书格式主要为djvu。
	Вся математика http://www.allmath.ru/	"数学大全"是专业的数学领域各个方面的电子图书馆，免费电子图书下载格式为pdf。
	Лесная библиотека http://dendrology.ru/	"林业图书馆"收录与林业有关的电子图书，可在线阅读。
	Мир животных http://animalkingdom.su/ ★	"动物世界"网站收录了各类关于动物、动物学的电子图书，所有图书均可在线浏览或直接保存为html文件。
	Наука в БНБ http://sci-lib.com/	"大科学图书馆"的科技文献，主要有数学、物理、医学、化学、生物学、技术等，为pdf格式，需按邮件发送。
	НЕФТЬ-ГАЗ http://oglib.ru/	专业的涉及油气方面的免费电子图书馆，下载文档格式为djvu。
	Радиобиблиотека http://radiobiblioteka.ru/	专业的关于无线电领域的电子图书馆，免费下载文档格式为pdf、djvu。
	Astrolib http://astrolib.ru/	专业的有关天文学的免费电子图书馆，下载文档格式为pdf、djvu。
	Books.DataHunt http://www.bookshunt.ru/	专业的计算机电子图书网站，下载图书格式为pdf。
	BooksShare http://booksshare.net/	科技文献电子图书馆，收录有以自然科学或基础理论科学为主、人文科学为辅的电子图书，可免费下载pdf格式文档。
	GetInfo http://www.getinfo.ru/	专业的计算机电子图书馆，所有文章、图书均可在线阅读，或直接下载存为html文件。
	ITBookz http://itbookz.ru/	专业的计算机电子图书网，下载图书格式为pdf、djvu，自动链接到Depositfiles，Letitbit，Rapidshare网盘共享平台下载。
	PDFKi.com http://pdfki.com/	高等数学电子图书网站，下载图书格式为pdf，可自动链接到Depositfiles，Letitbit网盘共享平台下载。
	Zoomet http://zoomet.ru/	关于生物学的免费电子图书馆，内容涉及各类生物，下载文档为djvu格式。
	安全军事图书馆	
	Военно-историческая библиотека http://militarylib.com/ ★★	"军事历史图书馆"按四个历史时间段收录了关于军事事件、军事政治、回忆录、武器装备等各个方面的电子图书，下载文档为pdf格式。还有相关视频从网盘共享资源平台下载。
	Клуб «Молодой Лев» http://yl.boom.ru/	"幼狮俱乐部"有几部关于战争艺术、搏击等的俄文书籍，如《孙子兵法》、《武士道》等，格式为doc文件。

Политическая библиотека http://nationalsecurity.ru/library/index.htm	主要登载有关国家和国际安全、恐怖组织等内容的评论文章、总统训令、重要文献等，可在线浏览或直接下载。
Art of War http://artofwar.ru/ ★ ☆	主题是"战争文学"、"老战士回忆录"，内容丰富，可读性强，可以在线阅读，也可以保存为html格式免费下载。
人文、社会科学图书馆	
Аналитический клуб http://analysisclub.ru/	"分析俱乐部"图书馆包含一般性分析（社会生活各个方面）、斯大林及其时代、普京、东西方、俄中关系、社会危机、军事观察、历史和时代等栏目，所有分析文章均可在线阅读。
АнОмаЛия http://a-nomalia.narod.ru/	"奇异网"收录关于历史之谜、自然和人的奇异现象和奇迹的电子图书、文章、百科辞典，所有文档均可在线阅读。
Архив и библиотечка свящ. Якова Кротова http://krotov.info/ ★★☆	"雅·克罗托夫图书馆及资料"收录有大量涉及逻辑学、哲学、历史学、社会学、心理学、人类学、伦理学、教育学、演讲艺术等学科的论文、评论、著述摘引等，其中许多是名家著述。检索方式多样。
Библиотека духовной литературы http://www.sacrum.ru/	"宗教文献"专门收录世界主要宗教如基督教、伊斯兰教、佛教、印度教等的电子资料，可在线阅读并直接下载为html格式文档。
Библиотека Мир Женщины http://domochozaika.narod.ru/	"女性图书馆"收录有星相、爱情、烹饪等各方面的电子图书，下载文档为doc格式。
Библиотека православного христианина http://www.wco.ru/biblio/ ★	"东正教图书馆"的主题就是有关东正教的方方面面，网站设计十分精致，内容丰富，具有参考价值，所有文件可通过网站的浏览器进行浏览或免费下载格式为htm-zip的文档。
Библиотека умных книг http://lib.adtm.ru/lib	"头脑（思维）图书馆"收录有俄罗斯国内外许多研究心理、思维问题的著名学者的俄文作品，可在线阅读。
Библиотека Фронтистеса http://ksana-k.narod.ru/	主要收录宗教、东正教和古斯拉夫、教会斯拉夫语及现代俄语相关知识的文章，均可在线浏览。
Всемирная электронная библиотека http://www.universalinternetlibrary.ru/	"世界电子图书馆"收录许多与哲学、宗教、养生有关的图书，其中包括佛教、道教、风水、瑜伽、星相等方面图书，下载图书格式为pdf, doc等，自动链接到Depositfiles网盘共享平台。
Гуманитарный запас http://palomar.vladimirpeople.com/index.html ★	"人文藏书"重点收录哲学、宗教、文化、艺术、政治方面的电子图书，下载格式为pdf，需自动链接到Depositfiles，Turbobit, iFolder等网盘共享平台下载。
ЛИНГВО http://e-lingvo.net/	"语言"电子图书馆其实名不符实，主要收录人文学科的电子书，像文学、语言学、哲学、心理学、教育学、文化学、宗教学、历史学、经济学、法律学等，下载文档格式为rtf-zip，下载需输入验证码。
Пазлы http://e-puzzle.ru/index.php	"拼图网"主要收录秘传、心理、哲学、宗教、瑜伽、神秘、魔法、占星、手相、自修等方面的电子图书，下载文档格式为doc。

续表

Перспективы http://perspektivy.info/index.php ★ ☆	"前景网"是由"历史前景基金会"支持的对口网站，收录和发表许多关于俄罗斯及世界各国和全球政治、经济发展前景评论的文章，大多很有参考价值，可在线阅读。	
ПолитНаука http://www.politnauka.org/	"政治学"图书馆收录有涉及政治学内容的讲话、文献、书籍、论文等电子文档，涵盖了政治领域的方方面面，可以在线阅读或直接下载。	
Психологическая библиотека http://psylib.ukrweb.net/books/index.htm ★	"心理学图书馆"收录了有关心理学诸多方面的电子图书和文章，同时还有哲学、宗教、文化、隐喻、方法论等方面的一些著名论述，上述资料均可在线阅读。	
ХРОНОС. ВСЕМИРНАЯ ИСТОРИЯ В ИНТЕРНЕТЕ http://www.hrono.info/libris/index.php ★	"互联网上的世界历史"主要收录历史文献、人物生平、帝王族谱、宗教和国家等方面的电子图书和文档，它们都可以在线浏览。	
Юридический виртуальный клуб http://ex-jure.ru/	"法律虚拟俱乐部"收录有各类法律文献及法学研究文档，可在线阅读。	
Энциклопедия людей и идей http://www.abc-people.com/ ★	"人物和思想百科全书"实际上并不是百科网络辞典，而是收录以人文知识为主的图书、文章，主要涉及历史、文化、艺术、文学、教育、心理还有物理等，均可在线阅读。	
Gumfak http://www.gumfak.ru/	一个大型的网络图书馆，图书主要集中于人文科学领域，如文学、历史学、文化学、语言学、心理学、教育学、管理学、经济学、宗教学、哲学、社会学等，但有部分电子图书需付费。	
PsyJournals http://psyjournals.ru/index.shtml	专业的心理学出版门户，收录有各类心理学图书和期刊杂志电子版，可免费下载pdf文档。	
少儿图书馆		
Волшебный мир сказок http://www.fairy-tales.su/ ★★	"童话神奇世界"收录有俄罗斯和世界各国的精选童话，网站界面设计精美，可在线阅读并直接存为html格式文档。	
Детская библиотека http://www.kid.ru/index3.php3	"少儿图书馆"收录有育儿、儿童健康、儿童教育、父母知识等方面的文章、电子书，下载格式为txt-ZIP。	
Мир сказки http://mir-skazki.org/ ★	"童话世界"收录有俄罗斯及世界各民族的童话故事，以及各类儿童文学作品，不仅定位于少儿，对于成年人也同样是不错的读物，可在线阅读，下载电子图书格式为pdf、doc、exe、chm、djvu。	
Мир Сказки http://skazki.engindoc.com/	"童话世界"是个设计精美的以收录俄罗斯及世界各国童话为主要内容的图书网站，可以在线浏览或直接保存为html文件。	
Пескарь http://peskarlib.ru/ ★	"鲍鱼"网是个以盖达尔（著名儿童文学作家）命名的儿童电子图书馆，其收录作品主要有短篇小说、国内外童话等，可以在线浏览或下载为html格式文档。	
Сайт Тысячи и одной ночи http://sheherazade.ru/	《一千零一夜》童话网收录有阿拉伯童话《一千零一夜》的俄文全本，可在线浏览或直接下载。	
Сказки дядюшки Гольфмена http://golfmen.ws/ ★★	"霍夫曼叔叔的童话"电子图书馆收录有世界几十个国家的童话作品，特别是收录有安徒生、格林兄弟、佩罗等外国作家和许多俄国作家的著名童话作品，可在线浏览或直接下载。	

续表

Сказки народов мира http://www.skazochki.info/	"世界民族童话"收录了包括俄罗斯在内的15个国家的童话，老少咸宜，可以在线浏览并直接下载为html文件。
Сказки онлайн http://webskazki.com/ ★ ☆	一个设计十分精美的"童话在线"网站，收录有包含俄罗斯在内的世界各国的著名童话作品，例如有格林兄弟、安徒生、普希金等人的童话名作，可在线浏览或直接下载。
Chitaem http://chitaem.com/	专业的儿童文学图书馆网站，主要有短篇小说、故事、童话、诗歌、歌词等，可在线阅读并直接下载为html格式文档。
KidsBook http://www.kidsbook.ru/	专业的少儿文学图书馆，作品体裁分为十多种，下载文档格式主要为rtf，jpg等。
Kostyor http://www.kostyor.ru/ ★★	收录了各类与少儿有关的文学和学习资料，例如诗歌、故事、童话、谚语、俗语、风俗、绕口令等等，所有文件均可在线浏览或可直接下载为html文件。
NewChapter http://newchapter.ru/	主要收录俄罗斯国内外的儿童文学作品，免费下载电子文档格式为doc。
文化艺术图书馆	
Культура http://culture.niv.ru/ ★	名义上为"文化"专题图书馆，实际上除了收录有部分文化学方面的电子图书外，还有俄罗斯经典文学、诗歌、美学、心理学方面的电子图书，可在线浏览并直接下载为html格式文档。
Культура и искусство http://nastyha.ru/	"文化与艺术"图书馆收录有文化艺术名人作品及文学的电子图书，可在线浏览并直接下载为html格式文档。
文献参考图书馆	
Коллекция электронных документов http://alldocs.ru/	收录有俄联邦的各类法典文献近5900份，目前可在线阅读并直接存为html文档。
СоюзИнфо http://souz.info/index.html ★	一个收录有马恩列斯毛以及苏联著名活动家重要著作和讲话的网站，所有文本可以在线浏览，尤为可贵的是有许多革命领袖的原始录音可以播放。
文学综合图书馆[①]	
База стихов http://www.stihobzor.ru/	"诗歌库"网站收录有众多诗人的诗歌作品及歌词等，可以在线浏览。
Библиотека А. Комарова http://ilibrary.ru/ ★ ☆	"卡马罗夫图书馆"是俄罗斯最早的网络图书馆之一，创办于1996年，前身是"文学书页在线"，收录有俄罗斯众多经典作家的经典作品，可以在线阅读或直接下载为网页文件。
Библиотека классики http://lit-klass.ru/	"经典文学图书馆"收录有俄罗斯国内外的各种经典文学作品，还有现代散文、幽默、作家生平介绍等电子文档，免费下载图书为txt-zip格式。
Жизнь замечательных людей http://zzl.lib.ru/ ★ ☆	"名人传记"图书馆是"青年近卫军"出版集团的图书电子出版物网站，收录有各时期、各类名人的传记、回忆录等，可免费下载格式为djvu，fb2格式文档。
Классика.ру http://www.klassika.ru/ ★	"经典网"收录了大量俄罗斯著名作家的经典文学作品，可以直接在线阅读或直接保存为html文件。

---

① 本节的文学图书馆只收录文学作品，但之前介绍的综合图书馆除文学作品外，还有其他各领域的电子图书，而且从规模上说，综合图书馆的文学类电子藏书往往比专业的还要多。

Л. Толстой. Война и Мир http://www.magister.msk.ru/library/tolstoy/wp/wp00.htm	大文豪托尔斯泰的《战争与和平》的在线阅读版。
ЛитПортал 21 века http://electroniclibrary21.ru/ ★	"21世纪文学门户"网站专门收录新世纪的文艺图书、诗歌作品、哲学（包含中国老子的《道德经》俄文版）和儿童文学图书和期刊，可在线阅读并直接下载存为html文件。
Настоящее http://reallit.ru/	俄罗斯现代文学的电子图书馆，可以在线阅读并直接存为html格式文件。
Публичная электронная библиотека Е. Пескина http://public-library.narod.ru/	网站创办于1992年，1998年停止更新。但已有的文学作品中有果戈理、陀思妥耶夫斯基、冈察洛夫、莱蒙托夫、叶赛宁、普希金、托尔斯泰、屠格涅夫、契诃夫、布尔加科夫等俄罗斯文学大家的经典作品，为html格式。
Стихотворения http://stroki.net/	"诗歌"电子图书馆收录了传统和现代诗人的作品16000多首，文档格式为html。
Фантаст http://phantastike.ru/	"幻想家"所收录的电子图书以科幻或幻想作品为主，但也有侦探、幽默和期刊杂志等，免费下载格式为doc。
ФЭБ http://feb-web.ru/ ★★☆	"基础电子图书馆"是个很具参考价值的免费电子图书网站，创办于2002年，主要内容涉及文学及民间文学，它收录了许多俄罗斯著名作家的文学作品以及像《伊戈尔远征记》这样的古代文学作品，具有特别参考价值的还有关于这些作家和作品的相关评书文章。
Электронная библиотека художественной литературы http://www.e-kniga.ru/proizv.htm	"文艺作品电子图书馆"收录有各类体裁的文艺作品，其中包括某些文学经典，免费下载文档格式为html。
Bookz http://bookz.ru/	一个大型文学类电子图书馆，创办于2003年，目前收录作品近7万部，下载文档格式为doc、txt、rtf、fb2，下载时自动链接到ЛитРес平台，付费下载或利用平台的阅读器在线浏览。
Lib.ru http://lit.lib.ru/	以收录现代文学作品为主，题材有散文、诗歌、小说、译文等，风格比较接近"马克西姆·莫什科夫图书馆"，可以在线浏览或直接存为html文档。
Magister http://www.magister.msk.ru/library/ ★★	主要收录俄罗斯作家的生平或作品书评的网络版，同时也收录部分政治、经济、宗教、哲学、心理学方面的重要著述网络版，所有资料可以在线阅读或直接下载保存为html文件。
TarraNova http://tarranova.lib.ru/	一个很具特色的电子图书馆，收录有一些侦探小说、散文、科幻小说和哲学论述的俄译本，可以在线阅读。
TheLib http://thelib.ru	共收录2万多部文学作品的电子版，主要题材有诗歌、散文、幻想、历险、侦探等，也有哲学、心理学、计算机方面的图书，免费下载文档格式为html。
医学体育图书馆	
Медицина для всех http://med-lib.ru/	在线医学图书馆"大众医学"收录有各个医学分支的电子图书和文档，所有资料可以在线阅读或直接保存为html文件。
Медкнига http://www.mmbook.ru/	"医书"图书馆收录各个医学领域的免费电子图书，下载格式为pdf、djvu。

续表

МедЛитер http://www.medliter.ru/	"医学文献"电子图书馆收录有医学领域内各个方面的电子图书，下载格式为djvu，pdf，但需要短信密码才能免费下载。
Шахматы http://chessbook.ru/	关于国际象棋的图书网站，免费下载格式为html。
哲学教育学图书馆	
Педагогическая библиотека http://pedlib.ru/	"教育学图书馆"收录的电子图书和文档以教育学为主、心理和医学、语文学为辅，可以在线阅读和下载。
Философия и атеизм http://books.atheism.ru/	主要收录关于哲学和无神论方面的免费电子图书，下载文档格式为doc。

3.1.1.3 有声图书

"有声图书"（аудиокнига，audio book）又称"有声读物"，即常说的可发音的电子书，在网络时代通常所说的有声图书或读物都是音频文件，一般为mp3或wav格式，有声读物是传统书的一种衍生形式，就是把故事、小说、剧本等朗读或接近表演性质对白出来，录制成音频文件供人们"听读"图书。其优点是节省时间、阅读量大、使用方便，缺点是造成人们的阅读能力下降。对于我们经常接触俄文信息的人来说，有声图书有其存在的价值，甚至有时可以发挥较大的作用，例如在语言教学时，利用有声图书可以使学生同时锻炼听的能力，并可以模仿，进行口语训练等等。随着互联网宽带技术的发展、新的压缩音频格式和便携式媒体播放器的出现，有声读物受欢迎的程度大大增加，这预示着网络有声读物出版的时代已经到来。如今，很多的电台和网络电台成为了有声读物的制作方。

目前，对于俄网的网络图书馆来说，Аудиокниги已成为电子图书资源的重要来源之一，尤其对于大型的综合性网络图书馆，没有有声读物似乎就意味着网站的资源、级别不高，就意味着竞争力的降低，因为优秀的有声读物资源往往会吸引众多网民下载，其网站点击率就会提高。于是，俄网各综合性网络图书馆大力进行有声读物建设，并出现了一批以有声读物"为生"的网站。其品种从过去单一的简单诵读，到现在专业人员的朗读、表演，有的甚至向广播剧性质靠拢，但不论怎么发展，其文字作品转变为语音形式的本质未变。俄网有声读物的网页显示方式和下载方法大同小异：一般在有声作品网页上都会显示该作品的名称、出版信息、音频格式和大小、时间长短等，其中绝大多数都是mp3格式。由于音频文件字节数要远远大于文本文件字节，因此，许多有声读物都是通过像Depositfiles，Letitbit，Turbobit，iFolder，Rapidshare等网盘共享平台下载。也有部分字节数较小的音频文件可直接下载。下载后的音频文件既可以在电脑上播放，又可以在各种便携播放器上播放，非常方便。下面我们将有选择性地简单介绍部分优秀或便于使用的有声读物网络资源。

名称与网址	说 明
А-Книги http://a-knigi.ru/ ★	文学、宗教、历史、心理、幽默和剧作，需链接到网盘共享平台，或付费高速下载。
Ау! Книги! http://auknigi.ru/	"啊哦，书！"网，商务、经典、幻想、哲学、侦探、历史、儿童等，torrent种子下载。

续表

Аудиокниги alkar.net http://audiobooks.alkar.net/ ★	Alkar.net系列网络资源之有声图书项目，可以进行图书检索并直接下载mp3文件。
Аудио Театр http://audiotheater.indeep.ru/index.html ★ ☆	"戏剧音频"网，戏剧为主、有声杂志为辅，音、视频可在线听或直接下载。
Аудиокниги для всех http://www.bookbookbook.spb.ru/ ★	"大众有声图书"网，文学类的幻想、喜剧、科幻、童话等，免费下载自动链接到Depositfiles网盘共享平台。
АудиоКниги-Даром http://audioknigi-darom.ru/	"免费电子图书"网，各类文学题材，如侦探、儿童、经典、诗歌、幻想、散文、幽默等，可直接下载wav、mp3、rm等格式音频文件及手机音频。
Бесплатные аудиокниги http://www.electroniclibrary21.ru/audiobooks/index.shtml ★	"21世纪文学门户"网的有声图书栏目，主要是俄国国内外作家文学作品和童话音频，链接到narod.ru下载。
Библиотеки.net http://biblioteki.net/index.php?c=3 ★★	«Библиотека.net»电子图书馆的有声图书栏目，收录的有声图书种类在俄网各大同类网站中为最多的之一，还有视频材料等，自动链接到Depositfiles，Закачайся.ру网盘共享平台下载。
Вкусные аудиокниги http://yamm.ru/	"好看有声图书"网，文学作品为主，免费高速下载。
ВсеКниги http://vceknigi.ru/audio ★	"全书"电子图书馆的有声读物栏目，学科门类很多，内容非常广泛，需注册链接到共享平台turbobit，depositfiles等下载。
Говорилка http://readall.ru/audioknigi_readall.html ★ ☆	"讲书器"网，借助于专用程序Говорилка 2.06版本，可以边看边听。
Детские сказки http://detskieskazki.net/	"少儿童话"网，俄罗斯及世界各国的俄语、外语童话及动画的音频文件，自动链接到Depositfiles，Uploading.com网盘共享平台下载。
ДомаКниг http://domaknig.net/audioknig ★	"书店网"电子图书馆的有声读物栏目，主要是诗歌、散文、儿童、语言、商务、教学、心理、科幻、计算机等内容，需链接到共享平台免费下载。
Книжка.info http://www.knigka.info/category/audio/ ★	有声读物以文学为主，也有许多人文类学科音频文件，链接到Depositfiles，Letitbit，vip-file网盘共享平台或直接下载。
Книжная Россия http://book-rossiya.ru/mp3kniga/	"图书俄罗斯"的有声读物栏目，链接至Letitbit网盘共享平台下载。
ЛитПортал 21 века http://www.electroniclibrary21.ru/audiobooks/index.shtml	"21世纪文学门户"电子图书馆的有声读物栏目，主要是文学作品、童话等内容，链接至narod.ru共享平台下载。
Мир сказки http://mir-skazki.org/audio_skazki_mp3.html ★	«Мир сказки»图书馆的有声图书栏目，儿童文学音频文件，自动链接到Depositfiles网盘共享平台下载。
Сказки онлайн http://webskazki.com/scazki_mp3 ★	«Сказки онлайн»图书馆的有声图书栏目，儿童文学音频文件，可直接下载，还有视频。

续表

	Скачать Книгу http://www.knigu.com/index.php/Аудио-книги ★	"下载书"网电子图书馆的有声读物栏目，主要是幻想、侦探、剧作、儿童、历史、经典文学、商务、哲学、宗教等内容，需链接至Turbobit网盘共享平台下载。
	Твоя любимая книга http://mag194.ru/	"你的好书"网收录文艺、侦探、历险、幻想、幽默、童话作品音频，自动链接到narod.ru或Depositfiles网盘共享平台下载。
	4read http://www.4read.org/audiobooks/ ★	«4read»电子图书馆的有声图书栏目，主要是各类文学作品的音频文件，需注册登录方能下载。
	All-eBooks http://www.all-ebooks.com/audiobooks/	«All-eBooks»电子图书馆的有声图书栏目，主要是文学、学习、传记类，可直接下载音频文件。
	AllMedia books http://allmediabooks.com/ ★ ☆	各种题材文学为主、自然科学和信息技术为辅，链接到depositfiles网盘共享平台下载。
	bbbook http://bbbook.ru/index.php	文学作品和心理、商务、哲学、幽默等音频文件，及有声教程和视频课程，需注册登录下载。
	book on mobile http://www.book-on-mobile.ru/	手机听书下载平台，自动链接到narod.ru共享平台下载。
	bookaudio http://bookaudio.ru/	主要有侦探、儿童、健康、历史、心理、幻想、哲学、宗教等图书音频，自动链接至Depositfiles网盘共享平台下载。
	book-free http://book-free.ru/ ★	文艺、心理、经济、商务、外语、科技教育等，自动链接到Unitbytes, depositfiles等共享平台。
	booklove http://booklove.ru/zvuk/raz_49.html	BookLove网络书店的有声图书，可直接下载。
	bookmp3 http://bookmp3.net/ ★	文学作品，自动链接到depositfiles, letitbit等共享平台下载，但有些需注册登录方能下载。
	BookRead http://bookread.ru/aure/index.html	"读书"网，侦探、儿童、历史、心理、幻想、哲学、宗教，可下载mp3和txt文本。
	books-center http://books-center.ru/adbooks/new.html	«books-center»电子图书馆的有声图书栏目，主要有侦探、儿童、历史、幻想、科幻、哲学、宗教主题，可直接下载音频文件。
	eabook http://www.eabook.ru/ ★	文学作品为主，需注册登录后，自动链接到rapida, depositfiles, Vip-file等网盘共享平台下载。
	FreeBooks http://freebooks.net.ua/audio/ ★	«FreeBooks»电子图书馆的有声图书栏目，主要是文艺、商务、心理、宗教、教学、外语等主题，自动链接depositfiles, letitbit, turbobit共享平台下载。
	KidsBook http://www.kidsbook.ru/audiobooks/ ★	儿童文学电子有声图书网，收录有各种类型如历险、科幻、童话等等题材的音频文件，自动链接到Depositfiles网盘共享平台下载。
	komarra http://komarra.ru/ ★	免费下载侦探、儿童、历史、教育、心理、历险、散文、科幻、幽默题材音频，自动链接到Letitbit, Depositfiles网盘共享平台下载。
	mp3-books http://www.mp3-books.com.ua/ ★ ☆	乌克兰的免费俄文有声图书网，以文学各种题材为主，辅以商务、心理等，链接到Letitbit, vip-file网盘共享平台下载。

续表

	mp3slovo http://mp3slovo.com/	除各类文学作品题材外，还有教育、哲学、宗教、历史、外语、心理等，可在线听或直接下载。
	mp3-slovo http://www.mp3-slovo.ru/ ★	有声图书和剧作，可直接下载为mp3，wma，rm格式文件或在线收听。
	mp3-книга http://mp3-kniga.ru/ ★	有声剧作、有声图书和歌剧，可直接下载音频文件或在线收听。
	RunCib http://runcib.ru/ ★☆	各类文学题材的音频为主，资源丰富，自动链接到Depositfiles, Letitbit, vip-file, SMS4files网盘共享平台下载。
	voicebook http://voicebook.ru/ ★	文学作品为主，可在线听，或自动链接到网盘共享平台下载。

3.1.1.4 电子图书检索

面对浩如烟海的俄文电子图书资源，我们常感到无所适从，尤其是在查找某些图书资源时。于是，电子图书搜索引擎应运而生，它能够使人们更方便、快捷地查找到所需要的电子图书。电子图书搜索引擎的使用方法与一般性的"关键词"搜索引擎在本质上相同或相似，大多是输入要查找的图书书名或作者姓名进行检索。下面我们将推荐部分俄文电子图书搜索引擎并加以简单介绍。

网址	说明
http://allbest.ru/library.html ★	著名网站allbest.ru的电子图书检索服务，图书链接到allbest的电子图书馆资源。检索作品可付费下载或链接到litportal网站全文阅读。
http://www.poiskknig.ru/ ★☆	这是俄罗斯最好的电子图书搜索引擎之一，检索作品自动链接到Lib.ru（莫什科夫图书馆），免费。
http://www.ebdb.ru/ ★☆	功能比较强大的图书搜索引擎，共收录200多万部图书检索信息，检索成品来源既可能来自于电子图书网，也可能来自网上书店的售书目录。
http://www.exlibri.ru/	俄网网络图书馆搜索引擎。
http://www.iligent.info/	商务图书馆搜索工具，主要检索：资料、新闻、词典、讨论会、法律、论文、活动等。
http://litpoisk.ru/ ★★	目前俄网功能最强大的电子图书搜索引擎，检索结果覆盖面广，且可用性强。
http://www.klex.ru/ ★	检索图书时自动链接到koob.ru的搜索平台，检索结果覆盖面较广，可用性较强。
http://litportal.org.ru/ ★☆	"档案管理员"（Архивариус）网可以进行广泛的电子图书检索，检索结果覆盖面广，可用性较强。
http://www.sigla.ru/ ★	莫大科学图书馆的图书检索工具Сигла，可用性较强，检索数据比较丰富。
http://www.litra.ru/ ★☆	功能比较强大的图书全文、文摘、书评、传记、作文等电子文档检索工具，返回结果比较理想。

3.1.2 俄罗斯现实图书馆网络版

俄罗斯是个"爱书"的国度，人民可以说是"嗜书如命"，大街上、公交车上、公园里、地铁里无不见到人们沉醉于书报的身影。这里，俄罗斯的图书馆可谓功不可没。前文我们介绍了俄网的图书"虚拟"世界,那么现实图书馆也纷纷开办了在线版或网络版。下面我们来简要认识一下俄罗斯现实图书馆的"网络世界"。

➤ Президентская библиотека им. Б.Н. Ельцина(http://www.prlib.ru/Pages/Default.aspx ★★★★)

"叶利钦总统图书馆"是俄联邦的三大国家级图书馆之一,其创意似乎来自西方国家特别是美国总统图书馆,但与后者仅为卸任总统分别建馆并收藏与之有关的文献、档案不同,俄罗斯的总统图书馆不仅仅为某位总统的档案资料服务,其更重要的功能还在于作为国家最重要的文献资料收藏、研究来源。梅德韦杰夫总统对此评价道:"这一图书馆将会成为独一无二的知识来源,更全面地反映俄罗斯国家不同时期,包括现在的历史。总统图书馆将会使我们的人民更能够自由地使用庞大的信息资源,促进人们对自己国家和历史、对公民意识和爱国主义价值观的尊重。"2007年在国情咨文中建议把总统图书馆以第一任总统叶利钦的名字命名,普京将其设想为"俄罗斯图书馆网络的信息和联系枢纽"。2009年5月总统图书馆正式开馆。

该图书馆收藏了大量俄罗斯的珍惜历史文献,尤其是文献的数字化成绩斐然。通过网站,我们可以免费在线阅览许多珍贵的历史文献的数字化藏品。它充分体现了信息时代对图书馆公开和信息共享的要求。网站还规划了不同选题,分类集中介绍相关文献,如"伟大胜利的记忆"、"俄罗斯历史教科书"、"叶卡捷琳娜女皇诞辰300年纪念",现在正在实施中的规划是"俄罗斯国土",其分类之科学、详实,资料之丰富令人大开眼界。其最有特色的栏目还有:"虚拟展览室"和"网上直播",利用现代信息技术使人具有身临其境的感觉。网站还不忘行使教育下一代的功能,专门开辟了"儿童认知总统图书馆"栏目,通过卡通人物使孩子们接受历史、文化的熏陶。因此,不论对于俄罗斯本国人,还是对于我们想要了解俄罗斯历史、文化的外国人,这都是一个非常值得推荐的网站。

➤ Российская Государственная Библиотека (РГБ) (http://www.rsl.ru/ ★★★)

"俄罗斯国立图书馆"网站创办于1999年,是该图书馆的官方网站。"俄罗斯国立图书馆"是俄罗斯最大的公共图书馆,是国家级图书馆,功能类似于我国的"国家图书馆"。如果从其前身"鲁缅采夫博物馆"算起,它已有140余年历史。苏联时期,它曾以"列图"(Ленинка)即苏联国立列宁图书馆(Государственная библиотека СССР им. В.И. Ленина)而闻名,坐落于莫斯科,1992年1月改为现名称,但至今许多俄罗斯人口头上仍把它称为Ленинка。藏书的语言种类达367种,4300万份以上的藏品,主要收藏有地图、录音、珍藏书、报纸、论文和各类出版物。

作为国外用户,我们关注的"俄罗斯国立图书馆"网站的服务主要有:

(1)关键词检索。在主页上方的显著位置,网站提供了一站式搜索框,只要输入要查的关键词,就可以在"电子图书馆"、"电子目录"和"外部资源"等信息来源中查找所需学术信息。此外,它还提供了更为完善的"扩展搜索"功能。

（2）目录检索。其检索目录数据库主要有"通览电子目录"、"专业部目录"、"总系统目录电子版"和"中央目录系统"，其中最有参考和实用价值的是"通览电子目录"。

（3）电子图书馆（http://elibrary.rsl.ru/）。这里的电子图书馆对于一般用户只提供目录检索服务，主要包含"学位论文图书馆"（http://diss.rsl.ru/）、"通用收藏"、"古籍"等。

"俄罗斯国立图书馆"网站还提供一定形式的收费服务，如查找电子图书资源、复印文献等，但需注册并对于国外用户来说有国际信用卡或其他支付手段。从使用案例来说，我们在进行学术研究时，常使用该网站的电子目录资源来查阅俄文图书、学位论文的出版、收录详细信息，可根据检索的系统图书编号在列图复印相关资料。

➢ Российская национальная библиотека（http://www.nlr.ru/ ★★☆）

"俄罗斯国家图书馆"坐落于圣彼得堡，迄今已有200年历史，1917年前称为"帝国公共图书馆"，之后又使用过"俄罗斯公共图书馆"的名称，1992年3月改为现名，但至今人们口头上仍把它称作"公图"（Публичка）。它拥有丰富的馆藏资源，以保护和收藏俄联邦各民族优秀的历史文化遗产为己任，并为大众提供图书文献检索、查询服务。前文我们说过，它与俄罗斯国立图书馆一起为联合国"世界图书数字图书馆"提供了大量信息资源。

对于我们的兴趣点来说，该网站与"俄罗斯国立图书馆"有许多相似之处，主要有：（1）电子图书馆；（2）电子目录；（3）互联网资源等。从具体使用情况来看，网站检索服务非常完善，检索结果满意度并不亚于"俄罗斯国立图书馆"。而且，如果注册了网站的虚拟阅览室，还可以在线阅览许多电子图书和学位论文。

➢ Виртуальная справочная служба（http://korunb.nlr.ru/query_form.php ★）

"图书馆虚拟查询服务"是俄罗斯及国外数个大型图书馆的联机查询系统，它提供的联机图书馆目录（http://korunb.nlr.ru/korunb_libraries.php）非常具有参考价值，它们是：俄罗斯国立图书馆、弗拉基米尔州立图书馆（http://www.library.vladimir.ru/）、伏尔加格勒州立通用科学图书馆（http://vounb.volgograd.ru/）、索尔仁尼琴俄罗斯侨民之家（http://www.domrz.ru/）、克麦罗沃州立科学图书馆（http://www.kemrsl.ru/）、摩尔曼斯克州立通用科学图书馆（http://www.mgounb.ru）、白俄罗斯国家图书馆（http://www.nlb.by）、布里亚特共和国图书馆（http://www.nbrb.ru/）、卡累利阿共和国图书馆（http://library.karelia.ru/）、萨哈/雅库特共和国图书馆（http://www.nlib.sakha.ru/）、诺夫哥罗德州立通用科学图书馆（http://www.reglib.natm.ru/）、斯维尔德洛夫斯克通用科学图书馆（http://book.uraic.ru/）、斯塔夫罗波尔区立通用科学图书馆（http://www.skunb.ru）、特维尔州立通用科学图书馆（http://www.library.tver.ru/）、图拉州立通用科学图书馆（http://www.tounb.ru/）等。

➢ Российский информационно-библиотечный консорциум（http://www.ribk.net/ ★）

"俄罗斯信息图书馆联盟"是于2003年9月根据"新千年俄罗斯图书馆"欧洲委员会规划而建成。该计划致力于和欧洲伙伴国、独联体国家进行图书情报的交换。该平台可在俄罗斯5大图书馆的数据内进行检索，它们是：俄罗斯国立图书馆、俄罗斯国家图书馆、全俄国立外语文献图书馆、莫斯科大学科学图书馆、国会图书馆。

➢ Library.ru（http://www.library.ru/ ★ ☆）

它实际上并不是现实图书馆，而是创办于2003年受俄联邦文化部所支持的关于图书馆的信息咨询门户网站，它最主要的特色和服务栏目有4个："为读者"、"为图书馆"、"图书馆世界"和"信息查询"。它是俄图书馆的门户网站，提供了许多图书馆的链接地址，特别是"图书馆网站目录"对于查找俄罗斯及其国外的图书馆信息提供了绝佳的入口，信息含量十分丰富，例如有联邦图书馆、共和国图书馆、地区图书馆、大学科研院所图书馆、部门图书馆及其他专业图书馆。

其他常见现实图书馆主页

名称与网址	说　明
Библиотека Академии наук http://www.rasl.ru/	在圣彼得堡的俄罗斯"科学院图书馆"于1714年根据彼得大帝的命令创建。它是俄罗斯科学中心的"灵魂所在"，为科学院及其社会人士查询科学图书情报提供服务。通过其网站，我们可以了解俄罗斯科学精英的相关信息，也可以完成图书资料的信息检索。
Библиотека по естественным наукам РАН http://www.benran.ru/	"俄罗斯科学院自然科学图书馆"是隶属于俄罗斯科学院的收藏国内外自然科学图书的专业图书馆，网站提供咨询和入口服务，其中"俄罗斯科学遗产图书馆"的入口（http://e-heritage.ru/index.html）有许多很有价值的免费电子文献，它还与"科学电子图书馆"（http://elibrary.ru/defaultx.asp）进行合作。
Библиотеки Республики Карелия （http://library.karelia.ru/cgi-bin/libraries/index.cgi），Национальная библиотека Республики Карелия （http://library.karelia.ru/）	"卡累利阿共和国图书馆"、"卡累利阿国家图书馆"是俄联邦各联邦行政主体中设计较为出色的两个图书馆网站，其卡累利阿区域内各图书馆网站信息链接资源非常丰富，后者还提供了电子图书馆资源、电子目录检索等多种服务，有英语、芬兰语两种版本。
Библиотека Русского Музея (Art Library of the State Russian Museum) http://www.rml.org.ru/	"俄罗斯博物馆图书馆"创立于20世纪初，是"俄罗斯博物馆"的附属科学图书馆，其网站有俄、英文两种版本，提供了部分电子目录检索服务。
Библиотека электронных ресурсов Исторического факультета МГУ http://www.hist.msu.ru/ER/ ★ ☆	"莫大历史系电子资源图书馆"收录有丰富的俄文历史文献电子版，跨越各个时期、各个地区国家，可在线阅览、免费下载。
Вологодская областная универсальная научная библиотека http://www.booksite.ru/	"沃洛戈达州立通用科学图书馆"网站设计是同类网站中较为出色的，其电子目录检索、外部网络资源链接功能上比较完善、数量比较丰富。

Всероссийская Государственная библиотека иностранной литературы им. Рудомино http://www.libfl.ru/	"全俄国立外语文献图书馆"创建于1921年，至今已百年历史，以收录外语的语言教学和研究、外语原版文学作品、自然科学外语原版书籍以及各类外语期刊而在俄罗斯现有图书馆内独树一帜。网站提供的"有声百科"（http://sonoteka.libfl.ru/）链接非常有特色，有各种讲座的录音。电子图书栏目提供了部分网上专业图书的链接。
Государственная публичная историческая библиотека http://www.shpl.ru/	"国立公共历史图书馆"创于1863年，1938年起使用现名。它是俄罗斯专业的收藏历史文献及相关研究成果的图书馆。主要提供电子目录检索等服务。
Государственная публичная научно-техническая библиотека России （http://www.gpntb.ru/）	"俄罗斯国立公共科技图书馆"创办于1958年，现归俄联邦教育和科技部管理。它是俄罗斯国内外科技文献藏书量最大的图书馆之一，也是俄罗斯科技图书交换的枢纽之一，是俄罗斯及独联体科技图书信息化处理的"领头"图书馆。其网站提供电子目录和电子文献查询，电子图书馆提供了许多免费下载图书，为pdf格式。
Дальневосточная государственная научная библиотека http://www.fessl.ru/	"远东国立科学图书馆"于1894年在哈巴罗夫斯克建成，历史悠久，是远东地区较大的图书馆。网站主要提供图书信息咨询、电子目录检索等服务。
Детско-юношеская библиотека Республики Карелия http://dubrk.karelia.ru/	"卡累利阿青少年图书馆"是俄现实图书馆中设计最为精美的图书馆网站之一，被Aport目录检索系统评为★★★，网站提供电子目录检索、活动组织、咨询等服务。
Дом Русского Зарубежья имени Александра Солженицына http://www.bfrz.ru/，http://www.domrz.ru	"亚·索尔仁尼琴俄罗斯侨民之家"图书馆是俄罗斯著名作家、社会活动人士索尔仁尼琴从1990年就开始筹划，最后于2005年2月正式建成的"索尔仁尼琴基金会"及其图书馆，主要收录俄罗斯在苏维埃时期流亡国外的侨民作家、思想家、哲学家及其家庭生活的历史文献，来自巴黎、布拉格、贝尔格莱德、哈尔滨、大连等地的相关收藏。网站介绍了这段历史，并发布了相关学术信息和部分信息资源。
Иркутская областная государственная универсальная научная библиотека http://www.irklib.ru/	"伊尔库茨克州立通用科学图书馆"至今已有150年的历史，其网站的图书馆信息化平台（http://irabis.irklib.ru:8080/ft.htm）比较有特色，电子目录检索、外部网络资源链接也是图书馆网站的传统栏目。
Научная библиотека МГУ http://www.nbmgu.ru/	"莫斯科大学科学图书馆"与莫大同步于1755年建成。是莫大的图书情报服务中心。网站可提供的免费资源不多，主要还是电子目录检索和外语资源链接。
Научная библиотека НГТУ http://library.nstu.nsk.su/	"新西伯利亚国立技术大学科学图书馆"建成与上世纪60年代，是西伯利亚地区最大的图书馆之一。网站提供电子目录检索、论文及教学参考电子资源和外部互联网资源入口服务。
Научная библиотека РГГУ http://liber.rsuh.ru/	"俄罗斯国立人文大学科学图书馆"创办于1991年。网站的特色资源比较丰富，主要有电子目录检索、电子图书馆、联合图书馆资源联网检索系统等。
Научная библиотека Санкт-Петербургского государственного университета http://www.library.spbu.ru/	"圣彼得堡大学科学图书馆"是俄罗斯西北区68座大学图书馆的科技情报及文献中心。图书馆网站提供了许多图书馆的入口及电子目录检索及部分电子期刊、图书的检索入口。

Научная педагогическая библиотека им. К.Д. Ушинского http://www.gnpbu.ru/	"俄罗斯教育科学院科学教育图书馆"建成于1925年，1970年起使用现名，是俄罗斯最大的教育学（师范）类专业图书馆，针对的读者对象是教师、大学生、研究生等。网站除了提供传统的电子目录检索外，还有一些开放性出版物供免费阅览。
Российская государственная библиотека для слепых http://www.rgbs.ru/	"俄罗斯国立盲人图书馆"建成于1910年，归俄联邦文化部、俄罗斯图书馆协会直接管理，在国际上也有一定影响。网站主要提供图书信息咨询、电子目录检索等服务。
Российская государственная детская библиотека http://www.rgdb.ru/	"俄罗斯国立儿童图书馆"是世界上最大的服务于儿童及其教育事业的专业图书馆之一，建成于1969年12月30日。由于在儿童图书服务方面的卓越贡献，它被授予过各类国家级奖项。其网站主要提供图书信息咨询、电子目录检索、有益网络资源链接方面的服务。网站被Aport目录检索系统评为★★★。
Электронный каталог библиотек МГУ http://www.msu.ru/libraries/	"莫斯科大学图书馆系统电子目录"提供了莫大各个图书馆的链接资源和部分自有资源。

第二节 网上论文库

网上论文库是指那些专门提供特定的数字化电子资源，以课程论文、学位论文、专题科研论文的论文摘要或论文全文为资源来源，以学生、教师、科研工作者、专业研究人员为服务对象的免费或付费网站资源。俄网的网上论文库具有如下几个显著特点：

（1）受众面广。俄网使用网上论文库的人士来自各个领域，当然，还是以学生、教师和专业研究人员居多。

（2）资源丰富。俄网的网上论文库已发展成为其学术网络信息的最重要来源之一，据不完全统计，数量有上百个。

（3）品种相对单一。俄网的网上论文库的最主要"品种"还是论文摘要（Рефераты），且质量良莠不齐。

（4）免付费各有偏重。俄网的网上论文库以免费的居多，读者可以无偿、无需注册免费使用，但其中高质量的不多；而付费服务的论文库却能提供很多高质量论文。

结合俄文网上论文库的上述特点，下面我们将有选择地重点介绍部分俄网论文库资源。

3.2.1 East View Universal Database（俄罗斯独联体大全数据库）（★★★☆）[①]

俄网上有没有与我国的中国期刊网"知网"相似的学术期刊检索数据库呢？无疑是有的，这就是"俄罗斯独联体大全数据库"（East View Universal Database），其登录网址为：http://dlib.eastview.com，俄罗斯统计出版物登录网址为：http://udbstat.eastview.com。

"俄罗斯独联体大全"（Universal Database）俄语数据库由美国East View Information

---

① 本小节内容主要参考自http://www.cinfo.net.cn 的相关材料，在此谨表谢意。

Service公司提供,是迄今为止全球最大的收录俄罗斯学术资源的数据库,内容权威,涉及范围广泛,是研究俄罗斯与独联体国家政治、经济、文化、法律、历史、军事、安全、外交、科技、医学等方面和学习俄罗斯语言文学的重要资源。全库共收录资源近600种,文章超过1000万篇,以俄语为主,部分资源还同时提供英语与德语。数据库使用极为方便,可对其中的任意部分进行全文检索,可以在俄语、英语、德语三种检索界面之间任意切换,可以进行三种语言的联合检索,同时收录了大量的过刊。数据库下载的文档大部分为word文件格式,也有部分为pdf格式文档。

  East View Information Service(美国东方观察信息服务公司)的总部位于美国明尼亚波利斯市,并在俄罗斯与乌克兰设有办事处。他们开发了广泛而可靠的采访网络,以满足当今大量的信息需求。自1989年起,East View就成为全球领先的信息提供商,从俄罗斯与独联体国家向世界各地的用户提供高质量的信息服务。East View同时是一家领先的将信息资源数字化的公司,它们向用户提供高速增长的、内容广泛的出版物,并将许多重要的出版物汇集于他们杰出的"Universal"网络大全数据库当中。East View除提供网络数据库服务外,同时还出版大量的俄语与英语期刊、图书与缩微出版物。

  其显示页面主要有数据库主页、数据库检索页面、数据库检索结果列表和论文浏览页面。

"大全"数据库目前包括以下几个主要部分：

（1）俄罗斯政府、法律与军事信息

军事与安全期刊——收录了55种俄罗斯官方与独立军事安全出版物以及地方军事区域文件，约51万篇文章。反映了俄罗斯军事力量与国际安全事务，以及从核武器到俄罗斯军队等方方面面的问题。

Kodeks俄罗斯法律数据库与英语的俄罗斯法律指南——前者是俄罗斯立法的主要资源。提供俄语原文或英语译文，收录了自1991年以来约79万条内容，覆盖俄罗斯大约200个行政、立法与司法分支机构提供的立法法案等，每日更新。后者收录了在俄罗斯影响经济活动的立法事件等。

统计出版物——包括俄罗斯国家统计委员会与独联体国家统计委员会的出版物、报告与数据，提供报告、表格、图表、译文以及英语目录等。共107种出版物1234期。

政府出版物——反映俄罗斯法律制定的进程。收录了总统法令，政府文件，杜马听证会记录，选举结果，立法草案，正式提案，以及选举预测等。共34种出版物26万多篇文章。

（2）中央与地方报纸

中央报纸——收录俄罗斯65种具影响力的中央报纸，285万多篇文章，每天更新并可看到当天的报纸全文，包括《莫斯科时报》、《莫斯科新闻》等，并提供1980年以来的过刊。

地方报纸——包括俄罗斯所有7个联邦行政区108份报纸的157万篇文章。所选取的报纸发行量都很大并且具有权威性。

乌克兰出版物——全球唯一提供乌克兰报纸、期刊与参考书目的数据库，包括37种报刊共26万篇文章。

独联体与波罗的海报纸——收录了独联体所有国家权威的俄语与英语报纸，计32种报纸74万篇文章。

俄罗斯/独联体有线新闻——通过俄语与英语向读者提供近于实时的信息，展示了俄罗斯与独联体国家的每日发展状况。共10种来源78万篇文章。

Current Digest（最新文摘）——创刊于1949年的英语周刊，是苏维埃/俄罗斯领域研究的重要出版物。本刊每周精选俄语报纸的主要文章并翻译成英语全文出版，内容涉及俄罗斯经济、政治与政治改革、公共健康、私有化、外国政策/国际事务以及其他社会文化与立法事件等。目前已有8200多篇文章。

（3）人文社科期刊与参考书目

社科与人文科学期刊——收录82种重要的俄罗斯期刊共10万多篇文章，涉及社会科学与人文科学，如俄罗斯科学院的期刊，深受欢迎的文学杂志，以及独立学者的出版物等。与纸本刊内容完全相同。

图书馆、档案馆与博物馆——第一个俄语图书馆学专业期刊全文数据库，所收录的期刊均具有很强的影响力。目前收录有14种资源2300多篇文章。

俄罗斯国家参考书目——8种资源涵盖超过2.1万家出版社的约200万条俄语参考书目。

可以通过主题、作者、地区索引、资源、出版物类型与出版时间等进行检索。专业的图书馆使用界面，并提供过刊信息。

（4）历史与文化期刊

«Вопросы истории»（历史杂志）、«Вопросы литературы»（文学杂志）、«Вестник Европы»（欧洲公报）、«Лабиринт»（纵横）。

据悉，我国已有数所高校购买了该数据库的使用权限。虽然"俄罗斯独联体大全数据库"功能强大，并能提供完善的检索、下载服务，但一个大国的论文情报资源掌握在一个外国公司手中并不是什么值得"炫耀"的事情，这对于国家的信息安全并不有利。因此，同我国的类似信息资源建设（像"知网"、"维普"、"龙源"等）相比，像俄罗斯这样一个如此重视国家信息安全的大国却让知识情报掌握在外国公司手中，是非常令人费解的。

3.2.2 通用网上论文库[①]

名称与网址	说　明
5 баллов http://5ballov.qip.ru/referats/	"五分"网是著名门户网站QIP.Ru的论文摘要频道，下载需提供电子邮件地址，格式主要为rtf格式。
5-ка http://www.5ka.ru/ ★★	"五分网"以论文摘要为主要收录资源，同时还兼有电子图书馆、在线词典等服务。论文分类十分详尽，可用性较强，所有资源均可免费在线阅览。
Банк рефератов http://www.bankreferatov.ru/ ★★☆	"论文库"是俄罗斯最著名的论文摘要、课程论文网站之一，科目分类详尽，文档质量及可用性高，可免费下载，文档格式为zip-doc等。
Бесплатная коллекция http://bezobeda.net/	网站收录有10余个类别的免费论文摘要资源，所有论文均可免费在线浏览并下载。
БЭБ http://big-biblioteka.com/	"大电子图书馆"的论文栏目，主要收录论文摘要、课程论文等，分付费和免费两个部分，免费部分资源较少，付费部分资源丰富。
Глобалтека http://www.globalteka.ru/referat.html	环球图书馆文摘库，分类目录详细，可在线阅览节选内容，全文内容需订购。
Дипломник.ру http://www.diplomnic.ru/ ★	收录有分类科目非常详尽的学位论文电子文档，且大多极具参考价值，全文需付费，但可在线阅览文档部分内容。
Золотые рефераты http://www.goldref.ru/ ★☆	"优秀论文"网主要收录论文摘要、作文、复习资料等资源，分类科目十分详尽，可用性强，可免费下载，格式为zip-rtf.
Каталог диссертаций http://www.dissers.info/	学位论文订购网站，主要来源为俄罗斯国立图书馆电子资源，需付费订购。
Каталог рефератов Allbest http://referats.allbest.ru/ ★★☆	俄罗斯最著名的学位论文、论文摘要、课程论文免费下载平台之一，分类科目详尽，下载文档格式为zip-doc等。

[①] 俄网论文库有些网站上被植入木马，请进入时慎用并打开杀毒软件监控，但有些是杀毒软件误报。

На Куличках http://referat.kulichki.net/ ★★☆	著名门户网站《Кулички》的论文频道，收录有大量论文摘要资源，分类目录非常详尽，可用性强，可免费下载，格式为zip-doc。	
Образование KM.RU http://student.km.ru/ ★★	著名门户网KM.RU的论文频道，收录有文摘、课程论文、设计等共计6万多份，分类科目达30多大类，均可免费下载，文档格式为rtf, html等，同时提供了论文搜索引擎。	
Получи 5.ру http://poluchi5.ru/ ★★	"得五分"网收录有课程论文、学位论文、论文摘要等文档种类，分类目录详尽，涉及自然、人文、社会等各个领域，可免费下载，格式为zip-rtf等。	
Реферат.ру http://www.referat.ru/ ★	"论文摘要"网收录论文摘要共分30余个学科门类，所有资源均可免费下载，格式为zip-doc等。	
Российская библиотека диссертаций http://dissertation1.narod.ru/	"俄罗斯学位论文网"名字起得比较"响亮"，内容涉及学位论文、论文摘要等，种类还不够丰富，可以免费在线阅读。	
Спиши.ру http://www.spishy.ru/referat/ ★☆	"抄录"网收录有课程论文、论文摘要、复习资料和报告等资源，分类目录详尽，可免费下载，格式为zip-doc。	
Студентик. Net http://studentik.net/index.php	"学生"网收录有论文摘要、课程论文、设计图等资源，可免费下载，文档格式多为doc, djvu, pdf等。	
Студенточка http://studentochka.ru/ ★	"女大学生"论文网，当然并不只针对女学生，部分论文资源需订购，也有部分论文摘要可免费在线浏览，或另存为html格式文档。	
СтудЗона http://studzona.com/referats	网站主要收录论文摘要，分类目录达20余种，资源可免费下载，格式为zip-rtf。	
Эрудиция http://www.erudition.ru/ ★★	"学识"网收录论文包括论文摘要、课程论文和部分已发表科研论文，分类科目详尽，电子文档可用性较好，可在线阅读全文，也可免费下载，格式为zip-rtf，并且每个文档都提供了资源出处。	
31F.ru http://31f.ru/ ★☆	网站收录有学位论文、论文摘要、毕业论文、课程论文等诸多类型，内容以社会、人文科学为主。	
ABC Referats http://p6.ru/referats/ ★☆	网站的副标题名称为《Московская коллекция REFERATS》，实际上收录的文摘并不限于莫斯科，下载格式多为zip-doc, rtf, docx等。	
Deport.Ru http://referat.deport.ru/ ★	电子图书馆Deport.Ru的论文摘要栏目，分为技术科学、人文科学和自然科学等数个大的门类，下面再分几十个子类学科，可免费下载，格式多为doc等。	
DiBase.ru http://dibase.ru/ ★★	收录有较多数量的论文摘要、学位论文文档，提供按作者和按成果名称进行检索的服务，所有文档可在线免费阅读。	
disserCat http://www.dissercat.com/ ★★	论文和论文摘要的网络图书馆，约有75万多份文档，分为科学、人文等几十个种类，可以在线免费浏览论文目录和部分章节，全文阅览则需付费。	
Free-Referats. ru http://free-referat.ru/ ★★	免费自由下载论文摘要的网站，科目分类细致，下载格式为rtf等。	
REBORN http://referat.reborn.ru/ ★★	网站设计精致，主要收录论文摘要，分有30余类别，可用性强，所有资源均可免费下载，格式为zip-doc。	

名称与网址	说　明
Referat.su http://www.referat.su/ ★	网站收录有几十个种类的论文摘要，所有资源均可免费下载，格式为zip-doc。
Reffs.Ru http://reffs.ru/ ★★	收录有几十种分类科目的论文摘要，均可免费下载，格式为rtf-zip等。
REFINE http://www.refine.com.ru/ ★	网站主要收录论文摘要、课程论文等资源，分类详尽，所有资源均可在线免费浏览。
RefStar.ru http://www.refstar.ru/ ★	收录文档以论文摘要为主，科目分类达40余个，可免费下载，格式为zip-doc等。
Refz.Ru http://www.refz.ru/ ★★	一个资源丰富的主要收录论文摘要的网站，有几十个科目门类，所有资源均可免费下载，格式为zip-rtf等。
Scholar.ru http://www.scholar.ru/ ★★★	俄网著名的免费网上论文库，其中的"科研论文（发表）目录"和"论文摘要和学位论文"栏目具有较高参考价值，分类科目非常细致，几乎涵盖了自然科学、人文科学的所有学科门类。资源大都可以免费下载，文档格式为pdf、djvu、doc、rtf、ppt、html等。有时还可以做检索工具使用。
STUD24 http://stud24.ru/ ★★	一个综合性论文摘要、课程论文、毕业论文的网络资源，网站划分了140余种领域和方向，在线阅览和下载都需注册，论文格式大多为doc文档。
StudentBank http://studentbank.ru/ ★★	收录有论文摘要、课程论文、毕业论文、测验、实验、报告、参考书、提纲、讲座、图书、期刊等等资源形式，可以在线阅览并下载为rtf文档。
TextReferat http://www.textreferat.com/	收录的论文摘要分类科目有60余类，下载需通过SMS短信服务获取密码才能下载，文档为word格式。
TopReferat http://www.topreferat.ru/ ★	网站收录有论文摘要、学生作文、简述等资源，所有论文均可在线免费阅览并可下载为txt格式文档。

3.2.3　专题网上论文库

名称与网址	说　明
Мед. рефераты http://medref.narod.ru/	医学论文摘要库，但资源还不够丰富。
Психологу. ру http://www.psihologu.ru/ ★	网站收录有心理学研究的论文摘要，分类详尽，资源可免费下载，格式为zip-rtf。
Рефераты на военные темы http://military.claw.ru/ ★★	军事学论文摘要库，此外，还有部分俄苏历史方面的论文摘要。均可免费下载。
Рефераты по истории http://referat.historic.ru/	世界历史专题的论文摘要库，可免费下载，文档格式为zip-doc。
Рефераты по экономике http://www.economika.info/ ★☆	经济学专题的论文摘要库，同时也收录课程论文、讲座提纲、论文和教参等，分类非常详尽，资源可免费下载，格式为zip-doc。
Рефераты экологии и биологии http://www.zooclub.ru/referat/ ★	生态学和生物学的论文摘要库，可免费下载。
Юриспруденция http://tarasei.narod.ru/referat.html	该网站收录有法律学研究论文摘要，可免费下载。

续表

名称与网址	说　明
ЮрФак http://law.pp.ru/referat.php	"法律系"民法研究论文摘要网站，均可免费下载，格式为zip-doc。
RefPravo.ru http://refpravo.ru/	法律学专题网上论文库，收录有论文摘要、课程论文、作业等，均可免费在线阅读。
Yuro.Ru http://www.yuro.ru/ ★	"法制网"收录有研究各领域法律文件的论文摘要，均可免费下载，格式为zip-rtf等。

3.2.4　网上论文搜索引擎

名称与网址	说　明
10-ка http://spravki.net/d10/ ★★☆	"十佳"论文网是个论文搜索引擎，提供了俄网最有影响的10个网上论文库的搜索框，功能强大。
Автопоиск http://allsoch.ru/search/ ★★	提供了26个论文网站进行搜索，是论文搜索引擎。
Лучший поиск рефератов http://bestreferat.narod.ru/find.htm ★☆	"论文最佳搜索"共提供了俄网的15个论文网站资源进行搜索，是论文搜索引擎。
На одной странице http://allinternet.narod.ru/referats/index.html	10个俄网著名的论文网站集中于同一网页上以供搜索。
Поиск рефератов http://www.teamspedia.h1.ru/searchreferat.htm	共有10个俄网论文网站可供检索。
Поисковики по рефератам http://and-2000.narod.ru/referat/adresref.htm	提供了9个较为常用的俄网论文库入口，是论文搜索集引擎。
Реферат навигатор http://students-shop.narod.ru/refsearch.htm	"文摘导航"网站提供了10个俄网最常用的论文库，是论文搜索集引擎。
Рефераты Mega поиск http://www.allbest.ru/refall.htm ★★	著名网站Allbest的文摘搜索平台，除了关键词搜索引擎外，还列出了主流网上论文库的目录。
Рыбка.net http://ribca.net/poisk/referat.htm ★	该网站提供了15个网上论文库的入口，是论文搜索引擎，功能较为强大。
Скорая помощь http://mostly.narod.ru/referat.htm ★	"急救"网，提供了十数个论文网站为大学生进行论文搜索，也是论文搜索引擎。
Crack.ru http://www.crack.ru/	俄网论文摘要搜索引擎，包含众多学科门类。
Webfinder http://www.webfinder.ru/referat/index.html ★★	一个专门检索网上论文资源的兼有目录式和关键词搜索引擎，功能较为强大。

第三节　网上工具

　　网上工具是指为网络用户（网民）提供一定领域专业知识信息在线查询工具服务的网站，一般包括在线词典、百科词典、在线翻译工具等。这些网上工具为我们检索专业知识信息提供了极大方便，在功能上它们不仅等同于纸质的词典工具书，而且它更顺应了信息化时代无纸化工作的趋势，更快捷、更方便、更丰富。俄网的网上工具资源十分丰富，掌握好这一资源对于处理俄文信息资源、对于了解俄罗斯信息文化知识、对于与俄语和俄罗斯有关的工作和学习都会带来极大的益处。

俄文网上工具大致可分为在线版的俄语详解词典、俄文通用百科知识词典、专业学科词典、专题知识词典和综合在线词典、外语翻译词典网站等几种类型。

俄罗斯在线词典实际上是把Энциклопедии与Словари区分对待的，而在汉语中"百科辞典"也被看作是"词典"体系的一个组成部分，一般是不加以严格区分的。

3.3.1 俄语（详解）词典和俄外词典

网上俄语词典主要分为详解词典（Толковый словарь русского языка）以及各类俄语专业词典，如外来词词典、正写法词典、同义反义词典、新词词典、语法词典、教学词典、俚俗语词典等。

➤ Словари Грамота.Ру（http://www.gramota.ru/slovari/ ★★☆）

这是俄罗斯最权威的俄语网站《Грамота》的"词典"分栏目，收录有许多俄语教学词典，如《科学院俄语正字法词典》、《库兹涅佐夫俄语大详解词典》、《俄语重音词典》、《俄语同义词、近义词词典》、《同义词：简明手册》、《反义词词典》、《新教学法术语和概念词典》、《俄罗斯人名词典》，其中不少词典在其他工具词典网站中极少收录，因此，它不愧为最权威俄语教学网站的称号。

➤ Словари, созданные на основе НКРЯ（http://dict.ruslang.ru/ ★★☆）

"基于俄语国家语料库的词典"网站收录有《俄语新词语法词典》、《俄语词汇新频率词典》、《俄语成语词典：带有高级程度意义的词汇组合》、《俄语非物质名词动词搭配词典》。该网站所收词典体裁新颖，在俄罗斯科学院和俄联邦教育部支持下建成，可免费使用。

其他常见俄语（详解）词典主页

名称与网址	说　明
Большой словарь русского языка http://www.dict.t-mm.ru/ ★	"俄语大词典"网站收录有达里、乌沙阔夫详解词典以及百科词典、同义词近义词词典、正字法词典，制作规范、权威性强，使用方便。
Визуальный мир http://www.visualworld.ru/ ★☆	"可视化世界"正如在"搜索引擎"章节中所述，既是搜索工具，又可以作为词典工具使用，在俄网中绝无仅有。
KM.RU Толковый словарь русского языка http://mega.km.ru/ojigov/ ★	俄罗斯最大的门户网站之一 Кирилл и Мефодий 的词典栏目，可进行俄语词条的详解查询。
МАС – Малый академический словарь http://feb-web.ru/feb/mas/mas-abc/default.asp ★☆	网上图书馆"俄罗斯文学和民间口头创作"的词典栏目，收录有俄罗斯科学院小词典（4卷本），简便易用。
Общий Толковый словарь русского языка http://tolkslovar.ru/ ★★	一个集多种俄语详解词典为一体的俄语在线词典网站，网页设计生动、有趣，可以一站式检索，检索结果可以显示来自哪个词典，有详解和精确出处，非常实用。

续表

名称与网址	说明
РУССКИЕ СЛОВАРИ http://www.slovari.ru/ ★★	一个较大型的俄语在线词典网站，收录有许多种类的俄语词典，例如《达里俄语详解词典》、《奥热果夫/什维多娃详解词典》、《俄语同义词、近义词词典》、《俄语语义词典》、《俄语外来词新词典》、《外来词大众词典》、《普希金语言词典》、《陀思妥耶夫斯基语言词典》、《人名词典》、《俄语黑话词典》、《俄语精选成语词典》、《古俄语词典（11—14世纪）》、《实验句法词典》等。未注册用户只能查看前5个检索结果且不能进行扩展查询；注册用户可以使用所有查询功能，注册免费。
Русский язык. Энциклопедия русского языка http://russkiyyazik.ru/	收录有许多常见词条的俄语百科之"俄语"网站，词条注释精炼。
Словари 299 ру http://slovari.299.ru/ ★	收录有《大百科词典》、《达里大俄罗斯口语详解词典》、《奥热戈夫俄语详解词典》和《简明英俄词典》，使用比较方便。
Словарь Ассоциаций http://www.slovesa.ru/ ★☆	俄网绝无仅有的"俄语联想词典"，尽管是测试beta版，但仍具有词汇联想查询的强大功能。
Словарь иностранных слов http://www.inslov.ru/ ★	"外来词词典"网站收录有数本俄罗斯较有影响的外来语词典，并可免费下载简编版本词典。
Словоборг http://www.slovoborg.ru/slb.php ★★	"词索"是一个很有特色俄语在线词典，主页上自称为"现代俄语民间词典"，这是基于该词典的所有词库由"民间人士"即普通网民所提供，每日不断更新，收录有大量鲜活的俄语词汇和日常表达，有注释和例句，有相关词链接和收词评价，非常值得推荐。
Толковый словарь Ефремовой http://www.majesticworld.ru/, http://www.slovoblog.ru/efremova/, http://enc-dic.com/efremova/ ★☆	《叶弗列莫娃详解词典》是俄罗斯较权威的教学词典，共收录有14万词条，在线版与纸质版完全相同。
Частотный словарь сов. р.я. http://bokrcorpora.narod.ru/frqlist/frqlist.html	"现代俄语频率词典"网站可下载俄语频率词库。

俄外词典是各类俄语-外语词典，外语语种几乎涵盖了所有常见外语，如英、法、汉、德、意、西、葡、阿、土、乌、白、芬、日、韩语等等。

名称与网址	说明
Большой китайско-русский словарь http://slovari.h15.ru/chi-1.php	"大汉俄词典"网站，但在易用性上不够理想。
Быстрый интерактивный поиск слов по онлайн словарям http://www.classes.ru/ ★	英语学习网站提供了许多在线词典的交互查询入口，其中既有俄外词典，如《新英俄大词典》、《英俄工科词典》、《俄英大词典》等，还有许多俄语详解词典，如《达里俄语详解词典》、《叶弗列莫娃俄语详解词典》、《奥热戈夫俄语详解词典》、《乌沙阔夫俄语详解词典》、《俄语词源词典》、《俄语同义词词典》等。
Мультитран http://www.multitran.ru/	一个多元复合俄外在线词典，收录有俄、英、德、法、意、西、荷、拉脱维亚、爱沙尼亚语，大多可以互译。

Онлайн-словари IXL.RU http://www.ixl.ru/ ★☆	综合俄外在线词典网站，共有4个栏目的外语词典：爱沙尼亚语词典；英语词典；俄语词典；韩语词典。其中，在爱、英、韩语词典栏目中，除收录有部分外外词典，还收录有这些语言与俄语的词典，如韩俄词典、爱俄词典、英俄词典。而在俄语词典栏目中收录有俄语与英、意、汉、西、德、荷、挪、法、捷、瑞典语的外语词典，种类较多，且使用方便，词汇不断更新。
Сборник словарей http://rulib.org/	一个功能较为强大的外外在线词典网站，虽不涉及俄语，但收有几个非常少见的外语词典：非英、英阿、英西（计算机）、英白、英保、白乌、波白、波乌、乌白、乌波、法匈词典。
Словари@Mail.ru http://lingvo.mail.ru/?text=	著名搜索引擎@Mail.ru的词典栏目，收录有俄英、英俄许多专业词典，如法律、经济、计算机、科技、商务、医学等。
Список словарей на o-db.ru http://o-db.ru/ru/dictionaries.html	o-db.ru的外语词典栏目提供了俄语与英语、白俄罗斯语、乌克兰语、亚美尼亚语词典以及英芬、英塞尔维亚、英乌、法英词典等服务。
Универсальный всемирный словарь http://www.vsemir.info/full.php?go=%EB	"通用世界词典"收录有上百个语言的在线词典，只有词条互译。
"知识词典"网 http://www.dic123.com/ ★	来自于中国的在线外语词典，收录有几十种包括汉语在内的语言词典，其中俄外词典共收录30余种，例如有俄英/英俄、俄乌、俄德、俄西、俄意、俄法、俄土等语言的双向词典，还有俄汉/汉俄词典，但该在线词典由于是随机录入，大部分词条不按照词典收录规则进行录入，随机性较强，比较零乱。
Rambler Словари http://dict.rambler.ru/ ★★	著名搜索引擎Rambler的外语词典栏目，共收录俄语和英、法、德、西、意等外语的双向词典工具，可在线直接与俄语互译。
Slavic Language Dictionaries http://www.yourdictionary.com/languages/slavic.html	"斯拉夫语-外语词典"网站，收录有许多斯拉夫语-外语的在线词典，如俄语、乌克兰语、白俄罗斯语、保加利亚语、捷克语、塞尔维亚语等，但其中部分词典收词不够丰富。

3.3.2 通用百科知识词典

➢ 维基媒体系列项目（Фонд Викимедия）

"维基媒体基金会"是维基整个系列项目的总称，它包括以下具体项目：

● Википедия — свободная энциклопедия, которую может редактировать каждый.

● Викисловарь — универсальный многоязычный словарь.

● Викицитатник — сборник цитат.

● Викитека — библиотека оригинальных текстов, не защищаемых авторским правом.

● Викиучебник — различная литература для обучения.

● Викиверситет — позиционирует себя как новую форму заочного образования.

● Викиновости — свободное новостное агентство.

● Викисклад — общее, и одно из крупнейших, хранилище файлов мультимедиа.

● Вики виды — справочник по таксономии биологических видов.

● Мета-вики — вики для координации работы остальных проектов Фонда.

➢ Википедия（http://ru.wikipedia.org ★★★★☆）

"维基百科"（俄文版）同它的其他语言版本一样，始终是该语言网络资源中最好的百科词典网站之一。

维基百科（英语：Wikipedia，是维基媒体基金会的商标）是一个自由、免费、内容开放的百科全书协作计划，参与者来自世界各地。这个站点使用Wiki，这意味着任何人都可以编辑维基百科中的任何文章及条目。维基百科是一个基于wiki技术的多语言百科全书协作计划，也是一部用不同语言写成的网络百科全书，其目标及宗旨是为全人类提供自由的百科全书——用他们所选择的语言来书写而成的，是一个动态的、可自由访问和编辑的全球知识体。也被称作"民众的百科全书"。Wiki一词来源于夏威夷语的"wee kee wee kee"，原本是"快点快点"的意思。在这里WikiWiki指一种超文本系统。与其他超文本系统相比，Wiki有使用方便及开放的特点，所以Wiki系统可以帮助我们在一个社群内共享某领域的知识。维基百科开始于2001年1月15日，其所有文本以及大多数的图像和其他内容都是在GNU自由文档许可证下发布的，以确保内容的自由度及开放度。所有人在这里所写的文章都将遵循copyleft协议，所有内容都可以自由的分发和复制。2001年5月维基百科开始国际化，13个非英语维基百科版本计划开始（包括了阿拉伯语、中文、荷兰语、德语、世界语、法语、希伯来文、意大利语、日语、葡萄牙语、俄语、西班牙语和瑞典语），截至2012年1月俄文维基百科共收录815400余文章。但由于维基百科的自由性也导致了它会出现触动该语言使用国人民所忌讳和敏感的话题，特别是涉及政治、宗教信仰、民族、种族等问题时，因此，它在部分国家被禁。但维基百科毕竟为网民们打开了一个广阔的百科世界，尤其是Википедия（俄文版维基）所收录词条极其丰富，为我们查询许多有用的知识提供了极为便利的服务。维基媒体基金会同时还拥有其他几个多语言、内容开放的维基计划：维基词典（Викисловарь）、维基共享资源（Викисклад）、维基教科书（Викиучебник）、维基语录（Викицитатник）、元维基（Мета-вики）、维基新闻（Викиновости）、维基原始文献（Викитека）、维基物种（Ививиды）、维基学苑（Викиверситет）。

"维基环境"（Викисреда）是维基系列项目的统称，其俄文项目主要有：维基知道（Викизнание）、传统（Традиция）、伪基百科（Абсурдопедия）、Lurkmore (Луркоморье)、维基现实（Викиреальность）、维基反版权（Антикопирайт）等。

➤ Викизнание（http://www.wikiznanie.ru/ ★★★）

"维基知道"（Викизнание）脱胎于维基百科（Википедия），实施这一网络项目的初衷是提取维基百科中的精华（那些被人们所广泛认可的知识且适用于俄语空间的信息），去其糟粕（剔除那些使用面较小并且有害的信息）。需要特别强调的是：Викизнание只针对俄语项目。在"维基知道"中，暂时划分了5个学科门类，它们是：自然科学；应用科学；人文社会科学；文化、艺术、宗教；军事。其词条解释方式基本与维基百科保持一致。

➤ Викисловарь（http://ru.wiktionary.org/ ★★★）

"维基词典"（Wiktionary）是维基百科的姊妹工程，它的目标是创建一个基于所有语言的自由的维基词典。该项目于2002年12月12日启动，俄文版维基词典

（Викисловарь）计划开始于2004年5月1日，迄今共收录有关于俄语词汇或表达的文章释义词条288630余个。该词典的目的旨在收录字词的字源、字义、读音、拼法以及与之对应的外文词汇。在维基词典中并不详谈字词的文化背景、文化意义等，由此与维基百科作出区别。维基词典包括了各种语言的数量巨大的词汇。阅读这里的词条很简单，转到首页，找一个感兴趣的主题就可以开始探索了，另外可以使用每个页面顶部的搜索框对整个网站进行搜索。如果对某一词条非常感兴趣，或者有任何意见或建议，可以点击页面上的讨论本页链接进入对话页，在对话页上选择编辑本页就可以发表意见了。如果在这里没有找到需要的，可以直接提出请求。

> Викиреальность（http://www.wikireality.ru/ ★★★）

2009年1月24日是"维基现实"项目创建的日子，但那时这还是一个封闭的研究项目；同年3月9日"维基现实"正式对外开放；11月将项目主题扩展至Web2.0技术网页；2010年3月扩展至整个互联网技术。如今的"维基现实"已发展成为一个开放的独立于俄文维基百科的环境，主要内容包括：Web2.0、维基环境、维基媒体、研究、创作、维基资料、MW资料等。目前的主栏目有：现实新文、事实在线、引语、精选、维基焦点选文等。"维基现实"是"维基百科"俄文版的极佳补充。

维基焦点（ВикиФокус）是维基现实的一个并列分项目，但命运多舛，地位不定。

> Абсурдопедия（http://absurdopedia.wikia.com/ ★★☆）

"伪基百科"又称"恶搞百科"（Uncyclopedia），是一个以戏仿维基百科为目的结合讽刺、恶搞、幽默、搞笑与娱乐的网络百科全书，最早的英文版伪基百科于2005年1月5日由乔纳森·黄（Jonathan Huang）创立，宗旨就是"要做政治不正确的非资讯性网络百科全书"，伪基百科架设于Wikia网站上，接口为Mediawiki，并与维基百科一样采用wiki架构，而"人人可编辑的自由百科全书"的宗旨也是共有的。伪基百科于2005年1月创立，现有超过50种语言版本。俄文"伪基百科"用词取自"荒诞"之意，共分十类"荒诞"：科学、文化、宗教、人物、经济、政治、国家、技术、计算机、杂项等。截至2011年10月，共收录有3千多篇文章，其中部分内容十分有趣。

Традиция（http://traditio-ru.org/）项目我们将在"文化艺术"资源部分介绍。

其他维基计划项目

除了"维基环境"的纯俄文项目外，还有部分多语言项目计划。例如，

> Викиверситет（http://ru.wikiversity.org/）

"维基学苑"[①]项目是一个自由、开放的学习环境和研究社区，以在线课程的合作和知识交换的形式为支撑。俄文维基学苑目前有2400多篇文章，它还分为不同的"系"、"年级"和"学科"，并有很多具有俄罗斯特色的学习内容。

> Kивиды（http://species.wikimedia.org/）

"维基物种"项目建于2004年9月，其目标是收集这个星球上动物、植物、真菌、细

---

① Wikiversity目前还没有官方中文译名，根据网络调查数据，支持"维基大学"、"维基学院"的居多，但项目计划本身就否认它是"大学"。从目前网友推荐的众多译名中，我们比较青睐"维基学苑"。

菌，还有病毒这些物种，其标副题是："维基物种是自由的，因为生命是公有的"。维基物种的工作主要在于物种的分类。目前已有31万多份文章。

> Викиновости（http://ru.wikinews.org/）

"维基新闻"项目是一个完全由参与者参与撰写的新闻来源，它要求原创、中立、自由、开放、有可验证来源、切合主题、彼此写作、既有全球性又有本地化。以俄文维基新闻为例，它可以按照国家地区、日期、主题等进行新闻检索，其结果一定是来自维基新闻原创作品。

> Викисклад（http://commons.wikimedia.org/）

"维基共享资源"开放于2004年9月，是存放自由开放的图片、声音、及其他多媒体档案的地方，分为众多百科条目，上载的档案可在其他维基计划中使用，包括维基百科、维基教科书、维基新闻等。俄文版也与其他语言互通共用。

> Викитека（http://ru.wikisource.org/）

"维基原始文献"项目的目的是创建一个自由的、基于维基的知识仓库，包括每一个语言版本的完整原始文献，并且把这些文献翻译成多种语言。现主要存放各种遵循GNU自由文档协议证书的文件以及兼容这个协议的原始文件，还有公有领域、无版权或者版权已经过期的原始文献，例如古代的诗歌、文章、法律文本等等。俄文版已存有16万份多文献。

> Викиучебник（http://ru.wikibooks.org/）

"维基教科书"项目开始于2003年7月，此计划收集自由的教科书、目录或其他用户自己编辑的书，是一个国际性的内容开放的教科书协作计划，这些书在GNU自由文档协议证书下发布。其中，俄文教科书已有近1700部（份）。

> Викицитатник（http://ru.wikiquote.org/）

"维基语录"项目收录有各类谚语、名言、警句等，其俄文部分目前已有近7000条。主要类别有：电影、动画、人物、文学、作品人物、谚语俗语、专题文章等。

> Метавики（http://meta.wikimedia.org/）

"元维基"是维基媒体基金会下负责各维基媒体计划之间协调工作的一个项目。它是一个众多维基媒体的发送消息的中心。其中重要的帮助文件都首先在元维基上发布后再复制或翻译后应用到其他维基计划。其主要语言为英文，也有俄文的活动文件。

正是由于俄文维基项目的多样性，因此，俄网又推出了针对不同维基项目所登载文章内容之间关联性的信息检索工具wiki-linki（http://wiki-linki.ru/），它更像是一种搜索引擎。随着移动通信技术的发展，"移动维基"（http://www.mobwiki.ru/）也应运而生了，但在测试中。

> Мир Энциклопедий（http://www.encyclopedia.ru/index.html ★★☆）

"百科世界"网站词典目录共分9大类几十个子类，几乎囊括了百科知识的所有领域，其中有：通用分支；哲学、心理学；宗教、神学、无神论；社会科学；数学、自然科学、环境科学、生态学；应用科学、医学、技术；艺术、装饰艺术、摄影、音乐、游戏、体育；语言学、文学、文艺学；地理学、传记、历史学等。但上述百科子类的链接都来自其他网站。

➢ Онлайн Энциклопедия Кругосвет（http://www.krugosvet.ru/ ★★★）

"环球在线百科"网站是俄网最好、最权威、制作最为精良细致的百科资源之一，宣传口号是"俄罗斯的300位教授、1500位博士为我们'创建'了215000篇文章并仍在继续"。它划分了"历史和社会"、"旅游和地理"、"艺术和文化"、"科学和技术"、"健康和体育"等大的主题类别，此外还有几十个子类别，几乎涵盖了我们当今世界的方方面面。"环球百科"所收词条解释细致，权威性强，多媒体效果较好。

➢ Энциклопедии@Mail.ru（http://enc.mail.ru/encycl.html?encycl_id=res ★★）

这是俄网著名搜索引擎@Mail.ru的俄罗斯百科词典（《Российский энциклопедический словарь》(РЭС)）栏目，是Рубрикон网站的"系列百科"，与其"苏联大百科"（《Большая советская энциклопедия》(БСЭ)）以及后续的"俄罗斯大百科"（《Большая Российская энциклопедия》）一起构成了"姊妹"百科系列，因此，权威性毋庸置疑。

其他常见通用百科在线词典

名称与网址	说　明
Большая Советская энциклопедия http://bse.chemport.ru/	著名的"苏联大百科"的网络版。
Википоиск http://wikipoisk.ru/	百科知识检索引擎，借用"维基"之称。
Большая энциклопедия http://www.doco.ru/	"大百科"网站收录有10万条以上的术语、词汇和定义，可以进行简易查询。
ВебОтвет http://webotvet.ru/ ★	自称是"俄语在线电子详解词典"，实际上它更应归于百科词典。它与Daz.su比较类似，是以提问形式解答百科问题，在某种程度上更近似网络信息搜索的问答系统，提问方式多为《Что такое...?》，共划分了12个专题。内容还不够丰富。
KM.RU Универсальная энциклопедия http://mega.km.ru/bes_98/ ★★	著名门户网站 KM的"通用百科"栏目，共收录有十几个门类的百科知识词条，如科学技术、宗教、历史、艺术、文学、动植物、语言等等，权威性较高。
Энциклопедия «Вокруг света» http://www.vokrugsveta.ru/encyclopedia/ ★★	"全球百科"网站开始运行于2006年9月30日，是俄罗斯最早的参考类交互百科网络资源之一，它同"环球在线百科"一样也是非常有特色、具权威性的百科信息资源。网站收词较为丰富。
Энциклопедия Санкт-Петербурга http://www.encspb.ru/index.php ★★	"圣彼得堡百科"网是关于圣彼得堡方方面面知识的在线百科全书，共包括10个百科知识主题分类，例如有军队、建筑、艺术、文学、科学教育、社会生活、媒体、宗教、经济等等，其中有7600余个词条、7700余张图片、近50幅地图、5000余人物生平等，信息量大，知识种类齐全，不愧为"圣彼得堡百科全书"。
Daz.su http://daz.su/ ★☆	被称作"认知维基百科"，它与俄网百科资源网站的传统查询方式不同，是以提问形式解答百科问题，更近似于网络信息搜索中的问答平台，其提问方式多为《Что такое...?》。它划分了十几种专题类别，如科学、财经、体育、健康、哲学、文化、艺术、计算机、政治、法律、自然等等，内容详尽，解答细致。
Edic http://www.edic.ru/ ★★	一个综合性的百科知识网站，收录了十余个百科类词典，主要有：大百科、历史百科、民族神话百科、音乐百科、动物百科、植物百科、时尚百科、烹饪百科、硬币百科、钱币学百科等等，其中大部分百科词典链接到其他网站。
Mir-X http://search.mir-x.ru/ ★	百科图书、文章搜索引擎。

3.3.3 专业学科词典

名称与网址	说　明
Англо-русский военный словарь http://zw-observer.narod.ru/slovar.html	"英俄军事词典"是专业的英语军事词汇、缩略语、标志的俄语对应在线词典，设计简单，具有一定参考价值。
Бизнес-Словарь http://www.businessvoc.ru/ ★★	"商务词典"是俄网上为数不多的专业商务词典，共收录近1万7千个专业术语。提供了两种检索方式：一是根据商务专题检索，主要有：外贸、投资、保险、管理、广告、法律、财会等等方面；二是按字母顺序进行检索。网站整体设计也较佳。
Всемирная история http://enc.mail.ru/encycl.html?encycl_id=whist	"世界历史"网站是俄网著名搜索引擎@Mail.ru的历史百科栏目，收录有世界历史人物、重大历史事件等相关词条，收词比较丰富。
Гуманитарный энциклопедический словарь http://slovari.yandex.ru/~книги/Гуманитарный%20словарь/	"人文百科词典"网是Yandex的词典栏目的子项目，是《俄罗斯人文百科词典》（2002版）词典的在线版，收词较多，内容细致，具有较高的参考价值。
Интернетско-русский разговорник http://slovari.yandex.ru/~книги/Интернет/ ★	"互联网俄语对话手册"网站是Yandex词典百科网站的一个分栏目，收录有关于互联网俄文表述及其意义的一些常用表达形式。
Лингвистический энциклопедический словарь http://lingvisticheskiy-slovar.ru/ ★	"语言学百科词典"是雅尔采娃（В.Н. Ярцева）主编的同名词典的在线版，该词典是目前俄罗斯最为权威的语言学百科词典，在线版主要参考同名词典的第一版进行了网络化。
Литературная энциклопедия http://feb-web.ru/feb/litenc/encyclop/	"文学百科"网站是«Русская литература и фольклор»网络图书馆的文学专业词典栏目，收录有文学方面百科知识，与其"文学术语词典"栏目相辅相成。还有一个相似的"文学百科"网（ЛитПедия http://litpedia.ru/），但在易用性上和资料丰富程度方面还有较大差距。
Медицинская энциклопедия http://www.medical-enc.ru/	"医学百科"网站是收录医学术语的专业百科信息资源，设计简练，易于查询，权威性较强。
Национальная историческая энциклопедия http://interpretive.ru/ ★☆	"国家历史百科"网是专业的历史学网络百科资源，共划分了5个大类的历史词典，主要有：历史词典和百科、军事历史词典、编年词典、历史传记词典、历史宗教参考等，其下还有十几个子类别，内容详尽，参考价值大。
Национальная политическая энциклопедия http://politike.ru/ ★☆	"国家政治百科"网是专业的政治学网络百科资源，共划分了5个大类的政治类词典，主要有：政治学词典和参考、传记词典、冲突学词典、政治心理学词典、地缘政治术语及其他，有十几个子类别，内容详尽。
Психологический словарь http://dva-klinka.narod.ru/	"心理学词典"网与其说是个词典网站，倒不如说是个心理学教参网，可以按照字母或者主题对涉及心理学的相关术语进行查询，解释比较细致。
Словарь лингвистических терминов http://www.classes.ru/grammar/114.Rosental14-o/html/unnamed_61.html	Д.Э. 罗津塔利编纂的《简明语言学百科词典》的在线版，同纸质版完全相同。
Словарь литературных терминов http://feb-web.ru/feb/slt/abc/	"文学术语词典"网站收录有文学各个方面的专业术语，是«Русская литература и фольклор»网络图书馆的专业词典栏目。

	续表
Словарь литературоведческих терминов http://slovar.lib.ru/dict.htm	"文艺学术语词典"网站收录有涉及文艺（文学）领域的专业术语，设计简练、易查。
Энциклопедия вооружений http://mega.km.ru/weaponry/ ★★	"武器百科"是俄网不多见的军事装备百科网络资源，分为海军、地面部队、航空和太空、战略核武器、大型战役、杰出军事将领等类别，内容比较完备，材料详实，数据准确，权威性较强。
Энциклопедия мировой авиации http://www.cofe.ru/avia/	"世界航空百科"网站收录有涉及航空技术和飞行器的专业术语，可以按照航空器类别查询，也可按照英文字母顺序查询。
Энциклопедия «Мифы народов мира» http://enc.mail.ru/encycl.html?encycl_id=mif	"世界民族神话传说百科"是著名搜索引擎@Mail.ru的百科栏目，收集有世界各国、各民族的神话传说的相关词条，解释较为详尽。
Язык русской деревни http://www.gramota.ru/book/village/dict.html	"俄罗斯乡村语言"网站是个专业的语言学术语在线词典，收录有部分涉及中小学语文教学中出现的语言学术语。

➢ СЕРИЯ Словарей ★★

这是数个系列词典网站，它们互相导航，风格相似，网址也具有共同特征，这些词典有：

➢ Философский словарь 哲学词典（http://www.philosophydic.ru/）
➢ Мифологический словарь 神话学词典（http://www.antiqueonline.ru/）
➢ Исторический словарь 历史学词典（http://www.historydic.ru/）
➢ Юридический словарь 法学词典（http://www.legaldictionary.ru/）
➢ Политический словарь 政治学词典（http://www.politicbook.ru/）
➢ Социологический словарь 社会学词典（http://www.soclexicon.ru/）

3.3.4 专题知识词典

➢ Словарь сленга（http://slanger.ru/ ★★☆）

"俄语俚语词典"网是收录俄语俚语、粗话、黑话的另一个重要网站，主要分为计算机、互联网、黑客、游戏、CS游戏、MMORPG游戏、青年、贩毒、贼语、性、SEO等领域俚语。

➢ Словарь сокращений русского языка（http://www.sokr.ru/ ★★★☆）

"俄语缩略语词典"网站是目前俄网中最好、最全、最具权威性的缩略语网络信息资源，自己称为"世界上最大的俄语缩略语词典"，目前已发展到了5.0版。其优势主要在于以下几点：

（1）收词多。目前已收录各类缩略语128682个，它在收词数量上甚至已远远超过了大部分已正式出版的俄语缩略语词典；

（2）更新快。由于该网站采取网民参与提供新缩略语、再由管理员检查并完成录入的收词方法，因此，每日都有数量不等的缩略语更新；

（3）领域广。网站所收录的俄语缩略语基本上涵盖了自然科学、社会科学的各个领域，特别是许多非常专业的学科方向，也都有缩略语登入，甚至还有部分外语词的缩略语；

（4）检索易。网站提供了一般和扩展两种不同的检索途径，且释义清晰，尤其是对于同形缩略语的区分一目了然，有的还给出来源网址。

➢ Энциклопедия отечественного кино（http://www.russiancinema.ru/index.php ★★☆）

"国产电影百科"网收录有前苏联、俄罗斯、独联体国家的电影志，可以按照影人姓名、电影名称、机构、电影节等进行检索。网站设计精致，内容非常详实，对于了解电影文化提供了极佳的参考。

➢ Aphorism.ru（http://www.aphorism.ru/ ★★☆）

该网站以收录名言、格言、警句为主，提供了不同的检索途径：按照主题、作者、电影、动画、杂项等。其主题分类有上百种，所检索的名言可对其打分，许多来自影视剧的名言都有详细出处。此外，网站还收录谚语和俗话、祝酒词、贺词、民谣等。所收录的各种精彩表述不论对于研究还是实践运用都具有极大的参考价值。

➢ SlangDictionary.ru（http://www.slangdictionary.ru/ ★★☆）

第一个由社区网民共同维护的俄语俚语在线词典，它收录有大量鲜活的俄语俚语、俗语语汇，每个词条都有详细解释、上传时间和打分评价，具有极好的实用性和参考价值。

其他常见专题知识在线词典

名称与网址	说　明
Афоризмы http://aforism.ru/, http://www.aphorismy.ru/, http://www.aforizm.info/, http://www.all-aforizmy.ru/ ★★	关于Афоризмы（格言警句）的数个网站，内容相似，另外还有谚语、名言、引语、祝酒词等等，实用性都较好。
Афоризмы и цитаты со всего мира http://www.foxdesign.ru/aphorism/topic/ ★☆	"世界名言警句引语"网所收录内容正如网站名称，还收录有谚语等。检索方式有重点和扩展主题。
Биография.ру http://www.biografija.ru/ ★★	"生平"网收录有14余万个人物生平或传记，其中约有7000多幅图片。
Всемирный биографический энциклопедический словарь http://enc.mail.ru/encycl.html?encycl_id=biog ★	著名搜索引擎@Mail.ru的词典分栏目的"世界人物生平百科词典"，共有23万多条目，解释较为详细，权威性强。
Гениальное просто http://www.genialnee.net/ ★	强调"天才、卓越"，收录的表述以名言警句、谚语为主，但检索方式比较单一，内容还不够丰富。
ЖАРГОН.РУ http://www.jargon.ru/ ★★	"俄语俚语"网站收录有俄语中大量鲜活的俚俗语词汇，首页还有详细的分类，涉及社会、职业、科学、民族语言等4大类别和几十个子类别，是了解俄语俚语的绝佳"窗口"。

续表

Живой словарь Великого сетевого языка http://www.glagol.net/ ★☆	"大网络语言词典"收录有最新的俄文网络用语，收词总量并不多，但大多是当今最积极的网络用语。
Мудрость тысячелетий http://www.wisdoms.ru/ ★☆	借以"人类数千年的智慧"来概括其精髓，主要收录名言警句、引语以及思想、智慧的火花等，共收录近4万条。
Прибаутка http://pribautka.ru/proverb/a.html	"格言"（俏皮话）网收录有大量的谚语、俗语，按字母顺序排列。
Речевой этикет. Русско-английские соответствия http://dasign.chat.ru/etiket/ ★	"言语礼节：俄英对译"网并不能算一个"纯正"的网络词典网站，它按照礼节内容（如打招呼、结识、请求、告别、道歉、祝贺等等）列出了俄英对应的表述，在语言教学上具有较好的参考价值。
Русский биографический словарь http://www.rulex.ru/ ★★	"俄罗斯传记词典"网收录了俄罗斯各个历史时期名人的生平、传记词条，它提供了快速按字母检索的导航功能，还按照科学、艺术、社会活动、女性、俄罗斯等领域进行了分类。网站收词丰富，内容详实，权威性高，具有较高参考价值。
Русский мат. Толковый словарь http://www.ets.ru/livelang/rus.htm ★☆	"俄语詈语详解词典"网收录有俄语中各种粗俗骂人话的相关表达及其释义，在俄网工具网站资源中非常少见，对于了解俄语的词层、修辞特点和社会属性具有较好的参考价值。
Цитатник Quotat.info http://www.quotat.info/ ★★	非严格意义上的"词典"网站，但所收录内容与词典功能相似，主要涉及各种引语、智言和谚语等，例如有智慧名言、各民族谚语和警句、名人名言等。内容比较丰富。
Цитаты и афоризмы http://www.zitata.eu/index.shtml ★★	"引语和名言警句"网所收录的词条是那些充满了人生哲理的引语、名言，主要是按照世界各国名人姓名进行检索，也包括像孔子这样的圣人。网站设计精美，释义内容详实。
Aphorisme.ru http://www.aphorisme.ru/ ★☆	主要收录各类名言、警句、引语等。所提供的检索途径主要有：按作者、主题、人名索引等。网民可以自己补充新鲜表述，并且还可以根据网站设定好的类别对这些表述进行评分。主题分类也有上百种。

3.3.5 综合在线词典

➤ **Библиотека РГИУ Словари и справочники**（http://sbiblio/biblio/dict.aspx ★★☆）

"俄罗斯人文网络大学"电子图书馆的词典、参考栏目，共收录有41个网上词典类工具，网站没有对所收录词典分类。这些词典、百科基本上可分为以下几类：（1）俄语词典类，如各种详解词典、同义词词典、人名词典；（2）专业类词典，如法学、政治学、文化学、信息学、医学、心理学、宗教学、逻辑学、社会学、哲学、民族学、管理学、经济学词典等；（3）专题知识类，如传记、互联网俚语、商务术语、20世纪文化、俄罗斯艺术、后现代主义、教会术语、消费者词典等；（4）通用百科类。

➤ **Визуальный словарик**（http://comp.vslovar.org.ru/ ★★☆）

"可视化词典"网是俄网绝无仅有的以可视化图形和文字对收录词条进行释义和标示的网站，其最主要特点就是显示出一个树形、网状结构图，某一词条和其他词之间的脉络关系一目了然。它划分了8类主题，分别是：百科全书、计算机、金融、心理学、法律、哲学、文化和医学。但由于需打开图形界面，往往页面打开速度较慢。

> Краткие словарики（http://slovo.yaxy.ru/ ★★★☆）

"简明词典"网共收录词典近70部，涵盖通用、社科、人文、科技等诸多领域，其中大部分词典为原同名纸质词典的简明版，有些词典为纸质原版词典的网络版，可以在线使用并查阅。但网站同时又提供了64部词典的电子版供免费下载，格式主要为pdf、djvu、doc、chm、swf、txt、flach、exe等，但下载为压缩包的都需解压密码，网站提供。

> Мегаэнциклопедия Кирилла и Мефодия（http://www.megabook.ru/ ★★★）

大型门户网站Кирилл и Мефодий的"超大"（Мега）百科栏目，是俄网所有词典、百科工具网站中设计最为精美的网站。其主要特点是：涵盖面广、信息量大、多媒体化高、内容权威性强。网站设计了两个导航栏，其一是主题导航栏，主要分为：地理学、植物志和动物志、历史、艺术、科学、技术、社会和宗教；其二是用途导航栏，主要分为百科类和词典类，其中，百科类主要有旅游、计算机和互联网、健康、流行音乐、电影和通用型，而词典类主要收录有俄语详解词典、俄外词典以及部分名言警句词典等。

> Мир словарей（http://mirslovarei.com/ ★★★）

"词典世界"网是俄网收录在线词典、百科工具最多、最全的网站之一，其特点是种类多、覆盖面广、信息量大，共收录70个工具词典。它将所有在线工具分为17个大类，主要有：商务、经济和法律；生物学和化学；地理学；地质学；历史学和词源学；烹饪法；文学和艺术；数学和物理；医学；宗教和神话学；建筑；技术；哲学和社会学；俄语；缩略语；百科全书等。

> Рубрикон（http://www.rubricon.com/ ★★★）

RUBRICON是俄网最大、最具权威性的百科工具网站，它收录了几十种在线词典工具，并提供了多种检索途径。首先，我们可以按照词典工具类别使用某种词典，共有14个类别，它们主要是：通用百科全书、俄语详解词典、医学和健康、技术、历史、传记、国家民族宗教、文学和艺术、经济、俄罗斯等等。其次，我们可以按照主题栏目进行检索，这些主题主要有：自然、人类、社会、国家民族、历史、经济、科技、教育、文化、宗教、信息等。最后，网站还给出了最常用主题组别，例如有健康、体育、军事、音乐、绘画等。未注册用户可以免费进行简易查询，注册用户可以进行扩展查询。

> Словари и энциклопедии на Академике（http://dic.academic.ru/ ★★★）

"院士网词典和百科全书"是俄网收录网上工具最多的网站，共提供了近百个词典、百科工具链接。它划分了16个组别，主要有：医学、生物学、哲学和社会学、宗教、音乐、烹饪、自然科学、百科全书、俄语、文学和艺术、技术、地理、经济和法律、历史等等，同时它还给出部分俄外、外外在线词典的链接，主要涉及的语言有：英、德、法、意、拉丁语和汉语。所提供的词典链接均可行。

> Словопедия（http://www.slovopedia.com/ ★★☆）

Slovopedia是俄网最好的综合百科工具网站之一，设计精美。它共收录有：所有主流的俄语详解词典以及大百科全书、（美国）Collier百科全书俄文版、词源词典、教会术语词典、最新哲学词典、财会大词典、圣经词典、缩略语词典、人名词典、俚语词典、建筑词典等。所有词典均可免费使用。

> Яндекс. Словари（http://slovari.yandex.ru/?54 ★★☆）

这是著名搜索引擎Yandex的词典工具栏，是俄网最大的词典百科工具网站之一，共收录词典、百科121个。它把在线词典工具分为3大类，主要有：（1）百科全书类，主题分为通用类、自然科学、国家和法律、财经、文化艺术、传记和国情、医学和健康、计算机互联网、历史和政治、哲学和文化学、社会科学、印刷出版、宗教、心理学、军事、体育等；（2）俄语词典类，例如详解词典、正字法词典、同义反义词词典、成语词典、词源词典、专有名词词典；（3）外文词典类，主要涉及英、德、法、意、西、乌、拉丁、哈萨克语等。

> Онлайн словари и энциклопедии（http://www.onlinedics.ru/ ★★）

"在线词典、百科库"网将在线工具分为6类，每类都收录有数种在线工具词典，它们主要是：（1）应用词典类：金融词典、财会大词典、医学词典、航海词典、社会学词典、性学词典、天文学词典；（2）详解类词典：通用百科词典、叶弗列莫娃词典、乌沙阔夫词典、奥热戈夫词典、达里词典、（美国）Collier百科全书俄文版、Ф.А.勃罗克加乌兹（Брокгауз）和Е.А.叶弗隆（Ефрон）百科全书；（3）俚俗类词典：毒品俚语词典、贼语词典、青年俚语词典、计算机俚语词典；（4）技术类词典：建筑词典、牛仔装词典、园景设计词典、汽车词典、烹饪词典；（5）参考类词典：传记词典、同义修饰语词典、疗养词典、俄语技术缩略语词典、词源词典、外来词典、地理名称词典、象征词典、同义词词典、钱币词典、姓名词典、计量词典、民族志词典；（6）人文类词典：历史词典、宗教词典、神话学词典、圣经词典、艺术词典、哲学词典、逻辑词典、心理学词典。上述工具均可免费使用。

其他常见综合在线词典资源

名称与网址	说 明
Библиотекарь.Ру. Словари http://www.bibliotekar.ru/slovari.htm ★☆	网络图书馆《Библиотекарь》的词典栏目，除收录有一般网络工具网站普遍收录的部分词典、百科外，如俄语详解词典、医学百科、音乐百科、艺术百科等外，还有一些比较"另类"的词典、百科，如世界奇迹之谜百科、石头矿物百科、绘画术语词典、武器参考词典、儿童军事百科、预言百科等等，具有一定参考价值。
Всеслова http://www.vseslova.ru/ ★	网站将在线工具分为俄语详解词典（共收录7种）和5种专业词典，如法律、医学、哲学、心理学、财经词典。这些工具资源均可免费使用。
Значение и толкование слов в online словарях http://slovari.funplanet.ru/ ★☆	收录在线词典21部，其中主要有俄语详解词典、姓名词典、计算机俚语词典、同义词词典和部分专业学科类词典，如建筑词典、医学词典、航海词典、心理学词典、宗教词典、性学词典、逻辑词典、象征词典、经济学词典等。
Пятёрка Словари http://5-ka.ru/index.html ★☆	"五分"网的在线词典栏目分词典和百科全书两个类别收录有许多在线工具，其中有：（1）词典类：经济词典、哲学词典、社会学术语词典、法律大词典、印刷出版术语词典、地质学词典、医学术语词典和心理学词典；（2）百科全书类：法学家百科词典、东西方搏击流派百科词典、世界历史战役百科、20世纪文化学百科词典、心理分析术语与概念百科、心理疗法百科。上述所有在线工具均可免费使用。

续表

Словари 5баллов http://5ballov.qip.ru/dictionary.php ★	著名门户网站QIP.RU的词典栏目，共收录有在线版的详解词典、百科全书、专业词典共15部。
Словари онлайн http://slovari-online.ru/	"在线词典"网收录有十几种词典和百科全书，没有分类，比较简单。
Словари русского языка. Яндекс. http://slovari.yandex.ru/~книги/Словари%20русского%20языка/ ★☆	Yandex所收录的俄语词典，主要包括：乌沙阔夫、达里详解词典以及同义近义词词典、形态正字法词典、正字法词典、重音词典、反义词词典、学校词源词典、姓名词典等。
Толковые словари http://www.edudic.ru / ★★	尽管名为"详解词典"，但收录的种类不限于此，还包括了百科和专业词典几十部，并不断更新。它把网上工具划分了几种类型：详解类、经济类、历史类、医学类、宗教类、专业类和俚俗类词典。每种收录词典后都标明了收词数，使用非常方便。
ФЭБ: Словари, энциклопедии http://feb-web.ru/feb/feb/dict.htm ★★	著名的电子图书馆"俄罗斯文学与民间创作"的词典、百科栏目，收录有一些其他网上工具网站所没有收录的词典工具，例如有笔名词典、诗歌词典、18世纪俄语词典、文学百科、文艺学术语词典、莱蒙托夫百科词典、"伊戈尔远征记"百科词典、格里鲍耶多夫百科词典等。
Электронные толковые словари http://slovar.prometey.org/dictionary ★☆	"电子详解词典"网所收录并不限于俄语详解词典。除了主要的详解词典（如达里、叶弗列莫娃、奥热戈夫等）外，还有大量百科类、专题或专业学科类词典，例如：逻辑词典、财会词典、商务词典、民族学词典、姓名词典、金融词典、俚俗词典、计算机俚语词典、医学词典、计量词典、心理学词典、海洋词典、农业大百科、宗教词典、教会百科词典、心理学词典、性学词典等。上述工具均可免费使用。
All-in-One http://www.sci.aha.ru/ALL/index.htm ★	百科参考型网站，直接以印刷图片方式显示许多词条，回答了物质、自然、人、历史、科技、文化的许多基础知识。
Cyclopedia http://www.cyclopedia.ru/ ★	以收录百科类在线工具为主，分为通用百科、人文百科、自然科学百科和技术百科，其中人文百科又有历史、文化、语言、社会、心理、宗教、哲学、政治等多种百科工具。
Deport.ru Словари http://lib.deport.ru/ ★	电子图书馆Deport.ru的词典栏目，共收录有25个词典、百科工具，但没有分类，主要有：数部俄语详解词典、俚语词典、逻辑词典、计量词典、建筑词典、几部俚语词典、医学词典、心理学词典、宗教词典以及通用百科等等。
LIBFOR.RU http://libfor.ru/razdelselect_29_1_2.html ★★	电子图书馆LIBFOR.RU网站提供了许多词典、百科的下载链接地址，用户可以直接免费下载到本地机使用，其下载格式主要有rar-txt, doc, chm等。

第四节 在线翻译

在线翻译从本质上也是一种网上工具，我们在前文也多次提到网上工具的外语词典资源问题。但由于其功能的专一性和特殊性，我们把"在线翻译"资源单独列出，以利读者更好了解和掌握。本书推选网站的最主要依据是翻译平台必须涉及俄外翻译。

➢ Bing Translator（http://www.microsofttranslator.com/ ★★☆）

"必应在线翻译"是微软公司倾力打造的在线多语言翻译平台，可以提供35种语言（包括英语、俄语、汉语等世界主要语言）的在线翻译服务。该平台可以自动检测源语言，也可以手动选择，目标语言可由用户自由选择。用户可以在翻译输入框中输入单词、文本或网页url进行翻译。必应在线翻译的翻译质量属中上乘。

➢ Dictionary.com Translator（http://translate.reference.com/ ★★★）

Dictionary.com Translator在线翻译平台是世界上最著名、最繁忙的翻译平台之一，这从一些数字可见一斑：每月有5千万用户访问，每月它的手机客户端被用户下载2500万次，每年有36亿词次被翻译检索，等等。它可以实现英语、西班牙语、法语、德语、汉语、俄语、葡萄牙语、意大利语等50余种语言的在线翻译，而且是任意两种语言的互译。当然，从机器翻译的原理来说，大部分语言的互译都是通过外英翻译语料库的数据得以实现的。因此，这些语言与英语的互译效果要更好一些，而这些语言（除英语外）之间的互译效果则相对差一些。

➢ Google Translate（http://translate.google.com/# ★★★★☆）

谷歌翻译是免费的在线翻译服务，可即时翻译文本和网页，提供57种语言之间的即时翻译。它可以提供所支持的任意两种语言之间的字词、句子和网页翻译。Google已通过跨语信息检索（Cross Language Information Retrieval，简称CLIR）计划，提供几种语言的搜索页面翻译。例如，在俄罗斯用Google搜索美国总统Obama的最新讲话，英文结果页的底部会有一个俄文的选项，点入该链接，英文网页即可翻译成俄文。Google在数十种语言的交叉翻译上，已有不错的进展。其CEO Eric Schmidt曾说："我们最后将达成100种语言的交叉翻译，把一组语言转换成另一组。光是那个部分，就能对一个开放社会产生惊人的冲击。"

Google翻译生成译文时，会在数百万篇文档中查找各种模式，以便为用户决定最佳翻译。Google翻译通过在经过人工翻译的文档中检测各种模式，进行合理的猜测，然后得出适当的翻译。这种在大量文章中查找各种模式的过程称为"统计机器翻译"。译文都是由机器生成的，因此并不是所有的翻译都是完美的。Google翻译针对某种特定语言分析的翻译文档越多，译文的质量就越高。这就是为什么翻译的准确性有时会因语言的不同而有所差异。如果用户发现"Google翻译"某个译文的质量有待提高时，可以点击结果页面上的"更好的翻译建议"链接，提供更好的翻译建议。用户还可以通过以下两种方式提高翻译质量：使用译者工具包进行翻译，或将用户的翻译记忆库上传至译者工具包。[①]Google翻译可以直接进行俄汉-汉俄在线翻译，但正如前面所说，它的翻译质量不如俄英-英俄的翻译质量，实际上，俄语-汉语之间的翻译很多是通过英语来"隐性"进行的。尽管如此，Google的俄汉-汉俄翻译质量（不管是单词还是文本）已是目前所有在线翻译器中最好的了。

---

① 上述部分信息参考自Google翻译的帮助文件和百度百科。

➤ Lingoes Translator（http://www.lingoes.cn/index.html ★★★）

"灵格斯"是中国开发的基于互联网时代的完全免费的翻译工具，它通过在网络用户中的不错口碑，其用户数量急剧攀升。它通过安装桌面客户端来运行。灵格斯是一个强大的词典查询和翻译工具。它能很好地在阅读和书写方面帮助用户，提供了最直观的使用方法，帮助你快速查询包括英语、法语、德语、西班牙语、意大利语、俄语、中文、日语、韩语、阿拉伯在内的80多种语言的翻译结果。主要创新点在于：超过80种语言互查互译；超过22种语言实现全文翻译；屏幕取词，即指即译；单词及文本朗读；开放式词库管理；免费下载海量词库；可以联机网络词典、维基百科、互动百科等。其俄语词典库就有45种之多。总体说，灵格斯无论在翻译功能设计上，还是在理念、技术上都已超过了许多国外同类产品。

➤ Online-переводчик PROMT（http://www.online-translator.com/）（俄文网页http://www.translate.ru/Default.aspx）（文本翻译地址http://www.translate.ru/）★★★

PROMT是俄罗斯目前最好的机器翻译在线平台，公司成立于1991年，目前平台已发展到PROMT 9.0版。PROMT能在业界取得领先地位，得益于它的"翻译记忆"技术。目前，它可以实现英、西、意、德、葡、法语与俄语的双向互译功能。它能够实现单词、文本、网站的在线翻译。PROMT的整体翻译质量，特别是它的文本翻译效果属上乘。此外，我们还可以免费下载桌面翻译客户端，并对翻译结果进行手动调整，对于注册用户，平台会记住每人的个性翻译风格和用户词汇。

➤ Онлайн-словарь ABBYY Lingvo（http://lingvo.abbyyonline.com/ru/ ★★★）

ABBYY是俄罗斯最负盛名的字识别、处理公司，其著名产品FineReader是世界最好的光学字符识别软件，同样，它的Lingvo电子词典在俄市场占有率一直保持第一。ABBYY将它的Lingvo产品抽取部分功能进行网络化，推出了在线版。Lingvo在线目前可以实现英、中、西、意、拉丁、德、俄、乌、法、波、挪、葡、土、希等语言单词的互译。

➤ WorldLingo（http://www.worldlingo.com/）（中文网址http://www.worldlingo.com/zh/products_services/worldlingo_translator.html）★★★☆

WorldLingo是世界最著名的语言翻译平台之一，其影响力并不亚于Google翻译，甚至在某种程度上、在某些方面要超过后者。它为非注册用户提供免费的在线翻译服务，其翻译语言多达几十种，这些语言之间都可以互译。它提供的翻译产品主要有：文本翻译器（переводчик текста）、文档翻译器（переводчик документов）、网站翻译器（переводчик веб-сайтов）、电子邮件翻译器（переводчик Email）。通过注册和付费，它可以为用户提供多达141种语言的翻译服务，特别是某些宗教语言文字的翻译。WorldLingo的俄语-外语（包括汉语）翻译质量上乘，值得推荐。

其他常见在线翻译平台（涉及俄语）

名称与网址	说　明
北极光俄语词霸 http://www.bjguang.com/ ★★	中国开发的专门针对俄汉-汉俄语翻译的在线平台，其应用时间并不长。优点在于词库不断更新，特别是许多生活、工作中鲜活词汇的充实为人们的应用带来很大方便。它的屏幕软键盘设计符合国人使用的实际。
Cidian.ru http://cidian.ru/ ★☆	俄汉、汉俄在线翻译词典，所收词汇大多是标准语用法，另外，词汇量还有待增加。该在线词典支持用户添加词汇。
MrTranslate.ru http://mrtranslate.ru/ ★☆	"世界翻译器"是俄罗斯本土出品的功能强大多语言在线翻译平台，号称"世界"翻译平台，翻译语言（或文字）共30种，通过主页上的语言选项可以选择将这些语言翻译到英、阿、荷、希、西、意、中文繁体、韩、德、葡、俄、法、瑞典、日语等语言。但是，其中部分语言（特别是非西方语言）网站只是链接到WordLingo上进行翻译。
Translation online http://translation.imtranslator.net/translate/default.asp ★☆	这是Smartlinkcorp公司出品的在线多语言翻译平台，它提供了几十种语言（其中包括俄、汉语）的语言互译服务，翻译质量中等。
Translit http://www.translit.ru/ ★★	不能算是一个"纯正"的在线翻译网站，它提供将部分语言按照俄语、英语、希伯来语、亚美尼亚语、乌克兰语、白俄罗斯语、希腊语、格鲁吉亚语进行拉丁字母或者其他几种编码格式转写。
Yahoo! Babel Fish（http://babelfish.yahoo.com/）（中文网页http://fanyi.cn.yahoo.com/ translate_txt ★☆）	"雅虎宝贝鱼"是雅虎的在线翻译平台，提供十几种语言的互译服务。与俄语有关的主要是英俄互译，可以翻译单词、文本、网页等。从翻译质量来说，雅虎的翻译效果算是中等。
Многоязычный словарь http://abc.times.lv/	来自拉脱维亚的在线词典翻译器，可实现俄、、英、德、法、白俄、拉脱维亚、爱沙尼亚、立陶宛等语言的互译，尤其是波罗的海沿岸国家语言的在线翻译网上极为罕见。
Онлайн Англо-русский словарь http://www.transneed.com/free_software.html	可以提供俄语与英语、德语、法语之间的互译服务。
Переводчики online http://spravki.net/go/translators/	电子图书馆Справки.net的在线翻译器链接页面，它提供了20多个在线翻译器的链接地址。
Переводчики online на o-db.ru http://o-db.ru/ru/translate	o-db在线词典工具的翻译平台，提供对近20种语言（其中包括俄语、汉语等世界主要语言）的文本互译服务。

大众媒体资源

　　大众传媒（СМИ – Средства Массвой Информации）简单地说就是传递新闻信息的载体，是报纸、通讯社、广播、电视、新闻纪录影片和新闻性期刊的总称。西方称为新闻媒介（News media）或大众传播媒介（Mass media）。互联网被称为继报纸、广播、电视三大传统媒体之后的"第四媒体"，专指以数字化、网络化、多媒体技术为核心的国际互联网络媒体，是利用互联网来实现传统媒体传播信息、知识、提供娱乐等功能的文化载体。基于互联网的网络媒体集三大传统媒体的诸多优势为一体，是跨媒体的数字化媒体。网络媒体新闻传播除具有三大传统媒体新闻传播的"共性"特点之外，还具有鲜明的"个性"特点，主要有：即时性、海量性、全球性、互动性、多媒体性和新媒体特性。俄罗斯网络媒体基本有四类：

　　（1）专业网络传媒。该类网站没有对应的印刷纸质媒体，新闻定期更新，版面设置相对固定，报道由网站编辑部专职通讯员撰写，其中部分传媒经过正式媒体注册。代表媒体为"连塔网"和"报纸网"等。

　　（2）传统媒体网络版。此类网站系传统媒体的在线形式，报道内容与传统介质并不完全相同或等量，相对独立。如"共青团真理报"等。

　　（3）社区媒体。消息报道由网站用户发布，可独立撰写（如habrahabr.ru），也可转自其他渠道（如newsland.ru）。用户对报道的评价决定报道在页面中的位置。

　　（4）聚合新闻：即RSS新闻。RSS是一种简单的信息发布和传递方式，来自于新闻自动收集、自动系统化及自动传输技术。通过RSS阅读器，用户可以从媒体网站提供的聚合新闻目录中订阅感兴趣的新闻栏目内容，以获得所订阅新闻频道的最新内容。现在大部分俄罗斯主要媒体都具备了聚合新闻订阅功能。

　　此外，对于手机用户，WAP新闻也是一种新时尚。"WAP新闻"基于WAP（无线传输协议）技术，向移动终端提供互联网内容。它将互联网和移动电话技术相结合，使用户随时随地访问政府互联网网络资源，即手机上网。

　　在俄罗斯，网络传媒（Интернет-СМИ）被归于大众传媒（СМИ）的一种。俄罗斯网络传媒诞生在"8.19事件"的特殊历史时期，在传统媒体纷纷受到控制的情况下，互联网这一新兴传播媒介成为社会了解势态进展的几乎唯一渠道，俄罗斯网络传媒第一次作为数字传播手段宣布了自己的存在。但此时的网络传媒还处于萌芽状态，并没有称为俄罗斯真正的大众传播新媒体。1993年之后，在金融家乔治·索罗斯和其他爱国侨民的推动下，俄罗斯互联网络事业走上了快车道，传统媒体纷纷建立了自己的网络版形式，这其中包括众所周知的塔斯社（ТАСС）、俄新社（РИА）、《论据与事实报》（газета «Аргументы и факты»）、"莫斯科回声"电台（радиостанция «Эхо Москвы»）、独立电视台（НТВ）、公共电视台（ОРТ）等。由于统计方法差异，关于俄罗斯网络传媒的数量，各统计机构给出的数据略有出入：截至2008年10月，Liveinternet统计为4392家，Rambler统计为2879家，RUМетрики统计为3200家。从各媒体引用率看，权威媒体为：《消息报》（газета «Ведомости»）、《报纸报》（«Газета.ru»）、国际文传电讯（«Интерфакс»）、《生意人报》（«Коммерсант»）、俄新社、"莫斯科回声"电台、BBC驻俄罗斯记者站（BBCRussian）、"连塔网"（Lenta.ru）等。①

本章所要介绍和探讨的是大众传媒的俄文网络资源情况。我们把大众传媒的网络资源分为以下几个部分：专业网络资讯媒体；纸质资讯媒体网络版；电视广播网络媒体；通讯社和媒体集团等。

第一节　专业网络资讯媒体

目前，俄罗斯的专业网络新闻媒体已成为整个网络媒体的主力军。它们种类繁多、功能多样，或偏重综合，或侧重政论，或注重报道，为国内外网民了解俄语世界的新闻时事提供了极大的便利，为读者打开了通向无限网络空间的信息"窗口"。

➤ Лента.ру（Lenta.ru，网址：http://www.lenta.ru/ ★★★）

"连塔"②网是俄网最重要、最权威的网络新闻媒体之一，它在俄语网络世界享有极高知名度。Lenta.ru成立于1999年9月，是俄网最早的网络媒体之一，创办人是安东·诺西克（Антон Носик）。

其实在此之前，他就创办了另一个网络新闻媒体Газета.ру（报纸网）。他发现，网络新闻媒体需满足人们的两类阅读需求：一是即时新闻报道的"快餐式"阅读，一是深入、细致的分析"慢读"。因此，他单独创立了"连塔网"。目前，"连塔网"是"漫游者传媒集团"（Rambler Media Group）旗下出品。它4次荣获РОТОР③竞赛第一名和1次"年度新闻网站"奖。

"连塔网"以即时新闻报道见长，它不同栏目的新闻报道按分钟或小时或天数滚动。我们不同时间打开"连塔"，看到的是不断发生变化的页面。当然，它的时事评论也很有特色。它的新闻栏目分为5大版块（但网站本身并没有给这些版块具体的称呼），其中，第一版块主要包括：俄罗斯新闻、政治新闻、前苏联新闻、世界新闻、美国、德国新闻；第二版块主要包括：经济、财政、商业、广告业、房产、汽车等；第三版块主要有：犯罪、大众传媒、О высоком、电影、音乐、体育等；第四版块主要是：进步、互联网、技术、游戏、武器、医疗、生活等；第五版块主要有：闲话灌水、连塔百科、采访、评论、

---

① 上述内容参考自刘戈《俄罗斯信息社会的构建：理想与现实》（黑龙江人民出版社 2012）。
② 国内部分媒体将Лента.ру翻译为"纽带网"，我们认为这种译法完全没有弄懂此处лента一词的本义，它来自词组лента новостей，因此，为了不造成译文的歧义，我们选择了音译法，这一译法也正在被越来越多的人所接受。
③ РОТОР – Российский Онлайн Тор最佳俄罗斯在线。

图库、RSS等。

> ПОЛИТ.РУ（http://www.polit.ru/ ★★★）

"政治"网是俄网最有影响的网络新闻媒体之一，其影响力仅次于"连塔"，但它与后者相比也是各有所长。它也是俄网最早的网络媒体平台之一，成立于1998年2月，早前属于Zhurnal.ru传媒集团，之后独立出来。除了"要闻"栏目外，它设立了7个版块，分别是：国内、世界、经济、科学、文化、体育和讨论。此外，还有一些平行栏目，如新闻事件、观点和分析、研究、文献等。ПОЛИТ.РУ以时事评论和综述见长。

> ГАЗЕТА.RU（http://www.gazeta.ru/ ★★☆）

"报纸"网的历史可以追到1999年，那时就已成立了"报纸"网络出版公司，即今日"报纸"网的前身，并与之后的Вести.ru，Лента.ru有一定的渊源关系。之后其股权关系几经易手，现СУП公司拥有全部股权。

"报纸"网是俄网最具权威性的网络新闻报道平台之一，其点击率、引用率等都居于俄网同类媒体的前列。它的主要栏目有：要闻、政治、商务、社会、文化、科学、体育等。它以即时新闻报道及其述评见长，其新闻更新非常快，其中政治、社会、体育报道尤具特色。

> Дни.ру（http://www.dni.ru/ ★★☆）

"时日"网是俄罗斯较有影响的"网络报纸"（интернет-газета），它由"新媒体之星"公司创办于2000年12月，该公司的其他成功网络出品还有："观点"网、Russia.ru电视频道、网络游戏"巡逻"等。2008年5月该网络媒体开始了向全新网络媒体转型，以提供高品质新媒体服务为己任，主要是新媒体、报纸综合、网络视频和广播，特别是高清网络电视，如今已发展到5.0版本，根据Rambler's Top100的统计数据，网站获得"大众媒体与期刊"类的第一个五星奖。网站设计风格与Взгляд.ru，Russia.ru网类似，设计精美，也是包括政治、经济、社会、技术、事故、体育、文化、汽车、商务、视频、图片等栏目。其风格以即时报道和媒体综述见长。

> Заголовки（http://www.zagolovki.ru/ ★★☆）

"新闻标题"网开办于2007年，它每日对俄国内主流纸质新闻媒体的重要新闻进行摘录链接，通过这些链接我们可以访问这些主流新闻媒体的网络版。在其主页上，每日遴选4个最重要新闻标题链接和当日要闻链接。目前网站链接的媒体总数为38个，几乎囊括了俄罗斯国内所有最重要的纸质媒体。网站的主要栏目有政治、社会、经济、商业、国外、杂项以及社论、专题等。

> ИноСМИ（http://www.inosmi.ru/ ★★☆）

"国外媒体参考"网致力于向俄网读者转载各国外媒体的新闻报道，因此，它承担了新闻语言由外语翻译成俄语的任务，在某种程度上比较类似于我国的著名报纸《参考

消息》，不过它是网络版的。该网站注册于2001年，与俄新社新闻（РИА Новости）有着紧密联系。它的主要栏目有：世界、独联体和波罗的海国家、俄罗斯、多媒体、今日、论坛、体育等。稿件来源于世界各重要报纸、网络新闻媒体，特别是英语媒体，还链接有大量俄网媒体的新闻报道。其多媒体栏目（http://www.inosmi.ru/multimedia/）可以在线播放部分新闻视频，这些新闻视频均配有文字，可以用流媒体下载工具（如迅雷等）直接探测下载。

➢ KM.RU Новости（http://www.km.ru/news/ ★★☆）

这是俄网最重要的门户网站之一—Кирилл и Мефодий的新闻频道。该频道一如既往保持了KM的传统特点：精致、大气、权威。它的导航栏共分要闻和其他子栏目，主要有以下报道领域或主题：国内、前苏联、乌克兰、世界、事故、商业

和金融、不动产、汽车、技术、体育、旅游、电影/音乐、健康、轶闻等。"KM资讯"在综合报道、时事评述以及即时报道方面都做得很有特色。

➢ Рейтинг последних новостей（http://www.topnews.ru/ ★★☆）

"新闻排行"网称自己为"第一个基于俄网用户阅读意愿进行新闻排行的网络媒体"，它根据自己的相关统计机制，对俄网网民最关心的新闻时事进行统计排行，并按照新闻、图片、视频、媒体、名人妙语、奇闻异事等专题对当下新闻报道进行排序，这种报道形式直接反映了俄网用户的热点兴趣和阅读习惯，具有一定参考价值。

➢ СМИ（http://www.smi.ru/ ★★★）

"大众传媒"网创办于1999年，它致力于对俄网网络媒体（包括纯网络版和纸质媒体网络版）的相关报道进行分类收录、独立报道和分析评述，目前它已成长为俄网同类媒体中最具权威性的网络媒体之一，其点击率、转引率都居于同类媒体的前列。专栏有：标题新闻、新闻周围、媒体内部、娱乐报道、今日俄罗斯、СМИ.ru新闻中心等。在主页的专栏导航栏下面还按照纸质媒体网络版、"纯"网络媒体、网络通讯社、电子传媒等列出了几十种网络媒体的链接。该网的报道特色还在于，对于某一事件除"主"报道文外，还会给出俄网重要媒体的相关辅助报道链接。

➢ YTPO.RU（http://www.utro.ru/ ★★☆）

"晨报"网是由"媒体世界"公司于2006年创办。主页主要有9个栏目：要闻、政治、经济、事故、生活、文化、体育、科学、在线等。虽然该网站进行新闻报道服务的时间并不长，但它已成长为俄网

极其活跃、点击率和转引率高的新闻权威性网站。其报道以即时性见长，某些栏目的时事综述也较有特色。其中，大部分报道都为网站原创，小部分为转引自其他网站或报纸，部分新闻附有视频。网站还在醒目位置列出热点新闻排行榜。

➢ Частный Корреспондент（http://www.chaskor.ru/ ★★☆）

"私人记者"网是美国Creative Commons创办的唯一俄文网络媒体平台，它于2008年

注册,并成为为数不多的加入"欧洲自由媒体宪章"的俄网新闻媒体。日访问量有3万5千余人,月访问量突破1百万。该网的主要栏目有:社会、经济、世界新闻、文化、媒体、科技、健康、图书等,它以综合性报道见长,特别是社会、文化、媒体、图书等栏目非常具有特色,此外,主页上还有日、周和月热点新闻排行榜。整体版面设计在俄网同类媒体中属优秀。

➢ Infox.ru(http://www.infox.ru/ ★★☆)

Infox为自己的定位是"新新闻",网站设计精美,新闻报道栏目主要有:政府、商务、科学、体育、紧急情况等,最有特色的是视频博客栏目。网站还提供了网络视频服务,主要是新闻视频,同时网站还专门列出了合作伙伴的新闻链接,例如有俄新社新闻、国外媒体参考、观点网、莫斯科回声等。

➢ NEWSru.com(http://www.newsru.com/ ★★☆)

"NEWS ru"的前身是NTVRU.com,起初是HTB电视公司的官方网站。在古辛斯基(В. Гусинский)事件之后,又历经波折,最后2002年网站更名为现名,而ntv.ru的域名根据协议转让给了新的"独立电视台",目前NEWSru.com仍属于古辛斯基所有。由于古氏与俄政府的关系,网站的新闻报道不可避免地会带有这种矛盾的印记。它的新闻栏目主要有:俄罗斯国内、世界、经济、宗教、犯罪、体育、文化、莫斯科、房产、技术、汽车、医疗等。其新闻报道以时事综述和评论见长。

➢ READ.ME(http://readme.ru/ ★★☆)

这是一个俄网绝无仅有的新闻交换平台,网民通过注册获取一个Информер个人博客空间,在这样一个空间内可以像书签式列出自己阅读的新闻文章的目录,其中包含着文章的原始链接,既有图片,也有文字。每当用户点击Readme.ru的新闻链接时,就和发布这个新闻链接的用户进行了新闻交换。对于非注册用户来说,我们只需登录Readme.ru主页,即可阅读这些交换新闻。这些新闻大致分为以下主题:政治、社会、事故、折扣、经贸、房产、教育、科技、旅行、名人、体育、车族、美容健康、时尚、幽默、音乐、游戏等等。

➢ Rossia.su(http://www.rossia.su/ ★★☆)

网站的口号是"俄罗斯从这里开始",Rossia.su是个综合性的新闻资讯网,主要的资讯版块有:政治、经济、国外、教育、科技、医疗、生态、历史、文化、海报、军队、汽车、体育、事故、犯罪、名人、商务、生活、法律等。所有新闻均来自不同的网络或报纸媒体,附有详细出处,并在主页列出了热门词汇,可以直接点击查询。网站整体设计精致,可参考性较强。

➢ RUSSIA.RU(http://www.russia.ru/ ★★☆)

"RUSSIA.RU"网是由"新媒体之星"公司于2007年创办。其主页分为3个版块,其中居中版块是即时新闻报道,分为政治、经济、体育、社会、技术、事故、文化、商务、不动产、观点、图片报道等主题,这些报道是链接到"观点网"的新闻报道。网站主页左边版块的内容是在线高清新闻视频、邮箱、博客和游戏，右边版块是在线博客清单。该媒体侧重的即时新闻报道和媒体在线交流。

其他常见专业网络新闻媒体资源

名称与网址	说　明
Важно.Ru! http://www.vazhno.ru/ ★ ☆	"要闻"网是俄网较大的新闻文摘性网络媒体，它转载或直接报道有关俄罗斯国内外的热点事件，并发表新闻综述和时事评论，内容涉及政治、经济、文化、体育、科技以及各界名人报道。还提供诸如汇率、天气和电影、戏剧、音乐会报道和评论的信息服务。
ВЗГЛЯД.РУ http://www.vz.ru/ ★★	"观点"网是俄网很有特色的网络新闻媒体，由"新媒体之星"公司开办于2005年5月，是同类媒体中较为"年轻"但极有发展前途的网络新军，2006年推出纸质试刊。它致力于新闻时事报道和分析评论，特别是涉及政治、商业、金融以及文化、体育领域的事件。它定位于"在俄罗斯商务、实业领域内的商务人士"。网站设计精美、大方，共设立了个栏目，主要有：经济、政治、社会、事故、体育、文化、不动产、观点、图库等，即时新闻基本按分钟更新。"观点"网以新闻综述见长。
Грани.Ру http://www.grani.ru/ ★	"界限"网创办于2000年，初为别列佐夫斯基所有，后易主。该网站除了像大多数网络新闻媒体的传统栏目，如政治、经济、文化、社会、事故等以外，还有一些特色栏目，如评论栏、政治迫害、自由地带等。经常刊登一些支持俄反对派的文章，特别是对霍多尔科夫斯基、列别杰夫等的支持。
Горячая Россия http://hotrussia.ru/ ★★	"热点俄罗斯"网的口号是"新闻来自世界"，其新闻报道为网站独立报道，以涉及俄罗斯的热点新闻报道为主，同时也有国际时政的新闻。主要栏目有：技术、经济、健康、娱乐、犯罪、世界、政治、事件、体育、文化、社会等。
Деловой портал BFM.RU http://www.bfm.ru ★★	BFM.ru商务调频台门户网是一个综合性的资讯网络资源，它出身于Business FM商务调频广播台，由РУМЕДИА传媒公司出品，后发展出一个综合性网络资讯平台，并把其他服务项目也统合到这一平台中。网站的专栏有：商务、财经、社会、法律执法、媒体、IT、世界、公司、博客等，其下还分出许多子栏目。网站还有许多资讯专题，可以点播在线视频，收听调频广播等。
Ежедневный Журнал (ЕЖ) http://www.ej.ru ★	"每日杂志"网在存在的早期（2001-2004）受古辛斯基资助，由于众所周知的原因，其命运比较多舛，几停几办，只是从2005年后才以如今的定位稳定下来。该网以分析性述评见长，比较同情俄反对派，是"界限"网（Грани.ру）的合作伙伴，经常刊登俄政治家、经济学家、记者针砭时弊的文章。特色栏目有：克宫、议会、政府、党团、反对派、周边、视频、事件等。
ИноПресса http://www.inopressa.ru/ ★	"国外新闻出版物"网是NEWSru.com的姊妹网，重点转载国外新闻媒体，特别是英语世界的报纸、网站对有关俄罗斯和世界重大新闻的报道。它主要从外语译为俄语，为文摘性网络媒体，每日更新。
Компрометирующая информация http://www.informacia.ru/ ★ ☆	"丑闻"网重点报道那些涉及政治、经济、文化、娱乐、军事、科技、社会生活等各类负面消息，报道栏目有：解密历史、资料、有组织犯罪、恐怖与反恐、商品鉴定、名人生活、警察等等。
Новости@Mail.ru http://news.mail.ru/ ★	俄网著名搜索引擎@Mail.ru的新闻频道，是俄网较有影响的文摘性网络新闻媒体。它侧重于即时新闻报道，新闻稿件来源主要是俄网各大新闻网络媒体。主要新闻栏目有：要闻、政治、经济、汇率、社会、事故、文化、体育、国内新闻、视频、图片等。要闻报道会在网页中央显示"当日画面"和"当日主题"栏目。

续表

Новости на radeant.com http://runews.radeant.com/ ★	一个综合性新闻网络资源，主要新闻题材有：政治、经贸、事故、体育、科技、游戏、电影、程序、音乐、幽默等。其中大部分新闻报道都转引自其他媒体网站。
Новотека Beta http://beta.novoteka.ru/	"新一代大众传媒"的Beta版，主题栏目主要有：政治、社会、事故、体育、经济、商务、车、影视、音乐、文化、IT、医疗健康、时尚、科技、教育、自然、幽默等。即时新闻报道都带有新闻图片，大多来自其他网络媒体的链接。
Свободная пресса http://svpressa.ru/ ★	"自由刊物"网站建立时间并不久，于2009年由自主非赢利性组织"互联网媒体"开办。它的报道宗旨正如其名，以报道尖锐的社会矛盾、"阴谋"的政治斗争、历史事件的深层揭秘以及千奇百怪的大千世界而见长。主要栏目有：要闻、政治、经济、社会、事故、体育、汽车、旅游、世界以及一些特色栏目如视频、图片、博客、引用率最高的文章等。
СМИ2 http://smi2.ru/ ★	"第二大众媒体"网称自己为媒体的"主要讨论俱乐部"，把"民众对事件的看法"作为网站的立足之本。它所发表的都是网民（或专家）对新闻事件的看法、评论。它设计了新闻媒体导航栏，并按照不同领域设立了新闻主题以供人们发表意见、看法，这些常见主题有：事故、政治、经济、文化、体育、科技、娱乐、影视、音乐、旅游等等。
ФОРУМ.мск http://forum-msk.org/ ★★	"论坛.msk"[①]网定位于"公开的电子报纸"，口号是"民主、公开和进步"，强调"拥有信息就拥有世界"。它是一个综合性时评网，主要栏目有：政治版图、经济现实、区域生活、社会及其文化、强力机构、对外政策、丑闻等。注册网民可以对时事评论进行评价。
GlobalRus http://www.globalrus.ru/ ★	GlobalRus创办于2001年，是一个信息分析性网络"杂志"，主要刊登新闻综述、时事评论性质的文章，具有自由派倾向，按照其总裁的话说，该网站就是要"表达俄罗斯社会部分人的真实意见"。主要栏目有：新闻分析、评论、反响、判断等。
Gloria Mundi http://www.glomu.ru/	Gloria Mundi又可称为"名人新闻"网，主要介绍主流（上流）社会、各界名人轶闻的报道，是"俄新社新闻"（РИА Новости）的姊妹栏目。
Newsland http://www.newsland.ru/ ★☆	一个综合性新闻媒体网络资源，以报道社会政治类新闻为主，主要栏目有：要闻、政治、社会、经贸、事故、体育、电影、文化、游戏、科技、健康、交友等。又分出几个独立版块：最新时事、热门新闻、专题讨论等，并支持手机版。
Russ.Ru http://www.russ.ru/ ★☆	俄罗斯老牌的"俄罗斯杂志"（Русский журнал）网的今日版，创办于1997年，是个周新闻报道网站，每日也适当更新。它致力于报道具有争议的世界新闻、政治丑闻等，其比较有特色的栏目有世界日程、问题报道等，每个栏目都有一些特邀评论人士对所发生的事件进行深入、"犀利"的述评，其评述风格比较另类。

第二节　资讯纸质媒体网络版

在当今的网络信息化时代，俄罗斯各个新闻资讯纸质媒体纷纷推出自己的网络版，以吸引更多读者，在激烈的竞争中争夺更多的市场份额。这些纸质媒体网络版或者是纸质媒体的单纯复制版，也称作"电子版"。这类网络媒体在纸质媒体网络版发展的初期比较常见，现在对于那些具有一定影响的报纸、杂志来说已不再或很少采用，目前这类网络"电

---

① .msk一般是用于莫斯科地区注册的网站域名标志。

子版"媒体多见于纸质杂志,而且其媒介方式也发生了变化,从单纯网页复制到pdf, djvu 等数字格式文件下载等。当前,最常见的新闻纸质媒体网络版是以传统纸质媒体的内容为基础,对某些版块进行及时更新、扩充,在功能上更加适应网络化、多媒体化。其中有的媒体在原有"母体"报纸、杂志基础上进行重新设计,进而发展出一个"全新"媒体,只是名称和LOGO没有改变并秉承"母体"的办报宗旨。这类新闻媒体网络版带给我们这些国外读者的益处在某种程度上甚至比那些纯网络版新闻媒体更大、更多,因为像《消息报》、《论据与事实》、《莫斯科共青团》报等这些大报我们都很熟知,可是在我们国内要想每日看到这些报纸是十分困难的是,往往拿到手时已是"旧闻"。但它们的网络版帮助我们解决了这个问题,它使得我们可以随时看到最新的俄罗斯大报。尽管这些网络"大报"与其"母体"并不完全相同,但大多数情况下,它们的主要版块是一致的,重点文章、社论也基本一致,但在更新速度和频率上,它们比其"母体"更快、更新。我们下面将简单介绍一些俄罗斯主要纸质新闻媒体的网络版情况。

➢ Аргументы и факты(http://www.aif.ru/ ★★★）

《论据与事实》报创办于1978年,从1982年起改为周报,是俄罗斯的社会政治性周报,一直是前苏联和俄罗斯最有影响力的报纸之一,曾于1990年以世界上印数最多的报纸载入吉尼斯世界纪录。它不仅在俄罗斯和独联体,还在美国、加拿大、澳洲、以色列、日本和西欧国家发行。它有许多副刊,如"健康"、"别墅"、"烹饪"、"时尚"等,还有许多区刊,如圣彼得堡、伏尔加格勒、伊尔库茨克分区刊等。其网站分上下两栏,分别主要有社会、财经、文化、健康、烹饪、技术、旅游、休闲和报纸、新闻、会议、博客、视频、游戏、体育、天气等。整体网站设计精彩,信息量极大,在信息容量上已大大超出了其纸质媒体。网站上既有即时新闻报道,又有综合时事评论和分析。此外,还可以对往期报纸通过RSS或移动通信订阅,或在网站上查阅往期报纸的简要信息。

➢ ИЗВЕСТИЯ(http://www.izvestia.ru/ ★★★）

《消息报》是俄罗斯的社会政治和商务性日报,创办于1917年,在前苏联时期苏联政府特别是最高苏维埃的官方报,苏联解体后1991年起成为独立新闻媒体。该报在前苏联和当今俄罗斯都是占有举足轻重地位的大报,其办报宗旨就是报道俄罗斯国内外新闻事件,同时对商务、经济、文化、体育事件、过程进行分析、评价和综述。2005年"纽约时报"选择"消息报"为合作媒体,出版"纽约时报消息报"版。"消息报"一周出版6期,此外还出版消息报的"法律"、"旅游"、"保险"、"房产"、"银行"等副刊。"消息报"网络版开办于1994年9月,其主要栏目有要闻、政治、经济、世界、莫斯科、文化、社会、体育、科学等,此外,还有些专题报道栏目。其报道特色在于信息量大、分析综述具有较高权威性等。

➢ Комсомольская правда(http://www.kp.ru/ ★★★）

《共青团真理报》无论在前苏联时期,还是当今俄罗斯都处于发行量最大的报纸之列。它创办于1925年，读者对象定位于青年人，党的事业接班人。在其发展历程中，该报几乎卷入了俄苏史上的各个重大事件但始终保持不倒，获得了各种荣誉，例如曾荣获列宁勋章、十月革命勋章、卫国战争一级勋章、2次劳动红旗勋章，这些勋章连同其报刊标题已成为Комсомолка的标志性LOGO。目前它为周报，从其办报倾向看，早已不是俄共青年组织的机关性质，是个综合性刊物，没有明显的政治倾向。"共青团真理报"网站栏目非常丰富，除了那些网络报纸都有的传统栏目（如政治、经济、社会、事故、文化、体育、科学、健康）外，还有许多多媒体网络化介质所独有的栏目，如在线广播、在线电视、视频、专访以及教育、母子、你的权力等特色栏目。可以说，该报的网络版已超出了其纸质版的内容，从网站上还可以查到过期报纸的相关信息。

➢ Московский комсомолец（http://www.mk.ru/ ★★☆）

《莫斯科共青团员报》创办于1919年，其当时的宗旨是为了"列宁的事业"吸引进步青年。该报在前苏联时期就以经常报道一些苏联政府半禁止的西方社会和文化现象、事件而著名，如对西方流行音乐的报道、述评在前苏联引起极大反响。苏联解体同样对该报产生了极大冲击，其中包括人事变动、股权纠纷等等。现在报纸的定位是社会政治性日报，并不主要支持某一政治倾向。报纸网站与纸质媒体本身有较大不同，网站内容非常丰富，其主要栏目有新闻、政治、经济、事故、社会、文化、科学、体育以及MK的在线电视频道等。此外，网站还有网络交流栏目，如博客、采访、新闻中心、作者群等等。可以浏览最新一期报纸信息。

➢ Российская газета（http://www.rg.ru/ ★★★）

《俄罗斯报》是俄罗斯的社会政治性全国性日报，主办方是俄罗斯联邦政府。它创办于1990年11月，它具有俄罗斯政府文件官方发行报道的特殊地位，俄联邦相关法律条文明确规定："联邦宪法性法律、联邦法、联邦议院决议的官方发布以在'俄罗斯报'首次刊登的全文文本为准"。它还刊登高质量的各类信息报道、具职业性的分析材料和评论、专题回顾、国内外大事综述以及有关政治、经济、社会生活、科技、文化、体育的新闻报道。报纸拥有联邦的14个地区代表并在俄罗斯国内外发行。网站开办于1998年，内容极其丰富，信息量大，主要栏目有国家、军队、经济、世界、事故、社会、文化、体育等。报纸还出版很多副刊，如俄罗斯商务报、俄罗斯报周刊等。网站上还可查阅过期报纸的部分文章。

其他部分纸质资讯媒体网络版

名称与网址	说明
Ведомости http://www.vedomosti.ru/	《公报》是俄罗斯最重要的商务性日报，创办于1999年，与"The Wall Street Journal"和"Financial Times"同为"独立媒体"项目成员，主要报道政治、社会、市场、财经等信息，是俄罗斯商务人士的必备报纸。网络版的主要栏目有要闻、政府、观点、财经、公司、技术、职业、生活等，内容丰富，信息量大。

续表

Вечерняя Москва http://www.vmdaily.ru/	《莫斯科晚报》创办于1923年，是俄罗斯历史最为悠久的晚报，1周5期。主要报道与莫斯科社会、政治、经济生活有关的各类新闻事件，也刊登部分国内外的新闻。网站的主要栏目有莫斯科新闻、旅游、文化、商务、政治、体育、社会、经济、事故、电视、技术、科技和健康等。在网站上可以查阅过期杂志的部分全文信息。
ВОКРУГ СВЕТА http://www.vokrugsveta.ru/vs/	《环球》是俄罗斯老牌的月刊，创办于1861年，迄今已满150岁。它曾与广播媒体（如"莫斯科回声"、"俄罗斯之音"）合作推出每周"环球"广播项目，与俄罗斯电视台（PTP）合作开办"环球频道"。最值得称道的是它以维基项目方式创办了"环球百科"网站（http://www.vokrugsveta.ru/encyclopedia/），我们在"学术信息资源"之网上工具章节中已详细介绍了该资源，它已成为俄网同类网站中的翘楚。该杂志网站可以查到以往各期的许多信息，过刊许多期杂志可以查到原文全文，但近些年的杂志只能查到每期相关简介及其部分文本。
Газета "Россия" http://www.russianews.ru	《俄罗斯》报是个社会政治性周报，2008-2009年发行过71期，于2010年完全转为网络版，更名为"俄罗斯新闻"（Русские новости）网。网站分出了"主题"专栏，其中包括后苏联空间、危机、历史、军事、意识形态、科学、教育、地区、社会、地缘政治、文化、体育等。
Завтра http://zavtra.ru/ ★☆ ЗАВТРА	《明日报》创办于1993年，周报，其办报口号是"俄罗斯国家的报纸"、"反对派精神的报纸"。它以对时弊的辛辣针砭而出名，曾经常刊登一些著名的"问题"人士、反对派人士的文章和采访报道，如丘拜斯、别列佐夫斯基、霍多尔科夫斯基、久加诺夫等人。近些年报纸又开始标榜"国家爱国主义路线"，尽管还对当前时局进行批评，但已不再对抗当局，经常和俄政坛左派（如俄共）走的比较近。网站主要栏目有显示板、主编笔记、历史哲学、国家精英、沙龙、党团、头版等。在其网站上可以查阅以往各期报纸，大多可以全文浏览。
ИТОГИ http://www.itogi.ru/	《结论》杂志创办于1996年，社会政治性周刊，以出版物的高质量而著称，侧重于报道和评论俄罗斯和世界的重要事件。杂志网站设计精美，内容丰富，主要栏目有政治和经济、社会和科学、诉讼案件等。网站几乎是杂志的在线版，许多内容都是全文刊登并可查阅过刊内容。
Коммерсантъ http://www.kommersant.ru/daily/ ★☆ КОММЕРСАНТЪ	《生意人报》创办于1909年，俄罗斯老牌的报纸，但真正现代意义上的"生意人报"出版公司却是创于1989年，它曾属于别列佐夫斯基的传媒集团，在别氏出走国外后，股权发生变化。目前，这是一个社会政治性日报，网络版开始于1992年，主要栏目有政治、经济、商业、世界、事故、社会、文化、体育等。网站还有副刊、在线调频广播、金融等专栏。
Мир новостей http://mirnov.ru/	《新闻世界》创办于1993年，社会政治和信息性周报。网站内容丰富，信息量较大，主要栏目有新闻、事件事实和评述、文化、职业和教育、经济、人社会法律、记者调查、博客、专访、电视俱乐部等。可以从网站查阅过期报纸的主要的内容。
Московские новости http://www.mn.ru/ ★☆ МОСКОВСКИЕ НОВОСТИ	《莫斯科新闻报》是侧重报道政治、经济、文化、体育等新闻的媒体。它起始于1930年的英文报纸 "Moscow News"，一直到1980年它都是服务于生活在俄境内的懂英语外国人。之后，它开始发行俄文版，并成为这一时期最权威的前苏联报纸之一。苏联解体后，该杂志几经改版和重组，现为"俄新社新闻"和"新闻时代"共同管理，最新改版首期开始于2011年3月，为1周5期。新报纸网络版创办于2010年，主要栏目有政治、经济、商务、社会、世界、文化、体育等，还有图片视频、观点等专栏，从网站上还可以浏览较新的其纸质媒体的主要内容。

续表

Независимая газета http://www.ng.ru/ ★★	《独立报》是社会政治性日报，创办于1990年12月，早先属于别列佐夫斯基媒体集团，之后该报曾发生一系列丑闻和人事变动，由于其报道过于"独立"，主编曾经辞职、副主编曾被判刑，还卷入过乌克兰的颜色革命等等。该报在俄罗斯具有一定影响力，经常报道一些政治、社会、文化等问题。它定期发行一些副刊，如"独立军事观察"、"独立报：宗教"等，这些副刊也有网络版。其网站开办于1999年9月，栏目较多，网站内容丰富，主要有政治、经济、独联体、世界、俄罗斯、文化、电影、教育、健康、生活、科学、想法和人物等等，另外还有一些多媒体栏目和网上交流栏目，如图片、视频、博客、论坛等。在网站上可以查阅往期报纸的相关信息。
Новая Газета http://www.novayagazeta.ru/	《新报》是由《共青团真理报》离开的部分记者于1993年4月创办的。至今它都是俄罗斯境内有影响的大报，曾对总统梅德韦杰夫进行过专访，其记者也曾由于报道敏感事件而被刺杀或受到死亡威胁，甚至有时它被认为是俄罗斯记者工作最危险的报纸之一。报纸及其记者和相关栏目曾获得各类俄罗斯国内外新闻奖项。网站主要栏目有：政治、调查、经济、文化、体育、评述、讨论区等，并设置视频、论坛等专栏。
Новая политика http://www.novopol.ru/ ★★	"新政治"网络杂志标榜其独立分析性，创办于2004年。主要栏目有：政治、世界、经济、社会、事故、文化、体育等，并刊登许多专题报道和评论，信息量大，参考性强。
Новые Известия http://www.newizv.ru/ ★☆ 	《新消息报》创办于1997年，是《消息报》原主编出走后带领部分编辑成立的新报纸，曾受别列佐夫斯基资助，后与别氏分道扬镳。它是以综合性报道为主的日报，其网络版曾获2007年俄网奖，主要栏目有要闻、政治、经济、世界、文化、事故、社会、体育、房产等，网站设计较为出色，内容比较丰富，以综合性报道和时事分析见长。
Огонёк http://www.kommersant.ru/ogoniok/	《星火》杂志通常认为创办于1923年，在前苏联时代由《真理报》编辑出版机构出版发行，曾经是那个时代"全民杂志"。苏联解体后，杂志几经重组，1999年曾纳入别列佐夫斯基媒体集团，2009年3月由"生意人报"出版公司购入，直至今日都属于该出版公司。杂志网站秉承了Коммерсантъ系列网站的一贯风格，并设置了俄罗斯与世界、社会、科学、文化、体育等栏目。
Правда http://www.gazeta-pravda.ru/ ★☆	《真理报》一直是苏联时代报业的头面旗帜，是苏共中央的机关报，现为俄共党报，曾获2次列宁勋章、1次十月革命勋章。苏联解体后，自由派和民主派对《真理报》进行了疯狂的打压，期间数次停刊并被诉讼，但在左派力量的支持下，尤其是俄共的扶持下，《真理报》还是生存了下来，但往昔风光已不再。为了求生存并宣传其思想，1999年Правда.Ру网站开办。网站主要内容是宣传俄共及左派组织的纲领、诉求、观点，并对现实进行激烈的批评。网站上可以查阅部分过期文章。
Профиль http://www.profile.ru/	«Profile»杂志创办于1996年，是俄罗斯最重要的商务周刊之一，报道政治和社会、经济和商业、财经和投资等信息，刊登大量的分析、综述和观察性文章。网站开办于1998年，后于2004年改为现网址。网站信息量较大，与纸质母体栏目相同。通过网站，我们可以查阅到杂志的绝大部分过期内容。
РБК daily http://www.rbcdaily.ru/	《俄罗斯商务咨询日报》是"俄罗斯商务咨询"媒体集团旗下的分析性日报，创办于2003年，并和《德国商报》具有合作关系。该报根据第一手的主客观咨询信息，致力于报道和分析俄罗斯经济领域内状况和公司经营状况。网站的主要版块有：焦点、世界、工业、消费市场、银行财经等。可从网站全文查阅过期文章信息。

Русский курьер http://www.ruscourier.ru/	《俄罗斯信使报》创办于1879-1891年间，2003年进行了全新改版，成为社会政治性周报。其网站主要栏目有政治、经济、社会、文化等，网站上可以查阅部分过刊。
Русский репортёр http://www.rusrep.ru/ ★★	《俄罗斯记者报》创办于2007年，社会政治性周刊。读者定位于中产阶级和那些中青年的商务"打拼"人士，为了扩大读者群，它也纳入了很多社会性议题、政治性事件和报道。该杂志印刷和网站设计都比较精美。网站内容比较丰富，主要栏目有照片、政治、文化、科学、体育、人居等，还有一些采访专栏。可以在线浏览大部分过期杂志。
Советская Россия http://www.sovross.ru/	《苏维埃俄罗斯报》创办于1956年，同那些那个时代的许多报纸一样，是苏联报业的最重要报纸之一，刊登了许多反映那个时代的歌颂先进的重要事件和人物。该报认为它是前苏联报纸中最早对戈尔巴乔夫改革提出质疑的报纸之一，却无力阻止一个时代的结束。目前，该报宗旨定义为"独立的人民报纸"。网站设计比较简单，从网站上可以查阅部分过期文章。
Труд http://www.trud.ru/	《劳动报》创办于1921年，经常刊登当时著名作家、诗人的作品，如马雅可夫斯基、纳吉宾、叶甫图申科等，1990年其发行量曾达到创记录的数字，从2011年3月起，其组织结构发生较大变动，并和"论据与事实"报业集团达成合作。网站的主要栏目有要闻、期刊、新闻、政治、事故、工作、生活、体育、娱乐、健康等。可以从网站上下载最新一期的pdf文件。
Эксперт http://expert.ru/	《专家》周刊创办于1995年，杂志侧重于商务报道，也是俄罗斯主流的商务性杂志。其网站的主要栏目有：俄罗斯与世界、商业和财经、科学和教育、社会和文化、观点和分析等。依托网站，该刊还办有在线的"专家—电视"。网站信息量大，整体设计较好。
GZT.RU http://www.gzt.ru/ ★★ GZT.RU Газета	《报纸》报创办于2001年，是商务性日报。由于其分析材料的独家权威性，它在俄网的独立媒体中具有较高的引用率。报道侧重于消费和金融市场的消息、分析和预测，对商务活动可以提供许多有益的信息。在线版主要栏目有：简报、政治、经济、商务、世界、事故、社会、文化、教育、科学、健康、房产、旅游、体育等。
The New Times (Новое время) http://newtimes.ru/	《新时代》是个社会政治性周刊，创办于1943年，在苏联时代，该杂志就以报道西方社会而出名。2006年该杂志以The New Times的名称开办了独立网站。网站设计比较精美，栏目内容丰富，重点报道对一些政治领导人、社会活动家、文化界名人的新闻和专访。网站还设置了诸如博客、视频等专栏。

第三节　电视广播网络媒体

4.3.1　电视网络媒体

当今俄罗斯的电视网已从前苏联时期的以苏联中央电视台第一、第二频道为主，地方台为辅，发展到今天，共拥有上千个无线地面电视台、有线电视台近三百个、卫星电视台几十家的电视网格局。随着互联网媒体的不断发展，电视媒体网络化已成为现今俄罗斯电视媒体事业发展的必由之路。首先应确认的是，网络电视节目和内容并不完全等同于地面转播收看电视，但它们却是尽量"忠实于"地面收看的电视节目和内容，在某些方面甚至比地面电视节目有更高的发展。这一切为我们国外受众带来了"无比"的益处，道理很简单：我们在俄罗斯境外，基本没有收看俄罗斯本土电视台节目的条件,但网络电视却使我们可以更快地获取俄文电视媒体信息,及时跟踪俄罗斯政治、经济、社会、文化等新面貌,它们直接拉近了空间的距离。目前,俄罗斯的主流电视台几乎都设立了网络电视版。

  俄网的网络电视可以大致分为两种类型:一类就是我们上面所说的常见电视媒体的网络版,主要是那些无线地面电视台、有线电视台和卫星电视台的网络(在线)版;另一类是无传统播放模式电视实体的纯网络版电视或视频播放,主要是那些以网络介质为基本存在形式的"电视"播放或者是可以自由共享视频的网站。第一种类型我们将在本节进行简要介绍,第二种类型我们将在本书的"下篇"进行介绍。

  ➢ Вести.ру(http://www.vesti.ru/ ★★★☆)

ВЕСТИ[①]是俄罗斯电视媒体中与"第一频道"的"时代"和"新闻"节目齐名的久负盛誉的新闻电视节目,由"俄罗斯电视台"(包括其一台和卫视台)主办。它首播于1991年5月,期间播放时段不断变化,今天已是"俄罗斯台"每隔半小时播出的重要新闻栏目,从2010年9月起使用现Logo标志。Вести还有几个补充版,例如有"Вести地方台"(Вести.Местное время)、"Вести天气"、"Вести每周综述"(Вести Недели)、"Вести+"、"Вести早安"、"Вести周六版"等。Вести网站的主要专栏有:新闻、视频、图片、直播、节目等,其中新闻专栏包括以下分栏:政治、经济、事故、社会、文化、世界、体育、IT等。在主页中部是"今日要闻"。所有新闻只要带有 标识均可在线播放,但在我国通过互联网在线收看的效果同"第一频道"新闻栏目相比迟滞感较重。所有在线播放的新闻均有对应文本,内容基本与新闻视频的播音相同。凡是在线播放的新闻都可以通过特殊工具下载。非常值得推荐的还有"Вести每周综述"(http://vesti7.ru/ ★★☆),其内容是每周发生在俄罗斯国内外大事的新闻综述。

  需要说明的是2006年7月开播的Россия-24台是Вести的姊妹台,它们几乎是同源同节目,只是目前Россия-24的网站专做的是新闻直播。

  ➢ НТВ(http://www.ntv.ru/ ★★★)

说到风云变幻的俄罗斯电视媒体就不能不提"独立电视台"。该台开播于1993年10月,期间几经整合,后经叶利钦总统批准,获得了奥斯坦基诺四频道的法定地位,后在传媒大亨古辛斯基的媒体集团"媒体桥"参与下,数个俄罗斯媒体名人加入(如О. Добродеев, Е. Киселёв, И. Малашенко),НТВ开始了大发展。当时,它有几个王牌栏目备受观众喜爱,如"今日"(Сегодня)、"总结"(Итоги)、"影像资料"(Намедни)和"玩偶"(Куклы),其报道不断针砭时弊,抨击现政府和当时政治。后来由于发生了古辛斯基对抗普京政府事件,独立电视台处于当时的风口浪尖,几乎濒于被取缔,后转卖给"天然气工业媒体集团",事件才初告

[①] 有将其译为"消息"频道的,本书认为还是保留原文更能体现其意义。

平息。但事件造成大批媒体编辑和管理层离开，至今独立电视台尚未恢复当年风光。如今，НТВ是转播覆盖全俄的电视媒体，其卫视频道为"НТВ世界"（НТВ Мир），此外还有姊妹频道НТВ Плюс等。其网站主打新闻，在新闻栏目里有要闻、24小时、资料等，其大部分新闻可以在线播放，并可以通过特殊网络工具直接下载，但播放时迟滞感较重。此外，主页上还有近期重要电视节目的预报，有些可以进行网络直播。

> Первый канал（http://www.1tv.ru/ ★★★★）

"第一频道"是俄罗斯的全国电视频道，其地位类似于我国的中央电视台，收看面覆盖全俄及大多数前苏联空间国家，还有数个卫星频道。"第一频道"的历史开始于1951年直播的苏联中央电视台的"一套节目"，是目前俄罗斯历史最久的电视大众媒体。1991年，

该节目改名为"俄罗斯奥斯坦基诺国家电视广播公司"（РГТРК «Останкино»），并成立了"奥斯坦基诺第一频道"，1995年4月1日正式成立独立的一频道，但那时的名称为"俄罗斯公共电视台"（ОРТ），2002年9月1日正式定名为"第一频道"的现有称呼，但在其网站上仍保留有"俄罗斯公共电视台"的说法。该电视传媒有许多姊妹台，例如常见的有"第一频道万维网"（Первый канал. Всемирная сеть http://1tvrus.com）以及"电影之家"、"音乐"、"时代"、"旋转木马"、"家庭"频道和"第五频道"、"РЕН ТВ"、"СТС"、"ДТВ"、"31频道"（哈萨克斯坦）、"TV Dixi"（摩尔多瓦）、"ОНТ"（白俄罗斯）等。

"第一频道"网站主页的主要栏目有：新闻、首映、专栏、人物、在线、交互、节目等。通过"直播"栏目我们可以在线收看"第一频道"的在线电视节目。这里我们重点介绍一下它的"新闻"栏目（http://www.1tv.ru/news/）。对于居住在俄罗斯以外的俄语观众来说，"第一频道"的新闻栏目是目前互联网上最好的俄语新闻收视渠道。这一结论主要基于以下几点：（1）其新闻网站最为稳定；（2）带宽足够大，收看新闻时（在我国）如果使用小区宽带几乎没有迟滞感；（3）足够权威；（4）与俄罗斯国内收看的电视新闻同步；（5）大部分新闻有基础文本。其主要新闻栏目有：新闻视频、国内政治、选举、经济、社会、国外、文化、科技、犯罪、健康、体育、其他。所有新闻图片上凡是有▶播放标志的都可以在线观看新闻视频。网站上的所有新闻都有文本，基本与所播放的新闻视频语音相对应。在"新闻档案"（Архив новостей）栏目可以查到以往日期的新闻报道。[①]

> (Телеканал) "РОССИЯ-1"（http://www.rutv.ru ★★★）

"俄罗斯"电视频道是转播覆盖俄罗斯全境电视媒体，其国际卫星电视频道РТР-Планета的电视节目转播针对所有独联体国家、东欧、中东和美国，在亚洲（包括中国）通过卫星电视同样可以收看其电视转播。该电视媒体现属于"全俄国立电视广播公司"（ВГТРК）。"俄罗斯"电视台的前身是创办于1967年11月的"第四套节目"，作为苏联中央电视台的重要组成部分；1968年1月1日开播久负盛名的"时代"（Время）节目；1982年

---

① 俄文电视新闻视频的下载方式我们将在本书"下篇"加以说明。

1月1日改为"第二套节目";1984年定名为"第二频道";1990年7月随着苏联解体,该频道股权及所属关系发生重要变更;1991年开播最重要的新闻栏目Вести;1991年电视台正式改名为"俄罗斯电视广播"台(РТР -- Российское телевидение и радио)(先前曾称为РТВ)并启用新的Logo;2002年9月1日,电视台正式改为现名——"俄罗斯电视台"(Россия)并启用新的Logo标志。

"俄罗斯"台有一些"姊妹"频道,其中比较著名的有:(1)РТР卫星频道(РТР-Планета http://www.rtr-planeta.com),它开办于2002年7月1日,我国国内能够收看到的主要是这个频道;(2)"俄罗斯二台"(Россия-2 http://tv.sportbox.ru)开办于1997年,从此,原"俄罗斯台"又被称为"俄罗斯一台"(Россия-1),这一频道之后又具有了体育台的属性,其网络地址变为http://news.sportbox.ru;(3)"文化频道"(Россия Культура),该频道和新闻频道Вести我们单独介绍。

"俄罗斯一台"网站设计精美,功能比较强大。主要栏目有:电视节目单、转播、视频、电影、明星、交互等,其中所有节目都有文字介绍,有些直播节目可以在"转播"栏目里在线收看,特别是"视频"栏目包含了电视台许多节目(如访谈、脱口秀、晚会、连续剧、新闻等)的视频资料,该栏目的所有视频都可以在线收看,但收看效果受网络带宽限制较大,带宽较小则在线收看时迟滞感比较严重。

➤ РОССИЯ Культура(http://www.tvkultura.ru/ ★★★)

"俄罗斯文化频道"的前身是"俄罗斯二台",1997年8月在俄罗斯总统叶利钦正式签署成立文化频道的法令后,频道正式开播,暂称"俄罗斯二台"(Россия-2)。1998年该台改为"文化频道"(Культура),2010年1月1日起正式称为"俄罗斯文化频道"(Россия К)并启用现Logo标志。俄罗斯许多文化名人如利哈乔夫等对于该频道的建立和发展给予了支持。其网站设计精美、大方、素雅,内容非常丰富,主要栏目有:音乐、电影、历史、科学、戏剧、美术、文学、少儿、脱口秀、互联网等,此外,还有文化新闻、视频、电视节目、论坛等专栏。部分节目可以在"视频"栏目里在线观看。

➤ Российские ТВ смотреть онлайн(http://www.piranya.com/video-russia.php ★★★)

这是一个非常值得推荐的俄罗斯电视媒体门户大全——"俄罗斯电视在线观看",它列出了154个俄罗斯电视媒体的网址,同时标示出它们的性质、在线播放速率,所有媒体均可在线播放(但由于带宽问题,在我国网络上收看迟滞感较重)。除此之外,还对俄罗斯电视媒体按类别进行了分类,同时还列出了世界上30个国家(包括中国)的网络电视网址。

➤ Телеканал Звезда(http://www.tvzvezda.ru/ ★★★☆)

"红星台"是由俄联邦国防部监督管理的"星"媒体集团的同名电视频道(在我国其电视台通常称为"红星台")。该台开播于2005年4月,在俄境内可以自由收看,其主要节目内容涉及俄联邦武装力量的新闻报道、采访、谈话、电影、电视剧等,同时也播放其他方面(非军事)的关于政治、经济、社会、文化、科技等内容的节目。其网站的主要专栏有:

节目、要闻、在线观看、专题报道等。新闻报道是网站主打栏目，主要内容涉及国内新闻、世界新闻、武装力量、轶闻、文化、体育等。"红星台"网站有大量的有关俄罗斯军事动态的新闻报道，许多报道都有视频，可以在线观看，且大多配有文字，而该台在我国某些可以收看卫视的地方或单位也无法收到此台，因此，其网站对于那些俄罗斯军事爱好者来说非常值得推荐。

➢ TB Центр（http://www.tvc.ru/ ★★）

"中心电视台"大部分隶属于莫斯科市政府，开播于1997年6月，目前已是覆盖全俄的电视媒体。其直播节目大部分内容主要涉及莫斯科的政治、社会、文化生活。其网站最有特色的是电视节目和新闻专栏。新闻专栏主要有莫斯科新闻、政治、人物、社会、体育、交通、事故、经济、文化、健康、生态等栏目，部分新闻视频可以在线播放并配有内容文本，通过特殊工具可以直接下载。值得推荐的还有其视频专栏，主要是该电视台播放的部分节目录像和新闻视频，均可在线播放并下载。

➢ MTV Россия（http://www.mtv.ru/ ★★）

"MTV俄罗斯频道"开播于1998年9月，其姊妹频道是TB3。MTV是目前俄罗斯最具影响力的音乐电视媒体，其主要观众以年轻人为主，当然也是流行音乐迷之所爱。它在运行早期主要播放各类MV，至今这仍然是其主打节目，它所举办的"俄罗斯年度MTV大奖"是俄最具知名度的音乐大奖之一。网站主要栏目有：娱乐新闻、音乐秀、主持人、视频、排行榜等，所有音乐电视视频均可在线播放并可通过网络工具探测地址、下载。

➢ RU TV（http://www.ru.tv/ ★★☆）

这是第一个纯俄语的电视音乐频道，是"俄罗斯广播电台"的电视频道版，属于"俄罗斯媒体集团"，开办于2006年10月，主要是在线播放俄罗斯或部分国外的最新、最时尚的音乐电视或流行歌曲。网站上设有"下载"（Закачаешься）栏目，可以下载歌曲的音视频片段，但完整下载需俄境内支持的通讯或移动设备。此外，网站还有直播和视频播放栏目，可以在线免费收看相应节目。通过网站的首个栏目选项，我们可以在线收看RU TV电视节目，在中国境内使用宽带收看还比较流畅。

➢ Russia.Ru（http://tv.russia.ru/ ★★☆）

"俄罗斯.ru"是个纯网络电视频道，开办于2007年，由"新媒体之星"（New Media Stars）控股。网站设计精美，内容丰富，功能强大。可以通过点击网站的节目单，在线选播所有电视节目，其节目种类繁多，在节目页面下部有所有节目标题列表，点击均可播放。尤其难等可贵的是，由于它是专业的网络电视媒体，大部分节目都已使用网络高清格式（视频有HD标识，格式为.mp4）。使用专业的下载工具（如迅雷）可查出真实地址并直接下载。网站设计精致，节目精良，尤以综述、时事评论见长。

其他常见电视网络媒体资源

名称与网址	说　　明
Вокруг ТВ http://www.vokrug.tv/	"电视视野"是俄罗斯电视媒体的门户网站，主要定位于电视媒体指南、电视百科和媒体生活。报道素材都是第一手的，网民可以自由交流关于电视作品、明星的简介、图片、视频和评论，有号称100多个台的最全的电视节目单。
Дон-ТР http://www.dontr.ru/ ★☆	"顿河电视广播公司"是设立于顿河罗斯托夫市的国立电视广播公司，创办于1956年，是俄罗斯南部最著名的广播电视媒体。它起家于广播，后来发展出电视事业。它传播和生产出大量的音视频产品，并制作各类电视节目和部分电影产品。受众主要集中于俄罗斯南部地区和乌克兰东部。网站开办于2002年，主要有新闻、图片、地区、电视节目、论坛等专栏。网站上还设有专门的网络广播栏目。
KM TV http://tv.km.ru/ ★★	著名门户网站Кирилл и Мефодий的电视媒体网站，它以报道社会和娱乐时事及综述为主，所有新闻均可在线观看并可直接下载。
Муз-ТВ http://muz-tv.ru/ ★★	"音乐电视"台开播于1996年7月，主要是音乐和娱乐两部分内容，目前它的直播节目中娱乐部分的比重要更大。音乐以俄罗斯和西方流行音乐为主，也举办音乐电视台评奖。网站主要栏目有：娱乐新闻、明星、图片、视频、节目、排行榜、论坛等，视频均可在线播放并下载。
Музыка Первого канала http://www.muz1.tv/ ★★	"1频道音乐台"定位于现代俄罗斯音乐——从经典到摇滚，从时尚到经过时间检验的名歌，它给观众奉献的是MV、音乐会和音乐排行榜。据2010年TNS TV index+ 调查数字，"1频道音乐台"处于同类媒体的最佳之列。网站设立了以下专栏：1频道音乐、排行榜、节目、视频、转播等，其中，在线播放的视频多为完整的MV，可以使用工具下载。
РЕН ТВ http://ren-tv.com/	REN TV开播于1997年1月，为覆盖全俄电视媒体。网站主要栏目有："新闻24小时"、"直播"、"电视节目"、"人物"、"电视网络"、"视频"等，部分新闻和节目视频可以在线观看。
Список каналов телевидения http://www.novline.ru/index.php?do=static&page=2tv	俄罗斯电视媒体的名录，包括几十家媒体，有简介，并可直接链接到这些媒体的网站主页。
СТС http://www.ctc-tv.ru/ ★☆	"电视网络"台（СТС – Сеть телевизонных станций）创办于1996年12月，是按照地区电视台合作原则而创办的第一个网络频道，定位于电影、电视剧、动画和娱乐秀节目，覆盖全俄。网站主要栏目与多数电视台网站相同，主要有电视节目、视频、论坛和新闻等，其中的视频节目均可在线播放。
Телевизионный цифровой архив http://www.lenta.tv/ ★★	"电视数字资源"网将俄罗斯境内几乎所有全国性电视频道节目中的精彩、有趣、"雷人"的电视镜头一并收录，并附有内容简介，同时我们可以查询这些电视媒体的较详细介绍。
ТНТ http://tnt-online.ru/	"你的新电视"（ТНТ – Твоё новое телевидение）由"媒体桥"集团创办于1998年，之后在"独立电视台"风波中起到了一定的推波助澜作用，2011年由于讽刺白俄罗斯总统卢卡申科而被在该国停播。现为覆盖全俄的电视媒体。
MUSICBOX RUSSIAN http://musicboxtv.ru/online.html	"音乐盒俄语频道"是由国际"音乐盒集团"于2004年6月注册的，11月正式直播。它主要播放各类音乐电视节目，包括古典、流行等。网站用其附带的播放器可以在线收看电视直播节目。
RusongTV http://rusongtv.ru/	开办于2005年，现成长为俄罗斯最受欢迎音乐电视频道之一。网站开办了直播频道以及电视节目、博客、重要事件等栏目，可在线收看音乐节目，有俄英文双语页面。该台主打俄罗斯本国的各种风格的音乐电视MV。

4.3.2 广播网络媒体

俄罗斯的广播按类型大致可分为：综合台、新闻台、音乐台、专业台等；按听众覆盖范围可分为全国电台和地区（地方）电台；此外，还有广播网、广播集团的传媒形式。[①]俄罗斯目前凡是有一定影响的广播电台都有其网站资源。通过这些网络资源，我们可以对其广播资源信息有所了解，同时还可收听海量新鲜的、即时的广播信息。

➢ Голос России（http://rus.ruvr.ru/）★★★☆

"俄罗斯之声"广播电台是俄罗斯历史最为悠久且至今仍生气勃勃的广播电台。它成立于1929年10月，定位于国外听众，其地位相当于美国的"美国之音"。办台目的是"使国际社会了解俄罗斯的社会生活，了解俄罗斯对外部世界的看法，扩大俄罗斯的影响，加强与外部世界的对话，促进俄罗斯文化和俄语的普及"等。该台以38种语言播音，其网站工作语言有33种，默认语言为俄语。网站主要栏目有无线广播、国内、国外、新闻、多媒体、政治、经济、社会、文化、体育等。大多数新闻报道和访谈都可以在线收听音频，有的还有视频，所有报道都配有文字。在直播间可以收听即时播音。

➢ Радио Звезда（http://www.radiozvezda.ru/）★★★

"红星台广播"开播于2005年4月，是"红星"电视台的姊妹台，受俄国防部监督管理，宗旨是宣扬爱国主义。"红星广播台"主要播放音乐、有声书籍、新闻时事、访谈和电影、电视剧等，其中关于军事、战争题材的比重较大。网站主要专栏有：直播、事件、节目、有声书等，所有节目均可在线收听，声音清晰。

➢ Радио "Маяк"（http://www.radiomayak.ru/）★★★

"灯塔台"是前苏联空间最具历史、最大的广播电台之一。它于1964年根据苏共中央"对抗西方声音"的指示而创建，其《5/25》播送模式对以后俄罗斯广播电台的播送方式影响极大，它的背景和呼号旋律为人们所熟知的"莫斯科郊外的晚上"，从开始沿用至今，也成为它区别于其他所有俄语广播电台的标志。如今，它隶属于全俄国家电视广播公司。网站的主要专栏有：新闻、做客、体育、论坛、直播间、节目等。在直播间我们可以在线收听即时广播，它的做客节目也非常有特色，邀请了一些名人进行访谈。

➢ Радио России（http://www.radiorus.ru/）★★★☆

"俄罗斯无线"广播电台开播于1990年12月，相当于俄罗斯的中央电台性质，是俄罗斯唯一的全制式、全波段的国家级广播电台，播送内容非常广泛，主要包括新闻时事、社会政治、音乐、文学戏剧、科学探索、少儿等领域。网站的主要专栏有：每日要闻、采访、脱口秀、广播剧、音乐、交互、专题等。该台与Вести, Радио России – Москва是合

[①] 分类参考自《当代俄罗斯大众传媒研究》（贾乐蓉，中国广播电视出版社，2008）。

作媒体，可以通过直播平台收听俄罗斯无线和上述两台的直播。此外，它的音频资料也非常具有参考价值，可以在线或下载收听。

➤ Радио Эхо Москвы（http://www.echo.msk.ru/ ★★★）

"莫斯科回声"广播电台创办于1990年8月，截至2010年9月根据相关统计数字，它已成为俄罗斯听众最多的广播台。它始终坚持一个办台宗旨："所有对事件发出的观点都应被展示"，因此，许多俄罗斯国内外的评论家都把"回声"看做是俄罗斯唯一真正独立的媒体。自由派、反对派都把它当做是向"执政党"呐喊的工具。①它大约70%的节目都是新闻时事和访谈节目，另外是音乐节目。网站开办于1997年，是莫斯科的电台中第一个"上网"的广播台，2008年获Рунет年度"文化和传媒"大奖。网站的主要栏目有：新闻、博客、排行、调查、直播、视频、热点、节目等。收听电台直播需一定的播放器选项，可以在线收听所有节目。

➤ Рамблер-Аудио（http://audio.rambler.ru/ ★★★）

这是著名搜索引擎Rambler的音频专栏，该专栏列出了俄罗斯几十个网络广播网站的链接地址，囊括了所有俄罗斯著名广播台，并且所有广播网站都有简介。点击这些广播网站的链接可以直接在Rambler的过渡网页上收听该广播台的在线广播。

➤ Русское Радио（http://www.rusradio.ru/ ★★★）

"俄罗斯广播电台"是俄罗斯最具影响的广播电台之一，开播于1995年，广播覆盖全俄和大部分独联体国家。它于1996年创办的"金唱机"（Золотой Граммофон）音乐大奖始终是

俄罗斯乐坛每年的音乐盛事，其地位相当于美国的格莱美奖；2010年该台还因举办连续52小时的《Русские перцы》音乐秀节目而载入吉尼斯。网站的主要栏目有：早间秀、俄罗斯广播、直播间、新闻、交流、音乐画廊、音乐人、娱乐活动、收藏等。网站内容非常丰富，设计精美，功能较为强大，所有音频均可在线播放。喜欢俄罗斯流行音乐的人们可以在线收听"金唱机"栏目的20佳歌曲。

➤ ХИТ FM（http://www.hitfm.ru/ ★★★）

"流行FM"台开播于1997年5月，是目前俄罗斯唯一的根据听众点播全天24小时播放的广播台，听众覆盖全俄，是俄罗斯最有影响的音乐台之一。它主打俄罗斯和西方流行音乐，其主办的音乐大奖《СТОПУДОВЫЙ ХИТ》是俄罗斯流行音乐界的第一个奖赛。网站主要栏目有：直播间、音乐间、新闻间和交流间，可以在线收听电台的直播节目。此外，电台的СТОПУДОВЫЙ ХИТ排行榜也是乐迷关注的重点，同样可以在线收听。

---

① 2012年初即将竞选总统的普京总理对"回声"台发出了严厉的批评，称之"为外国势力服务"。

其他常见广播媒体资源

名称与网址	说　明
101.Ru http://www.101.ru/ ★☆	音乐门户网站，在页面http://www.101.ru/?an=port_allchannels 列出了几十个网络广播电台的链接地址。网站将所有网络广播按类型进行了分类，主要有：汽车音乐广播、幽默、爱情、俄罗斯音乐、世界音乐、摇滚乐、音乐风格、儿童乐曲、古典音乐等，其中大多是流行音乐的内容。网站还提供了个人网络广播的网址，数量达上千个。
Авторадио http://www.avtoradio.ru/ ★★	"汽车广播台"创办于1993年，性质相当于我国的交通音乐台。该台始终领导着俄罗斯交通音乐台的潮流，在该领域内居于领先地位。网站的主要栏目有：节目、新闻、照片、视频、活动等，王牌专栏，如Музыка Авторадио 101, Мурзилки International 101, Дискотека 80-х 101等均可在线收听。此外，还可以收看广播主持人的在线视频。
АКАДО. Радио http://radio.akado.ru/	列出了俄罗斯几十家广播电台的网址，以及最新的电台排行榜。
ВЕСТИ.FM http://radiovesti.ru/ ★★	电视新闻台Вести的调频广播台，开播于2008年4月。网站新闻报道分类基本与其电视台相同，主要有政治、经济、体育、文化、社会、科技、事故、互联网等，所有新闻均可在线收听并与电视新闻基本保持一致，部分新闻配有文字。
Детское Радио http://www.deti.fm/ ★★	俄罗斯唯一的专门针对少年儿童的广播电台，开播于2007年12月，成型于2008年，在主页的电台简介上有俄罗斯总统梅德韦杰夫专门为电台录制的致少儿的讲话。电台主要播送儿童歌曲、戏剧、智力和娱乐节目。2009年获俄罗斯最佳少儿节目广播奖。网址设计精美，富有童趣，主要专栏有：节目、新闻、直播间、音乐会、朗诵、资料和论坛等。
Европа Плюс http://www.europaplus.ru/ ★★	"欧洲＋"开播于1990年4月，俄罗斯第一家非国立性质的盈利性电台，覆盖全俄和部分独联体国家。目前，该台在俄罗斯广播电台"排行榜"上居于前三甲的地位，它不仅主打俄语及英文流行音乐"牌"，还涉足体育转播、好莱坞大片配音等领域。主要栏目有新闻、节目、主持、交流等，还提供"Euro＋音乐排行榜"。通过网站直播，可以在线收听或收看广播、电视节目。
Заслушаем! http://zaslushaem.ru/ ★☆	"听听看"网是个很有特色的个人电台网站，主要栏目有：听听看、博客、社区、音乐、排行榜等。注册用户可以得到更多更好的服务。所有音乐和节目均可在线收听，注册用户可以下载所听音乐。
Медиа Холд: Радио Дача (http://www.radiodacha.ru/); Love Radio online (http://www.loveradio.ru/); Такси FM (http://www.taxifm.ru/)	Media Hold公司下属三个调频电台，都在俄罗斯具有一定影响，它们分别是：别墅无线台；Love Radio online；的士调频台。通过网站，均可在线收听这些电台的即时广播。
Море Радио! http://www.moreradio.ru/	网站列出了几十种俄罗斯广播电台的网址，并给出了电台的排行榜。所有电台均可在线收听。
MOCKBA.FM http://www.moskva.fm/ ★★	"莫斯科调频台"是俄罗斯较有知名度的音乐台，网站创办于2007年，人们在线收听调频广播，了解歌曲背景，跟踪音乐排行榜，查找喜欢的歌曲，定制自己的收听专集，将歌曲加入到自己的博客中去。它曾两次荣获"俄罗斯在线排行"（РОТОР）大奖，一次Рунет百强网站奖（2008年）。

续表

Наше Радио http://www.nashe.ru/	"我们的无线台"开播于1998年12月，曾作为别列佐夫斯基的媒体集团成员，后转出。电台在推介俄罗斯摇滚乐方面走在同类媒体的前列。网站主要栏目有：在线台、新闻、博客、TV、节目、活动等，可以在线收听全部音频，并收看部分视频。
Радио DFM http://www.dfm.ru/	Dance FM是俄罗斯较有影响的广播台，为莫斯科101.2兆赫调频台。网站内容比较丰富，主要栏目有：DFM、直播、电视频道、照片、演员、交流等。主页还给出了当红流行歌曲排行榜。所有音乐均可在线收听。
Радио MAXIMUM http://www.maximum.ru/	俄美合作的音乐电台，开播于1991年12月，网站主要栏目有：新闻、音乐、DJ、节目、论坛、在线广播等。网站也提供部分直播视频服务。
Радио "Говорит Москва" http://www.govoritmoskva.ru/ ★★	"莫斯科在播音"台名称使用了人们耳熟能详的一句话《Говорит Москва》，也赋予了它一定的国家色彩。它于1997年9月开播，主要播送国家和莫斯科地区的新闻以及流行音乐、其他专题节目等。网站设计素雅，内容非常丰富，以新闻为主打版块，大体包括莫斯科及国内世界新闻、政治、经济、文化、社会、安全等，可以在直播间收听新闻，部分新闻还配有文字。
Радио Культура http://www.cultradio.ru/ ★★	"文化广播台"是"俄罗斯文化频道"（http://www.tvkultura.ru/）的姊妹台，开播于2004年11月，定位与"文化频道"相同，同为文化传播目的服务，网站主要栏目有：直播、节目、专题、新闻、论坛等。它的许多内容与"文化频道"相对应，可以在线收听。
Радио Свобода http://www.svobodanews.ru/	"自由广播台"又称为"自由欧洲台"，是个国际性的非政府的非盈利大众媒体，总部在美国，在俄罗斯设立了分站。电台宣扬西方民主、人权和信息公开。网站提供直播节目，可以在线收听，同时还有许多音频资料，可以在线或下载收听。
Радио Спорт http://www.sportfm.ru/	"体育广播台"开播于2006年3月，是俄罗斯最有名的专业体育广播电台，主要播送体育比赛直播、体育专题分析、体育明星和音乐节目。网站内容是以直播和节目介绍为主。
Ретро FM http://www.retrofm.ru/	"怀旧调频台"开播于1995年9月，目前居于俄罗斯广播电台的前五位，其听众定位于30-50岁的"成功人士"，以播放经典老歌为主，但当前也在播放流行新歌。网站主要栏目有新闻、节目、直播、DJ主持、晚会等。
Русская служба новостей http://www.rusnovosti.ru/ ★★	"俄罗斯新闻服务台"开播于2001年10月，曾称为"俄罗斯广播电台台二台"（Русское Радио-2），从2011年起加入"国家媒体集团"[①]，广播语言是俄语，85%的广播内容是各类新闻，其他广播信息为音乐、娱乐等。网站也紧紧围绕新闻做文章，主要栏目有直播间、今日要闻、新闻中心、采访等。
Финам FM http://finam.fm/ ★	Finam调频台是为商务人士量身定做的广播台，主要是在莫斯科地区。早期电台是以音乐节目为主打栏目，现扩充节目内容。网站主要栏目有：新闻、音乐、节目单、在线观看、交流等。用户可以在线收听直播节目，内容涉及政治、财经、社会、事故、文化、体育、房产等。
Юмор FM http://www.veseloeradio.ru/	"幽默调频台"是俄罗斯为数不多的专业"讲笑话"电台，开播于2005年9月。网站主要栏目有广播、活动、观、听、交流等。许多在线播放的笑话还有文字版。

① 加入这一集团的还有"第一频道"、"第五频道"、РЕН ТВ 和"消息报"等。

muzRadio http://www.muzradio.ru/ ★★	一个流行音乐网络广播台集锦网站，收录有众多专业音乐台和综合台的音乐节目，网络链接资源丰富，可以通过这些地址直接转到对应网络资源。它与muzVideo，filmZVideo属同一系列。
Station.Ru http://www.station.ru/	一个音乐广播网站，主要服务内容是在线收听音乐广播，建立个人化音乐电台，写网络日记，关注明星博客等。网站主页列出了ХитFM，Русское Радио，DFM，MAXIMUM等6个主流网络广播台的网址，可以在线收听，同时也在向TV发展。
webAntenne http://www.webantenne.com/radio.php	网络广播台的门户网站，主页列出了20多个俄罗斯主流广播台的网址，并可直接点击收听直播。还按欧洲、亚洲、美洲、大洋洲等的国别（地区）进行了分类，并列出相关广播台网址。

第四节 通讯社和媒体集团

本节所介绍的主要为俄罗斯的主流通讯社和媒体集团，以及少数开播俄语节目并针对俄罗斯观（听）众的非俄罗斯媒体。

➤ Интерфакс（http://www.interfax.ru/ ★★☆）

"国际文传电讯"（INTERFAX）国际信息集团成立于1989年，是前苏联第一个非国有通讯社，目前与俄通社-塔斯社、俄新社新闻并称俄罗斯三大通讯社，是独立的新闻报道机构。它主要报道政治和经济新闻、金融信息、综述分析、各类排行信息等。网站的主要栏目有：政治、社会、经济、体育、文化、莫斯科、题材等。主页中央是今日要闻，此外还有图片要闻、视频要闻、独家报道和新闻中心等版块。其中，网站视频资源只有小部分新闻有，主要来自Вести，РИА Новости等电视新闻，多数新闻都配有文字。

➤ ИТАР-ТАСС（http://www.itar-tass.com/ ★★）

"俄通社-塔斯社"的前身就是前苏联的世界几大通讯社之一的塔斯社，尽管早在1904年就出现了它的雏形。其ТАСС名称使用始于1925年7月，意思为"苏联通讯社"（ТАСС – Телеграфное агентство Советского Союза），苏联解体后，为了还能使人想起这一熟知的通讯社，1992年1月，改名为"俄通社-塔斯社"。这是俄罗斯的中央通讯社。网站所提供的服务对我们一般网民有用的主要是新闻中心、视频栏目等，新闻类别主要分为政治、经济、安全、事故、文化、体育等，其中部分新闻可以在线播放，大多数新闻都配有文字。

➤ РИА Новости（http://ria.ru/ ★★★☆）

"俄新社新闻"全称为"俄罗斯国际新闻社"，是俄罗斯最大的新闻通讯社之一，其前身创办于1941年6月，1990年曾称为ИАН，1993年启用现名。通讯社主要报道俄罗斯、独联体的新闻时事，发布俄罗斯政府及其机构的重要官方信息，同时也在世界各地派有记者，报道所在国的重大事件。其报道原则是："灵活、客观、独立"。其网站以9种语言提供服务（其中包括汉语），栏目分类很细，内容丰富。除了那些新闻网站都有的传统栏目，如：政

治、世界、经济、社会、教育、体育、事故、安全和军事、经济、科技、文化外，还有当前重大事件的专题，如"阿拉伯巨变"等；此外，还有一些特色栏目，如调查、周末、万花筒、3D多媒体、TV等。通过РИА ТВ可以收看网站新闻视频；通过Звуковые РИА Новости可以在线收听新闻报道。所有视频可以通过网络工具下载。

➢ Русская служба Би-би-си（http://www.bbc.co.uk/russian/ ★★★）

"BBC俄语分部"是英国广播公司针对俄语特别是俄罗斯观（听）众而设立的媒体分支机构，它开播于1946年3月，后于2011年3月彻底转为卫星转播和互联网信息服务。它在促进苏联解体、向俄罗斯人民灌输西方意识形态方面发挥了先锋作用。其网站以新闻时事报道为主要服务内容，新闻分类主题主要有：俄罗斯、经济、科学、社会、英国、体育、分析、观点、音视频等。部分新闻报道可以在线收看BBC的新闻视频，所有新闻均配以文字。

➢ Фонд "Общественное мнение"（http://fom.ru/，http://corp.fom.ru/ ★★☆）

"社会舆情基金会"从1992年起才开始真正独立运行，并始终扮演一种独立媒体角色。它在叶利钦和普京的总统竞选中，为当时的政府提供了详实的统计调查数据，从此，该基金会为俄罗斯诸多组织、公司和机构提供相关服务。网站的主要版块有：新闻专题、博客、社圈、图说、视频、统计表指数、专栏项目等。网站的新闻报道和评述文章可读性和参考价值都较强。

其他部分通讯社、媒体集团资源

名称与网址	说　明
ИА REGNUM http://www.regnum.ru/	REGNUM通讯社成立于2002年，是俄罗斯较大的通讯社之一，其网站曾荣获2006年Рунет大奖。网站主要以即时新闻报道方式发布新闻时事消息，新闻按国别、地区以及主题进行了分类，大部分新闻都是文字版，个别新闻有视频。
Росбалт http://www.rosbalt.ru/	通讯社成立于2000年，2001年开设网站，并且是俄罗斯西北区最大的新闻网络资源之一，居于同类媒体网络引用率的前5位。通讯社定位于记者、中高层领导、政治和社会活动人士、企业公司和科研教育机构职员、官员和商务人士。网站主要栏目有：要闻、莫斯科、圣彼得堡、国内、国外、商务、选举、市场、视频、博客、论坛等。部分视频可在线观看、下载。
РБК http://www.rbc.ru	"俄罗斯商务咨询"媒体集团（РБК）创办于1993年，后由«ОНЭКСИМ»的俄罗斯首富米·普罗霍洛夫（М. Прохоров）[①]控股。该媒体集团涉足互联网、电视、报刊等媒体信息领域。网站的主要服务项目有：РБК-ТВ，CNEWs，Quote，iGlobe，immovables，Sport，RBK Money，Rating等。与新闻有关的分类主题主要有：政治、经济、事故、社会、记者招待会等，部分新闻报道带有视频，所有均配有文字。
Столетие http://www.stoletie.ru/ ★	"世纪"网是由"历史前景基金会"信息分析媒体集团于2004年9月创办的，也是一份网络电子报纸。报道侧重一些深层的思考，网站主要栏目有：今日、图片、政治、文化、社会、历史、斯拉夫、俄罗斯与世界、地缘政治、立场等。网站整体设计精致，内容比较丰富。
Media Guide http://www.mediaguide.ru/	一个职业媒体商务网站，有俄罗斯各类新闻媒体的统计目录和相关统计数字、排行信息等，同时还提供媒体检索服务。

"俄罗斯媒体地图"网站（Карта СМИ России http://www.karta-smi.ru/）是俄罗斯大众媒体的"集大成"者。网站按照媒体类别进行了分类，主要类别有：杂志、报纸、电视、广播、通讯社、互联网、印刷机构、组织、媒体集团等，对每个媒体都给出了简介、网址。

---

① 2010年5月普氏收购NBA球队"篮网"队，赛季结束后，中国球员易建联被送走；2012年作为独立候选人参加俄罗斯总统竞选。

政府政治资源

政府网站是实体政府的虚拟代表机构(виртуальное представительство органов власти)，是依托于互联网，实现政务信息公开和提供国家服务的重要渠道。根据2007年2月俄国家杜马通过的《保障获取国家机关和地方自治机构信息法案》规定，国家公务人员有义务提供不涉及国家和职务机密的所有政府机构活动信息，所有政府管理部门应在政府网站公开相应信息。这也是时俄政府行政改革和电子政府建设的信息化举措。为此，俄政府接连出台了许多相关法律、法规来促进政府、国家权力机构的信息化进程，例如有《"电子俄罗斯"纲要》、《××年前俄联邦电子政府建设构想》等等。通过政府网站，了解俄罗斯的政策动向和规章制度，掌握其基本组织构成，可以更好地帮助我们了解俄罗斯国情，并对相关经济、政治活动带来有益的影响。

俄罗斯是个多党制国家，国内政党林立。经过近些年的斗争和重组，目前形成了以中、左、右派的几个大党为主，一些小党为辅的政党格局。俄罗斯国内还有许多的组织分别代表不同的利益集团在俄罗斯社会生活中占据着一席之地。在当今的信息化网络时代，利用互联网为其服务，宣传自己的政治理念，传达不同社会团体、利益集团的诉求，已成为当今俄罗斯各政党、各团体、各组织的基本共识。它们大多是建立自己的网站，利用各种社会网络资源，设立论坛、发送电子杂志，充分实现互联网的宣传功能、交流功能、组织功能和竞选功能。另外，俄罗斯还有很多政治研究单位，其研究内容涉及地缘政治、国家战略和国内政治等问题，它们也大多有自己的网站。因此，通过政治类网络资源，我们可以更深入的接触俄罗斯的社会政治面貌，更好地把握其社会发展动向，同时了解俄罗斯的对外政治意图。[①]

第一节 政府网络资源[②]

俄罗斯的政府网络资源主要是联邦政府及其执行机构的网站、联邦各区域主体和重要城市的政府网站等。

➢ Официальная Россия（www.gov.ru ★★★☆）

"官方俄罗斯"的创立和发展就是俄罗斯政府信息化发展过程的一个缩影。1995年，俄罗斯第一个政府网站——俄罗斯政府互联网网络(Russian Government Internet's

---

① 以上部分内容参考自：谭国雄《世界政党对互联网的运用与启示》（桂海论丛，2005年2月第1期，56—59）。
② 本节部分内容参考自：刘戈《俄罗斯信息社会的构建：理想与现实》（黑龙江人民出版社，2012）。

Network,简称RGIN,http://www.gov.ru)开通。1998年,网站更名为"官方俄罗斯"(Официальная Россия),网站的副标题是"俄联邦国家权力机构服务器",增加了5类权力机构的链接(联邦总统、联邦会议、联邦安全委员会、联邦政府和地区机构),政府门户网站的雏形初显。之后,俄网曾出现两个联邦政府网站同时并存的情况:除1998年纳入"官方俄罗斯"门户的联邦政府网站(www.government.gov.ru和http://www.pravitelstvo.gov.ru)外,还有2001年开通的俄罗斯"电子政府"网(http://www.e-government.ru)。

2005年以后,俄罗斯开始逐步对政府网络资源进行整合,"电子政府"网与"联邦政府"网合二为一(网址统一为:http://www.government.ru),其中的理论研究部分挪至"电子俄罗斯"网站的"电子政府"版块下,这样就突出了政府应用信息通信技术管理和服务社会的实践内容与功能。目前我们见到的新改版的俄罗斯联邦国家权力机构门户网站就是这一整合的结果。如今,"官方俄罗斯"主站点(www.gov.ru)已具有较为完整的链接列表,可以链接到俄罗斯联邦总统网站(http://president.kremlin.ru或www.kremlin.ru)、联邦执行权力机构网站(即政府网站www.government.ru)、联邦会议网站(联邦委员会www.council.gov.ru,国家杜马www.duma.gov.ru)、联邦司法机构网站(宪法法院www.ksrf.ru,最高法院www.supercourt.ru,最高仲裁法院www.arbitr.ru)、联邦安全委员会网站(www.scrf.gov.ru)、联邦中央选举委员会网站(http://www.cikrf.ru)、联邦审计署(http://www.ach.gov.ru)、联邦检察院(http://www.genproc.gov.ru/)和联邦人权特派员网

站（www.ombudsman.gov.ru）等各联邦权力机构的站点，以及各联邦主体、地区、城市及国家主要新闻机构，各大报刊、杂志和中央银行等部门网站。

从域名管理看，"官方俄罗斯"网最初基本参照了发达国家的做法，各下属网站拥有统一的顶级域名。按照GOV.RU政府域名的临时管理规定，俄联邦政府各部委和各级政府部门在进行各级网站建设的时候，都应在统一的指导文件和标准接口下进行，域名的选取应有统一的格式和规律，分级设置，便于公众链接或查询。总统府联邦政府通讯与信息资源署（简称总统府信息署，ФАПСИ）负责对政府网站进行统一管理，其下属的信息资源管理总局（简称ГУПСФАПСИ）设有RGIN网的主站点，并在政府通讯管理总局（即总统府信息署通讯局）设有RGIN的镜像站点。根域名GOV.RU的管理，子域名*.GOV.RU的申请注册，以及使用根域名服务器的政府网用户的IP地址等均由信息资源管理总局具体负责。但是在后来的应用过程中，统一域名的原则并没有得到彻底贯彻。

从网站的设计来看，作为代表国家官方机构的主页，其界面设计均比较统一和严肃，没有太多华丽的设计，但一般都在页面题头位置设有代表国家和机构统一形象的明显标识和标志，如国徽、国旗、部门标志性建筑图片或徽章等，以显示国家和政府的形象和权威。

从内容上看，中心站点除可以链接到所有已经上网的官方资源外，还包括了对俄罗斯国家象征——国旗、国徽、国歌的介绍，联邦的各项法律，以及俄罗斯国家文化遗产，如大剧院、克里姆林宫、冬宫等博物馆的介绍和链接等，使其在体现政府权威的同时又不过于死板，并有效地宣传了俄罗斯的历史文化，有利于吸引国内外的网民前来浏览。

➢ Интернет-портал Правительства РФ（http://www.government.ru/# ★★★☆）

"俄联邦政府互联网门户"主要承担政府信息发布和其他政府机构接口的任务。其政府部门入口共有3个：执行权力机构、俄罗斯政府、政府机构，此外，还有总理官方网站入口和一些辅助服务入口，共包含：政府联系方式、为媒体、数据俄罗斯、文件资料库、多媒体中心等。

其中，执行权力机构版块的网页显示了俄联邦所有权力机构的名称、简介等。按照重要性，这些执行机构分成4个版块进行展示，主要是：俄联邦总统、俄政府总理、首要部（内务部、紧急情况部、外交部、国防部、司法部）和其他部委（包括13个部、20个局、委或办公室）等。

俄罗斯政府版块网页显示了俄联邦政府主要成员的基本情况，主要是政府总理、副总理、各部部长。政府机构主要是政府办公机构的组成。

在政府网站主页上还有重要事件、工作日、文件、新闻中心等版块。整体设计风格与联邦总理网站一致，也是以时间轴为线索，可以选择时间轴上任何一节点查阅当日政府工作日程。主页设立的主要版块有：重要议题、工作日、文件、新闻通报、各部位活动等。许多重要事件、会议、讲话的报道都有文字、图片、视频、音频等要素，所有资料均可免费下载。网站还可以选择俄英双语切换。特别具有参考价值的还有：俄罗斯数字统计（Россия в цифрах）和信息图表两个专栏。主页底部还列出了联邦政府各部委、机构的链接。总的说来，联邦政府网站的信息量非常丰富，法律法规数据库更是其中的亮点。俄联邦政府数据库（http://www.government.ru/archive/）可以查询以往数据。

> Президент России（http://www.kremlin.ru/ ★★★☆）

"俄罗斯总统"网站在俄罗斯民众心目中具有非常高的权威性，它是俄罗斯民众在政府类网站中访问量最大的网站。它开通于2000年1月，2002年6月第一次大规模改版。即时，"俄联邦

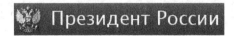

总统"栏目介绍了俄联邦总统在维护国家主权、捍卫公民权利与自由、统帅军队、制定和执行对内、对外政策、协调和监察各权力机构活动等方面的法律地位、职责和权力。"标志"一栏介绍了总统的就职、仪仗、权力象征、享受的外交礼节和官邸及交通工具等情况。"国家首脑"包括俄联邦总统的生平、自传、各时期官方活动和私人生活的图片、总统信访、第一夫人政务活动日志等信息。新增加的"开启克里姆林宫"栏目介绍了总统办公地克里姆林宫的历史和地图。"大事记"和"照相簿"则以文字和图片形式，分别对俄联邦总统参与的各项活动进行了记录。"文献"栏目以数据库形式，提供主要官方文件的查询和下载。"网站新事"一栏中，访问者可以及时了解当前网站的最新内容。此外，"事件"一栏基本涵盖了第一版的、除原"俄联邦总统"的所有栏目的内容；"机构"介绍了俄联邦的权力结构组成和职能划分；"优先项目"介绍了国家在国民健康、住房、教育、科技、经济、军事、社会保障领域及对内、对外关系等方面的优先发展政策；"周期存档"栏目集中了以往各年的总统和国家、政府主要活动的档案资料，访问者可依日历进行查询。

2011年俄总统网站又进行了改版，设计更加简洁，栏目更加紧凑，内容更加丰富。现主要栏目有：新闻、工作记录、文件、事务、行程、访问、电报、照片、视频、音频、日程等。特别值得推荐的有：文件、视频、音频栏目，这里保留了与总统活动有关的重要文件，总统发表讲话的绝大多数视频和音频，这些多媒体资料都配有文字，而且所有资料网站鼓励下载，无需使用特殊下载工具。

> ГосДума（http://www.duma.gov.ru/ ★★★）

"国家杜马"网站是俄罗斯联邦议会下院的官方网站，主要栏目有：即时新闻、杜马组成和机构、关于国家杜马、立法活动、代表活动、国际活动、信息及分析资料。在主页中部列出了5个版块，主要有：杜马新闻、今日杜马、法案、议会TV、议会主席等。通过网站可

以对杜马的会议进行现场直播，因此，俄罗斯的电视台才能多次对议员偷懒等不雅行为进行曝光。杜马议员党团及各委员会在杜马主页也都有相应链接地址。

> ВСЯ РОССИЯ（http://allrussiatv.ru/ ★★☆）

"全俄罗斯"网是由俄罗斯联邦议会联邦委员会主办的联邦媒体门户网项目。网站

提供了俄联邦各联邦主体的链接，进入所选择的联邦主体页面后，有该主体的基本信息介绍，如徽标、首府、人口、面积、经济等等，还有该主体的重点新闻报道、行政主体领导人的视频博客等内容，此外，还会自动播放关于该主体的情况介绍视频短片或是相关新闻短片，播放十分流畅。网站还提供了一定数量的视频下载。

➢ Портал государственных услуг（http://www.gosuslugi.ru/ru/）

"国家和市政服务门户"网站又称"统一门户网"，这是将与国家政府的各项服务以及市政服务进行整合，由联邦政府主办，由联邦通信和大众传播部负责网站具体建设。主页的服务分类先按照自然人或法人进行选项；服务项目按照特征进行分类，共有三类标准：用户属性、部委或生活环境。每个服务项目分类标准下都有数十种子类别，例如，对于用户属性来说，则有：公民/登记/签证，住房和社区服务，家庭，社会保障，企业活动，土地所有关系，医疗保健，保险，劳动等等；对于部委类别，则按隶属关系图表给出了俄政府所有部委的链接；对于生活环境来说，则有：生病；开办个人商业活动；退休；购房；找工作；投资理财等等。每个类别下都列出了该类别最新的官方文件和问题解答等。无疑，"统一门户网"对于公民、组织、团体、企业等办理规定行政手续、查询相关服务信息都提供了极大的便利。

➢ Портал Мэра и Правительства Москвы（http://www.mos.ru/ ★★）

"莫斯科市长和市政府门户"网是俄罗斯所有城市门户网站中设计最为精致的网站。其主要专栏有：莫斯科介绍；市政机关；市长；新闻中心；文件资料等。主页中部主要列出市长、市政府近期重要活动；在主页底部列出了市政府及各市政服务机关的动态链接地址。其中，特别是关于莫斯科市的历史、文化的介绍为市官方正式版本，具有权威性。网站还提供大量图片及音视频、文本资料，可供下载使用。

此外，还有个网站为"莫斯科门户"网（http://www.moscow-portal.ru/ ★★）并不是莫斯科市的官方网站，但它的内容同样十分丰富。网站主要栏目有：城市、休闲、商务、交通、文化、健康、教育、通讯、娱乐、房产、杂项等，应该说这是个服务普通市民的网站，可以为城市生活带来各种便利。

➢ Правители России и Советского Союза（http://www.praviteli.org/ ★★☆）

"俄罗斯和苏联领导人"网收录有俄罗斯和苏联历史上所有领导人的名单目录，它按照不同历史时期进行划分，主要有：俄国——1721—1917；1917；1918—1922；俄罗斯社会主义联邦1917—1991；苏联1922—1991；苏共1917—1991；俄罗斯联邦1991至今。领导人主要是指国家、政府、执政党领导人。网站资料丰富，具有很好参考价值。

➢ Сайт Предсадателя Правительства РФ（http://premier.gov.ru/ ★★★）

"俄联邦总理网站"的最大特色是按照时间轴对总理的活动进行报道，选择时间轴上的任何一个时间节点，可以显示出当日联邦总理活动的新闻报道。所报道的要闻大部分都有文字、图片、视频、音频等网页信息要素，可以直接下载。此外，网站还设立几大版块，主要有：焦点、观点、摘要、新闻通报等。主页的顶部还有总理简介、总理图集和给总理写信等；页面底部有总统、索契冬奥会和一些动物保护协会的链接。

其他常见政府网络资源

名称与网址	说　明
Административная реформа в Российской Федерации http://www.ar.gov.ru/	俄联邦行政管理机构改革的官方网站。
ГОССЕТЬ http://govweb.ru/	"国家（政府）网络"网站按6个版块列出了国家和地区执行权力机关的机构组成，具体内容包括机构数量、机构简介、地址、负责人等信息，这些版块有：国家机构目录、联邦主体国家权力机构、国家政权分支机构（主要是司法、执行机构等）、国家机关组织网站、法律文件、排行榜和其他名录。
ПМЭФ http://www.forumspb.com/ru/	"彼得堡国际经济论坛"被称作"俄罗斯的达沃斯"，开始于1997年，在圣彼得堡市每年举办一次。尽管是开放式的民间经济论坛，但由于俄罗斯政府介入以及彼得堡市政府作为主办方的缘故，这个论坛也具有了某种官方的意味。网站可选俄英两种语言，主要介绍论坛组织机构的组成，上届论坛的基本情况以及下届论坛的筹备情况。网站还提供重要人士（如俄总统）的大会发言（文字和视频）以及会议资料的pdf文件，可以下载。
Портал Администрации Санкт-Петербурга http://www.gov.spb.ru/	"圣彼得堡市政机关"门户网是圣彼得堡市政府官方网站，主页按横纵两个专栏划分了不同的服务功能。横栏主要是：新闻时事、官方彼得堡、数字彼得堡、市民指南、经济和商业、文化和旅游；纵栏主要是：彼得堡市长、市政府、市执行权力机关及各区介绍，新闻通报，图片资料和视频资料，市政、法律服务，统计分析等。特别是文化旅游专栏，它详细介绍了圣彼得堡的历史、文化和旅游信息，对于了解该市有着很好的参考价值。
Портал Архивы России http://www.rusarchives.ru/	"联邦档案局"门户网站创办于2001年，主页设计凝重，主要栏目有：新闻、网站地图、留言簿、论坛、展览、手册、卫国战争1941-1945等。
Портал госзакупок http://www.zakupki.gov.ru/	"俄联邦国家采购网"是俄联邦政府从事国家机关、政府采购的专业门户网站，这里设立了各采购机构、联邦区、联邦主体、采购时间等多个专栏选项以供查询。
Совет Федерации РФ http://www.council.gov.ru/index.html	"联邦委员会"网是俄罗斯联邦议会上院的官方网站，分19个栏目对委员会的各个方面进行介绍，例如有：联邦委员会简介；领导机构；组成；分委员会；议会机关；立法活动；联邦主体；跨议会活动；信息分析资料；联邦法律；视频资料等等。在主页中部列出了议会近期活动的新闻报道。
Сплошное наблюдение http://sploshnoe-nabludenie.ru/	"连续观察"网是俄联邦统计署的统计数据发布官网，主要报道相关法律法规、统计流程、规范、问答和数据等。
ФЦП http://fcp.economy.gov.ru/cgi-bin/cis/fcp.cgi/Fcp/Title/	俄罗斯联邦目标规划的主页，包含许多涉及发展规划的政府文件，资料翔实。
ЦИК РФ http://www.cikrf.ru/	"中央选举委员会"官网主要刊登委员会的组成和功能，发布议会、总统选举的活动新闻，登载国家的选举法律法规，发布各界和媒体对选举活动的评论等消息。每到选举年，该委员会的网站就成为了研究俄罗斯选举政治的重要参考来源。

其他主要联邦政府机构网络资源[1]

机构	网址
审计署	http://www.ach.gov.ru/
中央选举委员会	http://www.cikrf.ru/
宪法法院	http://ks.rfnet.ru/
最高法院	http://www.supcourt.ru/
最高仲裁法院	http://www.arbitr.ru/
国防部	http://www.mil.ru/
内务部	http://www.mvdinform.ru/
外交部	http://www.mid.ru/
司法部	http://www.minjust.ru/
财政部	http://www.minfin.ru/
紧急情况部	http://www.emercom.gov.ru/
卫生和社会发展部	http://www.minzdravsoc.ru
交通部	http://www.mps.ru/
运输部	http://www.mintrans.ru/
工业和贸易部	http://www.minprom.gov.ru
能源部	http://minenergo.gov.ru/
教育与科技部	http://www.mon.gov.ru
文化部	http://www.mincultrf.ru/
自然资源和生态部	http://www.mnr.gov.ru/
农业部	http://www.mcx.ru/
通信和大众媒体部	http://www.minsvyaz.ru
地区发展部	http://www.minregion.ru
体育、旅游和青年部	http://www.minstm.gov.ru
经济发展部	http://www.economy.gov.ru
联邦海关总局	http://www.customs.ru/
联邦安全局	http://www.fsb.ru/
联邦税务总局	http://www.nalog.ru/
联邦国家统计署	http://www.gks.ru
联邦对外侦察局	http://svr.gov.ru/
联邦机要通信局	http://www.gfs.ru/
联邦警卫局	http://www.fso.gov.ru/
总统办公厅	http://www.udprf.ru/

第二节 政治网络资源

5.2.1 政治研究网络资源

➢ Время Востока（http://www.easttime.ru/ ★★☆）

"东方时代"网是专题研究中亚、中东、远东问题的网络资源，内容主要是报道上述

---

[1] http://www.gov.ru/main/ministry/isp-vlast44.html 该网址列出了所有联邦执行权力机关及其下属机构的相关链接地址。

地区的时事新闻、国际局势和国内政治、经济情况，特别是网站的许多分析性评论对于研究这些地区的相关研究具有很好的参考价值。

➢ Геополитика.ру（http://geopolitica.ru/ ★★☆）

"地缘政治"网是俄网关于地缘政治学的最佳网站之一。网站的主旨是探讨俄罗斯及世界的地缘政治问题，其专栏有：新闻、论文、视频、音频、地图等，在主页的显著位置分不同地缘模块和地缘主题来分析和介绍不同地缘政治问题，例如有亚洲、美洲、军队、巴尔干、中东、欧洲、高加索、俄罗斯、乌克兰、文件、采访、观点、新闻中心、网络战、经济等。网站所登载的文章不乏真知灼见，特别是综述性、统计性文章更有参考价值。

➢ Кольцо патриотических ресурсов（http://www.rossija.info/ ★★☆）

这是一个将俄网上关于爱国主义、热爱俄罗斯、鼓吹强大俄罗斯的网站联盟网络资源。按照网站的说法："爱国资源圈"项目的目的就是"建立能够形成以俄罗斯为优先方向、立足于文化精神和历史传统的世界观的统一信息空间"，其任务是"将互联网上俄罗斯的真正爱国者组织起来，以合作精神和统一战线来反抗反对俄罗斯的信息战。"在该资源性网站中设置了十几种类别，例如主要有：社会组织、俄罗斯文明、大众传媒、俄罗斯侨民、俄罗斯武器、论坛、信仰、历史、反全球化、科技、人物、新一代等，所列出的所有网站资源均有简介和链接地址。网站还按照政治、经济、文化、社会、国防、宗教等类别报道大量新闻。

➢ Московский Центр Карнеги（http://carnegie.ru/ ★★★☆）

"卡耐基莫斯科中心"是由卡耐基基金会支持的网站，其中刊登了大量的涉及国际政治与安全的报告和论文。卡耐基基金会成立于1911年，其创始人为安德鲁·卡耐基，宗旨是"增进和传播知识，并促进美国与曾经是英联邦海外成员的某些国家之间的了解"。其下属的"卡耐基和平基金会"在20世纪80年代到90年代，一直把反对核扩散以及前苏联地区的发展作为中心议题，冷战以后种族间的冲突成为对和平的新威胁，也是基金会的重点之一。按照其宣传，基金会的工作重点是：避免核战争；防止核扩散；防止致命冲突；建立各种集团之间的相互了解。基金会在对俄罗斯和其他前苏联地区施  加民主影响的做法要更为隐蔽，其做法不是提出改革的建议，而是提供机会促进这些地区和美欧及其他国家高级集团之间的经验交流。基金会资助哈佛大学肯尼迪政治学院的"加强民主机制"项目从戈尔巴乔夫执政初期就已开始，对苏联中央政府和地区的相关人士给以咨询，此项工作一直延续到苏联解体之后，许多当时与此项目有关系的人士已是俄罗斯社会有名望的重要人物。当前，该基金会已在俄罗斯稳稳扎下根并产生了广泛影响，它利用互联网和其他平台宣传其西方价值观和理念，但又从表面看起来不是摆出老师训斥学生的那种样子，而是"循循善诱"，似乎是从俄罗斯的利益出发，但本质上无不是灌输西方价值观和为西方利益服务。

卡耐基中心的网站有几个固定专栏：规划、专题、消息、出版发表、专家。这些专栏都有自己的分栏，例如规划栏有：对外政策和安全、社会和区域政策、不扩散问题、东-

东规划、宗教社会和安全、俄罗斯国内政治、经济政策。专题讨论区一般是围绕当今俄罗斯国内外最热点问题进行论述。消息专栏主要报道中心举办的专题研讨会和圆桌会议的具体情况。出版发表专栏多是学术性的论文和专著，有些专著甚至能以pdf文档格式全书下载。卡耐基中心网站的所有资料针对性较强，并具有一定权威性，是了解俄罗斯对外政策、俄罗斯与世界关系等诸多方面都具有很好的参考价值。

➢ Ситуация в России（http://www.situation.ru/ ★★☆）

"俄罗斯形势"网是个综合性社会政治类网络资源，宗旨是探讨：俄罗斯的历史文化根基及前景；全球化、经济和生态；操纵意识和公民、传统社会；灾难和克服灾难等。其主要栏目有："东方"年鉴、文摘、图书、论坛、争鸣、历史教科书、资源链接等。网站整体内容丰富，可参考性强。

➢ Фонд Ельцина（http://www.yeltsin.ru/ ★★★）

"俄罗斯第一任总统叶利钦基金会"创办于2000年，基金会收藏了大量俄罗斯在二十世纪末改革的历史、政治资料以及叶利钦国内外各类活动的档案资料。网站包含了研究课题和各类叶利钦活动的档案资料可以在线查阅。

与之有关联的还有一个网络资源——"叶利钦中心"（http://yeltsincenter.ru/ ★★），该中心定位于非赢利性的社会政治单位，和"叶利钦基金会"有着紧密的联系。其官网介绍了叶利钦的生平、中心举办的各种活动和项目，并提供了很多图书资料、历史文件以及多媒体的图音像资料等。

➢ WIN.RU（http://win.ru/ ★★☆）

WIN（World Intellectual Network，Сетевой интеллектуальный клуб 网络理性娱乐部）是一个时事政治评述、分析网，主要有5个专栏：经济关系、地缘政治、历史争鸣、信息化战争、揭秘档案等。网站的文章往往分析视角独特，方法另辟蹊径，资料深入挖掘，总体对于政治、时事研究具有极好的参考价值。

其他常见政治研究资源

名称与网址	说　明
Академия геополитических проблем http://akademiagp.ru/	"地缘政治问题研究会"是俄联邦司法部于1999年6月注册的一个学术性社会组织。网站不仅介绍了该协会的组成，还提供了一定的文字和多媒体资料。同时，还根据国别（洲别）划分了不同国家（地区）的地缘政治问题论述，如俄罗斯、中东、美国、欧盟、亚洲、独联体、中国、日本、拉美等，探讨了一些国际组织如上合组织、欧安会问题以及地缘政治学和安全问题。此外，还按照俄罗斯不同的行政区来报道和探讨一些政治问题，如西北区、北高加索区、远东区等等。
Горбачёв-Фонд http://www.gorby.ru/ ★	"戈尔巴乔夫基金会"创办于1991年，目前定位于研究苏联戈氏改革历史和目前现实问题的研究性基金会，口号是"走向新文明"。官网主要栏目有基金会简介、相关新闻和出版物、活动、戈氏及夫人简介、资料中心等。
Гослюди http://www.goslyudi.ru/	"国务人士"是网络媒体Полит.ру的子项目，主要是介绍和评论各类政府人员、社会活动人士、企业家、公职人员通过博客和参与在线项目的方式所发表的言论和观点。

续表

ДЕМОГОГИЯ http://demagogy.ru/	"偏激言论"网标榜人的言论自由，但也不否认人们经常"祸从口出"，因此，网站定位于讨论和分析那些偏激（危险）的社会性公共言论。主要专栏有：要闻、博客、排行、人物等。其评价与分析常被别的媒体引用。
Евразия http://www.evrazia.org/ ★☆	"欧亚主义"网是关于国际时政及国内政局、经济发展等诸多方面的政论性网络资源。网站的许多专论见解深刻，具有较好参考价值。
Журнал «ПОЛИС» http://www.politstudies.ru/	《政治研究》杂志的网络版，可以查阅部分过期文章。
ИДВ РАН http://www.ifes-ras.ru/ ★★	"俄罗斯科学院远东研究所"的官网，主要报道该所的机构组成、学术活动、媒体新闻、人才培养和学术成果等。其中，网站发布、刊登的许多学术研究成果具有很好的参考价值。
Национальная политическая энциклопедия http://politike.ru/	"国家政治百科全书"网实际上应该归于"网上工具"类别。为了使主题保持一致，本书将其归于"政治资源"一章。网站列出了近20个政治学网上工具、词典等，通过它们可以查阅许多相关术语。
Новый форум MP40.net http://www.mp40.net/	一个专门讨论政治、宗教、生活等问题的论坛，标榜中立、独立和理性。主要栏目有：论坛、博客、展示、图书、广播、电视等，尽管许多论题已经超出了政治、宗教范畴，但许多文章仍值得一看。此外，它还按照政治组织的几类基本倾向列出了俄罗斯政党、组织的链接，这些倾向有：左翼、其他、爱国组织、"君主派"、右翼等。
О распаде СССР http://www.kpaxcccp.net/ ★	一个关于苏联解体事件的专题网站，既有当时事件的回顾，又有对事件的反思、分析，还补充了部分揭秘材料。
Полярная звезда http://zvezda.ru/	"北极星"是个泛政治讨论网络平台。网站致力于对俄罗斯国内外的社会政治和经济进程问题进行战略分析和预警。主要版块有：地缘政治；政治；经济；军事足迹；民族人文；文化等。其档案、资料栏目可以提供不少有价值的参考文章。
Российский институт стратегических исследований http://www.riss.ru/	"俄罗斯战略研究所"成立于1992年4月，主要从事联邦执行机构在保障国家安全领域内制定国家战略政策及方向时的信息性和分析性保障。主要有以下几个专栏：亚太地区、周边国家、欧美、世界经济、区域经济、国防政策、报告和讲话、人文研究、资料等。可以浏览其会刊"国家战略问题"的简介，少数文章可以pdf格式下载。
Россия в глобальной политике http://www.globalaffairs.ru/	政治杂志《全球政治中的俄罗斯》的主页，通过它不仅可以浏览往期杂志的大多数文章，而且有的文章还以保存为html文件下载。
Фонд стратегической культуры http://www.fondsk.ru/ ★☆	《战略文化基金会》是个电子出版物，网站探讨关于政治、经济、历史文化的问题，报道时事新闻并进行专题综述。
Холодная война http://www.coldwar.ru/ ★★	"冷战"网是关于冷战的专题网站，主要栏目有：概况、阶段、装备竞赛、冲突、宣传、论坛等，值得推荐。
Центр Консервативных Исследований http://konservatizm.org/	由莫斯科大学社会学系主办的"保守主义研究中心"主页，研究俄罗斯、独联体乃至世界各国保守主义理论和表现。网站探讨了很多政治、地缘政治和俄罗斯思维问题。

5.2.2 安全类网络资源

俄网的安全类网络资源实际上在前面许多章节中都提及，如政府和政治研究类、电子图书馆类以及后面的军事类等，这里再简要介绍几种涉及反恐、国际安全合作的网络资源。

名称与网址	说 明
Антитеррор http://antiterror.condoleeza.ru/	一个很有意思的网站，主要针对普通市民，教授人们在日常生活中如何"反恐"，例如如何识别路边炸弹、如何辨认恐怖分子、如何进行心理训练、如何拯救人质等等，内容比较丰富。
Антитеррористический Центр СНГ http://www.cisatc.org/	"独联体反恐中心"网是该组织的官网，该中心批准成立于2000年，致力于独联体国家间的反恐合作。网站包含了组织介绍、活动报道、法律文件、国际合作和培训等内容。
НАК http://nak.fsb.ru/	"国家反恐委员会"网详细介绍了相关法律法规、委员会组成、领导机关、联邦反恐机制、反恐机构、反恐行动、国际合作、当代恐怖主义等内容。网站开辟了新闻和资料专栏。主页还可下载反恐委员会专刊杂志的pdf文档。
ОДКБ http://www.dkb.gov.ru/	"集团安全条约组织"的官网，该组织包括俄罗斯、白俄罗斯、亚美尼亚、哈萨克斯坦、吉尔吉斯、塔吉克斯坦、乌兹别克斯坦。网站主要栏目有：新闻、文件、信息、合作、参考等，具有很好的概况参考作用。
После 11 сентября http://antiterror.ntvru.com/	"911后"是网络媒体NEWSru.com的反恐专栏，具有一定知名度。网站除了报道911之后世界反恐行动以及恐怖活动的主要新闻外，还提供了大量的视频、Flash、图片等多媒体资料，是研究反恐的较好资源。
Правда Беслана http://www.pravdabeslana.ru/	"别斯兰真相"网站主要报道别斯兰人质事件的前因后果，提供了许多解密资料。
Проект "Террору нет" http://www.terrorunet.ru/ ★	一个报道恐怖主义活动以及反恐行动的专题网站，主要栏目有：俄罗斯、高加索、独联体、世界、历史、特种反恐、分析、图片、视频、公告板等。网站信息报道及时、资料丰富。
Совет безопасности РФ http://www.scrf.gov.ru/index.html	"俄联邦国家安全委员会"官网分4个专栏详细介绍了国家安全委员会的基本情况，主要是：新闻和通报；安全委员会机构；俄罗斯国家安全；关于国家安全委员会。在每个专栏下还有许多分栏，例如在"俄罗斯国家安全"专栏下有：基础文件；军事和国防工业安全；国际安全；经济安全；国家和社会安全；反恐行动；信息安全等。
Agentura http://www.agentura.ru/ ★★	一个反恐特种行动方面的网站，创办于2000年，与联邦安全局等俄反恐机构保持紧密联系，以报道恐怖活动和各类反恐行动、宗旨为主。网站的主要栏目有：资料、时代在线、机构、专家、图书馆、博物馆、技术、007、恐怖主义、特种勤务、论坛等；导航栏主要内容有：一周综述、俄罗斯特种部队、独联体特种部队、联邦安全局在全国、911后、研究中心、间谍、媒体、历史、文件等。

5.2.3 俄罗斯政党和社会组织网络资源

当代俄罗斯有上百个政党，社会组织更是不计其数。本节将选取几个具有代表性的政党或社会组织进行简介，其他将以表格形式列出其网络信息资源。

➤ Политические партии РФ（http://political-party.ru/ ★★☆）

"俄联邦政党"网主旨是报道俄罗斯政治新闻，发表采访报道消息，报道各政党的新闻，可以说是政党研究的门户网站资源。其政治术语词典具有较高的参考价值。网站还提供了许多俄政党的链接资源信息。

➢ Единая Россия（http://er.ru/，http://edinros.ru/ ★★★）

"统一俄罗斯"党是目前俄罗斯第一大党，为执政党。它是2001年12月由"团结党"、"祖国"运动和"全俄罗斯"运动三个政治组织合并而成的政党，2012年普京再任总统后党主席为梅德韦杰夫。2011年，由普京提议，以该党为班底组织了"全俄罗斯人民阵线"。该党号称以"中派主义"为党的思想基础，否认党内存在"左翼"或"右翼"以及党的方针政策有任何偏左或偏右倾向。该党官方网站由Notamedia公司于2005年创办。网站主要版块有：党的新闻、党史、人物、入党、新闻中心等。此外，还有视频、主题、引语、在线采访等重点栏目，通过这些栏目我们可以了解该党的主要议事日程及事务、重点人物的发言，在线观看视频等。

➢ Путин.Ру（http://www.putin.ru/ ★★）

专门为普京办的专题半官方网站，主要还是用于交流，栏目有：论坛、博客、社区、相关、新闻、视频、照片等，内容具有权威参考性，可由此研究关于普京的信息。

➢ КПРФ（http://kprf.ru/，http://www.cprf.info/ ★★）

"俄罗斯联邦共产党"是俄罗斯左翼党派中最大的政党，现党主席为久加诺夫（Г. Зюганов）。苏联解体后，俄共就立即组建，但直到1993年，共产党人经过艰苦斗争才取得了合法地位，这时才真正通过了党的章程及相关决议。俄共从俄罗斯政坛第一大反对党，经过与执政党和右翼党派的几番回合的斗争，到今天处于分裂和重新整合状态，其经验教训也是值得深入思考的。俄共的官方网站制作质量是比较高的，并不输于"统一俄罗斯党"的官网。网站主要栏目有：党史、信息中心、反对行动、共产党联盟-苏共、观点、政治文化研究中心、个人主页、俄共在杜马、图书馆、党刊、组织分部。网站还有许多标语口号和各地分部的地址链接；网站提供了俄共杂志网址链接（http://politpros.com/）和俄共网络电视的网址链接（http://politpros.tv/）。通过网络电视以及网站的视频可以在线收看党的重要人物发言和时政的讨论。

还有些网站并不属于某个政党，但所持观点和播放内容却与俄共倾向保持一致，例如有："共产党人"（Коммунист.ру http://communist.ru/）、"红色TV"（Красное ТВ http://www.krasnoe.tv/frontPage）和俄共左派等发起的"反自由主义"运动（http://aliberalism.ru/）等。

➢ ЛДПР（http://www.ldpr.ru/）

"自由民主党"自称是"中右派"政党，实际上是一个右翼民族主义政党的代表，由于党的领导人日里诺夫斯基（В. Жириновский）的强势性格，使得该党带有强烈的日氏个人色彩。该党在杜马中常处于第三大党的地位，但近年来影响日渐式微。网站的主要版块有：议员言论、图片和视频、分析、新闻、出版物（报纸、杂志、书籍）等。主页底部列出了几个专栏，主要有：党的活动、党史、领导人、领导机构、言论。

➢ Справедливая Россия（http://www.spravedlivo.ru/）

"公正俄罗斯党"是2011-2012俄罗斯议会选举的第四大党，该党于2006年10月由数个政党整合而成。从2011年起，该党在杜马的党团领袖是尼·列维切夫（Николай Левичев）和谢·米罗诺夫（Сергей Миронов），最初它曾与执政党"统俄党"合作，现已成为完全的反对党，政治路线为"社会民主主义"和"改良社会主义"，属中间偏左路线。网站主要介绍党及其领导组成、纲领，报道党的主要活动，有许多音视频、图片等资源。与之相关的还有一些资源，如：米罗诺夫的个人主页（http://mironov.ru/）、公正在线（http://www.spravedlivo-online.ru/）、俄罗斯公正生活（http://www.ruslife.ru/）等。

➢ Каспаров.Ru（http://www.kasparov.ru/）

这里的"卡斯帕罗夫.Ru"已经不是一个体育符号，而是俄罗斯当今社会、政坛的一个活跃的"政治"符号，与之相联系的是"另一个俄罗斯"反对派政治联盟（http://www.theotherrussia.ru/），他们是坚定的"反普京"、"反统俄党"人士。网站定位于"网络报纸"，重点报道俄罗斯政坛和社会的各类重大政治事件和政治活动，阐述自己的观点等。

➢ Михаил Прохоров（http://www.mdprokhorov.ru/ru/）

2012年作为独立候选人参加竞选、得票数第三的政坛"黑马"——米·普罗霍罗夫的个人主页。

➢ Народное Собрание России（http://narodsobranie.ru/）

"俄罗斯人民会议"网站是由俄罗斯的某些反对党或组织，如俄罗斯人民会议、泛俄罗斯社会运动等主办的，这一运动是开放性的，欢迎任何支持他们理念的人加入。从网站上可以看出，这一运动抨击现政府，并谋求在俄罗斯总统、议会选举中有所作为。

➢ СКМ РФ（http://skm-rf.ru/news.php）

"俄联邦共产主义青年联盟"现称为"俄联邦列宁共产主义青年联盟"，基本上可以算作是俄共的青年组织，此为其官网，主要宣传其政治理想和观念，报道相关活动并批评现政府和体制等。

➢ Союз Правых Сил（http://www.sps.ru/）

"右翼力量联盟"党是俄罗斯右翼党派的主要政党之一，但也是为了1999年议会选举而由基里连科、涅姆佐夫、盖达尔等人组成的右派竞选联盟，但随着党的分裂，最终失去了议会的席位。目前该党在议会之外扮演反对党的角色。网站的口号就是利用俄语单词"右派"和"正义"（правый）的同音："我们的事业是正义的！"（Наше дело – правое!）网站主要栏目有：党史、领导机构、纲领、新闻、图书馆、论坛等。

➢ Союз русского народа（http://srn.rusidea.org/）

"俄罗斯人民联盟"党重新创于2005年，是个具有君主制度色彩的政党，它怀念沙皇统治时期的政治，支持君主立国。网站主要介绍该党的政治纲领和主张，回忆沙皇时代的往事，报道今天俄罗斯和某些独联体国家发生的支持君主制的活动消息。

➢ Марш несогласных（http://www.namarsh.ru/）

"不同政见者进军"是反普京的"另一个俄罗斯"党联合其他反普京力量而开办的连

续抗议活动，其专门抗议网站主要报道俄境内的抗议活动新闻，发布抗议声明和消息，提供游行宣传材料和法律援助措施等。

➢ НБП（http://www.nazbol.ru/）

"国家布尔什维克党"是俄罗斯的极右翼政党，党主席利莫诺夫的许多激进观点不仅成为该党的教条，而且也成为部分俄罗斯极右倾向人士所认同的理论。它强调极端的"俄罗斯化"。党徽和网站Logo不由得使人联想到纳粹的标志。网站色彩黑暗，使人感觉压抑和不安，主要内容是党的活动及部分资料（文字和多媒体），还有新闻报道、分析评述文章等。

俄罗斯其他主要政党或组织网络资源

名称	网址	党派倾向
"俄罗斯爱国者"党	http://www.patriot-rus.ru/	中间派、偏左
俄罗斯联合民主党"亚博卢"	http://yabloko.ru/	右翼自由主义
"正义事业"党	http://www.pravoedelo.ru/	右翼自由主义
"3月17日"全联盟运动	http://17marta.org/	左翼政党
"左派阵线"	http://leftfront.ru/	左翼组织
"劳动俄罗斯"党和"红色青年先锋队"	http://trudoros.narod.ru/	左翼政党和组织
"劳动俄罗斯"党	http://tr1917.ru/	左翼政党
"俄罗斯共产主义工人党—共产主义者革命党"	http://www.rkrp-rpk.ru/	左翼政党
"俄罗斯共产主义者党"	http://www.rpk.len.ru/	左翼政党
"斯拉夫联盟"民族社会主义运动	http://demushkin.com/	右翼政党
"正义的"	http://pravaya.ru/main	君主派组织
"斯拉夫近卫军"	http://gvardiya.org.ua/	右翼极端主义
"声援政治犯联盟"	http://www.politzeky.ru/	反政府组织
"俄罗斯退休者党"	http://rospp.ru/	中间派党
"俄共-苏共"党	http://rkp-kpss.ru/	左翼政党

人文社科资源

本章将重点介绍俄网的人文、社科类网络信息资源。人文科学、社会科学是互联网上最重要的信息资源领域之一,从受众面来说,在一定程度上要超过专业性、学术性更强的自然科学网络资源。不同的网络信息学术著作、教程和参考书对于人文、社科的理解和分类也不尽相同。本书在信息检索的"上篇"以及前面所提及的学术信息资源章节、大众传媒章节、政府政治章节中所提及和推荐的许多网络信息资源都分别属于人文或社科信息资源。本章所论及的人文、社科网络资源主要是指文学类、历史类、语言学类、俄语教学研究学习类、哲学类、宗教类、国情类和法律类资源。

另外对于人文、社科学科传统分类法中其他一些领域的资源,我们已经和将要在不同章节中分别加以介绍,本章将不再单独列出。

第一节 文学类网络资源

其实,我们在学术网络资源的网上图书馆和网上论文库中已经介绍了许多涉及文学作品和文学评论的网络资源。本节所介绍的文学网络资源主要是指那些关于不同文学专题、文学问题综述、文学创作等方面的网络资源。

名称与网址	说 明
Брифли http://briefly.ru/	"简报"是一个文学工具网站,按网站自我介绍就是"书的内容简介"。网站主页按照作者姓名的俄文字母分类还需。这些作者来自俄罗斯和世界其他国家(其中还包括中国),有些是著名作家,尽管对其作品或生平的介绍比较简单。
Зарубежная Россия http://mochola.org/	"俄罗斯侨民"网里有部分俄罗斯侨民文学作品。
Классика.ру http://www.klassika.ru/	"经典文学"网立足于"诗歌网"和"散文网"的作品,设立了三个版块:诗歌、散文、生平。在这三个版块中可以分别查询特定作者的作品并可以阅读全文,检索作者的生平简介。主页的中部是诗人、作家的姓名链接,通过另外三个版块,同样可以查询这些作者的信息。
Литературная газета http://www.lgz.ru/	俄罗斯最著名、历史最悠久的文学期刊《文学报》的主页。该报创刊于1830年(或1929年),其最显著的标志就是报纸题名下普希金、高尔基的头像。通过网站可以在线阅览到杂志(现期、过期)的部分文章。
Литература и жизнь http://dugward.ru/ ★	"文学与生活"网是针对那些"作为人类活动现象的文学创作",创办于2008年9月。网站收录有许多现当代涉及人类社会文化进行及变化发展的文学作品,特别是许多名家对人类自身及其活动的文化、哲学思考的作品。

续表

Литературная энциклопедия http://feb-web.ru/feb/litenc/encyclop/ ★	"基础电子图书馆"网的"文学百科"网上检索专栏，通过它可以检索到几乎所有涉及文学问题的方方面面，是文学爱好者必备的网上工具之一。
Международная федерация русскоязычных писателей http://www.rulit.org/ ★★☆	"国际俄语作家联合会"网按照作品（著作）类别和题材进行了详细分类（这里的"作家"应为广义上的理解，即用俄语进行写作的人）。网站的题材和类别也非常多，除了像戏剧、散文、诗歌、小说等文学题材外，还有像语言学、语文学、宗教、文化、历史等不同门类。但其中所选的许多作品、文章等都可以全文在线阅读。
Новая литературная карта России http://www.litkarta.ru/ ★★	"俄罗斯新文学地图"网是个独树一帜的综合性文学网站，口号是"恢复俄罗斯文学空间的完整性"。它按俄罗斯的城市和地域进行文学信息检索。每个城市的文学"地图"网页都应包含以下元素：文学言论、文学创作、文学机构、诗歌和散文、分析和评论、新闻、图片报道等，当然有的城市规模较小，上述元素仅有一二了。
Поэзия и поэты Серебряного века http://slova.org.ru/	"白银时代诗歌和诗人"网可按照不同的文学流派和诗人姓名对白银时代著名诗歌作品进行检索，并可在线浏览这些作品。
Проза.ру http://www.proza.ru/	"散文"网定位于现代散文，网站可以按作者、作品、评论进行检索，并可在线浏览。它与"诗歌"网是姊妹网站。
Русские писатели и поэты http://writerstob.narod.ru/index.htm	"俄罗斯作家和诗人"网站收录了部分俄罗斯著名作家和诗人的基本作品，并设立了不同专栏，如：作家生平和文学批评、俄苏诗人诗作、文学流派（例如浪漫主义、象征主义、现实主义等等）、作品简介或全文、文学社团和杂志、文学术语词典等。
Русский переплет http://www.pereplet.ru/	"俄罗斯封面"是个网络文学杂志，主页按题材和不同功能分为：散文、长篇小说连载、短篇小说、诗歌、戏剧艺术、思索、历史、书评、科学和文化等版块。所有作品均可在线阅读。
Русское поле http://www.hrono.info/proekty/index.php	"俄罗斯田野"是ХРОНОС网站主办的一个网络文学项目的集中入口，这些文学项目大部分是文学杂志，有的是文学网络工具，例如有："奶"、"俄罗斯生活"、"斯拉夫人"、"长篇小说报"、"帆"、"爱情阅读"、"正午"、"西伯利亚灯火"、"儿童文学"、"普拉冬诺夫百科"等等。网站会定期发布各杂志的精选文章，全部可以在线阅读。
Серебряного века силуэт http://www.silverage.ru/main.html ★★	"白银时代剪影"网向我们展示了那个创作辉煌时代的详细情况。文学创作是白银时代的最显著表现，在文学栏目分出不同分栏，有：文学流派、文学团体、杂志和出版社、作者等。当然，白银时代成果在其他方面的表现在网站也有体现，其他栏目有：绘画、戏剧、芭蕾、音乐、回忆录、编年史、博物馆等等。
Сетевая словесность http://www.netslova.ru/ring/index.html ★★	"网络文学"是个综合性文学网站，口号就是"现代俄罗斯网络文学"。内容侧重于网络文学杂志、电子图书馆资源和网络文学研究等。网站主要版块有：作者和作品；作品年表；排行和统计；论坛等。在作品栏目中，还按作品题材分出了许多分栏，如有：诗歌、短篇故事、小说、剧本、随笔、分析评论、译作、文学理论、文学记事等。主页中部是最新作品。特别值得推荐的是网站的ЛИТЕРОСФЕРА专栏，列出了几十个最佳文学网站的链接地址，成为了文学类网络资源的入口网站。

续表

Словарь литературных терминов http://feb-web.ru/feb/slt/abc/ ★	"基础电子图书馆"网提供的"文学术语词典"网上工具，与前面所说的"文学百科"网上工具是同一性质。
Стихи.ру http://www.stihi.ru/	"诗歌"网是关于现代诗歌的最大的俄语文学网站，可以按照作者、作品、评论进行检索，并可在线自由阅览诗歌作品。它与"散文"网一起共同组成了"文学俱乐部"网（http://www.litclub.ru/）。

这里为读者提供一个部分著名作家的网站目录，它们大多是学者们、文学爱好者们为这些著名作家建立的专题性研究和资料网站，是研究作家作品、下载相关材料的最佳网络资源。

作家	网址
Булгаков М.А. 布尔加科夫	http://www.bulgakov.ru/
Гончаров И.А. 冈察洛夫	http://www.goncharov.spb.ru/
Горький М. 高尔基	http://www.maximgorkiy.narod.ru/index.html
Гумилёв Н.С. 古米廖夫	http://www.gumilev.ru/
Достоевский Ф.М. 陀思妥耶夫斯基	http://www.geocities.com/Athens/Ithaca/3880/，http://www.magister.msk.ru/library/dostoevs/，http://www.md.spb.ru
Есенин С.А. 叶赛宁	http://esenin.ru/，http://www.my-esenin.ru/
Куприн А.И. 库普林	http://www.kuprin.org.ru/
Маяковский В.В. 马雅可夫斯基	http://www.mayakovsky.info/，http://mayakovsky.biografy.ru/
Пушкин А.С. 普希金	http://pushkin.ru/，http://www.as-pushkin.ru/，http://www.i-pushkin.ru/
Толстой Л.Н. 托尔斯泰	http://www.tolstoy.ru/ ★★
Тургенев И.В. 屠格涅夫	http://www.turgenev.org.ru/
Цветаева М.И. 茨维塔耶娃	http://tsvetaeva.lit-info.ru/，http://tsvetaeva.synnegoria.com/WIN/index.html
Чехов А.П. 契诃夫	http://www.antonchekhov.ru/
Шукшин В.М. 舒克申	http://www.shukshin.ru/

第二节 历史、国情类网络资源

6.2.1 历史类网络资源

历史类网络资源并不容易定性，因为它与部分学科的网络资源并不容易区分。因此，本节重点介绍的还是与История（历史）有关联的网络资源。

➢ Российская история в зеркале изобразительного искусства（http://history.sgu.ru/ ★★★）

"美术背景下的俄罗斯历史"网透过不同的美术作品来看当时发生的历史事件、历史人物。它划分了5个版块：时间、事件、人物、类型、作者，同时还提供了皇室家谱表和术语表。对于每一幅美术作品网站都给出了详细的历史介绍。网站设计精致、素雅，内容极其丰富。

➢ Этот день в истории（http://www.citycat.ru/historycentre/ ★★☆）

"历史上的今天"网按日期列出了当天历史上曾发生过的重大事件或名人的诞辰、逝世日，可以检索一年的任何一天。网站设计十分精美，内容丰富。

其他常见历史类资源

名称与网址	说　明
Актуальная история http://actualhistory.ru/ ★☆	"真实的历史"网定位于科学研究公共网络杂志，它只报道那些历史事实背后的真相。主要栏目有：辩论、新闻、虚构、文物、电影、图书等，其文章按照19世纪前、19世纪、20和21世纪进行了分类，并提供影像资料。
Древний Египт http://duat.egyptclub.ru/	一个介绍和研究古埃及文化和历史的网站，有文字、图片和网上词典。
Журнал «Русская история» http://www.moscowia.su/images/elektronkatxt/versia/ nomer1-2%282011%29/redzhur.htm	《俄罗斯历史》杂志的货真价实扫描版，该地址指向是2011年第1期，但通过这里可以查阅以往各期，并且大多数文章都有扫描版，与原文保持一致，可以在线浏览。
Историк http://www.historicus.ru/	科普教育杂志《历史学家》的主页，主要专栏有：文章、检索、论坛、文件、事件、图书馆等。网站还按照历史阶段进行了分类：史前时期；古代世界；中世纪；新时期；当代历史；宗教史；文化史；历史与现代等。每篇文章都有较详细的介绍。
История в историях http://wordweb.ru/	"历史中的历史"网立足于俄罗斯的史实，从历史事件、历史进程中去揭示俄罗斯历史发展的诸多现象及其本质。主要栏目有：俄罗斯历史、宗教历史、军事历史、历史之谜、旅行、灾难、考古、档案等。网站设计简洁，内容丰富。
История государства http://statehistory.ru/ ★★	"俄罗斯国家史"网讲述俄罗斯的国家历史，主要分以下版块：彼得前罗斯时期、俄罗斯帝国时期、二战前苏联时期、二战后苏联时期。还报道相关新闻、设置博客交流，并提供视频下载。
История Древнего Рима http://ancientrome.ru/	"古罗马历史"网为我们提供了关于古罗马方方面面的详细资料，例如有古罗马文学、古罗马艺术、国家和军队、法律、文化风俗、宗教和传说、货币等等。网站设计也非常精美。
История новой России http://www.ru-90.ru/ ★★	"新俄罗斯历史"是指从1991年苏联解体到2003年俄罗斯历史、社会的变化的历史，网站并不囿于"讲史"，而是从史出发来审视历史事件中的社会变迁、人物命运、经济发展等，它所提供的图书资料链接对于揭示那场苏联解体的变革具有很好参考价值。
История России http://www.historbook.ru/ ★★	"俄罗斯历史"网从古代俄罗斯一直讲到二战结束，划分了13个历史时期，文字资料详实，同时也设置了诸如历史论坛、历史日历、统帅和战争等专栏。
Календарь знаменательных дат и событий http://days.peoples.ru/ ★★	"重要日期和事件日历"网按日期提供了历史上重大事件发生日以及名人诞辰、去世的日期，且并不只限于俄罗斯。网站还按事件或人物类别进行了划分，主要有：艺术、家庭、金融、科学、军事、体育、国务、商业、技术、传媒、医学等。
Пётр Первый http://peterthegreat.us/ ★★	"彼得大帝"网应该是关于彼得大帝最详细的网络信息平台了，这里有彼得一世的生平、个人生活、统治纪年、改革、对外政策、命令、画像、书籍、电影、纪念碑等。网站整体设计精美，只是非俄网域名，而是美国网络域名。

Российский Императорский Дом http://www.imperialhouse.ru/ ★	"俄罗斯皇室"是罗曼诺夫王朝的纪念官网，其中由其后人参与主办，内容比较丰富，更多的是文化品位。
Русские мемуары http://memoirs.ru/	"俄罗斯追忆"网主要是从日记和回忆录中来追溯俄罗斯的历史，按照回忆录性质和时期进行检索，所有资料全部免费。
Современная Россия http://www.russia-today.narod.ru/ ★☆	"当代俄罗斯"网是俄罗斯政治和社会活动家、企业家、艺术家、科学家撰写的关于俄罗斯历史回顾、评述的专题网络资源。
ХРОНОС http://www.hrono.info/index.php	克罗诺斯（Chronos）是古希腊神话中掌管时间之神，而"克罗诺斯"网借用了这个称呼，它定位于"互联网上的世界历史"。分为俄罗斯历史、世界历史和历史专题三个版块；在历史部分按时间为轴。网站资料非常丰富。
Электронные ресурсы по истории http://www.hist.msu.ru/ER/index.html ★★	莫大历史系的电子图书馆，资料非常丰富。以俄语历史文本为例，从中可以查阅从古至今的许多历史文献，可以在线阅览，也可存为pdf文件下载。
AlexHistory http://alexhistory.narod.ru/	致力于收集世界各国历史上的统治者的年表，主要包括统治者国别、姓名、统治时期等信息。网站信息量大，但编排比较混乱，不利查询。

6.2.2 国情类网络资源

国情类网络资源主要是指那些介绍俄罗斯以及世界各国国情知识的网站。

➢ Известные персоны России（http://persons.ru/ ★★☆）

"俄罗斯著名人物"网以俄罗斯历史和现实的各领域名人为介绍对象，对其生平、贡献、活动进行简介，主要领域有：商界、艺术界、电影界、文学界、音乐界、科学界、政坛、社会生活、传媒界、体育界等。

➢ Имя России（http://www.nameofrussia.ru/ ★★☆）

"俄罗斯之名"网是推选并介绍俄罗斯历史上有突出贡献的名人网，由网友和专家共同推选并经网络投票选出俄罗斯历史"名人"（Герой），现今从50位名人中终选出12位。网站不仅提供了投票数据，还有所有候选人的详细介绍、电视报道等。网站设计十分精致，内容丰富，具有极强的参考价值。

➢ Люди（http://www.peoples.ru/ ★★☆）

"人物"网是介绍俄罗斯各界重要人士生平和历史情况的网站，它划分不同界别和活动领域，主要有：艺术、家庭、金融、科学、军事、体育、国家、商业、技术、传媒、爱情、医学等。此外，网站还提供了姓名、日历、新闻、图片、视频等不同检索方式。

➢ Портал "Россия"（http://rospil.ru/ ★★☆）

"俄罗斯"门户网是关于"俄罗斯学"的网站，其口号是"理解俄罗斯"。它不仅仅是简单介绍俄罗斯的国情知识，而且有着"俄罗斯学"的学科定位。这里收集了关于俄罗斯、俄罗斯文化精髓、俄罗斯思想的文本、图片、视频、音频等等。此外，还有许多特别栏目，如俄罗斯人民、俄罗斯空间、俄罗斯与世界等等。网站内容非常丰富，可读性强。

➢ Россия: автобиография（http://rus-biography.ru/ ★★☆）

"俄罗斯：自传"网是一个按照时间历史轴线，将俄罗斯历史上的重大事件的回忆

——道来的专业网络资源，检索功能比较强大，并有丰富的历史图片。

➤ Страна.ру（http://strana.ru/ ★★☆）

"国家"网是全俄国家广播电视公司的"俄罗斯之旅"计划项目的实体，这是"国家（游览）指南"（网站语），目的是为了介绍俄罗斯各地有趣、惊异和未知的事物，展现那些熟知和未知的地理和文化，为读者提供所需知识和了解这些知识的工具。主要栏目有：地点（可任意检索俄任一游览地点）、游览、兴趣、杂志、视频和博客等。整个网站设计简洁、大方、美观，信息量大，知识丰富。通过它，我们不仅可以在网上认识俄罗斯的城市、山川、森林和河流，还可以了解生活在这个大地上人民的民族文化。

➤ Страны мира（http://www.countries.ru/index.cgi ★★☆）

"世界各国"网顾名思义就是对世界各国基本国情知识介绍的网络资源。此外，最值得推荐的还有网站所提供的关于文化学的导航栏，其中有许多文化及文化学的介绍资料对于研究者来说具有很好的参考价值。

➤ VIPERSON（http://www.viperson.ru/ ★★★）

VIPERSON是俄罗斯名人个人网页排行榜，这里的个人网页并非"名人"们的真正个人网页，而是由该网站提供的个人简介空间及相关报道、评论的链接。它可以对VIP名人进行检索，或者对相关出版物进行检索；可以按照精英的活动领域、俄罗斯地区城市和联邦主体进行检索，其收录范围包含了独联体、波罗的海三国、阿布哈兹等。特别是政府官员个人网页排行榜更是极具参考价值。网站整体设计非常精致，信息量大，内容极其丰富，是俄网同类网络资源中的佼佼者。

其他常见国情类资源

名称与网址	说　明
Великая страна http://russia.yaxy.ru/	"伟大的国家"网是介绍俄罗斯国情的网站，主要栏目有：俄罗斯历史、俄罗斯地理、俄罗斯民族、俄罗斯民俗等。
Всё о государствах мира http://states-world.ru/ ★☆	"世界国家"网按照历史、国旗、国徽、货币、国家简介等方面对世界各国的基本国情进行简介，网站提供了按照国别进行检索的方式。还有论坛、术语等栏目。
Геральдика http://geraldika.ru/	介绍各类徽章的专业网站，按照国别、地区标准分出的主要栏目有：俄罗斯联邦、苏联、沙皇俄国；俄罗斯各地区；俄罗斯军队和部门；乌克兰、白俄罗斯、独联体；世界其他国家；贵族。但实际上，有些国情知识介绍要超出这个范围。
Государственные награды России http://www.award.gov.ru/ ★★	"俄罗斯联邦国家奖项"国情知识网建于1999年底，是关于俄联邦国家、政府层面所授各类奖励的知识网站，主要栏目有：宪法条文、俄罗斯英雄称号、荣誉称号以及俄联邦勋章、奖章、徽章和法律条文、授奖组织机构等。
Мир России http://www.mirros.ru/	"俄罗斯米尔"网是针对非西方读者（从阿拉伯到东方）的关于俄罗斯国情知识的网站，有俄、英、阿、汉等语言。主要栏目有：政治、经济、财政、宗教、文化、科学、旅游等。
Перспективы（http://www.perspektivy.info/ ★☆）	"前景"网是由"历史前景基金会"主办的研究俄罗斯的研究性质专题网站，许多文章都是对俄罗斯及俄罗斯命运的思考。主要栏目有：俄罗斯与俄罗斯人、居住地带、思想和精神、国家断面等。网站文章大多来自网文。

Позор России http://www.badnameofrussia.ru/ ★	"俄罗斯之劣"网的命名及由来都参考自 Имя России（"俄罗斯之名"），它反其道而行之，不是推选、夸赞俄罗斯历史名人，而是"数落"从古至今的 Герои（"名人"）。网站的候选人上至沙皇、贵族、总统、总理，下至民间人物、自业代表。它不仅提供了统计数字，还有他们的"斑斑劣迹"。
Проект «Лучшие люди страны» http://www.bestpeopleofrussia.ru/ ★★	"俄罗斯优秀人物"项目的官网，由专家、网站提出候选人，由网民投票选出，有趣的是，候选人还有民间虚构人物。网站设计十分精致，功能比较强大，可以按照地区、领域进行检索，允许发表自己的评述。
Россия – Родина моя http://rossiya-rodina.narod.ru/	"俄罗斯我的祖国"网也是一个国情知识类网站，它从俄罗斯的国家象征符号谈起，具体介绍了俄罗斯的历史、行政区划、民族、城市、节日、轶闻、诗歌等方面的内容。
Русская государственность http://gosudarstvo.voskres.ru/	"俄罗斯国体"网主要介绍和探讨俄罗斯国家体制的历史成因和发展现状，主要栏目有：形成、体制、军队、人物等等。
Федерация.ру http://federacia.ru/ ★	"联邦"网是个双重主题网站，它既报道俄罗斯、世界最新的时事新闻，也介绍俄罗斯的基本国情知识，涉及到了俄罗斯的政治体制、历史、文化、人物、自然、思想等等方面。

第三节 哲学、宗教、法律类网络资源

哲学和宗教类网络资源在前面的"学术信息资源"章节中也都不同程度提及，它们的网络信息资源大都分散于各网络图书馆的学术资源中，本节仅介绍部分涉及哲学、宗教的专题性网络资源。

6.3.1 哲学类网络资源

➢ **Библиотека «Вехи»**（http://www.vehi.net/index.html ★★★）

该网站借用19世纪末著名宗教哲学家别尔嘉耶夫的一本文集名称来命名网站，"路标"网络图书馆定位于俄罗斯宗教哲学文献和艺术文学。网站分出以下主要栏目：宗教；早期基督教经书；神学；俄罗斯哲学；哲学史等等。在这里我们可以看到许多著名哲学家、神学家、宗教学家的名字，例如索罗维约夫、别尔嘉耶夫、布尔加科夫、弗兰克、舍斯托夫、拉扎诺夫、洛斯基、弗洛伦斯基等等，可以阅读到他们的生平和思想简介，还可在线"拜读"他们的代表作。总之，它对于俄罗斯哲学、文化、宗教研究者和爱好者来说都是个必备网络资源。

➢ **Идеология.ру**（http://www.ideology.ru/app/index.htm ★★☆）

"思想"网专门探讨各流派思想体系、思维模式、宗教与思想等类哲学问题，主要栏目有：思维百科、哲学格言、俄罗斯思想、宗教和无神论、哲学资料等。网站还提供了大量的资源链接，具有极好的参考价值。

➢ **Философия в России**（http://www.philosophy.ru/ ★★☆）

"俄罗斯哲学"网是俄网的哲学门户网站，内容非常丰富。它划分了两个服务版块：

哲学资源和哲学教育。在网站提供的哲学图书馆资源中分出了许多栏目，主要有：本体论和认识理论；语言哲学、意识哲学和科学哲学；社会和政治哲学；人类学和文化学；伦理学和美学；哲学史；宗教哲学；东方哲学；其他文种资料等。

> **Цифровая библиотека по философии**（http://filosof.historic.ru/index.shtml ★★☆）

"哲学数字图书馆"内容非常丰富，引录了许多其他网站的相关资源并加以分类，分类体系既有哲学学科的分类，又有不同流派的分类，例如有社会、科学、宗教、文化、语言等哲学门类，还有古希腊、东方、西方、俄罗斯等哲学流派等。网站整体具有较高的参考价值。

其他常见哲学类资源

名称与网址	说　明
Журнал «Вопросы философии» http://www.vphil.ru/	俄罗斯著名哲学类期刊《哲学问题》的在线版，网站有两类信息较有参考价值，一类是过期杂志的部分文章，可以在线阅览，另一类是网站上所引摘的哲学论文。
Журнал «Философские науки» http://academyrh.info/	俄罗斯著名哲学类杂志《哲学科学》的在线版，过期杂志可以在线阅览并下载存为pdf文档。
Институт философии РАН http://iph.ras.ru/	科学院哲学研究所的网站，介绍了该所的机构组成、学术活动、国际合作等内容，特别是一些哲学网络资源的链接、"新哲学百科"网上工具颇具参考和应用价值。
Интенция. Всё о философии http://intencia.ru/ ★★	"意向。哲学"网定位于研讨和介绍哲学一般问题、哲学史等。主要栏目有：哲学基础问题，如本体论、认识论、存在主义哲学、逻辑学、伦理学等；哲学史；社会哲学问题；宗教哲学问题等。网站整体内容比较丰富，许多具有参考价值。
СовФилософия http://sovphil.mylivepage.ru/	"苏联哲学"网是个探讨苏联时期哲学问题的论坛性质网站，主要栏目有：马列主义、辩证和历史唯物主义、非马克思主义意识形态以及哲学类网上工具等。
Философия – итоги http://www.filosofia-itogi.ru/	"哲学——总结"网是一个探讨哲学概念中一些基本元素的网络资源，主要栏目有：善与恶、心灵、精神、诚实、良心、道德、爱、文化、知识、逻辑、万物、信仰等等方面。
Философия культуры http://culturephilosophy.ru/	"文化哲学"网是个多语言网站，有俄、英、阿、汉、法、德语等，定位于"对文化的哲学思考"。主要栏目有：文化哲学、俄罗斯哲学、西方哲学、实证论、康德主义、生命哲学。
Философский словарь http://www.ruart.info/ ★☆	"哲学词典"是关于哲学的百科知识网上词典工具，非常具有参考价值。
Filosofa.net http://www.filosofa.net/	一个哲学类综合性网站，以研究、探讨为主，介绍为辅，主要栏目有：哲学史、哲学家、各国哲学、宗教哲学、历史哲学、政治哲学、论文摘要、专著等，其中论文摘要、专著等都可以在线全文阅览。
PhilosophyForum http://www.philosophyforum.ru/	"哲学论坛"网是个讨论各种哲学及其相关学科问题的网上论坛，讨论需注册，人气较旺，但分类比较零乱。

6.3.2 宗教类网络资源

➢ Портал СЛОВО（http://www.portal-slovo.ru/ ★★☆）

"布道"网是俄罗斯东正教主办的教育门户网站，设计精美，内容丰富。网站主要栏目有：神学、教育学、语文学、历史、艺术、自然科学、学前教育等，栏目覆盖领域广，并不囿于宗教问题。

➢ Православное христианство（http://www.hristianstvo.ru/ ★★★）

这是东正教的最大俄网门户网站，内容极其丰富。这是个国际化网站，所提供的东正教网络资源涉及世界几十个国家，其中甚至包括中国、日本等东方国家。网站共设立了9个专栏，主要有：俄罗斯东正教教会与教堂；世界东正教；东正教教义；文化、艺术和科学；俄罗斯；东正教传媒；东正教与互联网；教会生活；教会和社会等。网站的分类信息排列有两种方式：一种按照目录，一种是按照网站排行。此外还可以进行全站检索。

其他常见宗教类资源

名称与网址	说 明
БОГОСЛОВ http://www.bogoslov.ru/ ★★	"神学"网按其口号是个"科学的神学"门户，主要栏目有：圣经研究、神学、历史（宗教）、实践、宗教与世界、相关学科门类等。各个栏目内容都非常丰富，具有较好参考价值。
Буддизм.ру http://www.buddhism.ru/	一个介绍佛教知识和相关新闻报道的俄罗斯媒体网站，但许多信息来自西方，不少地方对包括中国在内的佛教信息充满偏见。
Буддизм в Интернете http://buddhist.ru/	"互联网上的佛教"网主要介绍佛教基本知识、佛教新闻以及佛教网络资源的网站，还提供了佛教网上词典和佛教论坛服务。
Верю.ру http://www.veru.ru/	"信教"网创办于2008年1月，它定位于现代东正教，介绍互联网东正教资源并为信徒提供联系。
Журнал Русский Дом http://www.russdom.ru/frontpage	《俄罗斯家园》杂志的在线版，是由"斯拉夫文字和文化国际基金会"支持创办的，主要是从精神文化和宗教层面来探讨俄罗斯文化的本质和深层问题。网站提供了交流栏目和一些供下载的文本、视频资料。
Ислам – религия мира http://www.islaam.ru/	"伊斯兰教：世界性宗教"网是介绍伊斯兰教知识的网站，但内容不够丰富。
История религии http://religion.historic.ru/	"宗教史"网是介绍世界宗教历史发展和沿革的专题性网站，主要栏目有：宗教史、新闻、图书馆等以及讨论专栏，如无神论、宗教与现代、道德、迷信、心理、神秘论等。
Новости мира религий http://www.religio.ru/news/index.html ★★	"宗教世界新闻"网定位于各类宗教的新闻报道，网站图标却是"太极"图，几大宗教一应俱全，它提供的分析、网上工具、档案资料等栏目也具参考价值。
Паломники.Ru http://www.polomniki.ru/	"朝觐者"网定位于为那些"参拜"俄罗斯及国外各个教堂、寺庙进行指导的目的，其中关于这些教堂、寺庙的介绍具有参考价值。
Православие.Ru http://www.pravoslavie.ru/ ★★	"东正教"网是俄罗斯东正教的门户网站，报道和刊登与东正教教义、传播、文化等方方面面的信息。其专栏主要有：认识东正教、网络杂志、问题、新闻中心、分析观察、历史文献、辩论、图片等，还提供东正教日历、教堂（教会）等方面的检索服务。

名称与网址	说明
Православие и мир http://www.pravmir.ru/	"东正教与世界"网是宣传报道东正教和宗教思想的媒体网站，题材有新闻报道、分析、视频、音频等。主要栏目有：新闻、教会、人物、照片、家庭、社会、科学、文化等。
Православие онлайн – каталог http://www.pravoslavie-online.ru/ ★	"东正教在线目录"网主要收集了东正教及相关宗教、文化专题类网站的网址，资源非常丰富。
Рамблер ТОП100/Религия http://top100.rambler.ru/navi/?theme=554 ★★	这是Rambler宗教类网络资源排行榜，提供了相当详细的宗教网站信息。
Религии мира http://relig.info/ ★	"世界宗教"网是个纯学术性、科普性的宗教学专题网站，主要栏目是关于宗教学基本理论和方法论方面的，同时也介绍了东方国家（包括中国）的宗教知识。
Религия и СМИ http://www.religare.ru/ ★☆	"哲学与大众媒体"网的主题就是大众媒体中的宗教报道问题，有新闻、资料、图片、人物等专栏，内容丰富。
Русская неделя http://www.russned.tv/	"俄罗斯礼拜"网是由现莫斯科及全俄大牧首基里尔登基前提议创建的，它定位于宗教类特别是东正教类的影视题材作品。用户可以注册并上传相关影视作品，也可免费下载这些作品。
Русская Праславная Церковь http://www.patriarchia.ru/	"俄罗斯东正教会"是莫斯科大牧首的官方网站，也是俄罗斯东正教最具权威性的宗教网站之一，它以新闻报道为主，另结合介绍相关组织、历史、文化等知识，并配有视频、图片等资料。
Русское воскресение http://www.voskres.ru/ ★☆	"俄罗斯复活"网的座右铭就是"东正教—专制政体—人民性"，它似乎更关注对东正教背后所隐藏的文化本质问题，因此，网站有许多对这类问题探讨的栏目，也提供不少关于东正教的背景知识。
Христианская поисковая система http://wwjd.ru/ ★	一个宗教专题搜索引擎，是检索基督教网络信息的网站。可以在相关宗教网站中检索新闻报道、专题目录等信息，网站还提供了宗教节日和在线电视等栏目。

6.3.3 法律类网络资源

名称与网址	说明
Alldocs http://alldocs.ru/ ★☆	法律条文、行业规范检索大全，分类非常细致。
Всё о праве http://www.allpravo.ru/	"法律面面观"网包含法律新闻、电子图书馆、在线词典和测试、庭审实践等栏目内容。
ГАРАНТ http://www.garant.ru/ ★★	俄网的法律信息门户网站，提供联邦法律、法规查询及分析、解释服务。
Закон и право http://legallib.ru/	"法律法规"网是个法律图书馆网站，提供法律文本查询服务。
Законы. Поиск... http://law.yodex.ru/ ★★	Yandex的法律检索的搜索引擎服务。
Поиск по юрид. ресурсам http://law.yodex.ru/	强大的俄网法律资源检索引擎。
ПРАВО.RU http://pravo.ru/ ★★	"法规"网可以查询俄联邦绝大多数法律条文，除报道法律新闻外，还有相关资料、视频、博客等网络服务。

Правовые ресурсы в сети Интернета http://www.nlr.ru/lawcenter/ires/ ★	"互联网法律资源"网主要包含各类司法机构、法律条文、法律查询系统、法律词典和相关资料等内容。
Правознание http://www.pravo-znanie.ru/	"法律知识"网介绍了9类法律及涉法程序方面的知识，并结合了法律实践。

第四节 语言学网络资源

俄语语言学网络资源同英语同类资源相比，存在着资源偏少、参与度低、可用性不强的缺陷，确实存有较大差距。但随着俄语语言学研究的不断发展以及与西方语言学研究的不断融合，此类网络资源也在不断丰富。利用网络资源来研究语言学问题，已是我们目前常用的研究和检索方法。

➤ Балканская русистика（http://www.russian.slavica.org/index.html ★★★）[①]

"巴尔干俄罗斯学"网站是根据索菲亚和贝尔格莱德的俄罗斯学学者的倡议，由出版集团Eurasia Academic Publishers支持创办的。这一平台尽管由非俄罗斯学者创立，但由于其开放性、前沿性等特点，目前已成为俄语语言、文学研究（特别是语言学）研究的"中坚力量"和最佳网络资源之一，世界各国的俄罗斯学学者都参与其中。网站定位于建立可用资源和简单描述的网络图书馆资源，发行"巴尔干俄罗斯学"电子杂志，联合全球俄语研究和教学资源，创建相关信息库等。网站有三个版块都非常值得推荐：（1）downloads版块中划分了4类目录，分别是语言学、文艺学、教学法、语言与文化，其中多数文章甚至是书籍可以免费下载，但许多需在网站主页免费注册后才能使用；（2）weblinks版块提供了部分语言学的资源链接地址；（3）topics版块几乎涵盖了大部分语言学主流研究领域，这些专题主要有语言学理论、词源学、俄语历史、社会语言学、心理语言学、对比语言学、认知语言学、翻译理论、修辞学、方言学、语义学、词典学、词汇学、成语学、语音学、构词学、专名学、形态学、句法学、符号学、语法学、语用学、话语语言学、语料库语言学、计算语言学、机器翻译、应用语言学、古罗斯文学、民俗学、现代文学及其理论、文学批评、哲学、文化学、语言接触学、教学法、РКИ、斯拉夫学、远程教学、语文学等。这些资源中的论文大多数为转帖，可以直接链接到其他网站下载为pdf, doc, html, rtf等格式文档；（4）top 10版块主要是点击率比较高的文章的排行榜。此外，网站根据网络文本的类型提供了导航栏，这些类型主要是：论文摘要、分析性论文、学位论文、报告、杂志、访谈、报告、讲座、专著、文集、教材、提要等。

总体上说，该网站是俄罗斯语言学网络资源中为数不多的网络信息平台，它分类详细，可用性强，前面我们说过，俄语语言学研究的网络资源总体上说并不丰富，同英语相比有一定差距。因此，那些为数不多的俄语语言学资源就值得我们"珍惜"了。

➤ ДИАЛОГ（http://www.dialog-21.ru/ ★★）

"对话"网是俄网最著名的计算语言学网站，它又被称为"计算语言学国际会议"官

[①] 近期网站运营不稳，可能面临关闭。

网。该国际会议是个"现地"会议和虚拟会议结合的学术讨论形式。"对话"网分5个栏目,主要有:"2011对话"国际会议、往届会议资料、会议分组方向、文摘、论坛等。其中,往届会议的很多论文可以在线浏览,也可存为pdf文件下载。

➤ Филология.ру(http://www.philology.ru/ ★★☆)

"语文学"网创办于2001年4月,是俄网中最专业的讨论语文学(语言学、文学)问题、收录语文学资料的网站。它以文献图书馆的形式组成网站资源,主要分两个文献专题类别:语言学和文学,前者还分出了普通语言学、俄语、欧洲语言、东方语言,后者分出了一般文学问题、俄罗斯文学、欧美文学、亚非文学。网站的学术论文分类详细,所有文章均可在线免费阅览,并可存为html文件。部分论文为该专业方向的经典性论文,非常值得推荐。

➤ Filologia.su(http://www.filologia.su/ ★★☆)

Filologia.su网是关于语文学、语言学的资源链接网站,它提供了俄网(还有部分英语网站)上的众多语文学、语言学网络资源链接地址。它的语文学、语言学研究领域导航非常细致,覆盖范围广,同时它又提供了语言学、语文学、语文语言论坛、普通信息搜索的四类目录检索方式。整体上来说,网站的参考价值非常大。

➤ Superlinguist.com(http://www.superlinguist.com/ ★★)

网站的另一称谓为"语言学家的电子图书馆",其电子资源种类共有:图书、期刊、报告、论文摘要、学位论文、课程论文等,内容几乎涵盖了语言学研究的各个领域,并涉及十几种语言。每个资源都会列出详细目录,全书可以通过像Uploading, Hotfile, ifolder, Megauploda等共享网盘免费下载(但网盘使用需付费获取提取码)。

其他常见语言学资源

名称与网址	说明
Вавилонская башня http://starling.rinet.ru/intrab.php?lan=ru	"巴比伦塔"网是一个国际合作互联网语言学项目,创办于1998年,目前已是该领域内处于前列的网络资源,主要定位于历史比较语言学。主要栏目有:世界语言——语源学;世界语言目录与地图;形态学;俄语词典等。
Иван Палович Сусов http://homepages.tversu.ru/~ips/ ★	特维尔大学И.П.苏索夫教授的语言学个人主页。他的个人主页已有一段历史了,从1998年开始就已建立,中间几经沉浮,始终坚持,而同期和之后的许多同类主页都不见踪迹了。网站里详细介绍了他的三本语言学专著的情况,以及普通语言学、语言学史的讲课提纲。
Институт лингвистических исследований http://www.iling.spb.ru/	"俄罗斯科学院语言学研究所"的主页详细介绍该所的历史、学术活动以及机构组成、论文答辩和出版情况,其中有少部分资料可存为pdf文件下载。
Казанская лингвистическая школа http://www.kls.ksu.ru/	关于"喀山语言学派"的专题网站,主要有新闻、人物、历史、资料等,是研究俄罗斯该著名学派的重要参考资源。
Каталог. Языкознание. Филология. http://www.zipsites.ru/?n=12/ ★☆	共享网络平台Zipsites所提供的语言学、语文学免费下载网络资源,主要有:普通语言学、言语交际学(含言语修养、Риторика等)、修辞学、方言学、数理语言学和应用语言学、语法学、语义学、语言和翻译理论等。通过这些资源的转链,可以直接下载为doc-rar文件。

Лектон http://www.lecton.perm.ru/ ★	定位于语言学中Слово（词）研究的网站，主要栏目有：语言的哲学；语言学文章；图书馆；语言的幻想等。网站提供了数量不多的涉及语言问题的文章，可以下载为doc-zip文件。
Лингвистика в России: ресурсы для исследователей http://uisrussia.msu.ru/linguist/ index.jsp ★☆	"俄罗斯的语言学：研究资源"网顾名思义就是提供语言学网络资源链接信息的网站。主要栏目有：理论和应用语言学、计算语言学、俄语、俄联邦民族语言、世界语言、个人主页、出版物、会议论坛、综合学科等。
ЛЭС http://www.twirpx.com/file/75688/	twirpx图书共享平台提供的由雅尔采娃主编的俄罗斯最著名的语言学百科词典的下载地址，但需在网站注册。注册还可以下载该网站的许多语言学著述。
Лингво-портал http://lingvo.ucoz.net/	语言学资料入口网站，大多数栏目针对的还是外语学习。主要栏目有：俄语、言语修养、篇章语体、错误分析、英德法语学习、详解词典等。所有文章均可在线阅读。
Лингвофорум http://lingvoforum.net/	"语言学论坛"网通过论坛方式将语言学学者、俄语学习者和教学者联络起来。论坛设立了俄语栏、实践栏、课程栏、外语栏、理论栏、博客栏等。正因其是论坛，所以网文以帖子为主，用户只要注册后都可以上传自己的帖子或发表评论。
Ораторское искусство. Риторика. http://www.rodchenko.ru/	关于演讲技巧、论辩修辞学的个人主页，主要栏目有：新闻、培训、资料、思考等，其中资料栏目里关于论辩修辞学、商务交际、言语技巧等分栏的网络资源可以免费下载。
Русская грамматика http://rusgram.narod.ru/ ★★	著名的1980版科学院《俄语语法》的在线版，与纸质版内容相同。
Словарь лингвистических терминов http://www.classes.ru/grammar/114.Rosental/	罗津塔利（Д.Э. Розенталь）所主编的《语言学术语词典》的在线版，与纸质版内容完全相同。
Филолингвия http://filolingvia.com/	一个定位于外语学习及教学的网站，教授学习外语的经验和解答教学中的问题。网站题提供部分外语学习资源，但内容不太丰富。
Центр лингвистической документации http://www.mccme.ru/ling/	"语言学资料中心"是部分学者于2000年创办的个人化网站，资料更新较慢，比较陈旧，但在"语言学文献"（电子书）和"论文摘要"栏目中的资料均可免费下载。
Linguistic.ru http://linguistic.ru/	一个外语学习网站，部分网文以英语发表，但其中提供了一些语言学、文化学、翻译学、国情学的信息还是有一定参考价值。
Durov.com http://www.durov.com/	由杜罗夫（Павел Дуров）创办的个人网站，虽然很久没有更新了，但现有许多语言学和文学资源依然非常具有参考价值，它主要是为语文专业的学生备考服务。网站的语言学、文学、教学资料等栏目以及图书馆专栏都有部分文章可以免费浏览并下载。
POETICA http://philologos.narod.ru/	一个关于语言、文学、文化、神学、民俗等问题的个人网站。栏目分类比较零乱，主要有文学理论、语言理论和修辞学、话语语言学、艺术哲学等。但网站提供了一些著名学者的著述、论文，如别尔嘉耶夫的《俄罗斯思想》、特鲁别茨柯依、洪堡特等等，这些资料均可在线浏览或下载。

第五节　俄语教学、研究与学习网络资源

至于说到互联网在俄语教学、学习和研究中能发挥什么作用，在俄网的许多关于如何学习和备考的网页中，我们经常能见到这么一段调侃的话：

Как известно, существует всего лишь два основополагающих способа сдать сессию. Один из них – реальный, а второй – фантастический. Фантастический – это когда ты ходишь на лекции, составляешь конспекты, выступаешь во время семинаров и прилежно трудишься на лабораторных работах. И, наконец, перед самым экзаменом несколько дней готовишься к предстоящему испытанию в библиотеке, после чего получаешь заслуженное "отлично". Ну, а реальный – это, разумеется, проскочить на халяву. Как? С помощью Интернета, разумеется!

众所周知，总共有两种备考的基本方法。一种是实际的，一种是不合实际的。不合实际的方法就是：你要去听课，写下提纲，在讨论课上发言并辛勤地完成实验室工作；而最后呢，在考试前要几天在图书馆里经受煎熬，然后才能得到那个得来不易的"优秀"成绩。而现实的呢，当然就是去"不劳而获"了。怎么？自然是用互联网了！

6.5.1　俄语教学、研究与学习资源

➢ ГРАМОТА.РУ（http://www.gramota.ru/ ★★★★）

俄文单词Грамота的意思为"识字"、"读书写字"、"有文化"等，网站以此为专有名称，无非是想强调办站的宗旨，就是教会人们真正的俄语。它的全称又叫做"《俄语》参考信息门户"网。网站是根据俄联邦政府的前俄语委员会的"传媒中的俄语"分委会的倡议于2000年6月创办的，由出版、广播和大众媒  体部予以支持。它是目前最为成功的俄语教学、学习网络资源，曾分别于2004-2007年荣获4次Рунет大奖，这在俄网的所有网站中也是极为罕见的。

网站共划分了6个版块，它们分别是：在线词典、图书馆、咨询参考、学习教室、即时消息、游戏。"在线词典"的版块我们在网上工具的章节中曾专门介绍过，这里再补充介绍部分在线词典资源。除了我们前面提及的词典工具外，专栏中还给出了"俄语口语有声词典"以及网络外连词典的链接，后者主要分俄语常用词典、专名和地名词典、百科术语词典和外语翻译词典等，这些词典不是由该网提供，而是链接到其他网站。"图书馆"版块又分为阅览室、杂志、研究专著、竞赛出版，其中杂志链接的是著名俄语教学杂志《国外俄语》（Русский язык за рубежом）。"咨询参考"专栏主要是关于俄语正字法、正写法、正拼法的问题和规范，并有对应的网上工具。"学习教室"版块提供了网上交互教材，学习者可以在线完成课堂作业，并可在线观看视频；学习者还可以进行俄语奥赛的训练。"即时消息"主要刊登各种有关俄语教学、学习、竞赛和会议的新闻报道。"游戏"版块提供了一个填字游戏和两个Flash游戏，通过游戏可以测试你的俄语水平；

此外，还有许多补充在线游戏链接。

总之，Грамота.ру整体功能强大，设计简洁，内容十分丰富，是俄语教师、俄语学生和俄语爱好者必备的网络资源。

➢ Культура письменной речи（http://www.gramma.ru/ ★★☆）

"书面语修养（文明）"网创办于2001年，是圣彼得堡大学和其他一些学者共同发起创立的，其初衷就是网络的普及导致语言的变化和语言中不符合规范现象的不断上升，而某些语文类教材、网站对此要么无可奈何，要么提供不正确的指导。鉴于此，建立这样一个网站势在必行。网站主要栏目有：俄语、文学、教师、图书馆、统考、参考咨询等，其中许多栏目都提供有非常具有参考价值的讲课提纲、学术论文、专著节选等内容，这些内容均可在线浏览并下载。

➢ Русский язык для нас（http://rusforus.ru/ ★★☆）

这是个俄语学习爱好者的论坛，开设了几十个栏目，其中几乎囊括了俄语学习、俄语研究的方方面面，例如有语法、词汇、修辞、语义、正写法、成语、语源、错误集锦、文学作品分析、教学法、РКИ等等。论坛帖子内容丰富，资源链接也非常多。

➢ ФОНД РУССКИЙ МИР（http://www.russkiymir.ru/ ★★★）

2007年6月，根据第796号总统令，俄设立"俄语世界"基金。该基金由外交部、教育和科技部共同主管，监管会成员包括国际俄语教师联合会主席、圣彼得堡大学校长柳·维尔比茨卡娅（Людмила Вербицкая），俄塔社总裁维·伊格纳坚科（Виталий Игнатенко），全俄广播电视公司总裁奥·多勃罗杰耶夫（Олег Добродеев），普希金俄语学院院长维·科斯托马罗夫（Виталий Костомаров），外交部长谢·拉夫罗夫（Сергей Лавров），教育和科技部部长安·富尔先科（Андрей Фурсенко）、爱尔米达日国家博物馆馆长米·皮奥特罗夫斯基（Михаил Пиотровский）、东正教圣彼得堡教区大主教阿姆弗罗西（Амвросий）等教育文化和宗教界知名人士。基金的活动宗旨是：为海内外俄语科研和教学中心提供支持、形成利于俄罗斯的社会舆论、普及俄罗斯国情知识、组织国际学生和专家交换、推动俄对外教育服务、协助各国组成女性、青年和儿童俄语人群、促进俄对外政策的人文性发展及保护俄文化遗产等。国际活动内容包括开设"俄语村"网站、研究世界俄语及俄罗斯文化普及现状、在世界各地开设俄语中心、培训师资力量、发放教辅资料及教学软件、创办介绍俄罗斯和俄罗斯文明的电子杂志《俄语村》、网络广播和举办研讨会、圆桌会议、竞赛、联欢节等。截至2009年底，已与他国签订设立俄语中心的协议101份，28个主要国家的49个中心已投入使用。"俄语村"网站月访问量目前已经超过4万人次。2007年，在俄外交部和境外俄语中心的参与下，俄罗斯在世界76个国家举办了890场"俄罗斯年"活动，极大地提高了俄罗斯文化的知名度。[①]

基金的官网（http://www.russkiymir.ru）给我们呈现的就是上述活动的信息和面貌。此外，网站还开设了几个独立版块，主要有：新闻、出版、论坛、图片、音频、视频、俄语村电视、俄语村广播等。网站还为世界各地的俄语教学人士、机构提供了咨询保障，这方

[①] 摘自刘戈《信息条件下的俄罗斯文化对外传播的措施及启示》，载于论文集《俄罗斯语言文化研究新进展》（黑龙江人民出版社，2011年）。

面的栏目有：俄语中心、行动规划、机构目录、俄语教育、杂志等，这里可以查询到世界各地的俄语机构，可以了解俄语教育及其项目的发展情况，可以在线感受俄语教学视频等等。

其他常见俄语教学、学习资源

名称与网址	说　明
Архив Петербургской русистики http://www.ruthenia.ru/apr/?nocalendar=1	"彼得堡语文学档案"网主要收录在彼得堡或与之有关的俄罗斯语言学家、语文学家的著述和研究成果，其中包括部分早期的名家，如Ларин，Шахматов，Щерба等人，这些资料均归于网站的"图书馆"和"词典"栏目。
Всё для учителя русского языка http://rus.1september.ru/ ★★	一个针对中小学俄语教师的网站，共有两个平台："俄语报电子版"（http://rus.1september.ru/index.php）和"我去上俄语课"（http://rus.1september.ru/urok/ ★★）。前者是《Русский язык》报纸的在线版，基本内容与纸质版相同，部分版面可以在线阅览；后者为俄语课准备了大量备课材料，从语音、语法到词汇、修辞等等，几乎涉及俄语的方方面面，其中全部文章均可在线阅览。
ГЛАГОЛ http://gllagoll.narod.ru/	一个俄语动词学习和教学的网站，主要是讲解动词的各种使用规则，还有论坛供交流。
Европейский русский альянс http://www.eursa.eu/ ★	一个使用欧盟域名的"欧洲说俄语人士联盟"的官网，主要是报道欧洲各国与俄语、俄国侨民等有关的活动，许多资料具有参考价值。
Живое слово http://korneslov.ru/ ★	"活的词汇"是个专门探讨俄语词汇词源变化和构词方式的网站，主要栏目有：活词典、图书馆、图片、问答、论坛等。通过网站的词源讲解，可以了解许多俄语词汇的由来，这有助于提高俄语文化修养和俄语水平、了解俄语文化。
Курсы русского языка для РКИ http://www.mgu-russian.com/ru ★★	"莫大对外俄语教学中心"的官方网站，是目前俄罗斯办得最成功的网络化俄语教学项目。通过注册和缴费，用户可以在线接受俄语培训。在"教学"版块，用户可以选择分组、个人或夜大式学习；在多媒体教学栏目，用户可以选择网站提供的视频教学。网站还为对外俄语教学开设了专门版块，介绍了许多教学资源、信息和教学法理论。
Орфографический словарь РЯ http://dictionary.liferus.ru/ ★	一个"俄语正写法"在线词典，网站除了具有网络词典的功能外，还就俄语正写法的许多问题进行了讲述。
Русский язык в мире http://www.about-russian-language.com/ ★	一个讲述世界俄语状况的网站，主要分三个版块：教学、阅读、交流。网站还推荐了许多俄语资源链接地址，很具参考价值。
Русский язык за рубежом http://www.russianedu.ru/ ★★	《国外俄语》杂志是世界俄语教学会的官方杂志，也是俄语教学、学习和研究领域内最权威的杂志之一。网站提供了关于杂志的所有信息，包括历史、每期目录以及一些杂志上没有的信息，如读者反馈等。其中，杂志上的小部分论文可以在线浏览或存为pdf文件下载。
Филологический факультет МГУ http://www.philol.msu.ru/faculty/	"莫大语文系"的主页，详细介绍了该系的历史、教学活动、语文学一些基本知识、出版物和相关网络资源链接。
Словесник http://slovesnik-oka.narod.ru/index.htm	"语文教师"网是个个人主页，定位于教授俄语的人们。主要栏目有：互联网上的俄语、互联网与教师、俄罗斯教学法学者等。这些栏目都提供了相关信息的链接地址，有的是网站链接，有的是专业文章的链接地址，有一定参考价值。

Филолог.ру http://www.philolog.ru/ ★	"语文学家"网是彼得罗扎沃茨克大学（Петрозаводский университет）的俄罗斯文学教研室办的主页，它为中小学教育的文学课提供了较为丰富的素材，其中不少是俄罗斯作家、作品的介绍。
Энциклопедия русского языка http://russkiyyazik.ru/ ★	"俄语百科"网是一个网上工具资源，它提供了有关俄语方方面面（如语法、词汇、修辞等等）的词条以查询。
Langrus http://www.langrus.ru/ (www.schoolrus.ru, www.russianword.ru) ★★	由俄罗斯人民友谊大学主办的俄语教学、学习网站，它目标明确：定位于对外俄语教学（РКИ）。主要栏目有：规范文件；词典；图书馆；言语交际教学；视频资料；提供技能；俄语教程；测试；互联网项目；论坛；网络广播；视频连线等。网站的许多教学资料和视频资料对于俄语教学来说均具有一定参考价值。
Learn Russian Language http://masterrussian.com/	这是为母语为英语的学习者开办的俄语学习网站。网站语言为英语，但所提供的部分学习教程和学习材料对于补充教学内容仍有一定参考价值。
RusLang http://www.ruslang.com/ ★☆	免费在线俄语学习网站，主页主语言为英语，主要针对英语为母语的学习者学习俄语所用。主要专栏有：学习、娱乐、应用、交际，其中在学习专栏还有：国家、文化、语言等分栏。网站的许多学习资料比较适合初学者使用。
Russian for Everybody http://www.linguarus.com/Main/	"人人俄语"网主要也是针对英语为母语的学习者学习俄语所开办。网站语言为英语，但与先前很多类似网站不同的是，在Program专栏中，学习者可以根据网站的系列课程进行俄语学习。

语言是文化的载体，促进世界俄语教学和推广俄罗斯文化是俄外交战略的重要组成部分。2005年通过的《"2006—2010年俄语"联邦目标纲要》计划拨款8亿9400万卢布，通过增加境外教育和文化机构、开发远程教育系统等措施，加强对外俄语和俄罗斯文化教育为此，俄陆续开发了许多互联网远程俄语教育系统。

针对境外俄罗斯后裔的部分俄语及俄罗斯文化远程教育项目

项目名称	网址
独联体及波罗的海国家俄语应用及俄语教育专业门户	http://sng.unicor.ru
俄罗斯侨民俄语学习俄语教育和培训专业门户	http://compatriot.unicor.ru
外国居民俄语学习俄语教育和培训门户	http://inostr.unicor.ru
俄联邦教育机构俄语多媒体实用课程	http://practicum.aesc.msu.ru
独联体国家俄语及俄罗斯文化广播培训系统	http://www.russianedu.ru
独联体国家俄语及俄罗斯文化网络广播培训系统	http://www.newseducation.ru http://www.youthrussia.ru
俄语及言语文化广播培训节目	http://www.russianedu.ru

6.5.2 俄语语料库及其建设

➢ Национальный корпус русского языка（http://www.ruscorpora.ru/ ★★★★☆）

"俄语国家语料库"是二十一世纪俄语信息化建设的一项伟大工程，从2003年起语料库建设开始实施，到2004年4月正式推出语料库的在线网站。尽管起步比起欧美的英语语料库已属较晚，但它起点颇高，投入使用以来，它为俄语研究、教学和学习者提供了丰富的语料平台，信息化使得全体俄语人受惠。

俄语国家语料库首先涵盖了19世纪初到21世纪初这一历史时期，包括经典文学作品和现代俄语口语文本。语料库既收集具有文化价值的原创俄语文学作品（散文、剧本、诗歌），也收集语言方面令人感兴趣的翻译作品。除了文学作品,语料库还收集了大量回忆录、随笔、政论文、科技和科普作品、演讲、私人信函、日记、文件等书面语和口语文本。俄语国家语料库总的规模将达到2亿词次，其目标是建成一个可以与英国国家语料库媲美的大型的代表性俄语语料库。目前，该语料库是由来自莫斯科、圣彼得堡、喀山、沃罗涅日、萨拉托夫及其他中心的语言工作者进行维护和更新的。

俄语国家语料库包括几个子语料库：书面文本基础语料库；1990—2000年间报纸文本语料库；口语语料库；重音（俄语历史重音）语料库；多媒体语料库；书面文本平行语料库；方言文本语料库；诗歌文本语料库；教学语料库等。书面文本基础语料库又称现代俄语标准语语料库（从20世纪初至21世纪末），它也是由几个子语料库组成的：早期文本语料库（19世纪初到20世纪中叶）、当代文本语料库（20世纪中叶至21世纪初）。其中，当代文本语料库的文本类型分布情况如下：各种体裁和流派的散文作品；剧本；回忆录、自传；杂志政论文、文艺评论；报纸政论文、新闻；科技文章、科普文本和教材；宗教和宗教哲学文本；正式公文和法律文本；日常生活文本等。[①]

在俄语国家语料库的检索平台上可以进行两类查询：精确查询和词汇语法查询。前者可以精确查找单个词或词形，也可以查找词的组合。后者也称为高级查询，在进行词汇语法查询时，可以只指定词位（或词形），或者只指定语法特征，也可以两者都指定。语法特征选择对话框几乎涵盖了所有俄语语法范畴：词类、性、数、格、态等，而语义特征选项也涵盖了一个词汇的几乎所有语义标注选项。它们都可以进行多选或单选。此外，网站还有关于语料库建设的其他栏目，如：语料库的结构、参数、形态句法语义关系等等。

> Словари, созданные на основе НКРЯ（http://dict.ruslang.ru/ ★★★）

"由俄语国家语料库衍生的词典"网站是俄语国家语料库在词典编撰方面做出的一大贡献，此前俄语学界还从未进行过该方面的尝试。网站包含了4种词典，它们分别是：俄语新词语法词典（http://dict.ruslang.ru/gram.php）；新俄语词汇频率词典（http://dict.ruslang.ru/ freq.php）；俄语成语词典（高品词的组合）（http://dict.ruslang.ru/magn.php）；俄语非物质名词动词搭配词典（http://dict.ruslang.ru/abstr_noun.php）。这些词典的词汇检索简易，每个词典都有详细的pdf说明文件。

> Лингвокультурный тезаурус русского языка（http://www.tesaurus.ru/ ★★☆）

"俄语语言文化库"网是俄网仅有的一个大型语言文化知识库，可以进行较复杂的检索。它主要可以进行两类检索：一是"语言文化库"检索，可以选择近50个认知领域，已收录有18000个形象库；另一是"联想网络"检索，它依赖于网络版俄语联想词典，目前已有3万多个联想节点。

---

① 以上部分内容参考自许汉成：《俄语语料库的新发展》（载于《中国俄语教学》2005年第1期）。

➢ МГУ-ЛОКЛЛ（http://www.philol.msu.ru/~lex/corpus/）

这是莫斯科大学"普通和计算词汇学及词典学实验室"所建立的20世纪末俄语报纸文本计算机语料库。该语料库有选择地地收集了1994—1997年俄罗斯出版发行的13家俄语报纸，总字数达到了1100多万词形。该主页是关于该语料库使用的具体描述以及检索入口（http://lexicol.philol.msu.ru/）。通过该主页还可以查询到"语料库信息研究系统"的网页，通过下载客户端可以试用。

除了上述两大俄语语料库外，还有一些语料库，虽然知名度不及这两大语料库，但作为俄语语料库的重要补充，同样在不同方面可以丰富俄语和俄语语料库的研究素材。这些语料库主要还有：瑞典乌普萨拉俄语语料库（Уппсальский корпус http://www.slaviska.uu.se/ korpus.htm）；德国蒂宾根俄语语料库（Тюбингенские корпусы русского языка http://www.sfb441.uni-tuebingen.de/b1/rus/korpora.html）；俄语机器翻译基金会（Машиный фонд русского языка http://cfrl.ru/）；芬兰赫尔辛基大学俄语文本标注语料库（ХАНКО http://www.helsinki.fi/venaja/russian/e-material/hanco/index.htm）；圣彼得堡俄语标准语语料库（Корпус русского литературного языка http://www.narusco.ru/ index.htm）。

科学教育网络资源

第一节 科学类网络资源

本章的科学网络信息资源主要指自然科学领域内的网络信息。俄罗斯是世界自然科学研究大国,俄网的自然科学信息资源当然也非常丰富,其网站总数更是超过了人文社会科学的数量。本节所介绍的自然科学网络资源主要包含以下门类:自然科学总论;数学;物理;化学;生物学;地球科学;天文学;医学等。考虑到本书的大部分读者群非自然科学专业人士,因此,我们对此类网络资源只是选取具有代表性的少部分资源进行简单介绍。此外,本节还将单独介绍国家地理、地图学网络信息资源。

7.1.1 自然科学网络资源

名称与网址	说明
自然科学总论	
Наука KM.RU http://www.km.ru/nauka ★★	大型门户网站KM的科学栏目,内容丰富。
Наука это жизнь http://nauka.relis.ru/ ★☆	"科学生活"网刊出了各类科学认识文章以及出版物信息,分类较细,内容丰富。
Научный информационный портал http://www.nauki-online.ru/ ★☆	"科学信息门户"网是自然、社会科学综合信息检索网站,提供了大量科学网站的链接地址。
РАН http://www.ras.ru/ ★★☆	"俄罗斯科学院"的官方网站。
Российская наука в Интернет http://rusnauka.narod.ru/	介绍互联网上俄罗斯科学的网络信息资源链接。
Телеканал "Наука 2.0" http://www.naukatv.ru/	"科学2.0"电视频道是俄罗斯新成立的有线电视频道,宣传科技知识,网站没有直播,但有小部分节目下载。
Элементы http://elementy.ru/ ★★☆	"基础科学门户"网是2010年Рунет大奖科学奖项获得者,主要有百科工具、科学检索、图书资料、科学交流等内容栏目。
Discoverychannel http://www.discoverychannel.ru/ ★★	美国著名探索频道的俄文版,曾合办"Rambler发现频道"网,有视频、图片、电视等栏目。
数学	
Вся математика http://www.allmath.ru/	"数学面面观"网分高等数学、应用数学、中小学数学、奥数等介绍了相关信息资源,可以免费下载doc文档。

续表

Математика on-line http://mathem.h1.ru/	"数学在线"网是数学的基础知识介绍性网站,数学学科栏目分类很细。
Математику.ру http://matematiku.ru/	"趣味数学"网收录有关数学的趣味知识和相关运算。
物理	
Библиотека по физике http://physiclib.ru/	"物理图书馆"是物理学部分门类相关图书的简介网络资源,大部分图书可以在线阅读主要部分。
Вся физика http://sfiz.ru/	"物理面面观"网以介绍物理科学新闻以及提供部分图书、教学资料资源为主。
Курчатовский институт http://www.kiae.ru/	俄罗斯国家研究中心著名的"库尔恰托夫研究所"官网。
ФЭС http://www.all-fizika.com/ ★	"物理百科词典"是物理学的网上工具,可进行物理学百科知识检索。
ЭЯО http://nweapon.virtbox.ru/ ★	"核武器百科"网分武器类型、国别介绍了核武器相关知识。
化学	
Полезная информация по химии http://www.alhimikov.net/ ★ ☆	"化学面面观"网提供了关于化学学科的方方面面的知识和信息,内容非常丰富。
Химик http://www.xumuk.ru/ ★	"化学知识"网按照化学学科方向、化学基础知识等对化学信息资源进行了分类,并提供了有关化学的网上工具词典等。
WebElements http://www.webelements.narod.ru/	"化学元素在线"网可以在线查询化学元素周期表的科学信息。
生物学	
Биологический каталог http://www.bio-cat.ru/ ★ ☆	"生物学目录"网提供了俄网上有关生物学近20个方向的书籍,可以在线阅览全文。
Биологический словарь on-line http://www.bioword.narod.ru/ ★	生物学在线词典,网上工具。
Всё о птицах http://pticyrus.info/	"鸟类面面观"网介绍俄罗斯及国外各种鸟类的科普知识。
Всероссийский экологический портал http://ecoportal.su/	"全俄生物学门户"网提供了新闻、网络资源目录、图书馆、公告板等栏目服务信息。
Зоопарки России http://www.zoo.ru/	"俄罗斯动物园"门户网包含俄国内所有动物园链接以及动物知识介绍等。
Зоопарки России-2 http://www.russia-zoo.ru/	这是另一个"俄罗斯动物园"门户网站,有许多俄罗斯国内外动物园链接地址和新闻报道。
Мир животных http://www.animalsworld.info/	"野生动物世界"网按照兽类、鸟类、鱼类、爬行类、两栖类介绍动物的科学知识。网站图片精美。
Мир насекомых http://mir-nasekomyh.ru/	"昆虫世界"按照昆虫的基本类别分别介绍了昆虫的科普知识。
Экогология – электронный путеводитель http://lib.volsu.ru/eco/	"生物学电子指南"网提供了生物学的网络资源、电子出版物、视频、电影等参考资料。
地球科学	
Всё о геологии http://geo.web.ru/	"地质学面面观"网介绍了地质学的基本知识并提供了大量网络资源,如图书馆、资料、链接地址、词典以及网上工具等。

Всё о российских лесах http://www.forest.ru	"俄罗斯森林"网介绍俄罗斯大地上的森林、森林生态、森林法律、森林利用等信息和知识。
Ойкумена http://www.geo-site.ru/	"居住之地"网提供了地理学、地球科学的信息服务,还有网上词典、图片等信息资源。
Энциклопедия моря http://www.seapeace.ru/	"海洋百科"网从海洋学的角度来介绍海洋及海洋生物、航海知识。
天文学	
Азбука Звёздного неба http://astro-azbuka.info/	"星空指南"网介绍星空及星际知识,探讨地外文明等问题。
Астрономия и Солнечная http://www.astrolab.ru/index.html	"天文学与太阳系"网详细介绍了太阳系天体的基本知识,并登载天文学的科普知识。
Атротоп 100 России http://www.astrotop.ru/	"俄罗斯天文学网站排行榜"介绍了俄网100个天文网站排行情况。
Космический горизонт http://space-horizon.ru/	"宇宙地平线"网分宇宙学、天文学、行星学、航天学和术语等专栏。
Космический Мир http://www.cosmoworld.ru/	"宇宙和平号"网主要介绍俄罗斯的宇航史、宇航百科、和平号空间站的资料等。
Космонавтика http://www.kocmoc.info/ ★☆	"航天学"网站是俄网比较有影响的此类网络资源,它提供了关于航天活动的历史、资料、文学作品、资源链接和设计活动等信息资源。
Энциклопедия Ю. Гагарина http://yurigagarin.ru/	"加加林百科"网包含了几乎所有种类的关于世界第一位宇航员加加林生平的信息资料。
医学	
Здоровье KM.RU http://www.km.ru/zdorove	俄网著名门户网站KM.Ru的健康频道,以新闻、保健、治疗知识内容为主。
Здоровье@mail.ru http://health.mail.ru/	俄网著名搜索引擎@Mail.ru的健康专栏,主要栏目有疾病与健康、药品、医疗机构、咨询、论坛、博客、视频等。
Китайская медицина http://www.tiensmed.ru/articles/nian.html	关于中医的俄文网站。
Медкниги http://www.medbook.net/ ★☆	"医学书籍"网提供种类繁多的医学电子书,可以下载为djvu等文档。
Физиология человека http://human-physiology.ru/	这是生理学的研究性网络资源。
MEDI.RU http://medi.ru/	一个关于医药的网站。

7.1.2 国家地理、地图学类网络资源

"国家地理"目前是个时髦词汇,它借自美国著名媒体National Geographic。本节将其与地图知识结合起来单独作为一节。

➢ Яндекс.Карты（http://maps.yandex.ru/ ★★★）

俄网著名搜索引擎Yandex的地图检索频道,也是俄网最好、最具影响的地图检索网站之一。网站地图可以检索俄罗斯和世界任何国家的地点,当然,俄罗斯的地图服务信息

要更为详细,他国的信息相对简略,但较大的地点(如城市、区、州等)基本能够查到,并且所有信息均为俄文。地图网站的主要功能按钮分左右两部分导航栏,分别是左侧的:(1)地图拖动,选中后可按住鼠标左键不放,拖动地图移动搜索地点;(2)放大,即扩大地图显示的比例尺,使得搜索更精确;(3)距离测量,即选中后,点击地图任意两点测量两地间直线距离;(4)添加地图标志,又分折现和多边形。Yandex地图右侧按钮分别为:(1)路况,查一下堵不堵车,但仅限于俄罗斯的大城市;(2)照片、经纬度显示,默认不选择;(3)地图显示模式,可以选择通用地图(简图)、卫星地图、地点标示卫星图。此外,地图左侧还有一个缩放控件,可以随意调整地点显示比例。在地图搜索栏里可以选择检索的城市,在中国打开Yandex地图时默认为北京,在俄罗斯默认为莫斯科。在地图搜索栏下还可选择地铁图,共可以选择俄罗斯、乌克兰、白俄罗斯的十座城市的地铁。

Yandex地图还提供个性化服务,可以定制"我的地图",用户可以把自己最需要和常用的查询地点输入"我的地图",并且自己所做的地图标记也可存入。用户还可以进行公交以及长途线路查询,但仅限于俄罗斯境内。总之,Yandex地图检索功能完备,和Google地图相比各有其特色。它的基本图示和功能导航在俄网的地图网站中具有代表性。我们中国用户甚至可以用它来查找我国地名(特别是少数民族地区、边疆地区)的俄文名称。

➢ Карты@Mail.Ru(http://maps.mail.ru/ ★★☆)

这是著名搜索引擎@Mail.Ru的地图检索频道,在俄网地图检索服务网站中也占据较重要地位,它的服务主要定位于俄罗斯本土的地图搜索。打开Карты@Mail.Ru,默认为莫斯科的地图。地图界面与Yandex地图大致相同,一些基本功能按钮也相同,不同之处主要有:(1)地址导航控件改为与Google地图相似的控件模式,比较方便用户在地图上移动操作;(2)对象信息窗口,这一点也与Google相似,可以显示所指对象的详细信息;(3)显示信息选项,可以选择天气、新闻、图片、影剧院、俱乐部、博物馆、饭店、商店等,可以单选或多选;(4)车况可选择城市大为增加,近20个;(5)卫星地图没有地点标示,不如Yandex精确实用。其他的像地铁、线路查询等也比较方便,还提供手机版地图服务。

➢ Россия: Спутниковая карта(http://tours-tv.com/ru/russia ★★☆)

"俄罗斯:卫星地图"是"全球旅游视频"(tours-tv.com)网的俄罗斯专栏,这是一个极有特色的地图网站,它将俄罗斯的风景名胜等与卫星地图紧密联系,通过地图我们可以鸟瞰这些"名地"。地图还提供了这些地方许多著名风景目标的信息,特别是主页里俄罗斯历史文化名城的导航栏非常方便用户查询。网站除了提供地图检索服务,还有反映这些地方风貌的视频。"全球旅游视频"网有多种语言选项,主要是英、俄、中、日、阿等语言。

➢ Сто карт(http://www.stokart.ru/ ★★☆)

"100地图"网收集了俄罗斯和世界各国的地图集,这些地图分三个层次:一是国家地图,二是各国的州、区、岛地图,三是城市、名胜等"小"地点。所有地图均可在线浏览并下载保存为gif格式。

➢ Google. Maps(http://maps.google.ru ★★)

"谷歌地图"是目前互联网上最好的世界地图网,其俄文地图服务也具有较高水准。其强大功能我们前面已谈过,俄文谷歌地图主要有地点搜索、卫星地图,后者主要有路况、照片、天气、地形等选项。这里还要提示一个很有意思的中文显示功能：如果我们以中文简体操作系统在中国登录谷歌地图俄文版，那么我们所看到的俄罗斯地图上的地名是中俄文对应的。

其他常见地理、地图学资源

名称与网址	说　明
Всемирная география http://worldgeo.ru/ ★ ☆	"世界地理"网按照澳洲、北美、南美、非洲、欧洲、亚洲的版块提供了世界各国的地理信息，同时还有世界各国的主要城市的相关信息。
География России http://www.russia-tour.ru/geo/ ★ ☆	"俄罗斯地理"网提供了关于俄罗斯各地的详细的地理信息服务。它介绍不同地区、城市的气候、河流、山峦、名胜等，并推荐了相关旅游线路及信息。
Карта автодорог России http://www.alfatrans.ru/pages/karta.html	"俄罗斯公路地图"网提供了俄罗斯境内各"国道"及其他公路的相关信息以及道路法规，还提供运费计算服务，但有些服务需注册才能使用。
Карта России. С городами. http://rus-map.ru/ ★ ☆	"俄罗斯/俄罗斯城市地图"网主要提供俄罗斯、俄罗斯各城市以及俄罗斯公路网的相关检索信息服务。
Карты городов России http://www.map.ru/maps/map_russ.htm	"俄罗斯城市地图"网提供俄罗斯部分主要城市地图下载服务，下载后的压缩文件需解压并安装。
Карты России. Travel.Ru http://archive.travel.ru/russia/map/	"俄罗斯旅行地图"网称其地图为交互式地图，网站地图也为俄罗斯各大风景点和名胜地。
МИР КАРТ http://www.mirkart.ru/ ★ ★	"地图世界"网是专业的地图学网站，它提供按俄罗斯的地区、城市以及世界地图查询信息的服务。在世界地图查询时，网站提供了许多专业的地图检索选项，例如：政治地图、时区、地震带、人口、宗教等等，当然，这些信息也并不全面，有些仅针对大城市。
Рамблер-Карты http://maps.rambler.ru/	著名搜索引擎Rambler的地图检索频道。提供三类检索方式：通用、线路和地铁。在通用检索框内输入要查找的地名，地图会自动在地图上标出带有该关键词的地点，点击这些标示，可以显示确切地址、电话、线路等信息。网站也有路况查询服务。它还可链接到其他地图网站如Яндекс, Google, Openstreetmap等进行查询。
Часовые пояса России http://www.time-zones.ru/russia.htm	"俄罗斯时区"网介绍俄罗斯相关时区、各区或城市所处时区及关于时区的地理知识。
eAtlas http://www.eatlas.ru/	俄罗斯和大部分欧洲国家的电子地图网，显示方式与Yandex比较相似，易查性较佳。
OpenStreetMap http://www.openstreetmap.org/	"免费维基世界地图"网是维基网站地图服务频道，它可以进行多语种选择。其地图标示精确度较高，使用方便。地图显示模式与Yandex地图、Google地图大同小异。

第二节　教育类网络资源

将科学和教育类网络信息资源并列归类，也是俄网目录式搜索引擎对网络资源分类的惯常做法。教育类资源对于学校教育、继续教育和教育整体规划来说具有越来越重要的作用。

7.2.1 教育类综合网络资源

➤ Министерство образования и науки РФ（http://www.mon.gov.ru/ ★★☆）

这是"俄联邦教育科技部"官网，是管理俄罗斯教育和科研工作的最高机构。网站主要有7个版块，分别是：机构组成、领导人员、文件法规、各类活动、规划项目、新闻中心、反馈意见等。

➤ ИКТ в образовании（http://www.ict.edu.ru/ ★★☆）

"教育中的信息技术"网是俄网关于教育信息化建设的门户网站，其中最具有参考价值的栏目有：图书馆、网络资源链接以及教育网络信息化入口。这里提供了大量关于教育中信息化方面问题的论文、著作，如软件设计保障、教学法、远程教育、多媒体制作和教学等等。网站整体资料较为丰富，可用性强。

其他教育类综合资源

名称与网址	说 明
5 баллов QIP http://5ballov.qip.ru/ ★★	俄网著名门户网站QIP.RU的教育频道——"五分"，提供了7大版块的服务内容，主要是：论文摘要、作文、高校、测试、词典、奖学金与担保、新闻。其中，论文摘要部分共划分有几十个门类，分类细致，种类齐全；高校部分可以根据高校类型和所在城市进行检索；网上词典部分收录有近30个，且词典为独立的。
Всем，кто учится. http://www.alleng.ru/index.htm	"学习者"网是推介各个学科教育网络资源的专业网站，网站链接资源比较丰富。
Единое окно доступа к образовательным ресурсам http://window.edu.ru/ ★☆	"教育资源统一入口"网是由联邦教育机构"国立信息技术和电信科研所"主办，目的是为了尽可能多的将俄网教育资源纳入一个统一的信息平台。几个主要版块有：职业教育和普通教育目录、图书馆、常用学科目录和常用资源、教育新闻、最新反馈、最新资源等。
Каталог Classes.Ru http://www.classes.ru/catalog/ ★☆	Classes.ru网站所提供的教育资源目录，目录主要分为：在线学习、环球、高等教育、培训课程、科学、交流、翻译、工作、中等教育、教学资料、考试等，整体网络资源链接比较丰富。
Образование РФ http://education-in-russia.org/ ★	专题探讨俄罗斯教育问题的专业网站，许多研讨内容比较令人感兴趣。
Образование за рубежом http://www.tradedu.ru/	"国外教育"网主要探讨国外教育的思想、理念、模式等，并重点介绍了美国的教育体系以及MBA的相关内容。
Образование KM.RU http://student.km.ru/	著名门户网站Кирилл и Мефодий（KM）的教育频道，最具有参考价值的专栏是论文摘要、在线学习，可以免费下载论文并给予各种在线学习辅导。
Российское образование для иностранных граждан http://www.russia.edu.ru/ ★☆	"外国人的俄罗斯教育"网是由俄联邦教育科技部委托"国立信息技术和电信科研所"主办，主要目的是将外国人在俄罗斯获取教育的过程进行正规化和信息化管理。网站报道了相关教育新闻，并介绍了俄罗斯教育、入学、相关教育管理机构和规定以及俄语学习的信息，提供了论坛交流平台。网站有俄、英、法、西、德、哈、中、阿、蒙、越等10国文字。

续表

名称与网址	说 明
Российское образование. Федеральный образовательный портал http://www.edu.ru/	"俄罗斯教育：联邦教育门户"网创办于2002年，由联邦教育机构"国立信息技术和电信科研所"主办，网站曾获2008年政府教育奖。网站提供了联邦教育资源链接、考生备考指南、高校排行榜、在线测试、竞赛、教育标准等信息。
Сайт для аспитантов http://www.dissertacia.com/index.php	一个专门服务于研究生攻读各类学位的网站，主要提供资料、方法、指南辅导。
Союз образовательных сайтов http://allbest.ru/union/	著名学习教育资源类网站Allbest.Ru推出的"教育网站联盟"的教育频道，按20余门类提供了相关教育网站的链接地址以及Top 20排行榜。
Статистика Российского образования http://stat.edu.ru/	"俄罗斯教育统计"网专门统计各类与教育有关的数据，主要分出以下专栏：教育的社会经济指标、国家考试统计、教育信息化统计、地区教育统计、国际比较、方法等等。这些统计数据都比较详细，是研究俄罗斯教育的必备参考资料。
Учёба.ру http://www.ucheba.ru/	"学习网"是关于各层次学习的门户网，主要包含大学、培训、中小学、学院、MBA、国外学习等学习范围，还设有高考、国家认证考试、奥赛、职业、专业、论文等辅助栏目。主要内容是各类学习信息交流和消息报道等。
Федеральное агентство по образованию http://www.ed.gov.ru/	"联邦教育局"的官网负责发布涉及俄罗斯教育问题的法律、法规，提供部分教育资料和统计数据等信息。

7.2.2 教育信息化与远程教育资源

名称与网址	说 明
АТМОСФЕРА http://www.author-edu.ru/ ★☆	"作者电视交流多媒体教育环境"是个俄语学习信息化解决方案，由普希金语言学院的特里亚佩利尼科夫（А.В. Тряпельников）主持，众多教育工作者、网络及软件设计人员参与完成。这一项目是把对外俄语教学（РКИ）以及俄罗斯文化的传播、学习通过数字化工程得以实现。网站包含三种环境和四种教学。这是教育远程教学的一个成功尝试，在俄网同类平台中居于领先地位。
Конгресс конференций ИТ в образовании http://ito.edu.ru/	"教育信息技术"网络国际会议的官网，这一学术研讨会定期召开，专家、学者通过网络来探讨教育中信息技术及实践问题。
Русский Гуманитарный Интернет Университет http://www.i-u.ru/ ★	"俄语人文网络大学"主要是教授部分人文学科的网络课程，有技术、教学、图书馆、论坛等栏目。
Ферердальный центр информационно-образовательных ресурсов http://fcior.edu.ru/	"联邦信息教育资源中心"网由俄联邦教育科技部主办，收录有高等教育、中等教育、初级或中等职业教育的网络资源链接地址以及发布相关信息。
Ditance learning Russian language & Culture http://www.dist-learn.ru/	"俄语与文化远程学习"网定位于英语用户学习俄语，网站页面为英语，有些学习材料及注册的网上教学都是俄语。

7.2.3 高等教育网络资源

高等教育网络资源中最重要的就是各大学、学院的网址资源，其中有的大学官网内容丰富，链接资源众多，如莫斯科大学的各系、教研室都有自己的网站；而有的大学官网仅是个宣传性网站，没什么可供参考的实用价值。因此，我们将根据俄网部分网站发布的大学排行榜，列出俄罗斯部分重要大学、学院的网址[①]，读者可以通过这些高等学校的官网继续查找它们中更加有用的资源。（表后附部分科研院所网络资源供查[②]）

学校名称	网址
Московский государственный технический университет им. Н.Э.Баумана 莫斯科国立技术大学	http://www.bmstu.ru
Московский государственный университет им. М.В. Ломоносова 莫斯科国立大学	http://www.msu.ru
Государственный университет управления 国立管理大学	http://www.guu.ru
Российский университет дружбы народов 俄罗斯人民友谊大学	http://www.rudn.ru
Российский экономический университет им. Г.В. Плеханова 俄罗斯经济大学	http://www.rea.ru
Московский государственный университет экономики, статистики и информатики 莫斯科国立经济、统计和信息大学	http://www.mesi.ru
Московский государственный университет международных отношений МИД России 莫斯科国际关系大学	http://www.mgimo.ru
Российский государственный медицинский университет им. Н.И. Пирогова 俄罗斯国立医科大学	http://www.rsmu.ru
Российский государственный социальный университет 俄罗斯国立社会大学	http://www.rgsu.net
Финансовый университет при Правительстве РФ 俄联邦政府财经大学	http://www.fa.ru
Московский авиационный институт 莫斯科航空学院	http://priem.mai.ru/
Московский педагогический государственный университет 莫斯科国立师范大学	http://www.mpgu.edu
Российский государственный гуманитарный университет 俄罗斯国立人文大学	http://www.rsuh.ru
Московский государственный лингвистический университет 莫斯科国立语言大学	http://www.linguanet.ru
Академия Федеральной службы безопасности Российской Федерации 俄联邦安全局学院	http://www.academy.fsb.ru/
Московская государственная консерватория имени П. И. Чайковского 莫斯科柴可夫斯基国立音乐学院	http://www.mosconsv.ru
Российская академия театрального искусства 俄罗斯戏剧艺术学院	http://www.gitis.net/
Московский государственный академический художественный институт им. В.И.Сурикова 莫斯科苏里科夫国立美术学院	http://pencil.nm.ru

---

[①] 这里不含俄罗斯军校，军校内容详见"军事"资源章节。
[②] 俄网分类目录中惯上把高等教育资源和科研院所资源归为同一类别，并且俄网上有着大量科研院所网络资源。鉴于本书所针对的主要读者群，这里只是列出几个具有代表性的网络资源。

续表

Государственный институт русского языка им. А.С. Пушкина 国立普希金俄语学院	http://www.pushkin.edu.ru
Санкт-Петербургский государственный университет 圣彼得堡国立大学	http://www.spbu.ru
Санкт-Петербургский государственный университет экономики и финансов 圣彼得堡国立财经大学	http://www.finec.ru
Санкт-Петербургский государственный политехнический университет 圣彼得堡国立理工大学	http://www.spbstu.ru
Российский государственный педагогический университет имени А.И.Герцена 俄罗斯赫尔岑国立师范大学	http://www.herzen.spb.ru
Санкт-Петербургский государственный технологический институт 圣彼得堡国立技术学院	http://www.lti-gti.ru
Санкт-Петербургский государственный академический институт живописи, скульптуры и архитектуры им. И.Е. Репина 圣彼得堡列宾国立美术学院	http://www.artacademy.spb.ru
Казанский (Приволжский) федеральный университет 喀山联邦大学	http://www.ksu.ru
Уральский государственный университет им. А. М. Горького 乌拉尔国立大学	http://www.usu.ru
Южный Федеральный Университет 南方联邦大学	http://www.rnd.runnet.ru
Самарский Государственный Архитектурно-Строительный Университет 萨马拉国立建筑大学	http://www.sgasu.smr.ru
Самарский Государственный Университет 萨马拉国立大学	http://www.ssu.samara.ru
Кубанский государственный университет 库班国立大学	http://www.kubsu.ru
Новосибирский государственный университет 新西伯利亚国立大学	http://www.nsu.ru
Нижегородский Государственный Университет им. Н.И. Лобачевского 下诺夫哥罗德国立大学	http://www.unn.ru
Сибирский федеральный университет 西伯利亚联邦大学	http://www.sfu-kras.ru
Дальневосточный федеральный университет 远东联邦大学	http://www.dvgu.ru
Дальневосточный государственный технический университет 远东国立技术大学	http://festu.ru
Волгоградский государственный университет 伏尔加格勒国立大学	http://www.volsu.ru
Волгоградский государственный технический университет 伏尔加格勒国立技术大学	http://www.vstu.ru
Воронежский государственный технический университет 沃龙涅日国立技术大学	http://www.vorstu.ru
Иркутский государственный технический университет 伊尔库茨克国立技术大学	http://www.istu.edu
Иркутский государственный университет 伊尔库茨克国立大学	http://www.isu.ru
Пермский Государственный Университет 彼尔姆国立大学	http://www.psu.ru/
Саратовский государственный университет им. Н.Г. Чернышевского 萨拉托夫国立大学	http://www.sgu.ru
科研院所	网址
РАН 俄罗斯科学院	http://www.ras.ru/
Институт Востоковедения РАН 俄罗斯科学院东方学研究所	http://www.ivran.ru/
ИНИОН РАН 俄罗斯科学院社会科学科技情报所	http://www.inion.ru/

如果读者想要查找更多俄罗斯高校的相关信息，可以到以下网址进行查询：

http://5-ka.ru/allv/index.html （Все вузы России 俄罗斯的所有高校）

http://5ballov.qip.ru/universities/ （5баллов. Вузы 高校）

http://www.edu.ru/abitur/act.61/index.php （Рейтинг вузов по баллам ЕГЭ 根据国家统一考试分数的高校排名）

http://top.msu.ru/ （Каталог научно-образовательных ресурсов МГУ 莫大科学教育资源目录）

计算机互联网网络资源

第一节　信息科学综合网络资源

　　计算机互联网信息资源是俄网网络资源的极其重要组成部分，在俄网搜索引擎的分类目录中，计算机互联网资源一般都称为IT资源而单列。同"自然科学"类网络资源的介绍方法相类似，也是考虑到本书的主要读者群并非专业IT从业人员，因此，本书同样是仅选取部分具有代表性的该类资源进行一般性介绍。本节所介绍的信息科学综合网络资源主要是指那些从事信息科学（特别是计算机科学的）研究及教学的专业网站、实验室、公司和软件设计开发方面的资源，而互联网网络资源我们单列介绍。

名称与网址	说　明
计算机网络资源	
Виртуальный компьютерный музей http://www.computer-museum.ru/index.php ★	"计算机虚拟博物馆"网站主要介绍俄罗斯国内外计算机发展史、信息技术基础知识、资源下载等。
ГИВЦ http://www.givc.ru/	由俄罗斯文化部主办的"主信息计算中心"将文化传播与信息技术相结合，其衍生的"文化在线"频道值得推荐。
Информационные технологии http://www.inftech.webservis.ru/	"信息技术"网按照理论、互联网、数据库、程序设计、多媒体等方面提供信息、学术服务。
Лаборатория Касперского http://www.kaspersky.ru/	俄罗斯著名反病毒实验室卡帕斯基的官网，可以下载病毒库和试用版。
ОРФО и КОНТЕКСТ http://www.informatic.ru/	俄罗斯最著名的文字处理软件公司Информатик的著名拼写产品ОРФО和强大的电子词典КОНТЕКСТ的产品主页。
Речевые технологии http://speechtechnology.ru/	俄罗斯著名的关于"言语技术"的杂志的网络版，可以下载杂志的pdf文档。
РОЛ http://services.rol.ru/, http://www.online.ru	"俄罗斯在线"是俄罗斯最著名的互联网服务公司之一，这是其官网。
Российские интернет- технологии 2011 http://ritconf.ru/ ★	"俄罗斯互联网技术2011"是俄网较有影响的专业探讨互联网技术的门户网站。
Русские документы http://www.rusdoc.ru/	关于计算机软硬件、移动设备、程序设计、计算机生活等内容的计算机综合门户网站。
ABBYY http://www.abbyy.ru/	俄罗斯最著名的字处理软件公司ABBYY的官网，其旗舰产品FineReader, Lingvo具有世界声誉。

CNews http://www.cnews.ru/	CNews是俄罗斯乃至独联体国家最大的高科技领域出版体，它以俄新社Hi-Tech News为基础于2000年创办。网站主要栏目有：新闻、科技、分析、软件、游戏、博客等，信息技术是其首要报道内容。
IT-World http://www.it-world.ru/	俄网最有影响的IT网站之一"IT世界"，主要介绍IT新闻、讨论业界动向等。
Ru.Board http://forum.ru-board.com/ ★★	这是计算机门户网站，类似于论坛性质划分了十几个版块，内容涵盖计算机软硬件和互联网等诸多领域，内容丰富，可用性较强。
互联网网络资源	
Золотой сайт http://goldensite.ru/	"金网"是一个俄网设计和服务竞赛网站，创办于1997年，1998年开始授奖。目前它已成为俄网最佳网站评选的重要参标之一。
ЗонаРУ http://zonaru.ru/ ★★☆	俄罗斯互联网百科知识大全，其知识、信息几乎涵盖了俄网所有最主要的领域。
Координационный цент домена http://www.cctld.ru/ru/	"俄罗斯互联网域名管理中心"网是所有.ru域名注册管理的组织。
Поисковые системы http://www.searchengines.ru/	这是专业的探讨搜索引擎技术及报道搜索引擎发展新闻的网站。
ПРЕМИЯ РУНЕТА http://www.premiaruneta.ru/ ★★★	"俄网大奖"是目前俄罗斯最具权威的互联网奖项，每年举办一次，现共分8个类别，代表了俄网发展的最前沿和最新动向，所有俄网网站莫不以获得此奖为最高荣誉。网站主要功能为报名、网络投票和往年获奖情况。欲了解俄网资源这是必然途径。
РИФ http://www.rif.ru/ ★★	"俄罗斯互联网论坛"开办于1997年，现上升为国家层面互联网论坛，有时甚至总统来宣布开幕，它也是"互联网马拉松"的实施项目之一。这是其官网，随着每年的变化，地址变为http://2×××.rif.ru
РОЦИТ http://www.rocit.ru/	"互联网技术区域社会中心"创办于1996年，致力于俄罗斯与世界互联网一体化进程，主要任务是普及发展互联网并进行相关鉴定、评估，同时它也是众多项目的主持者、参与者，如"互联网马拉松"、"俄网大奖"、"俄网周"等。
Смайлики http://smiles.33bru.com/ ★★	网络交流中必不可少的表情符号专业网站，我们可从中了解这些符号的俄文表达方式。
Стоимость сайта, блога http://bizinformatsiya.ru/ ★	网站、博客价值几何？这个评估网站能告诉你。操作简单，结果明确。
Хакерам.ру http://xakepam.ru/	"黑客网"顾名思义就是介绍与黑客有关的方方面面知识及新闻报道。
NetHistory.Ru http://www.nethistory.ru/ ★★	俄罗斯互联网历史回顾与记录网站。
RIW-2××× http://2×××.russianinternetweek.ru/	"俄网周"是俄罗斯IT界的重大活动，每年举办一次，主要是展览和网络活动，这是它的官网。
RU-CENTER http://nic.ru/ ★★	这是俄罗斯所有二级域名注册中心，共有十几种，并提供邮箱、服务器、DNS、SSL等服务。

我们在俄网遨游经常会遇到许多网络词汇，这时就要借助一些Web词典的网上工具来查

找词义,这些常用资源有:

名　称	网址
Веб-словарь Кондратьева 康德拉杰夫网络词典	http://eoru.ru/sercxo
Краткий словарь веб-терминов 网络术语小词典	http://www.weblabla.ru/intro/master/glossary.html
Словарь терминов интернет 互联网术语词典	http://your-hosting.ru/terms/rv/wi/
Словарь web терминов web术语词典	http://rodionovsasha.ru/portfolio/web_dictionary.html
Первый словарь Веб 2.0 терминологии Web 2.0术语学第一词典	http://www.redactor.in.ua/internet/268.html
Толковый словарь web-терминов web术语详解词典	http://www.razmah.ru/showarticle.asp?id=1415
Словарь Интернет терминов для чайников web-грамота 互联网术语词典	http://www.slovar.webgramota.in.ua/dictionary.html
Словарь веб-терминов web术语词典	http://www.webmonitor.ru/dictionary
Интернет-，Компьютер-словарь 互联网，计算机俚语词典	http://slanger.ru/?mode=library&r_id=6, http://slanger.ru/?mode=library&r_id=2
Словарь компьютерного сленга 计算机俚语词典	http://slovo.yaxy.ru/7.html，http://ced.perm.ru/schools/web/school130/Humor/03.htm， http://zakazsita.narod.ru/articles/sleng.htm

第二节　软件类网络资源[①]

本节所介绍的软件资源主要是指软件的下载资源、软件破解资源和字体资源。

8.2.1　软件下载网络资源

本节的下载资源主要是指提供软件下载服务的网站资源。这些网站都是俄网的正规软件网站,提供下载的多是免费软件、自由软件、共享软件和绿色软件、俄化软件,网民可以合法、放心下载。此类网站有很多,我们只介绍其中部分主要网站。此外,俄网下载的软件绝大多数是用于俄文操作平台的俄文软件,部分是英文软件。

名称与网址	说　明
Бесплатные программы РУ http://www.besplatnyeprogrammy.ru/	主要是下载俄文免费程序(软件)。主要下载栏目有:图表、互联网、多媒体、系统、文本处理等,所有下载软件均有详细说明,可以无需注册直接下载。
Каталог лингвистических программ и ресурсов в Сети http://www.rvb.ru/soft/catalogue/catalogue.html	"互联网上的语言处理工具和资源目录"网页,其中列表提供了网上涉及语言处理的各类软件,有简要介绍,所有软件都有链接地址,可以查询和转到链接地址下载。

[①] 由于众所周知的原因,本节所有资源不提供星级推荐指数,读者可以自己实验、体会。

Национальная поисковая система драйверов http://www.drivers.ru/	俄网驱动程序检索引擎，是驱动程序的门户网，可以按照生产厂家、设备等进行程序检索，还可对驱动进行更新。
Обзор программаных средств http://soft.intbel.ru/?tree=drivers&page=updates	主要提供程序设计工具软件以及软件更新程序。
Скачать бесплатно софт http://skachat-besplatno.net.ru/soft/	一个可以免费下载软件程序的网站，其中部分软件为自由软件、免费软件，有的则为破解软件。
Софт@Mail.ru http://soft.mail.ru/	著名搜索引擎@Mail.ru的软件下载频道，所有软件均为免费或有条件免费。主要下载栏目有：安全、公务、系统、文件与磁盘处理、网络、图表与设计、多媒体、地图导航、文本、移动等方面软件和电子书资源。网站还提供软件下载排行榜。
Яндекс.Программы. http://soft.yandex.ru/	Yandex的软件频道，所提供的软件主要是该引擎针对计算机以及移动设备的不同操作平台下载Yandex专属辅助软件。
Download.ru http://download.ru/	自由软件、共享软件的下载平台，主要分类有：网页设计、多媒体、安全、图表、公文事务和财会、游戏、通信、桌面、程序设计、互联网、系统应用、移动等软件。所有软件都有俄网软件下载网站中最详细的说明，可以直接下载。
File-Online http://www.file-online.ru/programs/	一个综合性共享文件下载信息娱乐平台，其软件下载平台主要分：系统应用、反病毒、办公、多媒体、网络等方面，软件下载是利用Letitbit、ShareFlare、DepositFiles等网盘共享平台。
freeSOFT http://www.freesoft.ru/	一个自由软件下载平台，下载分类有：多媒体、图表、互联网、通信、安全、应用、文本处理、商业、程序设计、教学、游戏、视频教程等，所有软件均有说明，可直接下载。网站还提供下载排行榜。
Freeware.ru http://www.freeware.ru/	一个自由软件、有条件免费软件的下载平台，主要分类涉及程序设计、反病毒、文字处理、系统应用、操作系统、多媒体等诸多方面，软件介绍相对简单，可以直接下载。
IZCITY http://www.izcity.com/	一个综合软件下载平台，下载资源主要分类为：互联网、系统、多媒体、图表、文字处理、安全、公务、教育、游戏等。所有软件都有简要介绍及语言标示，可以直接点击下载。
RSLOAD http://rsload.net/	一个完全免费软件下载平台，与许多不支持中国IP地址的俄网软件下载网站不同，该网站所有软件均是"所见即所下"，其中不乏大型俄文软件，此外，还可下载许多正版软件的密匙文件。
Slovariky http://www.slovariky.ru/index.php	一个以下载电子词典、翻译工具和视频课程为主的网站，当然还有音频课程、电子书籍等，其中许多软件可以免费使用。
Soft.Deport http://soft.deport.ru/	综合信息网站Deport的软件下载频道，提供Windows，PocketPC，Linux/Unix类各种程序的免费下载服务，所有软件都有简要说明并给出星级评价。

SOFTPORTAL http://softportal.com/	软件下载门户网站，分类不同在于它按照计算机Windows平台和移动操作平台划分出软件下载栏目。其中，Windows平台软件分类比较细，而移动平台又分为塞班、安卓、移动Windows、Macintosh、黑莓、iPhone等继续划分。所有软件都是免费或有条件免费，有软件说明和星级评价。
SoftSearch http://softsearch.ru/top.shtml	软件搜索专业引擎，可任意检索软件并直接下载，此外，网站在检索时还显示邻近搜索结果、相似结果、最新版本等，供用户选择。
TopDownloads http://topdownloads.ru/	提供最热门、最普及的下载软件排行榜，同时还可以下载游戏、音乐、文档（软件使用指南等）等。所有软件均有简要说明，并同时提供多个下载镜像地址。

我们在文字处理中有时会遇到俄文字体问题，俄文Windows字体还是采用Cyrillic、KOI-8等编码方式。可以下载的俄文字体有许多种类，有的就是Windows的Truetype字体，有各种款式和花式，有的是其他操作系统所用的字体，有的是Photoshop设计用字体。下面推荐几个涉及俄文字体的网络资源。

部分字体资源（Шрифты）

网站名称	网址
Библиотека шрифтов	http://www.7fonts.ru/
Каталог шрифтов	http://ifont.ru/
Коллекция шрифтов	http://www.wmaster.ru/fonts.htm
Фонтов	http://www.fontov.net/
Шрифтик	http://www.shriftik.ru/
Шрифты для дизайна	http://nifa.ru/
a-z Fonts	http://www.azfonts.ru/
ConvertCyrillic	http://www.convertcyrillic.com/
FONTA	http://www.fonta.ru/
FontCatalog	http://www.font-cat.com/
In-WaReZ	http://www.in-warez.ru/shrift
RuFont	http://www.rufont.ru/
The Cyrillic Charset Soup	http://czyborra.com/charsets/cyrillic.html
XFont	http://www.xfont.ru/

8.2.2 破解软件网络资源

在俄网软件下载资源中经常可以见到一个俄文单词Варез，它来自英文Warez（盗版软件），其直译是"去除版权限制的电子产品"，我们将它译为"破解"。这类网站所提供的破解软件与我们上面所说的那些自由软件、免费软件、共享软件不同，它们全部被技术手段解除版权限制，即被"破解"，可以像正版软件一样使用。这类"破解"主要是以下几种情况：一是软件主程序已被去除限制，下载后可直接全权使用；二是提供破解器，运行Cracker即可破解软件；三是提供注册序列号或ID号等。俄网的破解平台绝大多数都是综合性破解资源下载网站，它们一般都有软件、游戏、音像、电子书等多种去除使用限制的资源供下载，这与我国一些破解网站仅是下载破解软件有所不同，但软件、游戏资源始终是俄网此类网站的"主打"项目。这些网站对破解软件、游戏等一般都有较为详细的文字使用说明，并同时提供下载链接地址，大多数不对下载软件进行分类，但可以检索。软件下载大多通过像LetitBit，ShareFlare，DepositFiles，TurboBit，Vip-File等网盘共享平台及其镜像地址进行下载，只是有的网站不支持中国的IP地址下载。下面我们就其中部分资源简要列表介绍。

软件破解在西方国家就是盗版，更不允许在互联网上公开下载，但在像俄、中这样的"重灾区"（西方媒体语）国家，似乎是司空见惯的事，在俄网、"中网"上充斥着这样的网站，它给我们这些囊中羞涩、不舍得掏钱买正版软件的网民提供了极大的便利，因此，它们才有很大的生存空间。但这并不是什么光明正大的事，早晚这种现象会被"整治"，不论是在俄罗斯还是在中国，因此，从某种程度上说，这类网站也必定是"短命"的，不会永远存在下去。但目前，只要有市场这个"土壤"就有它们"生存"下去的条件。因此，俄网的《Варез》资源还会在一段时期内存在。

网站名称	网址
Бесплатная защита компьютера	http://keys-kas.ru/
Варез портал	http://warez4me.ru/category/soft/，http://warez4me.ru/category/games/
Варез скачать	http://texno.biz/skachat-soft-besplatno，http://texno.biz/game
KOMAP	http://komapz.net/programs/，http://komapz.net/games/
Лучшие варезники	http://super-wareznik.ru/load/1，http://super-wareznik.ru/load/2
Первый Варезник	http://1wareznik.ru/
Раменский варез	http://ramwarez.ru/
Софт/Сборки	http://clubwarez.at.ua/news/soft_sborki_os/1-0-3
Эпидемия	http://epidema.net/soft，http://epidema.net/games，http://epidema.net/web
2BakSa	http://www.2baksa.net/section/1/
AtlantiZ	http://atlantiz.ru/soft/，http://atlantiz.ru/games/
DrWarez	http://drwarez.info/soft/
Extra Warez Portal	Игры http://www.exwarez.com/modules.php?name=News&topic_id=7，Софт http://www.exwarez.com/modules.php?name=News&topic_id=1，Обои http://www.exwarez.com/modules.php?name=News&topic_id=4
FSTUD	http://fstud.ru/programmy/，http://fstud.ru/windows/
GiG-SOFT	http://gig-soft.net/soft/，http://gig-soft.net/games/，http://gig-soft.net/web/
In-WaReZ	http://www.in-warez.ru/soft
Kadets	http://kadets.ru/soft/，http://kadets.ru/web_creative/
Maxwarez	http://maxwarez.org/soft/，http://maxwarez.org/games/，http://maxwarez.org/webmaster/
NanoWarez	http://nanowarez.com/software/，http://nanowarez.com/games/

续表

Netz	http://netz.ru/soft/，http://netz.ru/games/，http://netz.ru/graphics/
NoLamerS	http://www.nolamers.net/soft/
Qiq.ws	http://qiq.ws/27_programs_soft/index.html
REAL-WAREZ	http://real-warez.net/soft/，http://real-warez.net/gamez/，http://real-warez.net/graphics/
Smart60	http://www.smart60.ru/
Speedy-Warez	http://speedy-warez.ru/
Top-WAREZnikOFF	http://top-wareznikoff.narod.ru/
WARARU	http://www.wararu.net/wind7/，http://www.wararu.net/xp/
WarezCity	http://warezcity.ru/soft/，http://warezcity.ru/web-master/，http://warezcity.ru/games/，http://warezcity.ru/photoshop/
WarezSoft	http://warez-soft.com/，http://warez-soft.ru/
WorldWarez	http://worldwarez.net/soft，http://worldwarez.net/games

文化艺术网络资源

　　文化艺术信息资源在学科门类上都属于人文科学资源，但由于其在俄网网络资源中所处的重要地位，我们将其单列介绍。此外，俄网搜索引擎分类目录体系也大都将文化艺术资源单独列出。文化艺术网络资源包括的门类较多，本章主要介绍以下方面的内容：文化总揽与文化学、博物馆与名胜、绘画建筑艺术、风俗文化和民间艺术、图片与摄影、影视舞台艺术等网络资源。通过文化艺术资源，我们可以进一步了解俄罗斯文化，探寻其文化的起源和本质，熟知其艺术表现形式，掌握大量文化艺术信息资源等。

第一节　文化总揽与文化学网络资源

9.1.1　文化总揽网络资源

　　文化总揽资源是指那些综合介绍和研究俄罗斯、世界文化的网站资源以及文化门户网站。

　　➢ КУЛЬТУРА РОССИИ（http://www.russianculture.ru/ ★★★☆）

　　"俄罗斯文化"网是关于俄罗斯文化报道和评述的门户网站，由俄联邦文化部承办，创办于2000年，是俄罗斯参与的第一个欧盟数字文化遗产项目。其宗旨是解释、宣扬、传播俄罗斯文化，提供文化网络资源服务，于2000年荣获国家互联网大奖。该网站得到了俄网各大门户网站、许多著名的文化艺术专题网站的大力支持，在其网站项目说明网页上列出了以下合作网站名单，它们也是俄网极佳的网络链接资源：

Список участников СИТ（信息技术服务门户参与者目录）

　　Музеи России (Museum.ru)，Библиотека Мошкова (lib.ru)，Театр.ру (www.theatre.ru)，Кирилл и Мефодий (km.ru)，Архитектура России (archi.ru)，Artinfo.ru，Портал современного искусства (guelman.ru)，Новый Вернисаж (nv.ru)，Сеть ювелирного искусства (jewelernet.ru)，Киноизм (www.zhurmal.ru/kinoizm)，Infoart.ru，Зоопарки России (zoo.ru).

　　Список основных Интернет ресурсов созданных ЗАО "Интернет"（"互联网"有限责任公司所创建的主要网络资源目录）

Музеи России "俄罗斯博物馆"网	www.museum.ru
Российская Государственная библиотека (бывш. библ. им.Ленина) "俄罗斯国立图书馆"网	www.rsl.ru
Музей Изобразительных Искусств им.А.С.Пушкина "普希金造型艺术博物馆"网	www.museum.ru/gmii/
Московский Зоопарк "莫斯科动物园"网	www.zoo.ru/moscow/
Зоопарки России "俄罗斯动物园"网	www.zoo.ru
Государственный Дарвиновский музей "达尔文国立博物馆"网	www.darwin.museum.ru
Объединенный сайт "Палех" "帕列赫（艺术）"联合网	www.museum.ru/museum/palekh/
Музей-Заповедник "Коломенское" "科洛缅斯科耶博物馆保护区"网	www.museum.ru/kolomen/
Виртуальный музей Русского Примитива "俄罗斯初期艺术虚拟博物馆"网	www.museum.ru/museum/primitiv/
Государственный Музей А.С.Пушкина "普希金国立博物馆"网	www.museum.ru/pushkin/
Объединенный сайт музеев Подмосковья (12 музеев) "莫斯科郊外博物馆"联合网	www.museum.ru/museum/MscReg/

网站主页以一个类似于日晷的构图标出了俄罗斯文化的分期988-1480-1703-1801-1904-1932-1956-1991-2001-……在每一个文化分期内都按照主页的导航栏主要栏目列出了该文化期内俄罗斯文化主要现象和发展，当然对于俄罗斯文化的萌芽期来说，这些要素并不一定齐全。在主页的导航栏内划分了7个专栏，主要有：人物、作品、讲述、新闻、网站、参考、论坛、美术、文学、建筑、戏剧、电影、音乐、装饰艺术等。网站整

体设计精美，登载文章不求数量，质量精益求精，是研究、探知俄罗斯文化的最佳网站。

➤ Искусство ТВ（http://www.iskusstvo-tv.ru/ ★★☆）

"艺术频道电视"网是报道文化艺术信息的互联网电视频道，它定位于制作反映文化艺术领域内的电视片、在线转播文化事件或活动、报道文化艺术新闻等。主要栏目有：新闻、广告、专题、节目、采访、事件以及展览、戏剧、电影、音乐、时尚、文学、博物馆、视频电视片等。网站在线播放的节目通过专门网络工具可以直接下载到本地。

➤ Культура on-line（http://cultureonline.ru/ ★★★）

"文化在线"台是为了落实《2006—2011俄罗斯文化目标纲领》、在俄联邦文化部及其主信息计算中心的支持下建立的，它定位于报道那些俄罗斯所发生的知名或不知名的文化事件并对某些事件加以评述。在线台的主要栏目有：电视桥与直播、网络电视、视频资料、图库、合作伙伴、新闻等。所有节目均可在线收看，对于其中的优秀节目可以通过特殊网络工具下载至本地使用。这是俄网为数不多的文化电视、视频频道，是值得推荐的文化资源。

➤ Наше наследие（http://www.nasledie-rus.ru/ ★★☆）

"我们的遗产"网定位于"文化·历史·艺术"，是文化历史杂志，这是其官网。杂

志创办于1988年，在英国伦敦苏联大使馆举行创办仪式，著名国学大师利哈乔夫曾对杂志寄语。在官网显要位置是报道杂志的主要活动、新闻，特别是杂志的一些重点文章。过期杂志可以在线免费阅览。

➢ Традиция（http://traditio.ru/wiki/ ★★★）

"传统"是俄文维基媒体的一个重要独立项目，其宗旨是"一个包容性的开放百科网络项目"，"为俄罗斯民族服务"；它"基于对俄罗斯文化、民族和传统人类价值观的尊重"。它标榜与"其他维基百科"不同，不追求"完全中立"，因为"完全中立是不存在的"。但文章必须偏向中立，是可"讨论"的，"符合俄罗斯民族利益"，"有利于保护俄罗斯文化和语言"。网站主要版块有：新文、注文、主题、俄罗斯民族主义百科、斯拉夫传统百科、地图、视频、图片、年鉴等，百科知识也划分了诸如科学、人物、历史、文化等许多领域。"传统"是俄文"维基百科"、"维基现实"、"维基知道"等项目的很好补充。

➢ Фонд Русская классика（http://www.fond-rk.ru/ ★★★）

"俄罗斯经典"基金会是一个独立的非政府非盈利性组织，宗旨是支持俄罗斯境内外的俄罗斯文化艺术及其普及，有许多社会团体、出版机构、媒体参与该活动。其官网登载了许多关于俄罗斯文化艺术活动信息、对历史文化的回顾和研究以及俄语、俄罗斯文化在俄罗斯国内和境外的学习、交流情况。其主要栏目有：传统与现代、教育培养、母语与文学、文化艺术、民间创作、艺术节与竞赛、俄罗斯与世界、纪念日、视频、资料等。尤其是协会的"俄罗斯文化地图"项目可以通过网站的虚拟文化地图去查找俄联邦各个主体的历史文化项目及信息。

其他文化类总揽资源

名称与网址	说明
Археология России http://www.archeologia.ru/	"俄罗斯考古"网并不仅仅是考古学的网站，它还和文化研究紧密相关。网站除了有关于考古知识的介绍、考古研究和发现的报道、法律、论坛等栏目外，还有文化资源的链接，以及所登载的文章中对文化遗产问题的思考。
Газета «Культура» http://portal-kultura.ru/ ★☆	《文化报》创刊于1929年，这是其官网，主要栏目有要闻、情景、文化风景、电视观众、电影、戏剧、音乐、幕后等。通过网站可以在线阅览部分期刊的文章。
Журнал «Мир Культуры» http://www.m-kultura.ru/	《文化世界》杂志的官网，所登载的文章没有什么分类，主要是杂志文章的在线精选版，宗旨是对文化事件、文化问题的报道和思考、研究。
Художественный журнал http://xz.gif.ru/ ★	《文艺杂志》网络版主要刊登以文艺为主题的期刊文章，可以查阅到以往过期杂志内容。
Gif.Ru – Информагентство КУЛЬТУРА http://www.gif.ru/	一个俄网较有影响的文化门户网站，称为"文化频道新闻通讯社"，定位于文化新闻报道、分析和地缘文化研究。主要栏目有：新闻、观察与采访、媒体档案、人物、文化政治、文化创意、文化竞赛等。网站的文化新闻报道内容全面、及时、覆盖面广，是研究文化问题的较好参考资源。

第九章　文化艺术网络资源

续表

名称与网址	说　明
Информационное агентство Культура http://www.guelman.ru/culture ★☆	Gif.Ru的姊妹网站和项目，提供了11个门类的文化类或以文化为主要栏目的网站资源，例如有合作伙伴、新闻来源、艺术杂志、文学杂志、博物馆、画廊俱乐部、戏剧、文化项目等等。
Guelman.Ru http://www.guelman.ru/	网络中现代艺术的主题网站，有俄、英、德多种语言版本，重点报道涉及现代艺术的活动、观点、信息等。主要栏目有画廊、艺术圈、争论、图片报道、艺术新闻、项目新闻等。

9.1.2　文化学网络资源

名称与网址	说　明
Библиотека по культурологии http://www.countries.ru/library.htm ★☆	"文化学网络图书馆"是文化学学科的专业研究与介绍网站。它将学科分为：文化理论、文化学科、文化学与其他学科、文化史、社会应用文化学等方面进行介绍和论述。所有文章以知识性介绍为主。资料均可在线阅览。
Библиотека. Культурология. http://www.twirpx.com/files/humanitarian/culture	Twirpx网络图书馆有关文化学的电子图书资源，可以免费下载，但需注册且有一定数量限制。
Древнерусская литература http://old-ru.ru/ ★★	"古罗斯文献"网是关于古罗斯的全面文献资料网，包含了古俄语、大公国、东正教文化、教会、圣像画等还有关于俄罗斯历史、文化、风俗、基里尔文字等方面的说明。总之，这是研究俄罗斯文化起源及历史的极佳参考资源。
Культурология.рф http://www.kulturologia.ru/ ★☆	"文化学"网是一个网络电子杂志，它虽以"文化学"为网站名称，但并不是文化学的学科研究网站。主题定位于广义上的文化艺术，为网民提供美术、现代艺术、多种艺术、摄影、设计、建筑、装饰、时尚等多种信息服务。主要栏目有：博客、新闻、人物、摄影、设计、居住、时装等。
Москва – Третий Рим http://allmsk.mrezha.ru/index.html	"莫斯科：第三罗马"网是介绍俄罗斯文化思想史中非常重要的思想流派"第三罗马"思想的专题网站。主要栏目有：莫斯科历史、莫斯科东正教、东正教历史、教会和教堂、图片等。
Рейтинг славянских сайтов http://rodrus.com/top/	一个斯拉夫主义和斯拉夫历史文化类网站的排行榜，总数约140多个。
РКА http://www.russcomm.ru/index.shtml ★☆	"俄罗斯交际协会"是国际交际协会的分会，这是其官网。对于俄罗斯的交际学研究来说，跨文化交际是最重要的组成部分。网站介绍了该协会的活动和学术项目，并在图书资料栏目提供了许多具有参考价值的电子文档。
Российская сеть культурного наследия http://www.rchn.org.ru/	"俄罗斯文化遗产网络"是俄罗斯参与的联合国科教文组织、欧盟相关文化纲领实施项目的官方网站，其中列出了许多俄罗斯文化遗产项目及保护纲领、文件等。
Русское искусство Серебряного века http://www.silverage.ru/ ★★	"白银时代的俄罗斯艺术"网专门介绍了俄罗斯文化发展的一个辉煌时期——白银时代的艺术表现、文化思想。网站按照音乐、绘画、文学分类介绍了相关成果，并按照论文、人物、作品、方向提供了检索方式，还提供了许多名家作品的mp3文件供下载。

Серебряный век русской культуры http://www.vekkultury.ru/	"俄罗斯文化的白银时代"网设置了三个专栏，分别是处于世纪之交文化的特点、白银时代的文学、白银时代的绘画。总体介绍比较简单。
Славянская культура http://www.slavyanskaya-kultura.ru/ ★★	"斯拉夫文化"网定位于斯拉夫文化、印欧系文化的历史传承和发展，分析和预测在历史遗产继承上社会文化的发展趋势。主要专栏有：新闻、斯拉夫文化、印欧系文化、文学、艺术、健康、媒体、资料等。网站还有一些附录栏，主要是：斯拉夫百科、斯拉夫新闻、斯拉夫图书资料、博客、论坛、图集、视频等。
Славянское язычество http://paganism.ru/ ★★	一个专门研究"斯拉夫多神教"的文化专题网站，设计风格使人想起维基百科。内容非常丰富，几乎涵盖了多神教研究的方方面面，是百科知识性网络资源。
Страничка культуролога http://kultur-mglu.narod.ru/	"文化学之页"是关于文化学课程以及世界文化的学术研究资源。主要栏目有：文化学、中国、日本、其他等。网站有部分文化学专著、文学作品资源，可免费直接下载。
Учебник, справочник, пособие по культурологии http://www.alleng.ru/edu/cultur2.htm ★☆	文化学教程、参考书的集中下载资源。
Энциклопедия искусства http://www.artprojekt.ru/Menu.html ★★☆	"艺术百科"网是关于艺术的全面知识性网站，主要栏目有：世界绘画精品、俄苏画家、艺术画廊、雕塑。在主页的显要位置，网站按照艺术的种类、时期分别设计了许多次栏目来介绍俄苏、世界艺术发展信息。网站整体设计简洁、大方，文章内容细致，图片资料丰富。

第二节　博物馆与名胜网络资源

博物馆往往是一个国家和世界文化精华的宝库，而历史古迹、自然名胜又是国家的文化、自然遗产所在地。因此，博物馆和名胜地作为文化类网络资源的重要组成部分是我们重点介绍的内容。由于该类资源过多，我们本节只详细介绍部分具有重要或一定影响的博物馆、名胜网络资源。

➤ ГМП «Исаакиевский собор» — Музей четырёх соборов（http://www.cathedral.ru/ ★★★）

伊萨基辅大教堂坐落于圣彼得堡，是该市的标志性建筑之一，其历史可以追溯到1710年，1818—1858年共建了40年。此外，彼得堡还有几个标志性教堂：基督复活（滴血）大教堂、斯莫尔尼修道院、参孙大教堂，它们风格迥异，特色鲜明。为了整合这些旅游文化资源，人们将这四个博物馆纳入了一个整体，称之为"国立伊萨基辅大教堂：四个教堂的博物馆"。网站支持俄、英两种语言，它集中介绍了这四个教堂的历史、布局、陈设等基本情况，重点介绍了伊萨大教堂的风采；它还报道了与这些教堂有关的宗教、文化活动。网站整体设计非常精彩，内容丰富，是了解彼得堡文化历史的极佳网络资源。

➤ Государственная Третьяковская галерея（http://www.tretyakovgallery.ru/ ★★★）

"国立特列季亚科夫画廊"是目前世界上收藏俄罗斯绘画作品最多的艺术博物馆，

位于莫斯科。画廊由商人、艺术品收藏家巴维尔·米哈依洛维奇·特列季亚科夫（1832年—1898年）于1856年创办。特列季亚科夫是19世纪俄罗斯著名的艺术品收藏家和画家们的赞助和保护人，1892年特列季亚科夫将他所有收藏品捐献给国家，这个画廊成为国家博物馆。特列季亚科夫画廊藏品目前有13万件，作品从11世纪到20世纪，包括4万余件17、18世纪俄罗斯圣像画，18、19世纪俄罗斯著名画家的作品以及苏联时期的许多画家的作品。官网的导航栏主要有以下专栏：博物馆简介、收藏品、院历、专题展览、游客须知、教育等。网站提供关于该博物馆的大量新闻报道。在藏品栏目，所有绘画作品均已数字化，有详细的文字介绍并配有图片，还可以按照作品类型、流派、作者进行检索。通过该网站，我们可以了解许多俄罗斯绘画艺术的信息。

➢ Государственный исторический музей（http://www.shm.ru/ ★★☆）

"国立历史博物馆"的建筑本身就是一座历史文化纪念碑，它也是莫斯科红场边的一个醒目建筑。该博物馆创建于1872年，目前是俄罗斯最大的民族历史博物馆，其藏品反映了俄罗斯作为一个多民族国家从古至今的历史文化精髓。官网创办于2004年，主要栏目有：简介、新闻、历史、基金、收藏、展览、资源、科研、论坛等。收藏介绍按照展品类型、时期和主题进行检索，有详细文字介绍、馆内位置指引并配有图片。

➢ Государственный музей-заповедник Царское село（http://www.tzar.ru/ ★★★）

"皇村"是现今普希金市的旧称，归圣彼得堡市管辖，在俄罗斯文化的诸多领域，"皇村"的印记仍然比比皆是。"皇村"的历史始于1710年，得名始于1728年，1918年由沙皇行宫改为博物馆，1937年为纪念曾在此贵族学校学习的普希金而改为现名。1992年获得国立博物馆保护区的称号。"国立皇村博物馆保护区"官网支持俄、英两种语言，在主页的主要部位报道了有关博物馆及其活动的大量新闻。它设置了博物馆简介、展览信息、学术研究、游览指南等专栏。参观导航栏提供了皇村最具有代表性建筑（如叶卡捷琳宫）的参观导航按钮，主要是历史、平面图和虚拟游览。虚拟游览可以"到"任何一间房内参观，比如琥珀屋，它提供了详细文字介绍并配以华美的图片。网站整体设计精美，信息量大，资源丰富。

➢ Государственный музей изобразительных искусств им. А.С. Пушкина（http://www.arts-museum.ru/ ★★☆）

"国立造型艺术博物馆"于1912年5月开馆，是俄罗斯最大、最卓越的欧洲和世界艺术的博物馆之一，坐落在莫斯科市中心。博物馆藏品以西欧从古罗马希腊时期至二十世纪的雕塑、绘画作品为主，兼有埃及、俄罗斯的展品。网站支持俄、德、英、西、法、意、中、日等语言，展馆分二十世纪欧洲及美洲艺术画廊、主馆、私人收藏馆等介绍展品；导航栏有以下专栏：2012年博物馆百年纪念、博物馆城、游览、讲座、展览、音乐会、出版物、图书馆等。网站提供有关博物馆活动的新闻报道，有虚拟展厅，可以模拟真实场景，提供3D效果的游览展示。网站整体设计精美，内容丰富。

> Государственный Русский музей（http://www.rusmuseum.ru/ ★★★）

"国立俄罗斯博物馆"旧称"米哈伊洛夫宫"，坐落于圣彼得堡，是俄罗斯及世界著名历史博物馆，创建于1895年，1898年对公众开放。其馆藏有古代圣像、油画、俄罗斯雕塑家和素描版画家的作品大全、装饰实用艺术作品。以水彩画、雕刻、实用艺术品和民间艺术品著称。至2005年1月已收藏各类古物、艺术品近40万件。俄罗斯博物馆是俄罗斯实用艺术品收藏最多的博物馆。该博物馆有3.5万件展品，是世界上藏品最丰富的博物馆之一。"俄罗斯博物馆"官网支持俄、英两种语言，主要栏目有：博物馆简介、展览、收藏、指南、多媒体、出版物、活动、新闻等。其中，多媒体专栏提供了很多关于博物馆及其藏品的多媒体素材。网站整体设计精美，但从资源的丰富性上来说还有很大改进余地。

> Государственный Эрмитаж（http://www.hermitagemuseum.org ★★★★）

"埃尔米塔日"国立博物馆位于圣彼得堡的涅瓦河边，建立于1764年。当时收藏的是俄罗斯女皇叶卡捷琳娜二世从柏林商人戈茨科夫斯基手中获得的225幅绘画作品，1852年起对公众开放，它有6座主要建筑：冬宫、小埃尔米塔日、旧埃尔米塔日、埃尔米塔日剧院、冬宫储备库、新埃尔米塔日。埃馆是世界四大博物馆之一，在约250年的时间里，它收集了近三百万件从石器时代至当代的世界文化艺术珍品。其官网支持俄、英两种语言，设置了诸多专栏，可以通过导航栏的网站地图进行检索。主要专栏有：博物馆简介、馆藏精品、展览、埃尔米塔日历史、教学与教育、数字展品、项目等。网站的每一个专栏都十分精彩，以数字展品专栏为例，它提供了按照展品类型、所属时期或国家等不同检索方式，显示结果有图片和文字的详细介绍。官网的"虚拟埃尔米塔日"是其精华所在，它分为虚拟参观、虚拟学院和虚拟展览三种模拟方式，尤其是虚拟参观的3D场景给人以身临其境的感受。同样，网站提供的视频录像资料也具有较大参考价值。官网和馆内的导游触摸屏一样，都是由IBM公司提供的技术支持。总之，"埃尔米塔日"国立博物馆官网是俄网设计最精美、内容最丰富的博物馆类网络资源。

> Московский Кремль（http://www.kreml.ru/ ★★★☆）

"莫斯科克里姆林宫博物馆保护区"负责克里姆林宫内文化历史建筑的管理和游览活动，是莫斯科历史最悠久的博物馆之一，目前的博物馆是1991年在原馆基础上改造而成的。它位于克里姆林宫内，藏品包括从5世纪至20世纪俄罗斯以及其他国家美轮美奂、琳琅满目的工艺美术珍品。其设施还包含由数个教堂组成的群落和院内设施、几个展览馆等。官网的专栏有：游览指南、克宫地图、克宫内博物馆、历史一页、展览、教育与教学、藏等。网站所有展品和景点介绍均配有详细的文字说明和图片。网站的虚拟游览专

第九章 文化艺术网络资源

栏则为我们真实模拟了克宫的场景，3D真实照片场景非常逼真，让人有身临其境的感觉。网站整体设计一流，特别是虚拟游览项目处于俄网同类设计最佳之列，网站的信息量也较大。

➢ Музеи России（http://www.museum.ru/ ★★★★）

"俄罗斯博物馆"网是1996年起由当时的俄罗斯文化部、大众媒体和出版部牵头与国际组织合作实施的"文化遗产俄罗斯网络"的数字化文化项目，前面所提及的"俄罗斯文化"门户网站项目与现在的"俄罗斯博物馆"网站项目最为成功。网站共设8个专栏和新闻、消息栏、检索栏等，例如有：俄罗斯的博物馆、世界博物馆、论坛、门户信息、海报信息、图册、网站、工作人员。到2011年10为止，共收录有全俄（3022个）及世界博物馆、画廊的信息，42050个展览预告、海报信息，近54000个展品图片，近1000个相关网站，40000多个论坛、公告板、消息发布平台等。网站的检索内容包括城市博物馆、海报预告、新闻、网站、论坛等。总之，这是博物馆网络大全，是查询博物馆文化信息的最佳平台。

➢ Петергоф（http://www.peterhof.ru/ ★★★）

"彼得戈夫"在1994—1997年间又称"彼得宫"，即我们所熟知的夏宫，位于圣彼得堡的芬兰湾岸边。它是世界宫殿园林艺术的典范，其精美华贵足以与凡尔赛宫媲美，有些部分甚至是后者所不及的，尤其是它的喷泉景区。彼得戈夫的建造始于1714年，由彼得大帝亲自监造，前后历时几十年；1747年起由著名建筑设计师拉斯特列利（Б.Ф. Растрелли）主持了宫殿建筑群的最后完善；1918年转为宫殿园林博物馆保护区，向公众开放，二战时曾遭受严重破坏，战后的陆续修缮也持续了几十年。官网向我们展现了这一著名景观，主要栏目有：新闻、历史、战争年代与重建、彼得戈夫的名人、诗歌、建筑、纪念物、园林、近郊、博物馆、喷泉、水道、旅馆、休闲、相册、全景、论坛、公告栏等。网站还提供了大量图片，对于某些景观在安装QuikTime插件后可以在线观看。唯一遗憾的是，它还没有像部分著名文化自然景点的网站那样设计虚拟浏览专栏，这已是俄网同类网络资源的发展趋势。

➢ 7 чудес России（http://www.ruschudo.ru/ ★★★）

"俄罗斯七大奇迹"活动是由"消息报"、"俄罗斯电视台"和"灯塔"广播电台等大众媒体联合举办的全俄文化活动，时间跨度为2007年10月1日至2008年4月1日，人们可以通过SMS和网络进行投票。在2008年俄罗斯国庆日上宣布评选结果，这七大奇迹是（按投票顺序）：贝加尔湖、堪察加的热泉谷、伏尔加格勒的马马耶夫岗和祖国母亲像、圣彼得堡的彼得戈夫（彼得宫、夏宫）、莫斯科圣瓦西里升天大教堂、科米的风化柱、厄尔布鲁士峰。该活动在当时引起了极大反响，这是该活动的官网，网站上列出了最终获奖名单以及全国参与评选活动的所有候选物（地）。网站划分了6类范畴，例如有：博物馆和纪念碑、教堂庙宇、名胜、自然奇观、保护区和公园、旅馆和交通等。网站对每一处候选物（地）都给出了详细的介绍，并配有图片，其中部分还配以视频。尽管活动已举办完，目前还报道许多有关俄罗斯自然文化名胜的新闻。整个网站不啻为俄罗斯文化自然景观大全。

➤ Схема Пушкинского Заповедника ★★★

"普希金足迹之旅"包含数个普希金博物馆保护区，主要是庄园博物馆：Михайловское, Тригорское, Петровское, Бугрово以及普希金的墓地博物馆Пушкинские Горы（普希金山）等地。这里有数个网络资源链接地址：Музей-Заповедник А.С. Пушкина «Михайловское» "米哈伊洛夫斯科耶"博物馆保护区（http://pushkin.ellink.ru/）；Пушкинские Горы "普希金山"（http://pushkin.novgorod.ru/）；Музей-усадьба «Тригорское» "特里戈尔斯科耶"庄园博物馆（http://pushkin.ellink.ru/reserve/res3.asp）。

其中"米哈伊洛夫斯科耶"是"普希金之旅"的门户网站，从这里可以找到其他旅游点的链接，这些网站都详细介绍了普希金的生平、居住地生活、创作活动以及后世人们的各种纪念活动等信息。所有地点都配有文字说明和精美图片，还有整个"之旅"的线路平面图。

➤ Museum-online（http://www.museum-online.ru/ ★★★☆）

这是一个在线虚拟博物馆，主要收集俄罗斯和世界著名画家的作品信息。网站的绘画选材从文艺复兴直至先锋派艺术，收集了几乎所有著名画家的名作的数字化素材。其主要栏目有：排行榜、画家、绘画历史、绘画博物馆、绘画史的流派和时代等。排行榜栏目按照名画、名画家进行展示，而绘画流派则多达二十几个。其所有作品的展示均有详细的文字介绍，特别是提供了作品的精美图片。网站内容十分丰富，信息量极大，是研究、了解俄罗斯及世界绘画艺术的极佳网络资源。

➤ Великий Новгород（http://www.adm.nov.ru/）

这是大诺夫哥罗德的政府行政官方网站，因为该市是俄罗斯最古老的城市之一，整座城市就是一个文化历史保护区。它与俄罗斯传统文化紧密相联系。政府官网除了介绍大诺夫哥罗德市的市政府组成、功能、市议会、经济等方面情况外，还特别重点介绍了该市的历史、文化、游览等信息。网站除了提供文字、图片等说明外，还有视频旅游栏目，可以在线观看或下载。

➤ Всероссийский музей А.С. Пушкина（http://www.museumpushkin.ru/ ★☆）

"全俄普希金博物馆"是由圣彼得堡和普希金城的相关建筑群构成，主要有皇村贵族学校、普希金别墅博物馆、普希金最后居住地、涅克拉索夫故居博物馆、杰尔扎文博物馆等。官网设置了以下专栏：全俄普希金博物馆、普希金故居博物馆、文学展、贵族学校博物馆、别墅博物馆、杰氏庄园博物馆、涅氏博物馆。网站的导航菜单有：新闻、规划、基金会、纪念日、音乐会展览、文化教育中心、历史等。网站资料丰富，具有较好参考价值。

➤ Государственный Бородинский военно-исторический музей-заповедник（http://www.borodino.ru/）

"国立博罗季诺军事历史博物馆保护区"是为了纪念1839年第一次卫国战争中俄军统帅库图佐夫率领的俄军与拿破仑的法军之间所爆发的那场激战而建立的。网站主要讲述了那段历史以及相关的文化背景知识和战场风景。

➤ Государственный Дарвиновский музей（http://www.darwin.museum.ru/ ★）

"达尔文国立博物馆"建立于1907年10月，坐落在莫斯科，1995年转为现新馆，目前它是欧洲最大的自然科学博物馆，其展品主要讲述了生物进化史和地球生物的多样性。官网也秉承了这一思想，主要报道博物馆的日常活动、举办的展览和相关项目信息等。网站还提供导游指南，以及图片、文字资料。

➢ Государственный Музей Городской Скульптуры（http://www.gmgs.ru/ ★）

"国立城市雕塑博物馆"位于圣彼得堡，创建于1939年，它除了一般性的博物馆展览功能外，还具有研究、修复和保护城市艺术雕像的功能。它包括主展馆和十几个散落于圣彼得堡、莫斯科和其他城市的雕塑建筑，其中就有青铜骑士像、冬宫广场的亚历山大柱、凯旋门等。官网主要栏目有：新闻报道、简介、活动、修复工作、展品、游客须知等。此外，它还开通了专门的视频展览栏目。

➢ Государственный музей-заповедник Гатчина（http://gatchinapalace.ru/ ★★）

"国立加特契纳博物馆保护区"的雏形始于1765年叶卡捷琳娜二世将该地赠送给她的宠臣奥尔洛夫公爵，在圣彼得堡郊区，1766—1781年建成宫殿群。1917年临时政府接管，对民众开放，但在伟大卫国战争时期遭受严重破坏，1985年才部分修复重新开放。其官网为我们再现了这段历史，展现了该博物馆保护区的美丽风景和悠久文化内涵。网站整体设计精美，主要内容有博物馆和保护区的风景介绍、历史回顾、展品和展览信息、旅游线路指南等。同时还有一个介绍加特契纳文物文化展的专题网站也是很好的网络资源：http://gatchina3000.ru/。

➢ Государственный музей А.С. Пушкина（http://www.pushkinmuseum.ru/）

"国立普希金博物馆"是莫斯科的大型科研和文化教育中心，开办于1961年，是对普希金生平及创作的纪念场馆，它还有数个分馆。官网主要介绍了博物馆的基本信息、活动、展览和科研、游览情况。它还为少儿开辟了专门的教育栏目。

➢ Государственный музей политической истории России（http://polithistory.ru/）

"俄罗斯国立政治历史博物馆"的前身是1919年于彼得格勒创建的革命历史博物馆，它是苏俄第一个革命历史博物馆，馆址几经迁移，早期在冬宫，1957年后才移至现馆址，1991年8月后改为现名。它收藏有大量的十月革命前后、苏联时期乃至苏联解体后俄罗斯立国期间的历史文献、实物展品，是俄罗斯19—21世纪政治、经济、社会生活的真实展现。官网详细介绍了博物馆的馆史、展品、建筑以及展览和重要活动情况，还为成人、少儿各自开设了专栏。

➢ Государственный Центральный Музей современной истории России（http://www.sovr.ru ★）

"国立中央俄罗斯现代历史博物馆"位于莫斯科，成立于1917年，在1998年前称"革命博物馆"，是研究十九世纪下半叶至今的俄罗斯文明的最大中心。它主要收藏俄罗斯近150年来具有历史文化价值的各类文件、档案、实物，共储存约130万件。官网主要栏目有：简介、展品、藏品、展览、新闻中心等。其中，每部分展品展示都和实际展馆相符，按照各个历史时期划分，配有说明文字和图片。网站整体资料详实，具有一定参考价值。

➢ Золотое Кольцо России（http://www.zolotoe-koltso.ru/ ★★）

"俄罗斯金环"一直是俄罗斯莫斯科周边游的黄金旅游圈，它包含了16座文化历史名城（镇），例如有Суздаль、Кострома、Владимир、Сергиев Посад、Ярославль、Иваново、Ростов Великий等等，它们是了解俄罗斯历史文化的必去之地。官网除了介绍一定的旅游服务信息外，还分别介绍了16个旅游点的历史、风土名情，配有详细的说明文字和图片。

➢ Московский музей-усадьба Останкино（http://www.ostankino-museum.ru/ru/）

"莫斯科奥斯坦基诺庄园博物馆"的前身是舍列麦捷夫伯爵的莫斯科郊外庄园，其历史最早始于1584年，但直到十八世纪初庄园才具有了雏形，1918年它称为国立博物馆。该庄园博物馆包括一个建筑群和园林。网站的主要栏目有：简介、展览、藏品展品、音乐会、游客等。网站整体设计古朴大方。

➢ Музеи мира – галерея искусства（http://www.smirnova.net/ ★☆）

"世界博物馆：艺术画廊"网定位于世界各大博物馆、画廊及其画作的介绍与研究。其主要栏目有：世界博物馆画廊导游、艺术资料、文化艺术新闻、艺术画廊检索、网络资源推荐等。网站所登载的文章、报道趣味性、知识性和学术性结合得较好。

➢ Музеи мира в Интернете（http://www.hist.msu.ru/ER/museum.htm）

这是一个互联网上世界博物馆地址链接的网络资源。

➢ Музеи Подмосковья（http://www.museum.ru/mscreg/ ★☆）

"莫斯科近郊博物馆"网介绍了处于莫斯科郊外地区的数个历史文化名城（镇），例如有Сергиев Посад、Новый Иерусалим、Звенигород、Серпухов、Клин、Мураново、Мелихово、Захарово、Шахматово-Тараканово等。每个城镇都有新闻、历史、展览、画廊、出版、手册等各个方面的资讯服务。

➢ Музей-усадьба Ясная Поляна（http://www.yasnayapolyana.ru/）

"亚斯纳亚-波良纳庄园博物馆"是大文豪列夫·托尔斯泰出生、生活和长眠的地方，位于俄罗斯图拉市西南12公里。1921年作为博物馆开放，这里收藏有托尔斯泰的个人财产、动产和藏书22,000本的图书室，当年在这里他创作了著名小说《战争与和平》和《安娜·卡列尼娜》。网站的主要栏目有：新闻、历史、博物馆、规划、旅游、展览、画廊等。这里我们可以了解到托翁的生平及创作活动。

➢ Музей Ф.М. Достоевского（http://www.md.spb.ru/ ★★）

在俄罗斯，陀氏的博物馆、故居博物馆有很多，这是圣彼得堡的"陀思妥耶夫斯基博物馆"，全称为"陀思妥耶夫斯基文学纪念博物馆"。网站主要栏目内容是：陀氏生平、博物馆简介、陀氏戏剧、博物馆活动、预告、文学文本等。网站整体设计色调昏暗，非常符合陀氏创作的风格，内容也十分丰富，是研究、了解陀思妥耶夫斯基的较好参考资源。

➢ Павловск（http://www.pavlovskart.spb.ru/ ★★）

"巴甫洛夫斯克"是坐落在圣彼得郊区的著名文化风景名胜区，全称为巴甫洛夫斯克国立建筑艺术宫殿园林博物馆保护区。园林建筑群的核心是彼得宫，当年专门为彼得大帝所建。官网有俄、英两种语言，在主页的左部是关于巴甫洛夫斯克的新闻报道，右部是其简介。导航栏的主要栏目有：宫殿、园林、历史、信息、展览、艺术流派、发展项目、画廊、数字化展品、虚拟游览等。其中的数字化展品栏可以进行检索，所有展览均已进行了数字化；虚拟游览栏可以像在真实场景内一样模拟3D环境进行参观，但必须安装QickTime插件。下面的网站资源与该网有着紧密关联：Государственный музей-заповедник «Павловск»（http://www.pavlovskmuseum.ru/ ★★），"国立巴甫洛夫斯克庄园博物馆"官网所介绍的基本信息与上一网站有许多相似之处，只是某些部分的侧重点不同，服务的对象更为细化。网站整体设计也十分精美，信息量较大。

> Политехнический музей（http://eng.polymus.ru/rv/?h=news）

位于莫斯科市中心的"理工博物馆"始建于1872年，1991年才作为俄罗斯文化遗产项目而收归联邦政府所有，它是世界上最大的科技博物馆之一，目前收藏有17万件藏品，约65个展厅展览矿山、冶金、化学工业、自动化和计算机技术、通信、光学、气象学、宇航学、动力能源、交通等多领域的展品。官网的主要栏目有：简史、藏品、展览、教育、出版、基金、科研、图书馆、音乐会、协会等。所登载的展品资料详实，配有图片。

> Российский этнографический музей（http://www.ethnomuseum.ru/ ★☆）

"俄罗斯民族学博物馆"位于圣彼得堡，是欧洲最大的民族性博物馆之一，它创建于1902年，曾作为"俄罗斯博物馆"的分馆，1992年起使用现名称。官网划分了4个专栏：东欧和波罗的海、西伯利亚和远东、高加索和克里米亚、中亚，其中每类均有图片和详细解释文字。此外，还有新闻、活动等专题报道。

> Русский национальный музей（http://www.rnm.ru/）

"俄罗斯国家博物馆"从名称上来说似乎名不符实，称为"国家精品博物馆"还算属实，因为它实际上是俄罗斯第一个私人博物馆，成立于1993年。它的主要藏品是俄罗斯19—20世纪初的珠宝精品，特别是法贝热彩蛋的收藏，此外还有圣像画、油画、书籍、手工艺品、汽车等。它更关注流失国外的俄罗斯艺术品的回归，其藏品中的大多数来自这一途径。网站主要栏目有：法贝热彩蛋、圣像画、油画、手工艺品、古书、摄影作品、汽车等。所有展品都有文字解释和图片。

其他部分博物馆、名胜网络资源

名称	网址
Виртуальный музей русского примитива "俄罗斯初期艺术作品虚拟博物馆"	http://www.museum.ru/museum/primitiv/
Всероссийский мемориальный музей-заповедник В.М. Шукшина "全俄舒克申纪念保护区博物馆"	http://www.shukshin.museum.ru/
Всероссийский музей декоративно-прикладного и народного искусства "全俄实用装饰和民间艺术博物馆"	http://www.vmdpni.ru/
Государственный литературно-мемориальный музей-заповедник А.П. Чехова "麦尔霍沃国立契诃夫文学纪念博物馆保护区"	http://www.chekhov-melikhovo.com/
Государственный Литературный музей "国立文学博物馆"	http://www.goslitmuz.ru/
Государственный музей искусства народов Востока "国立东方民族艺术博物馆"	http://www.orientmuseum.ru/
Государственный музей истории Санкт-Петербурга "国立圣彼得堡历史博物馆"	http://www.spbmuseum.ru/ ★☆
Государственный музей обороны Москвы "国立保卫莫斯科博物馆"	http://gmom.su/

	续表
Государственный центральный музей музыкальной культуры им. М.И. Глинки "以格林卡命名的国立中央音乐文化博物馆"	http://www.glinka.museum/
Дворцово-парковый ансамбль Ломоносова (Ораниенбаум) "罗蒙诺索夫宫殿园林群（橘树镇）"	http://www.oranienbaum.org/
Дом-музей Марины Цветаевой "玛丽娜·茨维塔耶娃故居博物馆"	http://www.dommuseum.ru/
Зоологичекий Музей "（俄罗斯科学院）生物学博物馆"	http://www.zin.ru/museum/ ★★
Кунсткамера (Музей антропологии и этнографии РАН) "奇珍馆（俄罗斯科学院人类学和人种学博物馆）"	http://www.kunstkamera.ru/
Мемориальный музей космонавтики "宇航纪念博物馆"	http://www.space-museum.ru/
Музей истории фотографии "摄影历史博物馆"	http://www.photohismus.spb.ru/
Музей Кино "电影博物馆"	http://www.museikino.ru/
Музей-заповедник «Царицыно» "察里津诺宫苑建筑群博物馆保护区"	http://www.tsaritsyno.net/
Пискарёвское мемориальное кладбище "皮斯卡廖夫纪念墓地"	http://pmemorial.ru/ ★
Российский государственный музей Арктики и Антарктики "俄罗斯国立北极和南极博物馆"	http://www.polarmuseum.ru/
Санкт-Петербургский Музей Восковых Фигур "圣彼得堡蜡像博物馆"	http://www.wax.ru/

第三节 绘画建筑雕塑艺术网络资源

  俄罗斯有着灿若群星的绘画艺术家，其中的巡回画展画派艺术家流派对世界、对我国的绘画艺术产生了重要影响，而俄罗斯建筑艺术又深受拜占庭文化、欧洲文艺复兴以来的各艺术流派的影响。了解俄罗斯文化，其绘画、建筑、雕塑艺术是重要的信息来源。

  ➤ Библиотека Изобразительных искусств（http://www.artlib.ru/ ★★☆）

  "造型艺术图书馆"网是"电子文艺博物馆联盟"的成员，该联盟内有大名鼎鼎的马克西姆·莫什科夫图书馆以及Журнал Lib.ru，Музыка Lib.ru等几十个网站。该网站主要是报道艺术活动新闻，介绍造型艺术作者、作品信息。主要栏目有：新闻、作者、藏品、今日和资源等。网站将艺术类型进行了分类，主要有：写生（油画）、素描、水粉画、雕塑、实用艺术、设计、宗教艺术、建筑、电脑设计、广告设计、儿童画等等，内容十分丰富，几乎所有作品均配有图片和文字说明。

  ➤ Золотые купола России（http://www.golddomes.ru/ ★★★）

  "俄罗斯金顶"网主要是介绍宗教建筑艺术。网站设置了两类导航栏，一类是俄罗斯古城（镇），它几乎囊括了我们所知道的所有俄罗斯历史文化名城（镇），另一类导航是宗教建筑艺术的类型，主要有修道院、教堂、庙宇、礼拜堂、钟楼等。此外，网站还有关于东正教寺庙、十字架历史规格形制等的介绍。网站所有介绍的艺术作品均由分辨率很高的图片和详细的文字说明，不啻是一部宗教建筑艺术史。

  ➤ Музеи Европы. О художниках и картинах（http://www.nearyou.ru/ ★★☆）

  "欧洲博物馆：美术家和绘画"网介绍了欧洲博物馆收藏的欧洲包括俄罗斯著名美术

家的绘画作品。网站主要栏目有：要闻、博物馆、美术家、名作、俄罗斯艺术家等。它还设置了博物馆导航栏和美术家导航栏，可以很方便地查到俄外美术家的作品和作者简介。所有说明均配有图片和文字。网站内容丰富，具有很好参考价值。

> Энциклопедия русской живописи（http://www.artsait.ru/ ★★☆）

"俄罗斯绘画百科大全"网是关于俄罗斯画家及其作品的百科知识网站。它按画家姓名提供了检索方式，信息数据几乎涵盖了所有俄罗斯具有知名度的古今画家及其作品，特别是那些名作。所有作品均配有精美图片和文字说明。网站具有较好参考价值。

> Art-Каталог: живопись и графика（http://www.art-catalog.ru/index.php ★★☆）

"艺术目录：绘画"网是俄罗斯绘画艺术的门户目录网站，它按目录提供了俄罗斯几乎所有著名画家的名作。它定位于写生、油画和格拉费卡艺术（素描、版画、水粉画）等内容。网站提供了按照画家和绘画作品名称两种检索方式，前者按照作者字母顺序列出了清单，此外还可以按照姓名字母、出生逝世时间、访问量检索；后者还可以进一步按照年代、入库时间、访问量等检索。所有作品均有图片、作品名称、原作大小、收藏地等信息，图片可以很方便保存。该网站是了解俄罗斯绘画艺术的极佳平台。

其他部分绘画建筑雕塑艺术资源

名称与网址	说　明
Архитектура http://www.apxu.ru/ ★	"建筑（艺术）"网是个普及建筑艺术知识的网站，定位于建筑艺术、雕塑艺术、民居、古董等内容。网站设计范围较广，既有俄罗斯风格的介绍，又有像中国这样东方建筑艺术和世界主要建筑、雕塑艺术的简介。
Архитектура России http://archi.ru/	俄罗斯建筑艺术的门户网站，主要报道俄罗斯现代建筑艺术以及对建筑传统的秉承。主要栏目有：现代艺术、建筑艺术目录、科学研究、竞赛、展览等。网站的新闻性、学术性内容较丰富。
Виртуальная галерея шедевров живописи XIV-XXI веков http://smallbay.narod.ru/grafica.html ★★	"19—21世纪绘画精品虚拟画廊"网收录了俄罗斯和世界名画家的名作，网站按照作品、画家和画廊提供了检索方式，并设置了5个专栏，分别是：绘画、建筑、图书馆、星相、历史。所有作品都提供了详细说明，配有精美图片。
Жизнь и творчество великих художников (репродукции) http://bibliotekar.ru/al/index.htm ★☆	"名画家生平和作品"网收录了几十位俄罗斯和世界著名画家的作品，同时对其生平进行了较详细介绍。绝大多数作品都经过数字化翻拍修复，分辨率高，图片精美。
Народный каталог Православной архитектуры http://sobory.ru/	"东正教建筑民间目录"网创办于2002年，收录有俄罗斯东正教教堂、修道院等建筑的摄影图片，并配有详细的说明文字。
Православные святыни Серебряного кольца России http://silverring.orthost.ru/ ★★	"俄罗斯银环东正教圣地"网主要收录了"银环"线路上的著名东正教教堂、修道院建筑，是俄罗斯宗教建筑艺术的集中体现。银环包括了许多俄罗斯历史文化名城，例如有瓦拉姆岛、基日岛、普斯科夫、大诺夫哥罗德、老拉多加、圣彼得堡、索洛维茨基群岛等等。所有名城的宗教建筑均有图片和非常详细的文字说明。

名称与网址	说　明
Русский пейзаж http://ruslandscape.ru/ ★	"俄罗斯风景画"网收录有俄罗斯众多画家的风景油画数字版。网站按作者进行了分类，作品只提供了高分辨率的精美图片，没有文字说明，但画家画作图片比较齐全。
Шедевры русской живописи http://www.tanais.info/ ★	"俄罗斯绘画精品"网致力于高雅文化艺术的大众化、普及化。网站支持俄、英两种语言，主题专栏有：19—20世纪初画作、先锋派画作、20世纪画作、20世纪末—21世纪画作、生态画，同时也收录有部分世界著名画家名画。
Художники, Скульпторы http://www.piplz.ru/list-c-architect.html ★	"人物"网的美术家、雕塑家简介网络资源，主要是介绍绘画、雕塑界名人的生平及其作品。
Яндекс. Каталог. Скульптура http://yaca.yandex.ru/yca/cat/Culture/Art/Sculpture/ ★ ☆	Yandex的雕塑专题网站目录。

第四节　风俗文化、民间艺术网络资源

风俗文化和民间艺术种类繁杂，它也是一个民族文化的最重要组成部分之一，往往是最具代表性的民族文化特质和民族传统。本节只是选取其中某些"片断"进行展示。

风俗文化类

本节的"风俗文化"主要是指民间传统风俗、婚庆风俗、宴席文化、迷信文化和节日文化等。

名称与网址	说　明
Всё о свадьбе http://www.my-marriage.ru/	"关于婚礼的方方面面"，包含了婚礼的各种礼节、风俗、活动知识。
Назовите.РУ http://www.nazovite.ru/	"起名"网虽说是教授如何给孩子起名，但网站不仅提供了俄罗斯姓名在线词典，还对俄罗斯民族以及俄联邦许多民族的姓名意义、来源以及姓名背后的文化现象进行了详细解释。
Открытая свадебная энциклопедия http://www.weddingpedia.ru ★★	"开放的婚礼百科"网在设计上仿"维基"风格，是一个开放的自由百科平台，目前收录有近5000篇文章。它涵盖了从相识、恋爱、结婚的全过程百科知识，还有部分其他民族的婚礼习俗。
Поздравления и тосты http://www.stost.ru/ ★ ☆	"祝语和祝酒词"网主要定位于像婚礼、生日、节日庆典等情景中所说的祝愿用语，网站按此进行了分类，整体内容比较丰富，设计精彩。
Русская свадьба: обряды и традиции http://www.toastmaster.ru/	"俄罗斯婚礼风俗"网主要介绍俄罗斯婚庆的礼俗、婚礼祝酒词等。
Русская традиционная культура http://ru.narod.ru/ ★★ ☆	"俄罗斯传统文化"网属俄网综合介绍俄罗斯传统文化的最佳网络资源之列。网站主要栏目有：祈祷文、书籍、杂志、歌曲、民谣、歌舞、姓名、哥萨克等。
Русские традиции. Альманах русской традиционной культуры http://www.ruplace.ru/ ★★	"俄罗斯传统：传统文化年鉴"网定位于俄罗斯历史文化的大事记和各个领域内的文化现象。主要栏目涵盖领域很广，例如有：文化、哥萨克、事件、辩论、人类学、歌曲、民谣、歌舞团、节会、书籍、故事、诗歌、图集等等。

续表

Русские традиции, обычаи и обряды http://www.advantour.com/rus/russia/traditions.htm	主要介绍俄罗斯的传统宗教节日及其相关风俗，还有民间婚娶习俗等。
Этнография народов России http://www.ethnos.nw.ru/	"俄罗斯的民族志"网主要内容是：介绍俄罗斯的民族文化共同体、俄罗斯民族文化活动和博物馆收藏、网络资源等，网站提供电子出版物等资源。

任何一个民族的民间风俗都包含预言、迷信、禁忌类文化内容，网络资源自然也少不了这方面的内涵。俄网的此类资源一般都有各类生活、生产、为人处世等方面的迷信、禁忌内容，有具体文字解释，有的还配有图片。此类资源对于我们了解俄罗斯民间风俗、学习和研究俄语具有很好的参考价值。我们选取其中部分具有代表性的网站列表加以简介。

名称与网址	说明
Календарь народных примет http://www.biografia.ru/primeti.html	"民间预言日历"将民间预言、迷信与日历相结合。
Народные приметы http://primetka.ru/ ★	主要是民间预言和迷信，按照活动、人体、自然、现象等进行了分类。
Народные приметы，поверья и обычаи http://primets.narod.ru/	主要内容是民间预言、迷信和风俗，按四季进行分类。
О народных приметах http://primety.net/	一切关于民间预言，按照事物、活动、阶层、职业等分类。
Примета.ру http://www.primeta.ru/ ★	"预言"网以民间迷信、预言为主，按日历、情景进行了分类。
Приметы для всех http://primeta.yaxy.ru/	除了民间预言外，还有占星、风水、算命等风俗内容。
Приметы птица http://www.smski.name/ptica-primeti.htm ★	"预言鸟"网不仅是预言，还有祝酒词、格言、笑话、引语、小诗、SMS等内容。
Приметы. Гадания. Заговоры... http://primet.narod.ru/	主要是"预言、算命、咒语、占星、解梦"等预言、迷信等风俗内容。
Фэн-шуй http://www.art-fengshui.ru/，http://www.fengshuiworld.ru/	介绍风水知识的网站。

节日文化类

俄罗斯的"节日文化"非常有特色，其节日种类繁多，有国家法定节日、职业节日、民间节日、国际节日，甚至还有命名日、纪念日等等。这些网络资源一般都对各种节日按照本网站的标准进行分类，然后详细解释各类节日、纪念日的由来、意义及相关活动方式等。下面对部分具有代表性的该类网络资源进行简要列表。

名称与内容	网址
Всё о праздниках!	http://www.e-prazdnik.ru/
Все праздники и всё о них – традиции, обычаи, подарки	http://www.newprazdniki.ru/

续表

Календарь событий ххх года: праздники, именниы, дни, памятные даты...	http://www.calend.ru/ ★
Православные праздники	http://pravoslavie74.ru/, http://www.church-fete.ru/
Праздник сегодня	http://prazdniktoday.ru/ ★
Праздники народов мира	http://www.prazdnikimira.ru/ ★
Праздники. Тосты и поздравления	http://www.vprazdnik.ru/
Празднуем.Ру – сценарии праздников, тосты, поздравления	http://www.prazdnuem.ru/
Про каждый день	http://www.proeveryday.ru/ ★ ☆
Энциклопедия праздников "Есть повод"	http://estpovod.ru/

民间艺术类

我们本节的民间艺术主要是指民间手工艺制作等资源。

➢ Ассоциация «Народные художественные промыслы России»（http://www.nkhp.ru/）

"俄罗斯民间手工艺协会"是俄罗斯民间手工艺企业、个人、组织、机构的全国性联盟组织。网站主要提供该组织的工作职责、活动和新闻报道等信息。

➢ Матрёшкино семейство（http://matreshkino.ru/）

我们知道俄罗斯著名的"马特廖什卡"（套娃），但可能并不知道它还分许多品种。"套娃家族"网将套娃"家族"划分了7大类、十几个小类，配有图片和文字。与此相关的资源还有：

➢ Русская матрёшка（http://russkayamatreshka.ru/）

"俄罗斯套娃"介绍了"马特廖什卡"历史、工艺和各类套娃。

➢ Палех（http://www.museum.ru/museum/palekh/）

"帕列赫艺术品"网详细介绍了这一极具俄罗斯民间工艺特色的艺术品的特性、历史、设计和展品等。

俄罗斯很多介绍手工艺品的网站资源实际上都是销售俄罗斯礼品的网上商店，我们换一个角度来看这些资源，它们都会提供俄罗斯手工艺品（礼品）的详细分类、商品俄文名称、商品简介、商品照片等信息，有的网站还有这些民族手工艺的历史简介。我们下面将列出几个这方面具有代表性的网络资源：

Русские сувениры для иностранцев（http://www.present.ru/）

Интернет магазин. Русские сувениры（http://www.russouvenir.ru/）

Самовары. Символы России, матрёшки, шкатулки...（http://www.samoffar.ru/）

Сувенирный двор（http://www.souvenirdvor.ru/）

Русские сувениры（http://www.russian-souvenirs.ru/）

Изделия русских народных промыслов（http://www.rus-souvenirs.ru/）

Народные промыслы（http://www.gar-ptisa.ru/）

第五节　影视和舞台艺术网络资源

　　影视文化、舞台艺术通常都是一个民族文化领域内最重要、最具代表性的文化艺术范畴。俄罗斯的影视文化尤其是电影文化背景下诞生了像爱森斯坦这样的电影艺术大师，斯坦尼斯拉夫表演理论是世界戏剧表演的三大体系之一，俄罗斯的经典芭蕾和俄罗斯马戏享誉世界。这些方面自然也组成了俄网的重要网络资源。舞台艺术主要有戏剧、马戏、舞蹈、曲艺、音乐、魔术等艺术类型。考虑到俄罗斯特色及本书的结构，本节我们将重点讲述俄网电影艺术和戏剧、芭蕾、马戏等艺术形式的网络资源，音乐艺术部分我们将在下一章加以介绍。由于此类资源数量众多，我们的兴趣点也不在电影艺术、舞台艺术的专业研究上，因此，对于这些资源我们将按照重点和简要介绍相结合方式加以叙述。

影视艺术资源

➢ Видео.ру（http://video.ru/ ★★☆）

　　"录影带"网是俄网同类网站的翘楚，它提供了市面上几乎所有电影录影带（光碟）的目录，有几十种分类，十分详尽。每部影片都有简介，配有图片。网站有7个专栏，分别是：在线电影、电视、电影短片、关于电影、新闻、电影百科、影评。网站还提供了在线收看和下载模式，但需注册收费。当然也有免费收看模式，只是在俄网外无法收看。

➢ КиноПоиск（http://www.kinopoisk.ru/ ★★★☆）

　　"电影搜索"网是俄网最佳的影视作品信息检索网站，其作用更类似于电影搜索引擎，但不同于大多数搜索引擎是在其他众多网站中检索相关信息，网站自己就是一个大型"影视数据库"。该库中以电影作品为主，也有电视剧集信息，时间跨度大，介绍详细，所配图片丰富。网站经常发布最新影视信息，主要栏目有：预告和电视、文本、媒体、交流、排行榜等，同时有大量电影新闻报道和影评。

➢ МОСФИЛЬМ（http://www.mosfilm.ru/ ★★☆）

　　这是"莫斯科电影制片厂"的官网，从这里我们可以了解这一著名制片企业的辉煌往昔和今日的发展。专栏有：影厂简介、新闻、服务、照片、编辑、声明、新影片、影片目录、宣传照、影迷、游览等。通过影片目录，我们可以查找到该厂所有出产影片的资料。官网还提供了免费在线观看莫厂100多部影片的服务，大多数都带有字幕，但播放对带宽提出很高要求，否则会严重迟滞。

➢ Мультфильмы онлайн（http://mults.spb.ru/ ★★☆）

　　"动画在线"网创办于2005年，现已成长为俄网颇有影响的动画影视网站，与Аниматор.Ру和Мультик.Ру保持合作关系。网站已收录3500多部动画片，几乎全部可以在线收看，带宽理想的话，播放流畅，同时还可以下载ed2k，torrent种子或通过http直接进行下载。主要栏目有：动画片、故事录音、新闻、论坛等。该网站是俄网较佳的动画网络资源。

➢ НИКА（http://www.kino-nika.com/ ★★☆）

　　"俄罗斯电影工作者艺术学院尼克奖"有"俄罗斯的奥斯卡奖"之称，是俄罗斯电影人最看重的奖项。该奖项的名称来自于古希腊胜利女神Ника (Nικη)[①]，1988年为第一届，每年举办一次。其官网主要介绍了艺术学院的简况、历届获奖名单和竞赛规程，同时还有视频、图片等新闻素材，在尼克博物馆栏目集中了该奖的精华部分。该网站是了解俄罗斯及独联体国家电影艺术的极佳网络资源。

➢ РУСКИНО（http://ruskino.ru/ ★★☆）

"俄罗斯电影"是关于俄罗斯产影片相关知识的电影专题网络杂志，它收集了数量众多的电影信息以及相关评论和报道，例如电影收藏就达13000多部，其专栏主要有：电影、人物或角色、新闻、视频、文字（评论、采访、文章等）、统计、苏联电影等。网站整体设计精美，资料详实。

➢ Энциклопедия Отечественного кино（http://www.russiancinema.ru/ ★★☆）

"国产电影百科"网是记录俄罗斯、前苏联和独联体电影百科信息的专业网站，它有几个专栏：人物、电影、组织、电影节、年鉴等。这里可以查询到几乎所有涉及俄、苏、独的电影百科知识。

其他部分影视艺术资源

名称与网址	说　明
Аниматор.ру http://www.animator.ru/ ★★	"动漫家"网是俄网最佳动画主题网站之一，主要是报道动画新闻、提供动画剧本和文本、讨论动画创作、报道动画影展、展示动画网络资源等。网站还集中报道各大动画影展（电影节）的相关信息，还提供动画影片数据库检索服务。
Афиша http://www.afisha.ru/ ★★	《海报》是俄罗斯媒体娱乐界最有影响的杂志之一，定位于电影、音乐、文学、艺术和时尚。而"海报"网分网络报道版面和杂志版面，前者所刊登的预告、广告涉及诸多方面，主要有电影、音乐会、电视、展览、戏剧、酒店等等，而其主打仍是电影及其简介和评论；后者的栏目主要有：电影和电影节、音乐、书籍、技术、博客等，可以在线浏览部分过期杂志的文章。
КИНО РОССИИ http://www.kinoros.ru/db/index.do ★	"俄罗斯电影"网是关于俄罗斯电影的门户网站，主要栏目有：电影、剧照、电影排行、视频、新闻等。所登载的绝大多数是新近放映的俄罗斯影片介绍、最热门影片简介以及电影预告等内容。所收藏片库信息从1908年至今均可查询。
Московский международный кинофестиваль http://www.moscowfilmfestival.ru/ ★★	"莫斯科国际电影节"是俄罗斯最具影响的电影竞赛和交流活动。官网主要报道本届电影节参赛影片介绍、影星导演简介等。主要栏目有：电影节历史、本届电影节、新闻中心、资料等。这是了解俄罗斯电影艺术及对外交流发展动向的极佳资源。
Наше КИНО http://nashekino.ru/ ★★	"我们的影院"网是一个影片"资料库"，网站提供了按照影片名称和人物名的检索方式，从这里可以查询到俄外各种电影的信息，这些信息主要是影片导演、演员、主要情节、获奖情况等。网站还有影评、论坛、新闻报道等栏目。
Наш фильм http://www.nashfilm.ru/ ★★	"我们的电影"网是个综合性的影评和消息报道类网络资源，主要栏目有：新闻、电影、连续剧、戏剧、电视、剧照、论坛、戏剧学校等。网站的主要内容是报道影视戏剧新闻，影人追踪以及各类评论等，具有较好参考价值。

[①] 古希腊神话中的胜利女神有多种译法，如"尼姬"、"尼刻"等，著名体育品牌"耐克"(Nike)即来自于此。

续表

Новости кино со всего мира http://www.kinonews.ru/ ★★	"世界电影新闻"网重点报道俄罗斯和世界各国的影视新闻，主要栏目有：新闻、首映、短片、镜头、墙纸、采访、评论、照片、电影简介、动画、剧集、人物、论坛等。网站信息比较丰富。
Русское кино http://www.russkoekino.ru/ ★★	"俄罗斯电影网"的报道主题是俄罗斯电影、戏剧。主要栏目有：要闻、俄罗斯电影、影星、戏剧、图书资料、个人资料随笔等。网站内容专业性较强，资料非常丰富。
Фильм.ру http://www.film.ru/ ★★	电影门户网，主要报道电影娱乐新闻、登载电影广告、介绍电影内容、发表影评意见等，定位于国内外电影，主要栏目有：新闻、预告、电影、人物、短片、剧照等，此外，还有观察、评论、采访、电影节、专题报道、游戏等辅助栏目。
AsiaFilm.TV http://asiafilm.tv/ ★☆	关于亚洲电影，特别是中国、韩朝、日本、越南等国电影的影片推介网站，其中许多中国电影的译名以及中国著名演员、导演的俄文译名都能查到。网站支持转接到Asiandvdclub.org网下载这些电影，但需注册。
KinoExpert http://www.kinoexpert.ru/ ★★	一个专业电影信息网，主要登载关于俄罗斯和世界的电影、影星的新闻、轶事以及电影简介和预告等内容。网站还有一些娱乐栏目比较有趣，例如剧照、采访、笑话、短片、排行统计、桌面电影图片等。它还提供了电影名称、影星姓名的检索。
NovafilmTV http://novafilm.tv/	一个以介绍和评论俄罗斯国内外电视连续剧为主的网络资源。与之相关的还有一个网络资源NovaRadio（http://novaradio.ru/），它是以电影放映消息及影评为主要内容。

➢ KinoX.ru（http://www.kinox.ru/start.html ★★）

这是一个电影网络资源的入口网站，共有18个电影网站链接，主要有：

KinoX.ru – Новая энциклопедия кино（http://www.kinox.ru/ ★★）

KinoExpert（http://www.kinoexpert.ru/ ★★）

КиноМост.ру – интернет магазин（http://www.kinomost.ru/）

Весь русский КИНО-интернет（http://catalog.kinox.ru/ ★）

Фото от Мосфильма до Голливуда（http://foto.kinox.ru/）

Обои на KinoX（http://oboi.kinox.ru/）

部分专业电影网络资源

名称与地址	说明
Актёры Голливуда http://www.hollywood-actors.ru/	"好莱坞影星"网集中介绍好莱坞著名影星以及好莱坞历史、奥斯卡奖简况等知识。
Актёры с. и р. кино http://www.rusactors.ru/ ★☆	"俄苏电影演员"网重点介绍俄演员的生平和成就，提供人物检索，同时有影评。
Большой фестиваль мультфильмов http://www.multfest.ru/rus/	"大动画电影节"官网。
Владимир Высоцкий http://www.kulichki.com/vv/ ★☆	俄罗斯著名艺术家В. 维索茨基基金会的官网，有关于这位艺术家方方面面的详细信息。
Другое кино http://www.drugoekino.ru/	"另类电影"网创办于2001年，主旨是报道和研究一些与主流商业片迥异的影片。
Журнал «Искусство кино» http://kinoart.ru/	《电影艺术》杂志的官网，主要杂志部分文章，还可浏览过期杂志，有新闻、观察、资料等栏目。

	Кино.Ру http://www.kino.ru/	定位于俄罗斯主要城市的电影院线预告及电影评论报道。
	Киноафиша http://www.kinoafisha.ru/	"电影海报"网主要发布最新电影的预告、院线简况和电影新闻。
	Кинокадр http://www.kinokadr.ru/ ★	"电影镜头"网在报道新闻、发布预告、介绍内容的同时，重点放在影评、观察、论坛等内容上。
	Киномания http://www.kinomania.ru/ ★	"电影观众"网主要栏目有：新闻、星闻、预告、电影、媒体、照片、交流等。
	Киностудия им. Горького http://www.gorkyfilm.ru/	俄罗斯另一具有很高知名度的"高尔基电影制片厂"官网。
	Киностудия Ленфильм http://www.lenfilm.ru/	俄罗斯享有盛誉的列宁格勒电影制片厂官网。
	Кинотавр http://www.kinotavr.ru/	索契"Kinotavr俄罗斯公开电影节"官网。
	Киношок http://www.kinoshock.ru/rus/	独联体、波罗的海国家国际电影节Киношок的官网。
	KM.RU Энциклопедия кино http://mega.km.ru/Cinema/ ★★	著名门户网站Кирилл и Мефодий的电影百科专栏。
	Комедия ТВ http://www.comediatv.ru/	"喜剧电视频道"主要是播放各类喜剧影视作品，其部分直播节目通过RED Media网络频道播放。
	МНОГО ТВ http://www.serialtv.ru/	俄罗斯多集电视剧网络电视频道，主要是节目内容简介，其在线直播通过RED Media播放。
	Музей КИНО http://www.museikino.ru/ ★	俄罗斯国立中央电影博物馆官网。
	Мультивидение http://www.multivision.ru/	"动画影像"国际动画电影节官网。
	Мультик http://www.myltik.ru/ ★★	一个综合介绍动画影视作品信息、报道动画新闻、提供资料查询和下载、进行交流的动画主题网站。
	ОРФ анимационного кино http://www.suzdalfest.ru/	"俄罗斯动画电影公开电影节"官网。
	Россия http://www.rossia-doc.ru/	俄罗斯纪录片公开电影节"俄罗斯"的官网，这是俄罗斯最有影响的纪录片电影节。
	Смешарики http://www.smeshariki.ru/	目前俄罗斯最著名的动画电视片Смешарики的官网，可以下载许多资源。
	Союз кинематографистов РФ http://www.unikino.ru/，http://unikino.tv/	"俄联邦电影工作者协会"官网，同时它开办了自己的在线直播频道。
	Фестиваль фестивалей http://www.filmfest.ru/	圣彼得堡国际电影节"影节的电影节"官网，是个电影节艺术论坛。
	Энциклопедия кино RuData http://www.rudata.ru/wiki/ ★★	一个仿维基风格的电影百科网站，有影视新闻、排行榜、电影和人物简介、电影节、剧照等栏目。
	DetectiveFEST http://www.detectivefest.ru/	"俄罗斯国际侦探电影节"官网，主题是"法律与社会"，开办于1998年。
	Filmz http://www.filmz.ru/ ★☆	一个大型电影专业信息网站，主要栏目有：新闻、视频、图表、博客、影院等。可以在线观看部分影片的视频片断。
	Media-News http://media-news.ru/ ★☆	一个综合性的电影媒体新闻网站，对电影一线新闻进行报道，发布影评，部分影片可以在线观看。

电影在线播放及字幕资源

俄网拥有大量的电影、电视剧、动画片等在线播放的网络资源，这类网站往往影视资源非常丰富，其中许多网站可以直接在线播放，无需注册；但也有部分网站不论是观看还是评论都必须注册登录后方可实施。这些在线电影播放网站大多对网速有较高要求，在我国以一般网速往往都无法正常打开。在线影片的传统格式为各类流媒体格式（如.flv等），随着互联网多媒体技术的发展，越来越多的电影在线网站使用高清HD格式（如.mp4、.avi等）。其中部分网站提供下载，但一般需在电影网站注册并付费方可下载。下载时有时还需借助于移动工具（如手机）短信加以确认（这部分知识我们将在下一篇介绍）。但其中有些网站的影视资料地址我们可以通过专业的地址探嗅工具探出真实地址，再用如迅雷等下载工具下载。由于此类网络资源大多具有共同的特点，差异处仅在于片源数量、质量和服务细节上，因此，我们下面仅选取其中具有代表性的部分资源列表如下：

电影在线播放资源		字幕资源	
名称	网址	名称	网址
24 часа TV	http://24tv.ucoz.ru/	всесубтитры.ру	http://www.vsesubtitri.ru/
Видачок	http://www.vidachok.com/ ★☆	Русские субтитры	http://subtitry.ru/ ★
Документация	http://documentarycinema.5bb.ru/; http://documentation-films.nnm.ru/	Субтитры Net	http://subtitry.net/
Смотри online	http:/smotri-online.info/	Тупичок Гоблина	http://oper.ru/
CinemaSearch.ru	http://cinemasearch.ru/	All4divx	http://www.all4divx.com/russian-subtitles
Kino AVI	http://kinoavi.ru/	Glanz.Ru	http://www.glanz.ru/site/
KinoDom	http://kino-dom.tv	Kage Project	http://www.fansubs.ru/ ★
KinoBum.Org	http://kinobum.org/ ★	Subtitles	http://subs.com.ru/ ★
Kinogidrogen	http://kinogidrogen.com/	TVsubs.net	http://www.tvsubs.ru/
Kino-shot	http://kinoshot.net/	Tvsubtitles.net	http://www.tvsubtitle.ru/
Kinoplaneta	http://kinoplaneta.tv/		
Onfilm.net.ru	http://onfilm.net.ru/		

戏剧艺术（音乐厅）资源

➢ **Золотая маска**（http://www.goldenmask.ru/ ★★）

"金面具"奖是俄罗斯舞台艺术界（特别是戏剧界）的最高奖，也是舞台艺术界的一次盛会。它由"俄罗斯戏剧家协会"于1994年创办，原则上每年一次，授奖对象涉及舞台艺术的诸多领域，如戏剧、歌剧、芭蕾、音乐剧、木偶剧等。官网详细介绍了该奖项的历史、历届获奖名单、戏剧节简况等，还有大量活动新闻报道。网站整体设计简洁，内容比较丰富。

➢ **Кино-Театр.Ру**（http://www.kino-teatr.ru/ ★★）

"电影戏剧"网在俄网同类网络资源中处于最佳之列，它主要报道影视和戏剧界的新闻事件、综述以及艺术评论等。主要栏目有：新闻、演员、电影、幕后、戏剧、采访、评论、历史、排行榜、交流等。网站整体内容十分丰富，设计简练。

➢ Малый театр（http://www.maly.ru/ ★★）

"莫斯科小剧院"是俄罗斯历史最悠久的话剧院，当初是为了区别于莫斯科的音乐大剧院，而于1824年正式将其称为小剧院。它在发展俄罗斯文化和戏剧艺术中起了巨大的作用，在这里排演了俄罗斯剧作家们众多的优秀作品。官网设计平实，但内容丰富，主要栏目有：历史、新闻、剧照、图片资料、论坛等。

➢ Мюзиклы.Ру（http://www.musicals.ru/ ★）

"音乐厅"网重点介绍俄罗斯和世界的音乐厅文化及其艺术表现。主要栏目有：历史、流派、世界音乐厅、人物、俄罗斯音乐厅、采访、娱乐、论坛等。网站还提供了音乐厅简明词典工具以及网上链接资源。

➢ Театр（http://www.theatre.ru/ ★）

"戏剧"网是关于戏剧艺术的门户网站，主要定位于莫斯科的戏剧艺术和戏剧生活，并探讨戏剧艺术的学术问题，报道戏剧院线的表演信息。其主要栏目有：剧照、新闻、剧目、戏剧艺术、戏剧日历等。特别是网站提供的俄罗斯莫斯科、圣彼得堡剧院的链接资源（http://www.theatre.ru/links/ ★★）非常丰富，从这里可以查询到几乎俄罗斯所有著名剧院和名人个人网站的链接地址。

其他部分戏剧艺术（剧院）网络资源

名称与网址	说　明
Академический МДТ http://www.mdt-dodin.ru/	圣彼得堡"学院小话剧院"官网。
Александринский театр; Музей русской драмы (http://www.alexandrinsky.ru/，http://www.alexandrinsky.ru/fond/museum/)	"亚历山大剧院"官网和该剧院主办的"俄罗斯戏剧博物馆"主页。
МГК им. Чайковского http://www.mosconsv.ru/	"国立莫斯科柴可夫斯基音乐厅"官网。
Международный театральный фестиваль им. Чехова http://www.chekhovfest.ru/	"契诃夫国际戏剧节"官网，有图片和部分视频可供下载。
Московская филармония http://www.philharmonia.ru/	"莫斯科音乐厅"的官网，并介绍相关音乐知识。
Московский Академический театр им. Маяковского http://www.mayakovsky.ru/	"莫斯科马雅可夫斯基学院剧院"官网。
Московский театр Современник http://www.sovremennik.ru/	莫斯科剧院"现代人"官网。
МХТ им. Чехова http://www.mxat.ru/	"莫斯科契诃夫学院艺术剧院"官网。
РАМТ http://www.ramt.ru/	"俄罗斯青年学院剧院"官网。
СТД РФ http://www.stdrf.ru/	"俄联邦戏剧家协会"官网。
Театр Антона Чехова http://www.chekhov.ru/	"契诃夫剧院"官网。

续表

Театр им. Вахтангова http://www.vakhtangov.ru/	"瓦赫坦戈夫剧院"官网。
Театр Сатиры http://www.satire.ru/	俄罗斯享有盛誉的"莫斯科学院讽刺剧院"官网。
Театральная библиотека http://biblioteka.teatr-obraz.ru/	"戏剧图书馆"网主要收录剧本、戏剧专业书籍和其他方面如演讲、心理学书籍等。
Театральный ФОРУМ http://forum.teatr-obraz.ru/ ★	"戏剧论坛"探讨戏剧、戏剧艺术、戏剧教育、文化生活的戏剧主题交流平台。

芭蕾（舞蹈）艺术资源

➢ Балет в театре（http://balet-v-teatre.ru/ ★★）

"剧院芭蕾"网是关于芭蕾舞台艺术的综合性网站，主要栏目有：芭蕾历史、俄罗斯芭蕾、美国芭蕾、芭蕾技术、芭蕾风格、芭蕾传奇、照片等。网站提供了许多芭蕾艺术方面的专业知识，也有俄罗斯及国际芭蕾界的新闻报道等内容。

➢ Балетная и танцевальная музыка（http://www.balletmusic.ru/ ★）

"芭蕾舞曲"网主要收录有芭蕾舞和其他舞曲音乐作品，主要栏目有：简介、图书资料、舞曲风格、图库、作曲家、录音资料、著名芭蕾曲等。该网站是了解芭蕾音乐的值得推荐的网络资源。

➢ Большой театр（http://www.bolshoi.ru/ ★★☆）

"莫斯科大剧院"是俄罗斯历史最悠久的剧院，享誉天下，也是世界上最著名的剧院之一。该剧院拥有世界一流的歌剧团、芭蕾舞团、管弦乐团和合唱团，是最具代表性的俄国大剧院。官网介绍了大剧院的历史，推出了演出季服务，报道有关大剧院的新闻，特别是网站提供了大剧院虚拟旅游栏目，可以模仿剧院真实场景。

➢ Государственный академический хореографический ансамбль «Берёзка»（http://www.berezkadance.ru/ ★）

这是为我国观众所熟知的"国立学院小白桦舞蹈艺术团"的官网。网站提供了以往演出资料，讲述了该团的历史，登载了相关新闻报道，并配以大量演出剧照。

➢ Мариинский театр（http://www.mariinsky.ru/）

"玛丽娅剧院"[①]是圣彼得堡最著名的歌剧和芭蕾舞剧院，也是俄罗斯最具影响力的剧院之一。它建于19世纪40年代末，1860年10月命名为现名，并举行首场演出。格林卡、穆索尔斯基和柴可夫斯基的所有歌剧均是在该剧院及其前身的大剧院首演的。官网主要介绍了剧院的历史、精彩记录，报道与之有关的新闻，提供预告和售票服务等。网站设计精美。

➢ Мир танца в Интернет（http://www.globaldance.info/ ★★）

"互联网舞蹈世界"是一个舞蹈信息资源网站，分类目录中共划分了近20个舞蹈主

---

① "玛丽娅剧院"（Мариинский театр）常被译为"马林斯基剧院"，但这实际为误译，因为这是为了纪念沙皇亚历山大二世的女儿玛丽娅·亚历山德罗芙娜而命名的，Мариинский意为"玛丽娅的"，"马林斯基"的译法是以讹传讹了，但目前两者通用。

题，既有俄网，也有他国网络的舞蹈网站信息，整体资源链接十分丰富，非常值得推荐。

➢ Про балет（http://probalet.info/ ★★）

"讲述芭蕾"网为我们打开了一扇通往芭蕾艺术的网络之门，网站介绍了芭蕾明星和著名剧院，还陈述了芭蕾的历史以及芭蕾的生活，涉及芭蕾艺术的十几个方面网站整体设计大方、简洁，内容充实。

➢ Balcanto（http://www.belcanto.ru/ ★）

这是关于古典音乐、歌剧和芭蕾的专题网站，定位于上述领域的百科知识以及专业和新闻报道。主要栏目有：新闻、百科、录音、作品、剧院、会演、人物、集体、书籍、词典 等。网站整体信息量较大，可以查阅许多专业信息。

其他部分芭蕾（舞蹈）艺术网络资源

名称与网址	说　明
Балет и опера: форум http://forum.balletfriends.ru/	一个专业的讨论和交流关于芭蕾和歌剧相关信息的论坛。
Балет Игоря Моисеева http://www.moiseyev.ru/ ★	"伊戈尔·莫伊谢耶夫芭蕾"网是介绍这一大师级人物的全面知识性网站。
Интернет-журнал Большой.net http://www.bolshoi.net/	一个关于芭蕾和歌剧的网络杂志，主要报道芭蕾、歌剧演出、演员、导演简介以及一些基础知识。
Общероссийская танцевальная организация http://www.ortodance.ru/	"全俄舞蹈组织"的官网。
Русский балет http://russianbalet.narod.ru/	"俄罗斯芭蕾"论述俄罗斯芭蕾的发展历史，著名剧院和芭蕾的关系等内容。
Театр «Кремлёвский балет» http://www.kremlin-gkd.ru/	"克里姆林芭蕾剧院"的官网。
Театр классического балета http://www.classicalballet.ru/	莫斯科"经典芭蕾剧院"的官网。

舞台艺术——马戏资源

名称与网址	说　明
БМГЦ http://www.bigcirc.ru/	"国立莫斯科大马戏团"的官网。
БСпбГЦ http://circus.spb.ru/ru/	"国立圣彼得堡大马戏团"的官网，网站设计精美。
В мире цирка и эстрады http://www.ruscircus.ru/ ★★	"俄罗斯马戏"是马戏舞台艺术的门户网站，它除了提供马戏演出相关服务外，还介绍了许多俄罗斯马戏的相关知识，并提供图片和视频观看或下载。网站设计精美。
Театр «Уголок Дедушки Дурова» http://www.ugolokdurova.ru/	神奇马戏"杜罗夫爷爷之角"剧院的官网，主页设计非常精美、有趣。
The Moscow Circus on Ice http://www.circusonice.ru/	"莫斯科冰上马戏团"的官网。

第六节　图片摄影网络资源

图片摄影网络资源主要是指那些提供图片搜索、美术设计、风光摄影的网站资源，它们可以为我们带来精美的数字化图片，从而更好地了解社会、文化、历史、风土人情等。由于此类网络资源数量较多，我们仅选取部分具有代表性的网站列表简介。

名称与网址	说　明
Апорт. Картинки http://pics.aport.ru/ ★★	著名搜索引擎Aport的图片检索频道，功能强大，是图片搜索的"利器"。
Достопримечательности Санкт-Петербурга http://www.spb-guide.ru/ ★★	圣彼得堡的旅游指南网站，包含了大量的彼得堡市的美丽风景图片，可以下载。
Нигма. Картинки. http://nigma.ru/?t=img& ★★	著名搜索引擎Нигма (Nigma)的图片搜索频道，在俄网搜索引擎中功能比较强大。
Обои на рабочий стол http://ru-wallp.com/ ★★	俄网电脑桌面大全，有几十个主题和各种分辨率的图片。
Плакат СССР http://poster.easytask.biz/ ★	前苏联时期招贴宣传画专题网站，可以回顾那段过去的历史。
Поиск людей по Фото http://www.photodate.ru/ ★★	"根据照片来找人"的网络图片检索工具。
Рамблер-Фото http://foto.rambler.ru/ ★★	著名搜索引擎Rambler的图片检索频道，在俄网图片检索引擎中功能仅次于Yandex。
Фото Петербурга http://spbfoto.spb.ru/ ★	"圣彼得堡摄影图片"专题网站。
Фото. Москва. http://www.foto-moscow.ru/ ★★	"莫斯科摄影志"网将莫斯科的风景建筑、社会风物、各色人物等摄影照片均收录其中，是莫斯科的摄影百科全书。
Фото@Mail.Ru http://foto.mail.ru/	著名搜索引擎@Mail.ru 的照片、图片检索频道，有主题、精品、新照片等不同检索方式，搜索功能强大。
ФотоЛайн http://www.photoline.ru/ ★★	"摄影线"网是摄影门户，它提供了涉及摄影知识的方方面面，摄影作品栏目划分非常细致，有十几个种类。整体资源非常丰富。
Цифровые фотографии http://www.photocity.ru/ ★★☆	"数字摄影图片"网主要收录圣彼得堡、莫斯科、普斯科夫、诺夫哥罗德等俄罗斯众多文化历史名胜的摄影图片，资源非常丰富。
Яндекс. Фотки. http://fotki.yandex.ru/ ★★★	著名搜索引擎Yandex的图片搜索频道，是俄网功能最为强大的图片搜索工具。
All-photo http://all-photo.ru/ ★★	一个各类摄影作品展示的艺术网站，内容有人物、景色、动物、生活等等许多种类，并且提供作品字母检索。
PhotoSight http://www.photosight.ru/	"摄影视界"网提供了从人物、风景到时尚的十几个门类的摄影作品，并包含竞赛、论坛等服务内容。

生活娱乐网络资源

生活、娱乐类网络是"俄文网络资源"这一编中涉及领域和范畴最为复杂、涉及主题目录最多的章节。按照俄网目录式搜索引擎的通常分类方法，其"娱乐"、"休息"、"旅游"、"体育"、"游戏"、"居家"、"教育"、"文化艺术"、"商务"等大类中都有部分小类属于本章的叙述内容。基于编写的目的，鉴于篇幅，我们在本章中重点叙述下列类别的俄网资源：（1）音乐娱乐；（2）休闲生活，主要有时尚、贺卡、居家、兴趣、休闲、幽默笑话等主题；（3）休假旅游；（4）体育生活；（5）商业购物等。上述资源内容庞杂，种类繁多，因此，我们将根据每类不同特点，把重点介绍与简要介绍相结合，操作偏重实用性，知识性次之。

第一节 音乐娱乐网络资源

音乐类网络资源也是文化艺术资源之一，本章更强调其娱乐性。俄罗斯是世界音乐文化大国，也是俄语世界音乐娱乐文化的"领头羊"，对前苏联空间、独联体国家、俄罗斯境外俄语受众来说有着巨大影响。

10.1.1 音乐总揽和音乐风格网络资源

音乐总揽资源

名称与网址	说 明
Грэмми.RU http://www.grammy.ru/ ★	"格莱美"奖俄文主页是全面介绍这一全美流行音乐最高奖项的专题网站，主要栏目有：新闻、音乐作品、原声大碟、格莱美排行、论坛等。网站音乐排行的所有曲目均可免费直接下载。
Звёзды.ру http://www.zvezdi.ru/ ★★	"明星"网收录最多的就是影视和歌坛明星的信息，它提供视频、照片和新闻报道，还有明星受关注度排行榜。对于歌手或演唱组合来说，大部分都有个人简介、mp3、视频、照片、资料等信息，像mp3和视频等可以在线免费听观。网站整体资源较为丰富。
Звуки.Ру http://www.zvuki.ru/ ★★	俄网最具历史和最具权威性的网络音乐门户之一，创办于1996年12月，曾两次荣获国家互联网最佳音乐类网站大奖，2008年获Рунет大奖，三次在国际互联网Golden Site比赛中获奖。网站的主要专栏有：乐界新闻、演唱会、人物、观察、娱乐、排行榜、论坛和博客等，还可以在网站检索歌手、单曲、专辑、音乐节、音乐器材和生活等信息。可以在线收听调频音乐节目。所有mp3文件可以在线收听并下载。

续表

Компания FM-TV http://www.fm-tv.ru/ ★★	FM-TV公司的官网，它和俄罗斯、独联体和波罗的海国家的170余家电视台和180多家广播电台保持合作关系。主要栏目有：音乐新闻、调频和电视新闻、广播电台、电视台、公众人物等。此外，网站还有4个免费资源栏目：俄罗斯、乌克兰流行音乐排行榜以及FM-TV mp3新曲、在线视频，这些资源都可以在线收看，音乐mp3可以直接免费下载。
Мир музыки на Куличках http://music.kulichki.net/ ★★	著名门户网站Кулички的音乐门户网，主要内容有音乐新闻、mp3国内外流行音乐、歌词、俄罗斯MIDI、俄罗斯摇滚乐、聊天室、论坛等。网站提供了便利的检索方式，许多资源可以免费下载。
Музыка KM.RU http://www.km.ru/muzyka ★★	著名门户网站Кирилл и Мефодий的音乐频道，集中报道乐界消息，提供MV、音乐会在线欣赏等服务，并可检索各类音乐作品。
Продюсерский центр Игоря Матвиенко http://www.matvey.ru/	"伊戈尔·马特维延科工作室"的官网，这里挂靠了其签约歌手或组合——Любэ，Иванушки International，Фабрика，Корни，Вика Дайнеко，Сати Казанова——的音乐主页。
РЕТРОПортал http://www.retroportal.ru/	"怀旧音乐门户"网是主要收录一些具有历史价值的音乐作品，主要栏目有：老唱片、世界民族音乐、下载、歌词等。
Слушай музыку онлайн http://music.itop.net/ ★★	"音乐收听在线"网主要是报道流行乐界的最新动向，并提供广播和视频资源以及论坛交流平台。主要有两个在线收听频道：音乐在线和广播在线，都可以直接收听音乐节目。
Last.fm http://www.lastfm.ru/ ★	一个网络音乐目录在线收听网站，共有三个音乐收听版块：流行音乐、广播电台和音乐会。还有音乐博客和论坛等交流平台。
MTV http://www.mtv.ru/	MTV是美国著名音乐录影电视频道，诞生于1981年8月1日，关于它的俄文频道我们在"大众传媒网络资源"的章节中曾加以介绍。其中，"视频"和"直播"专栏可以在线收看现场播放以及精彩、最新MV的节目。
OrpheusMusic http://orpheusmusic.ru/ ★★☆	"奥菲士音乐"网取自古希腊神话中竖琴手"奥菲士"的名字来隐喻音乐网的含义，这是一个音乐文化教育网站。主要专栏有：音乐历史、音乐教育、音乐风格、音乐舞台，并且每一专栏都有更细致的分类。网站还有许多辅助栏目，例如有明星、画廊、影视、日历、论坛等。网站整体资料非常丰富，是了解音乐艺术的极佳参考资源。

音乐风格资源

➢ Композитор Чайковский П.И.（http://www.tchaikov.ru/ ★★☆）

"作曲家柴可夫斯基"是关于俄罗斯伟大音乐家柴可夫斯基的生平及其作品的专题门户网站，这里可以了解到柴氏生平和他的几乎每一部音乐作品的知识，可以直接免费下载几乎所有的音乐作品。

➢ Советская музыка（http://sovmusic.ru/ ★★☆）

"苏联音乐"网收录有苏联各个时期的音乐作品，有流行歌曲、革命歌曲、国歌、军歌、战争歌曲、爱国歌曲等等，每首歌曲都有歌词、简介等信息，并可直接免费下载。

➢ KARAOKE.RU（http://www.karaoke.ru/ ★★★）

"卡拉ok"网是俄网第一个也是至今最具知名度的同类音乐网站，它创办于1998年，1999年正式运营。它秉承歌曲伴奏的理念，拥有大量流行歌曲曲库，按照风格分为儿童歌曲、电影插曲、苏联歌曲、俄罗斯流行乐、摇滚乐、Rap、R & B、外国歌曲、世界各国民歌等。在网站上可以对歌名、歌手进行检索，所有卡拉ok曲目都是网民制作上传的。早期的"卡拉ok"网是以音频播放为主，用户需下载客户端播放软件，伴奏歌词为特殊格式文件，需单独下载。如今，该网站已完全发展为视频伴奏，类似于我国的KTV伴奏，但与我国不同的是，俄罗斯的伴奏画面很少以歌手原声、真人演唱为背景制作，大多是风景图片配以伴奏歌词。网站的所有伴奏视频均可在线观看，播放流畅，下面有歌词。网站还举行卡拉ok竞赛，但自己上传和下载均需注册。

其他部分音乐风格网络资源

名称与网址	说　明
Большой детский хор http://www.bdh.ru/	"大儿童合唱团"的全称是"俄罗斯之声广播电台波波夫大儿童合唱团"，成立于1970年，原先是苏联中央台和电台合唱团，享有盛誉。网站介绍了它的历史、新闻，提供了演出图片、视频资料等。
Детский хор телевидения и радио Спб. http://dethorrtv.spb.ru/	圣彼得堡广播电视儿童合唱团的官网，主要介绍其历史、演出简报和相关影像录音资料。
Карта музыки http://mapmusic.ru/ ★	"音乐地图"网主要是报道俄罗斯流行音乐乐坛新闻、作品及各类演唱会等信息，主要栏目有新闻、欧洲电视音乐大赛、相册、演员、MV等。
Классика в mp3 http://classic.chubrik.ru/ ★★	"古典音乐mp3"个人网站收录有众多古典音乐大师的作品，可以直接免费下载，并且对他们的生平和作品都有详细描述。
Классическая музыка http://www.classic-music.ru/ ★★	"古典音乐"网分出了两个板块：作曲家和歌剧，我们可以查询作曲家、作品的相关信息。网站还提供了网上词典、录音和图书的信息服务。
Клубная музыка http://ccmusic.ru/	"俱乐部音乐"网定位于像舞厅、夜总会等各类俱乐部的音乐，主要以现代舞曲、电子乐和DJ等为主，音乐资源可下载。
Композитор Мусоргский М.П. http://www.mussorgsky.ru/	俄罗斯伟大作曲家穆索尔斯基的门户音乐网，主要介绍其生平、作品并可部分下载。
Композитор Римский-Корсаков http://www.rimskykorsakov.ru/	俄罗斯伟大作曲家里姆斯基-柯萨科夫的门户音乐网，主要介绍其生平、作品并加以评论，可以直接免费下载部分音乐作品。
Композитор Скрябина А.Н. http://www.scriabin.ru/	俄罗斯伟大作曲家斯克里亚宾的门户网，主要内容是关于作曲家的生平、作品、回忆文章、语录，部分作品可以下载。
Русский композитор Глинка М.Н. http://www.glinka1804-rus.ru/	关于俄罗斯伟大作曲家格林卡的个人网站，主要介绍其生平和部分作品。
Музыка.Ру http://myzuka.ru/ ★☆	收录有现代流行音乐几种主要风格的音乐作品，例如有Pop、Rap、电子乐、朋克乐、金属乐、R & B、Rock等，提供按演唱者、专辑作品等检索方式，数量号称上百万，并且还有论坛、聊天室等交流平台，设立音乐排行榜。
Музыка.lib.ru http://music.lib.ru/	隶属于马克西姆·莫什科夫图书馆的音乐作品分支网站，主要收录个人录制的歌曲作品，可以通过网站的"精选"和Top 40等栏目下载作品和浏览歌词。
Песни из кинофильмов http://songkino.ru/index.html ★	"电影插曲"网是关于俄罗斯国产电影音乐的个人网站，目前已收录2千多首电影音乐歌词，几百首电影歌曲的mp3文件供免费下载。
Песни прошлых лет http://oldstars.narod.ru/	"过去岁月的歌"网收录有俄苏和国外的经典老歌，体裁从流行歌曲、民歌、军旅歌曲、战争歌曲、尚松等等。所有歌曲均可免费下载为mp3格式。

续表

Погружение в классику http://intoclassics.net/	"沉迷经典"网收录有大量的古典音乐、歌剧等，所有作品均可免费下载，格式主要为mp3、ape、flac等，网站还提供视频供下载。
Ретро-Ретро.ру http://www.retro-retro.ru/	"怀旧音乐"网收录有上世纪60-90年代俄罗斯和国外流行乐坛一些重量级歌手的经典作品，所有作品均可免费直接下载，此外还有部分音乐视频。
Русский классический романс http://rusklarom.narod.ru/	"俄罗斯经典浪漫曲"网收录有俄罗斯音乐史上经典作曲家、歌唱家的浪漫曲作品，每部作品都有详细介绍，并可以免费直接下载代表性作品。
Советские песни http://sovetskiepesni.narod.ru/ index.html ★★	"苏联歌曲"网收录有苏联时期著名歌手、歌唱家和音乐组合的流行歌曲、经典曲目等，所有歌曲均可免费直接下载。
A-ONE HIP-HOP Music Channel http://www.a1tv.ru/ ★★	A one的Hip-Hop音乐频道，有节目单、MV、新闻、海报、照片、在线TV等栏目，可以实现在线直播，许多视频可以在线收看。
Megalyrics http://megalyrics.ru/ ★	俄网综合性的音乐网络资源，主要是报道媒体资讯，特别是乐界新闻。通过网站的自带播放器，可以收听音乐节目、最新流行歌曲，并可以对音乐进行个人评价。
Rochot http://www.rockot.ru/	一个网络摇滚社区，主要讨论与摇滚乐有关的所有事项，主要栏目有：博客新闻、社区、论坛，此外，可以下载最新的摇滚音乐。

> Энциклопедия шансона（http://www.russhanson.org/）

"尚松百科"网收录有各类俄文尚松歌谣，网站主要栏目有：新歌、歌手、采访、新闻、音乐、视频、歌词、图集、论坛等。所有歌曲均可在线收看、收听。俄文尚松歌谣深受俄罗斯民众喜爱，网站数量众多，这里仅列举数个比较权威的该类网站：

Русский шансон（http://www.russianshanson.info/）

Каталог сайтов о шансоне（http://www.russhanson.org/links/）

Шансон 24（http://www.shanson24.net/）

Любителям шансона（http://www.shanson.name/）

10.1.2 音乐下载网络资源

俄网的音乐下载资源数量众多，其中大部分为流行音乐mp3下载资源。这些下载资源为那些喜爱俄文流行音乐、欲了解俄罗斯流行音乐文化的网民们提供了绝佳的途径，并且通过这些下载资源，我们可以和俄罗斯本国同步欣赏最新的俄文流行音乐。但由于数量众多，此类资源良莠混杂，其中不少mp3音乐导航资源其实都是广告网站，而有的音乐网站盗链严重，并不能真正直接从本站免费下载音乐资源。鉴于此，本节将有选择地重点介绍部分音乐下载网站，其他值得推荐的网站我们将列表进行简介。我们只介绍那些真正能免费下载的音乐资源。

> Зайцев.нет（http://www.zaycev.net/ ★★★★）

当前俄网最佳流行乐下载网站，网站的口号可以说在俄网流行乐迷间深入人心：«Зайцев нет，но есть mp3»[①]。网站的好口碑来自于收录音乐的丰富和搜索功能的强大。其

---

① 俄文口号利用了.net和нет的仿写，故引申出姓名"扎伊采夫"和зайцев（"兔子"的复数第二格），将zaycev.net仿写成Зайцев.нет是一种网络诙谐用语，同时也有"兔子没找到，却撞到了音乐网站"的含义（参考自http://lurkmore.ru/）。

流行乐主要栏目有：音乐搜索、Зайцев论坛、MV下载等，其中的搜索工具可以检索音乐作品、电影游戏连续剧软件程序、视频动画MV等，功能十分强大；而MV片库资源非常丰富，可以免费在线观看，效果清晰，但注册后才能下载。网站的所有单曲（包括检索到的）均可免费直接下载，检索页面会给出该歌曲的大小以及歌手相关作品链接等信息，非常方便。网站还有网络调频广播台的衍生平台（http://www.zaycev.fm/ ★★★），同样可以在线收听数量众多的流行音乐，利用该平台还可以进行网络聊天。Зайцев.нет还有下载电影和种子（torrent）的专栏，我们在下一篇将继续介绍。由于Зайцев.нет"名头太响"，于是出现了一些"山寨"网站，我们列举一二：Зайцев нет!（http://zaycevmp3.net/ ★★☆），Здесь зайцев нет（http://www.tutmp3.net/ ★★☆）等等，但是这些网站中的多数服务却并不逊色，制作精细，同样资源丰富，所有单曲均可免费下载，因此，我们这里一并推荐。

➤ Звукофф（http://zvukoff.ru/ ★★★）

这是俄网最好的流行音乐mp3下载资源之一，被许多音乐网站盗链下载地址。网站可以进行俄文、英文流行音乐搜索，同时提供新歌、热门歌曲排行榜信息，但排序较乱。网站的所有单曲均可在线收听或免费直接下载。

➤ Музыка для народа（http://muznarod.net/ ★★★）

这是个综合性的流行音乐一站式服务网站，可以完成音乐搜索、歌词检索、mp3和MV下载，甚至还有电影视频下载等功能。其主要栏目有：音乐、歌词、录影带、星照等，其中，音乐栏目有排行榜、新歌、音乐论坛、聊天室等。网站还有在线广播和电影下载等扩充新栏目。所有单曲均可直接免费下载，还可同时选择下载歌词。

➤ Best-mp3（http://best-mp3.ru/ ★★☆）

网站主要栏目有：音乐免费下载、欧洲流行音乐电视大赛、排行榜、检索、新歌等。歌曲均可免费下载，共有三种文件格式：mp3，exe，rar，并且每个歌手下载单曲后都会列出该歌手在网站上所有单曲的链接供用户选择下载，提供文件大小、下载速率等信息，非常方便。但网站的排行榜栏目则链接到HotCharts.ru网站的排行榜。

➤ 320kbit.net（http://www.320kbit.net/ ★★☆）

网站收录有俄罗斯和西方流行音乐，有新歌、热门歌曲、搜索、下载、网络广播栏目，值得推荐的有Top100单曲和歌手检索栏目，所有单曲均可免费直接下载。[①]

➤ 7not.net（http://www.7not.net/ ★★☆）

网站主要收录俄罗斯、西方流行乐，划分了10种流行音乐风格，设置了最佳组合、最佳单曲排行榜，注册后可以免费下载网站所有mp3单曲以及在线浏览MV，而且MV的资源非常丰富。

➤ Jooov.net（http://jooov.net/ ★★）

一个综合性的流行音乐资源网站，主要版块有：音乐搜索、歌词、MV等。网站还设置了网上交流栏目，如论坛、博客、社区、图库等。网站音乐资源比较丰富，歌曲可以通过专门工具下载。

---

① 许多俄网音乐下载网站都屏蔽像迅雷这样的"吸血"下载工具，因此对于这类网站我们最好采取浏览器下载这样传统的下载模式，虽然慢些，但可以保证成功率。

第十章 生活娱乐网络资源

> Mafona（http://mafona.ru/ ★★☆）

网站主要栏目有：搜索历史、排行榜、更新、在线广播、论坛、演唱会等。可以检索俄外歌手作品。每位歌手的作品网站都尽可能多地收录并显示，用户可以选择任一作品免费下载，由网站自动检索并显示链接地址，均链接到各大音乐下载网站。其排行榜栏目显示8个媒体流行音乐排行榜。

> MIDI（http://www.midi.ru/ ★★）

MIDI音乐是电子配乐的主要形式，好的音乐作品同样有着MIDI乐的极大需求。这是俄网最佳的MIDI电子配乐网站，收录有各国、各类风格的音乐电子MIDI配乐，主要栏目有：目录、新乐、排行榜、作者、论坛、软件等，可以进行自由的MIDI检索。收听和下载需注册。

> Mp3.alkar.net（http://mp3.alkar.net/ ★★☆）

这是一个综合性流行音乐网站，主要栏目有新歌、热歌、专辑、单曲、原声、排行榜、有声书籍、尚松等，音乐资源比较丰富，但有些资源下载受限。

> Mp3ex.net（http://mp3ex.net/ ★★★）

网站处于俄网最好的流行音乐下载资源之列，主要栏目有：mp3目录、俄罗斯流行乐、外国流行乐、新歌、热门歌曲、劲歌排行榜、音乐风格、音乐搜索、专辑、歌词等。所有单曲都有点击率信息，可以在线收听或免费直接下载，而专辑的下载一般是通过像Letitbit，Rapidshare这样的网盘共享平台。

> Mp3jet（http://mp3jet.ru/ ★★☆）

这是一个典型的流行乐下载网站，收录有像通俗、摇滚、重金属、Rap、Hip-Hop等以及舞曲、夜总会曲等多种风格的俄文、英文歌曲，所有单曲均可免费直接下载。

> Mp3Lemon（http://www.mp3lemon.net/ ★★★）

这是专业的流行乐下载网站，主要栏目有：专辑、风格、**年新专辑、热门专辑、歌词、排行榜、Lemon网络广播台等。所有单曲均可免费直接下载，且下载速度极快；与其他许多音乐下载网站要求音乐专辑必须使用共享资源平台不同不同，该网的专辑每首歌均可单独免费下载。

> Mp3wall（http://mp3wall.ru/ ★★☆）

这是综合性的音乐下载网站，主要栏目有：Top50、Disco 80年代、伴奏带下载、吉他弹唱、爱情歌曲、酒席歌曲、胜利日歌曲、新年歌曲等。所有单曲均可免费下载。

> Mp3-you（http://mp3-you.ru/ ★★★☆）

这是个综合性的现代流行音乐下载网站，最佳流行乐网站之一，主要栏目有：在线音乐、通俗歌曲、夜总会曲、Rap、80年代流行曲、尚松、摇滚、专辑、爱情歌曲、热歌、广播等。在检索并下载每首单曲时，页面会显示该歌手的所有单曲供选择。所有单曲可免费直接下载或在线收听，还可自动转接到text-you.ru查找对应歌词。

> Mp3Поиск.net（http://mp3poisk.net/ ★★★）

这是一个具有mp3音乐搜索功能的音乐网站，可以检索俄文和英文流行歌曲，同时网站还列出了数量达几十首的俄罗斯主流音乐台排行榜，例如有Русское Радио，Эхо

Москвы、Добрые песни、Шансон、Европа плюс、Наше радио、Maximum、ROCK FM、DFM、Best FM、Ретро FM、Хит FM等。这些音乐全部可以免费直接下载。

与该网站相类似的还有：

➢ MP3POISK（http://www.mp3poisk.ru/ ★★★）

Mp3音乐下载搜索网站，有音乐排行榜，所有单曲均可免费直接下载。

➢ Poiskm.ru（http://poiskm.ru/ ★★☆）

一个强大的音乐（流行乐）搜索引擎，可以直接搜索歌名、歌手名，也可按风格检索。

➢ Поиск музыки mp3（http://www.audiopoisk.com/ ★★☆）

一个纯音乐搜索引擎，可以检索歌手和歌名。

➢ MyTracklist（http://mytracklist.com/ ★★☆）

这是一个综合性的以俄文、英文流行乐为主的下载网站，主要栏目有：广播电台音乐排行榜、电影原声带、电影音乐、热门音乐风格（例如摇滚、通俗、古典、尚松、歌剧等等）。网站所有单曲均可免费直接下载。

➢ RunetMusic（http://www.runetmusic.ru/ ★★★）

这是一个努力囊括所有音乐风格的音乐下载网站，主要栏目有：歌手、组合、论坛、博客和图片、视频等，另外还可以在音乐风格导航栏中选择任意音乐风格进行检索，几乎涵盖了所有音乐种类，所有单曲均可免费直接下载，还可下载对应歌词。

其他部分音乐下载资源

名称与网址	说 明
Апорт.Аудио http://audio.aport.ru/	著名搜索引擎Aport的音频检索工具。
Зарубежная музыка http://eng-mp3.ru/	"国外音乐"网站主要收录英文流行歌曲和MV，下载需通过像Turbobit、wupload等网盘共享平台。
Константин Дерр http://www.rusmusic.org/ ★★	该流行乐下载网站的主题以欢庆、爱情、情感等为主，可以免费下载歌曲或伴奏带，部分MV资源可以免费直接下载。
Лучшая музыка ресурсы Рунета http://top.holm.ru/music/	一个俄网音乐下载资源目录，有100个网站，良莠混杂，需要挑选。
Музыка mp3 http://musicmp3.spb.ru/ ★	一个利用网络硬盘音乐免费下载平台，可以直接搜索俄文、英文歌曲，也可按照音乐风格检索。
Нигма. Музыка http://nigma.ru/index.php?t=music& ★★	俄网新一代著名搜索引擎Nigma的音乐搜索工具，可以直接输入歌手或歌名进行检索，检索显示的歌曲可以直接下载。
Поиск минусовок http://www.poiskminus.ru/ ★☆	音乐伴奏带搜索引擎。
Поиск фильмов и музычки http://filmuz.ru/	歌曲、电影搜索引擎，可以检索演唱者、导演、演员。

续表

网站	说明
5 Music http://5music.ru/ ★ ☆	网站收录有俄国内外各种风格流行音乐以及MV，还有一些电影、游戏、图书资源，所有mp3和视频资源均需注册后通过像Letitbit，Turbobit等的网盘共享平台下载。
All mp3 http://allmp.ru/	mp3免费音乐检索工具。
Ardor музыка http://music.ardor.ru/	mp3免费音乐检索工具。
basemp3 http://basemp3.ru/ ★ ☆	这是流行乐下载网站，收录新歌mp3、专辑，可以检索音乐，所有音乐可以在线收听或免费直接下载。
CDonPC.ru http://www.cdonpc.ru/ ★	网站以收录西方流行音乐为主，也有其他音乐风格。有美国、英国、欧洲等四大音乐排行榜，注册后，所有单曲均可免费收听、下载。
Gold-Music http://www.gold-music.ru/	一个综合性音乐平台，主要栏目有：俄罗斯和国外流行乐、MV、Наше радио和在线TV等，专辑可以通过Letitbit或eMule下载。
Hitov.ru http://hitov.ru/ ★ ☆	收录俄文和西方流行音乐，主要栏目有：新歌、MV、MP3排行榜，其中，mp3可以直接下载，MV需依靠像Letitbit网盘共享平台下载。
Lectro http://lectro.ru/ ★ ☆	以收录西方流行音乐为主，同时也有部分俄罗斯歌曲，分类达几十种，此外还有MV、电子书等资源，需注册，部分资源下载需通过共享平台。
megapesni http://www.megapesni.ru/	一个在线收听音乐网站，分类详细，除流行乐外，也有尚松、古典音乐、儿歌等。
Musiclib http://www.musiclib.ru/ ★ ★	可以下载俄文、英文流行乐，有新歌、原生、排行榜等栏目，可以进行音乐检索，网站显示歌曲可以免费直接下载。
Music Library http://muslib.ru/	歌手、专辑检索引擎，可以显示检索对象的详细信息。
MusicShara http://musicshara.ru/	音乐检索、下载工具网站，可按作品、演唱者搜索。
Musicxxxl.info http://musicxxl.info/ ★ ☆	流行音乐下载平台，可以按照俄、外歌手、专辑进行检索，下载可以以下方式：镜像或直接下载但需手机短息密码，或是下载种子（torrent）。
MuZiCo http://muzico.ru/	线上音乐搜索引擎。
Muzoff http://www.muzoff.ru/ ★ ★	流行乐下载网站，主要栏目有：最佳歌曲、畅销碟、Disco Hits、在线广播、搜索等，单曲可免费下载。
muzpoisk http://muzpoisk.ru/	功能比较强大的mp3音乐搜索引擎。
Oxid.ru http://www.oxid.ru/mp3/	mp3音乐检索工具。

续表

Vpleer http://en.vpleer.ru/ ★★	整个页面就是一个俄外歌手检索界面，但能够检索到的单曲数量较多，可以直接免费下载。

10.1.3 歌词、音乐录影带、伴奏带网络资源

随着俄网流行音乐资源地日益丰富，网民、流行音乐迷对歌词的需求不断增长。我国网络流行音乐下载资源的崛起也促进了歌词网络服务的发展，但我们的歌词绝大多数是配合音乐播放器或mp3播放器的.lrc文件，在播放音乐时可以同步显示歌词。俄网的歌词服务虽说也有类似于.lrc的类型，但绝大多数是在歌词网站的相关网页上显示歌词文本的服务模式，其中部分歌词还带有吉他或其他乐器的和弦伴奏曲谱。鉴于这些歌词网站所具有的上述共同特点，本节将一并列表对介绍其中部分实用歌词网站资源。

名　　称	网　　址
Аккорды.ру	http://www.akkordi.ru/ ★★
Застольные песни	http://www.pojelanie.ru/zastol/pesni/
Мир песен	http://mirpesen.com/ru/ ★☆
Песенки	http://pesenki.ru/ ★★
Песни.ру	http://www.pesni.ru/ ★★
Поисковая система текстов песен	http://www.alloflyrics.com/ ★★☆
Слова песен	http://www.slovapesen.ru/
Твои песни	http://www.pesni4u.com/ ★★
Тексты песен	http://textpesni.com/ ★☆
Тексты песен и аккорды	http://www.pesenki.ru/ ★★
Тексты песен отеч. групп и исполнителей	http://music.rekom.ru/
Тексты песен-2	http://www.musiccircle.ru/ ★☆
Хорошие песни	http://goodsongs.com.ua/ ★★
All of Lyrics	http://alloflyrics.narod.ru/ ★★
Lyrics	http://www.lyrics.by/
mp3ex.net Тексты аккорды	http://mp3ex.net/txt/
Text-you	http://text-you.ru/ ★★

俄网流行音乐网站中的大部分都有MV（音乐录影带栏目）[①]，而且还有部分网络资源是MV专题网站。这些网站的共同特点都是基本按照mp3音乐网站的分类模式对音乐录影带进行分类，或者是按照歌手或歌名检索。大部分MV都可以在线播放，凡是提供下载的网站一般都有限制条件，其中，有的是通过网盘共享资源平台像Letitbit，Turbobit等下载，有的是需注册付费下载。其实，部分在线播放的MV资源，我们可以通过探测流媒体地址，再使用像迅雷、快车这样的下载工具下载。鉴于MV资源所拥有的上述共同特点，我们下面将列表推荐部分MV专题网站资源。

---

① 俄文中很少使用MV的用法来指"音乐录影带"，通常使用клип，借自英文clip一词。

名 称	网 址
101.RU Клипы	http://www.101.ru/?an=port_101excl_video ★★★
Клип Зона	http://clip-zona.ru/ ★☆
Клип мания	http://clipomaniya.net/
Клипы online	http://www.video-best.ru/
Клипы онлайн	http://onclip.org/ ★★
Мир клипов	http://mirclipov.com/ ★★
clipafon	http://www.clipafon.ru/ ★☆
Clipes	http://clipes.ru/ ★☆
ClipLand	http://clipland.ru/ ★★
Clipon	http://www.clipon.ru/ ★
ClipRock	http://cliprock.ru/ ★
Clipsworld HD	http://clipsworld.ru/
Clipzz	http://www.clippz.ru/ ★
HDClips	http://www.hdclips.ru/
MusicTube	http://www.musictube.ru/ ★★
Musicxxl	http://musicxxl.info/videoklipy/
Muzklip	http://muzklip.net/ ★★☆
MuzVideo	http://www.muzvideo.com/ ★☆
VClip	http://www.vclips.ru/ ★
Vidclips	http://vidclips.ru/ ★
Video-Clips	http://www.video-clips.ru/

在俄网音乐下载网站中，音乐伴奏带资源是较为重要的组成部分。所谓"音乐伴奏带"即指将歌曲去除唱声、只保留伴奏配乐的音乐文件，俄文表达为Минусовки，取自Минус一词。在俄网流行音乐术语中，минусовки≠karaoke，因为后者还有可以演唱声音的声道可供选择，而前者则只有音乐伴奏。但是这些伴奏带音乐下载资源可以为我们学唱俄文流行歌曲带来很大帮助和乐趣，多数场合下可以用作无画面karaoke伴奏。这些音乐伴奏文件的格式多为mp3，midi等。我们将列表推介其中部分伴奏带资源。

名 称	网 址
Минусовка	http://www.minusovka.org/
Минусовки и тексты песен	http://valera-soundtracks.ru/ ★☆
Поиск минусовок	http://poiskminus.ru/ ★★☆
Портал-Минусовок	http://www.minusy.ru/ ★★
Профминусовки	http://www.prominusovki.ru/ ★☆
Сборники минусовок	http://minusovki-free.ucoz.ru/
Скачать минусовки	http://www.skachat-minusovki-besplatno.ru/ ★☆
Minus-hit	http://minus-hit.ru/ ★★
MinusOK	http://www.minusok.com/
Minusovki.MpTri	http://minusovki.mptri.net/ ★★
Minusovki-MP3	http://www.minusovki-mp3.net/

续表

Mistereo	http://mistereo.ru/ ★☆
mp3minus	http://minusovku.ru/ ★★
Remix-minus	http://www.remixminus.com/ ★
Ruminus	http://www.ruminus.ru

10.1.4 音乐人主页

俄网的流行音乐网络资源中有部分是歌手、作曲家等音乐人的个人主页，这些个人主页也是了解俄罗斯乐坛信息和歌手个人简历、创作情况的捷径。在个人主页上，通常都有音乐人的个人音乐简历、主要作品、生活和宣传图片等，主要作品一般都是音视频文件，可以在线浏览或直接下载，但下载的视频文件通常为流媒体格式，影音质量并不太高；同时，音乐人都提供各种生活和宣传图片，以飨歌迷。但由于俄罗斯流行乐坛乐队、歌手、创作人数量众多，我们下面仅简单列表介绍部分我们认为享有较高知名度的音乐人的主页资源。

音乐人	网址
Группа Агата Кристи "阿加莎·克里斯蒂"组合	http://www.agata.ru/
Алекса 阿列克萨	http://alexastarr.sitecity.ru/
Александр Буйнов 亚历山大·布伊诺夫	http://www.buinov.ru/
Александр Дюмин 亚历山大·久明	http://www.alexanderdyumin.ru/
Александр Малинин 亚历山大·马利宁	http://www.malinin.ru/
Александр Маршал 亚历山大·马尔沙尔	http://www.a-marshal.ru/
Александр Серов 亚历山大·谢罗夫	http://www.serovfunclub.ru/
Алексей Гоман 阿列克谢·戈曼	http://www.goman.ru/
Алена Апина 阿廖娜·阿平娜	http://www.alena-apina.ru/
Алена Винницкая 阿廖娜·温妮茨卡娅	http://www.alenavinnitskaya.com/
Алена Свиридова 阿廖娜·斯维里多娃	http://sviridova.ru/
Группа Алиса "阿利萨"组合	http://www.alisa.net/
Алла Пугачева 阿拉·普加乔娃	http://allapugacheva.pro/
Алсу 阿尔苏	http://www.alsou.ru/
Анастасия Приходько 阿纳斯塔西娅·普里霍季科	http://www.anastasya-prihodko.com/
Андрей Губин 安德烈·古宾	http://www.andreygubin.ru/
Анжелика Варум 安热莉卡·瓦鲁姆	http://www.avarum.com/
Анита Цой 阿尼塔·措伊	http://www.anitatsoy.ru/
группа Ассорти "什锦"组合	http://группаассорти.рф/
Группа Би 2 Б2组合	http://bdva.ru/
Борис Моисеев 鲍里斯·莫伊谢耶夫	http://www.bmoiseev.com/
Группа Братья Грим "格林兄弟"组合	http://www.grimrock.ru/
Бьянка 比扬卡	http://www.biankanumber1.ru/
Валерий Леонтьев 瓦列里·列昂季耶夫	http://www.leontiev.ru/
Валерий Меладзе 瓦列里·梅拉泽	http://www.meladze.ru/

续表

Валерия 瓦列里娅	http://www.valeriya.net/
Вера Брежнева 薇拉·勃列日涅娃	http://brezhneva.com/
Верка Сердючка 韦尔卡·谢尔久奇卡	http://serduchka.mamamusic.ua/
ВИА ГРА Nu Virgos 圣女天团	http://via-gra.ru/
Группа Вирус "维鲁斯"（病毒）组合	http://www.virus-music.ru/
Витас 维塔斯	http://www.vitas.com.ru/
Владимир Высоцкий 弗拉基米尔·维索茨基	http://www.kulichki.com/vv/
Группа Гости из будущего "未来来客"组合	http://www.gosti.ru/
Группа Градусы "温度"组合	http://www.gradusy.com/
Группа ДДТ DDT组合	http://www.ddt.ru/
Диана Гурцкая 戴安娜·古尔茨卡娅	http://www.gurtskaya.ru/
Дима Билан; Клипы Билана 季马·比兰	http://dimka-bilan.ru/; http://bilan-club.narod.ru/clips.htm
Дискотека Авария "事故"组合	http://www.avariya.ru/
Дмитрий Маликов 德米特里·马利科夫	http://www.malikov.ru/
Ёлка "枞树"（约尔卡）	http://www.elkasinger.ru/
Жанна Фриске 然娜·弗里斯克	http://jeannefriske.com/
Жасмин 扎斯明	http://www.jasmin.ru/
Группа Иванушки International "伊万努什卡国际"组合	http://www.matvey.ru/ivanush/
Игорь Крутой 伊戈尔·克鲁托伊	http://igor-krutoy.narod.ru/
Игорь Николаев 伊戈尔·尼古拉耶夫	http://www.igornikolaev.ru/
Группа Инь-Янь "阴阳"组合	http://in-yan.net/index.php?limitstart=6
Ирина Аллегрова 伊琳娜·阿列格罗娃	http://www.irinaallegrova.ru/
Группа Китай "中国"组合	http://kit-i.sitecity.ru/
Группа Корни "根"组合	http://vkontakte.ru/korni_group
Кристина Орбакайте 克里斯季娜·奥尔巴凯捷	http://www.orbakaite.ru/
Лариса Долина 拉里莎·多林娜	http://www.dolina.ru/
Группа Ленинград "列宁格勒"组合	http://www.leningradspb.ru/
Леонид Агутин 列昂尼德·阿古金	http://www.agutin.com/
Лолита 洛丽塔	http://lolitaclub.moy.su/
Группа Любэ "柳别（或柳贝）"组合	http://matvey.ru/lubeh/index.htm; http://www.group-lube.ru/
Группа Ляпис Трубецкой "利亚皮斯·特鲁别茨科伊"组合	http://www.lyapis.com/
МакSим 马克西姆	http://www.maksim-music.ru/
Массква 马斯克娃	http://www.masskva.ru/rusMamb/
Группа Машина времени "时间机器"组合	http://www.mashina-vremeni.com/
Митя Фомин 米佳·福明	http://www.mityafomin.ru/
Натали 纳塔利	http://www.nataliru.ru/
Наталья Могилевская 纳塔利娅·莫吉列夫斯卡娅	http://www.mogilevskaya.com/
Наталья Подольская 纳塔利娅·波多利斯卡娅	http://www.natasha-podolskaya.ru/
Наташа Королёва 娜塔莎·科罗廖娃	http://koroleva.ru/

续表

Николай Басков 尼古拉·巴斯科夫	http://baskov.ru/
Группа Отпетые Мошенники "不可救药的骗子"组合	http://www.otpetyemoshenniki.ru/
Полина Гагарина 波林娜·加加林娜	http://www.gagarina.com/
Потап и Настя Каменских 波塔普和娜斯佳·卡缅斯基赫	http://www.potik.ru/
Группа Премьер-министр "总理"组合	http://www.premier-ministr.ru/
Группа Руки Вверх! "举起手来"组合	http://rukivverh.ru/
Группа Русский Размер "俄罗斯量"组合	http://www.russki-razmer.spb.ru/
Группа Сектор Газа "加沙地带"组合	http://www.sektorgaza.ru/
Сергей Жуков 谢尔盖·茹科夫	http://www.sergeyzhukov.ru/ http://rukivverh.ru/
Сергей Лазарев 谢尔盖·拉扎列夫	http://www.sergeylazarev.ru/
Группа Серебро "白银"组合	http://serebro.su/
Серёга 谢廖加	http://www.seryoga.ru/
Слава 斯拉瓦	http://slavamusic.ru/
София Ротару 索菲娅·罗塔鲁	http://www.sofiarotaru.com/
Стас Михайлов 斯塔斯·米哈伊洛夫	http://www.stas-mihaylov.ru/
Таисия Повалий 泰西娅·波瓦利	http://www.povaliy.com.ua/
Группа Танцы Минус "舞蹈minus"组合	http://www.tancyminus.ru/
Татьяна Буланова 塔季扬娜·布兰诺娃	http://www.bulanova.com/
Группа Тату 塔图组合	http://www.tatu.ru/
Татьяна Овсиенко 塔季扬娜·奥夫西延科	http://www.ovsienko.net/
Группа Фабрика "工厂"组合	http://www.mfabrika.ru/
Филипп Киркоров 菲利普·基尔科罗夫	http://www.kirkorov.ru/, http://www.peoples.ru/art/music/stage/kirkorov
Цой Виктор 措伊·维克多	http://www.viktor-tsoy.com/
Группа Чай Вдвоём "双人茶"组合	http://www.chaivdvoem.ru/
Группа Челси "切尔西"组合	http://4elsea.com/
Чичерина 奇切林娜	http://www.chicherina.com/
Юлия Савичева 尤里娅·萨维切娃	http://savicheva.ru/
Юрий Антонов 尤里·安东诺夫	http://www.antonov.ru/html/index.html
Юрий Шатунов 尤里·沙图诺夫	http://shatu.ru/, http://www.shatunov-jura.ru/
Группа A'studio A'studio组合	http://www.astudio.ru/
Группа Hi-Fi Hi-Fi组合	http://www.hifigroup.ru/

第二节 休闲生活网络资源

"休闲生活"网络资源是本书所介绍的各类网络子资源中范畴最为复杂的一类,本节所介绍的主要是指居家、兴趣、休闲、时尚、贺卡、幽默笑话等网络资源。

名称与网址	说　明
33 буквы алфавита http://www.33bru.com/ ★★★	"33个字母"网实际上与俄文识字没有什么关系，这是一个涉及生活娱乐的综合性门户网站，它有4个主要版块：娱乐、消息、交流和辅助资源等，其中，娱乐版块又分游戏、象棋、测验、时尚竞赛、广播、电视等，交流版块又有论坛、聊天室、日志、讨论、交友等，而交流辅助资源多是头像、表情符号、转写、解码等。网站整体资源非常丰富，实用性强。
Афиша – все развлечения в Москве http://www.afisha.ru/	"海报"网主要报道莫斯科的文化娱乐生活信息，例如像音乐会、电影、戏剧、展览、旅游等等，网站提供了详细的酒店、影院、剧院、展览馆、俱乐部、商店、沙龙、体育馆等娱乐设施的服务信息。与其相类似的还有数个网站，例如：Time Out（http://www.timeout.ru/），定位与Афиша网相似，但部分专栏有差异；杂志《Ваш досуг》（http://www.vashdosug.ru/），这是专门报道莫斯科娱乐新闻和信息的杂志网络版。
Всё о комнатных растениях http://www.flowersweb.info/	关于家养植物的园艺爱好者网站，主要介绍家养植物的基础知识以及种植这些植物的基本园艺知识等。网站提供了图片和论坛交流平台。
Готовим.ру http://www.gotovim.ru/ ★★	关于烹饪艺术和饮食文化的专题网站，主要栏目有：食谱、图片、各民族饮食烹调、食物检索、沙拉、新闻、图书、百科知识、论坛、健康饮食、资料。网站整体设计简洁，资料丰富。
Готовлю.ру http://www.gotovo-doma.ru/	"在家亲自做"是一个介绍烹饪和饮食方面的专题网站，它按照俄罗斯人用餐的特点来介绍每道菜的食谱。
Живу.Ру http://i-givu.ru/	一个关于认识人生的信息综合门户网站，有对于人生的探讨，有关于健康、家庭、人与社会、幸福、生存技能、保护措施等等方面的知识以及论坛性质的交流讨论。
Звёзды. Знаменитости http://www.mega-stars.ru/	"明星门户网"主要刊登音乐、影视、体育、政治历史名人、商界名流、新闻明星等的消息、报道等。
Комиксолёт http://www.comics.aha.ru/ ★	关于插图画（连环画）爱好者的专题网络杂志，有插图（连环）画廊分类和专业的文章，其中插图（连环画）分类也十分详细，插图资源比较丰富。
Кулинарная энциклопедия http://kitchen.ucoz.net/ ★	"烹饪百科知识"网介绍从菜品、饮食、工具到手艺的全方面知识。
Наша дача http://dacha.wcb.ru/	"我们的别墅"是关于俄罗斯人别墅生活的论坛性质网站，话题有别墅设计、园艺、生产、生活等各个方面的内容。
Поварёнок.Ру http://www.povarenok.ru/ ★	关于烹饪艺术的专题网站，主要栏目有：新闻、食谱、饮食文章、烹饪词典、烹饪学、检索、论坛、日志等。
Погода.Ру http://pogoda.ru/	"天气"网是俄网众多天气预报和知识网站中的最主要网络门户之一。网站发布俄罗斯各地和世界上许多国家重要城市或地区的天气消息。
Портал коллекционеров http://www.uuu.ru/	一个收藏爱好者的门户网站，由《古玩、艺术和收藏项目》杂志主办，该杂志是俄罗斯收藏领域内最具权威性的杂志之一。主要栏目有：新闻、商店、论坛、拍卖、公告栏等，提供很多收藏界的服务信息。
Прикольные картинки на каждый день http://korefun.net/ ★★	"每日趣图"网每日更新大量图片，同时配有解释文字供大家欣赏。其实，许多图片并不只是"有趣"，还有"惊奇"、"搞怪"等内容，涉及大千世界、社会百态。

Пробуем.ру http://www.probuem.ru/	一个娱乐信息网络杂志，涉及众多生活娱乐领域，例如有：汽车、休闲、烟酒、器材、饮食、游戏、电影、俱乐部酒店、图书、计算机、移动通信、音乐等。	
Развлекательный портал Webpark http://www.webpark.ru/ ★	一个有关娱乐休闲政治社会奇趣的网站，宗旨是给人们带来愉悦和益处。网站收录有大量奇趣图片，有物体、风景、政治人物、社会百态等，但无一不是在人们幽默娱乐过后能发人深省。还有像论坛、在线小游戏、在线测试等等有趣栏目。	
Рукодельный рунет http://www.darievna.ru/	"手工Runet"网主要是介绍手工编织、制作和裁剪等方面知识和技巧的专题网站。	
Сервер радиолюбителей http://www.qrz.ru/	"无线电爱好者"服务网站是专门为无线电爱好者提供专项服务的网站，例如有商品、技术知识、资源介绍和专业文章等。	
Собираю.Ру http://www.sobirau.ru/ ★ ☆	"收藏"网是俄网中关于收藏知识和信息的门户网站，主要包括以下收藏种类：古玩、集币、藏书、军事收藏、徽章收藏、集邮及其他。	
Сообщество чаеманов http://soobcha.org/ ★ ☆	"茶艺协会"网是关于茶艺、茶文化知识的专题网站，这里有茶历史、茶的种类介绍、茶艺文化、茶词典、茶饮料、茶新闻等内容。	
Сплетник http://spletnik.ru/	"闲话"网报道时尚消息、各种名人生活和轶闻，网站还设有图片、视频、博客等栏目。	
Стилемания KM.RU http://www.km.ru/stil	著名综合门户网站KM.RU的时尚频道。	
Страна мастеров http://stranamasterov.ru/ ★	各种手工的展示、讲解和教程，十分有趣。	
Хобби.ру http://www.xobi.ru/	一个涉及业余爱好的专题网站，它设立了诸多业余爱好的专栏，例如垂钓、狩猎、手工、园艺、花艺、烹调、摄影等等。	
ЧАЙ http://www.tea.ru/ ★ ☆	"茶"网是俄网关于茶叶、茶艺的最有影响门户网，主要介绍有关茶叶的基本知识，提供茶叶的商品信息，宣传部分茶艺文化，使人们了解世界主要国家的茶文化。	
7days http://7days.ru/	"七日"网主要报道时尚生活、明星私生活、健康与美丽等内容，还设有图集、影评等栏目。	
Free-lance http://www.free-lance.ru/	专门针对自由职业者服务的网站，它收录了大部分自由职业的类型及其相关信息，并开设了论坛和社区，为这些在家从事工作的人们提供交流平台。	
Kuking.net http://www.kuking.net/ ★	一个关于烹调和饮食知识的综合性网络资源，主要内容有：沙拉、汤、菜、甜点、烧烤、酒饮、料、儿童营养餐、世界菜系、鸡尾酒会等。	
Kulina.ru http://www.kulina.ru/ ★ ☆	定位于"节日烹饪"，除了为各类节日推荐的菜肴外，还有饮食文化、世界菜系、烹调词典、祝酒词、餐桌礼节等等栏目，内容非常丰富。	
ProFlowers http://www.proflowers.ru/	"花艺"网是关于插花艺术以及种花、养花知识的综合性网站，主要栏目有：新闻、公告、照片、视频、博客、用户等。	
Reborn – механизм развлечений http://reborn.ru/ ★	一个综合性的大型生活娱乐网站，总共有十多个娱乐栏目，例如：自拍视频和照片、在线游戏、电影或游戏片段、手机视频、Reborn TV、博客、论坛等等，有许多供人们消遣的信息资源。	

集邮资源

集邮是业余生活的一项重要爱好,俄苏邮票在我国也有着众多的收藏爱好者。俄网有着较多的集邮网络资源,它们一般都会提供专题邮集目录,介绍邮票的历史及故事,报道集邮界的新闻,刊登网络杂志的专业文章,提供大量邮票图谱,为集邮爱好者提供商业服务等。这里仅推荐几个在俄网较有影响的集邮类网站资源。

名 称	网 址
Мир Филателии "集邮世界"	http://mirfil.ru/
Почтовые марки СССР "苏联邮票"	http://www.russianstamps.ru/
Русмарка "俄罗斯邮票"	http://rusmarka.ru/ ★☆
Филателист.ру "集邮爱好者"	http://filatelist.ru/ ★☆
Филателия "集邮"	http://philatelie.ru/
Филателия.ру "集邮网"	http://www.philately.ru/ ★★

贺卡贺词日历资源

在网络时代,电子贺卡已成为人们表达心意的一种"时髦"方式。俄网拥有许多电子贺卡网络资源,它们已成为许多网站吸引网民的重要栏目,例如俄网排行居前列的著名搜索引擎都有"贺卡"频道。这些网站一般都有详细的分类,例如可以按照节日、生日及其他需要庆祝的重要日子进行分类,有的还提供电子日历。绝大多数电子贺卡都是Flash格式,有的要更为高级些,并且贺卡多是通过电子邮箱发送。随着移动通信的不断发展,部分该类网站也支持由移动通信工具发送和接收。下面我们推荐数个具有代表性的电子贺卡网络资源:

Виртуальные открытки (http://www.virtualcard.ru/)

Давно.ру (http://www.davno.ru/ ★★☆)

Мир открыток (http://www.mir-otkrytok.com/ ★★)

Открытки QIP.RU (http://post.kards.qip.ru/ ★)

Открытки для любимых и о любви (http://card.romanticcollection.ru/)

Открытки@Mail.ru (http://cards.mail.ru/ ★★)

Поздравительные открытки (http://www.postcard.ru/ ★★)

Рамблер-Открытки (http://cards.rambler.ru/ ★☆)

Сочные открытки (http://scards.ru/ ★☆)

Яндекс.Открытки (http://cards.yandex.ru/ ★★☆)

Cards.Alkar (http://cards.alkar.net/ ★★)

Cards.Ru (http://www.cards.ru/ ★★)

俄网有许多专门提供各类贺词服务的网站,它们和贺卡类网站一起共同构成了俄罗斯祝愿风俗的网络资源类型,具有很强的实用性。这里仅列举几个具有代表性的网站资源。

名称与网址	说　明
Массовик-затейник http://www.enisey.com/xdays/ ★★	一个针对各种娱乐活动的组织者的主题网站，好使人们在活动中"有话说"。网站给出了6类娱乐庆祝场合，主要有：传统节日、学校节日、生日、婚礼、职业性节日、宴请等，常用语主要是以下类型：绕口令、贺卡用语、祝愿语、祝酒词、猜谜、给孩子的诗、玩笑、正式祝贺通告等。网站整体内容非常丰富，实用性强，值得推荐。
Поздравления.ру http://pozdravlandia.ru/index.html ★★	"祝愿语"网是专业的祝语、贺词网站，它给出了几十种表达祝愿的场合、节假日等适合的用语类型，内容有趣，资源丰富。
Поздравления и тосты http://www.stost.ru/ ★☆	"祝语和祝酒词"网主要定位于像婚礼、生日、节日庆典等情景中所说的祝愿用语，网站按此进行了分类，整体内容比较丰富，设计精彩。
Прикольные советы – поздравления http://humor-advice.narod.ru/index.html	专题的短信祝愿用语网站，只是多了些幽默、搞笑用语。
СМС поздравления http://www.greets.ru/ ★★	专门提供短信祝愿用语的服务项目，有从生日、婚礼到爱情、友谊、幽默等几十个祝贺场景的用语，资源非常丰富。
SuperTosty.Ru http://www.supertosty.ru/ ★★	专业的贺词网站，主要栏目有：祝愿语、日历、贺卡、诗歌、短信、祝酒词、节日用语等，其表达祝愿的场景有几十个，内容十分丰富。

俄网的日历网络资源也非常有特色，它们一般是提供本月日历，每一日显示节日、民俗以及生产、生活信息，还有与名人、重要事件的纪念日以及与天文知识有关的信息。有的网站还在年末提供下一年年历的下载。这里推荐数个日历网络资源：

　　Календарный сайт（http://www.kalen-dar.ru/ ★☆）

　　Календарь событий *** года（http://www.calend.ru/ ★★）

　　Лунный календарь（http://www.rivendel.ru/ ★★，http://www.lunnyjkalendar.ru/ 阴历）

　　Поздравлялки（http://www.darena.ru/ ★）

　　Православный Церковный календарь（http://days.pravoslavie.ru/ 东正教日历）

幽默笑话资源

　　俄网中有数量众多的幽默、笑话类网站，它们一般都是对笑话进行分类，提供文本，有的以图片为主配以文字，有的网站还有音视频文档供下载。下面推荐几个具有代表性的幽默笑话类网络资源。

名称与网址	说　明
Анекдотов.net http://anekdotov.net/	收录网络笑话和部分搞笑图片。
Анекдоты http://www.funny-anekdot.ru/	一个纯粹的笑话网站。
Анекдоты из России http://anekdot.ru/ ★★☆	"俄罗斯笑话"网是俄网最有影响的该类网站之一，分类详细，材料丰富。
Анекдоты: лучшие анекдоты в сети http://bestjoke.ru/ ★★	收录有网络上大量的笑话，分类很详尽。

续表

Анекдоты@Mail.ru http://anekdot.mail.ru/	著名搜索引擎@Mail.ru的笑话频道。
Все Анекдоты http://www.vseanekdoti.ru/ ★★	"笑话大全"网当然并非真正"大全",但素材非常丰富,分类细致。
Жаба.ru http://www.zhaba.ru/ ★★	"蟾蜍"网集各类搞笑资源于一身,有Flash游戏、奇趣图片、搞笑视频和笑话等,设有论坛,内容比较丰富。
Каталог карикатуры http://caricatura.ru/ ★☆	俄罗斯漫画大全网络资源。
Коллекция анекдотов http://collection-anekdotov.ru/ ★	"笑话收集"网,分类详细。
Колян – Лента приколов http://kolyan.net/ ★☆	这是一个以幽默照片为主的娱乐性网站。
Лучшие анекдоты Рунета http://humoror.ru/ ★☆	收录有网络上的精彩笑话。
Мега юмор http://www.anekdots.com/ ★★	"巨多"的幽默、笑话素材,有文本、图片、照片等,几十种分类,还可为之打分。
Остроумный юмор http://vetroff.ru/ ★★	幽默笑话资源网,有文本、图片等。
Смешные анекдоты http://anekdot.yaxy.ru/ ★★	该笑话网站分类比较特别,按职业、人物、场景进行划分,素材丰富。
Ха-ха http://www.ha-ha.ru/ ★★	收录有俄网精彩笑话。
Шуток.нет http://www.shytok.net/ ★★	新笑话、搞笑集锦,有几十种分类,还收有视频、图片、短信等。
Jumor – Чертовы Кулички http://www.kulichki.com/stolitsa/jumor.html ★★	著名门户网站Кулички的幽默专栏。
myLearn http://mylearn.ru/ ★	一个以文字笑话和幽默图片为主的娱乐网站,有笑话分类并设立的排行榜。
ONRU.RU http://onru.ru/ ★★	一个以笑话、幽默为主,动画、视频、节日等为辅的大型综合性网站,内容非常丰富。
ZizA.Qip.rU http://ziza.qip.ru/?from=qip ★★	著名门户网站Qip.ru的幽默频道,有大量幽默图片和笑话题材。

第三节　旅游体育资源

旅游资源

旅游是休闲生活的重要领域,旅游资源也是俄网非常重要的网络资源。本节所介绍的旅游资源一般是指以旅游为目的、兼顾旅游地文化国情风情知识的网站资源。

➤ Вся Россия(http://www.russia-tour.ru/ ★★☆)

"俄罗斯旅游大全"网介绍了俄罗斯所有行政地区的重要旅游资源,同时还介绍了当地的风俗文化以及相关旅游服务设施。网站提供设计了许多旅游线路,每条线路都有历史文化背景知识简介,具有很好的推荐价值。

> О Санкт-Петербурге（http://www.opeterburge.ru/ ★☆）

关于圣彼得堡这一名城方方面面情况简介的网站，这些情况包括历史、文化、风景、交通、气候、生活娱乐设施，这都会成为旅游的很好参考信息。有详细的文字讲解并配以精美图片。与圣彼得堡旅游有关的网站还有如：Весь Санкт-Петербург（http://allspb.al.ru/），Экскурсии по Санкт-Петербургу（http://www.petersburgtour.ru/ ★☆）和Прогулки по Петурбургу（http://walkspb.ru/ ★☆）。

> Путешествия@Mail.ru（http://travel.mail.ru/ ★★）

著名搜索引擎@Mail.ru 的旅游频道，所介绍的旅游品种很多，同时介绍了旅游目的国的概况。

> All-Moscow（http://www.all-moscow.ru/ ★★）

严格地说，这并不是纯旅游性质的网站，但网站所提供的关于莫斯科的方方面面的介绍却为我们了解莫斯科的现状、服务设施和历史文化，乃至游览莫斯科提供了极大便利。网站提供了详细的导航栏，有莫斯科的区划、文化历史景点、市政服务设施、科学教育以及休闲生活等分类介绍。与莫斯科旅游服务类似的网站还有：Menu（http://menu.ru/），它主要是介绍莫斯科的酒店、餐饮、娱乐的服务设施基本情况。

其他部分旅游资源网

名称与网址	说　明
Городовой http://www.museum.gorodovoy.spb.ru/	主要是介绍圣彼得堡的博物馆和展览信息，供游览参考。
Европа – путеводитель по странам Европы http://www.paneuro.ru/	"欧洲旅游"网主要是介绍欧洲各国的景点、历史、文化以及使馆、签证、旅游服务设施等基本情况，几乎涵盖了欧洲所有主要国家。
Путешествие по странам http://www.gaining.ru/	"世界各国旅行"网主要是介绍世界主要国家概况、风土人情，特别是旅游建议的信息。
Coral Travel http://www.coral.ru/	专业的旅游网站，目的地包括世界主要旅游国家，其中也有中国。主要是介绍旅游地的基本国情、风俗、气候、文化、风景等，并推出相关旅游服务项目。
inPath http://inpath.ru/	主要是介绍世界各地自然美景及旅游信息，配有大量图片和文字说明。
Travel.ru http://www.travel.ru/	专业旅游网站，主要服务版块有：机票服务、主题旅行、旅行目的地、欧洲、亚洲、非洲、美洲、指南等。与之类似的旅游服务网站还有：Tour digest（http://www.turdigest.ru/），Туризм.ру（http://www.turizm.ru/）等。
Webтуризм http://www.webturizm.ru/	俄罗斯和世界各地旅游的信息咨询网站，它报道旅游新闻，推介旅游线路，介绍旅游地概况。

体育资源

体育、健身始终是重要的休闲生活方式之一，而且俄罗斯是世界体育大国，俄网的体育类资源非常丰富，我们仅介绍其中部分具有代表性的网络资源。

> Весь боевой интернет（http://www.budoweb.ru/ ★★☆）

俄网搏击网络资源大全，网站收录有世界各国搏击艺术的网址，大部分为俄文，也有少部分为其他语言。这些搏击流派种类繁多，例如有中国功夫、韩国流派、日本流派、东南亚流派、俄罗斯流派、巴西南美流派、西方流派、现代搏击术等以及相应的媒体、商品、服务和网络交流资源等。

> Eurosport（http://www.eurosport.ru/ ★★☆）

"欧洲体育"是法国的媒体TF1 Group的重要品牌，其电视频道有20种语言，也包括俄语，1996年起在俄罗斯开播。"欧洲体育"的俄文网站有体育新闻综述，栏目包含了几十种体育运动，是了解俄罗斯和世界体育的重要网络信息资源。网站有电视直播频道、图片和视频等资源。

> Sports.ru（http://www.sports.ru/ ★★☆）

俄网第一个职业体育网络项目，目前也是最具影响力的多功能体育网络资源之一。其丰富的栏目可以报道150多项体育运动，有体育百科工具，网民、用户可以自由发表评价，其视频和直播栏目非常值得一看，重点体育项目在重点栏目予以报道。网站整体涉及简洁，信息量极大。

其他部分体育资源

名称与网址	说明
Радио Спорт http://www.932fm.ru/	932调频体育广播的官网，可以在线收听体育节目，网站还提供许多视频、音频文件供下载。
Советский спорт http://www.sovsport.ru/	"苏联体育"网是《苏联体育》杂志的网络版，该杂志创办于1924年，是目前俄罗斯最有历史的体育日报，由杂志编辑部和俄罗斯奥委会主办。网站提供有各类体育运动项目的新闻报道，还有视频、照片等资源，可以在线浏览最新期刊。
Сочи 2014 http://sochi2014.com/ ★★	"索契2014冬奥会"的官网，有俄、英文两种语言版本，它重点报道冬奥会组委会的准备情况、冬季项目简介、冬奥会各类标志（会徽、吉祥物）的意义、场馆建设等信息，提供了大量视频和图片，开设了相关博客等。
Спорт. KM.RU http://www.km.ru/sport	著名门户网站Кирилл и Мефодий的体育频道。
Спорт на Рамблере http://sport.rambler.ru/ ★	俄网著名搜索引擎Rambler的体育频道。
Спорт-Экспресс http://www.sport-express.ru/	《体育快报》创办于1991年，从当年的《苏联体育》杂志分出，目前是以报道足球、冰球为主、其他体育项目为辅的体育日报。其官网有：新闻、日报、直播、视频、照片、交流、游戏等栏目，体育项目分类报道比较详细。
Спортивные ресурсы в сети Интернет http://www.nlr.ru/res/inv/ic_sport/index.php	互联网（俄网）体育资源的导航列表资源。
ЦСКА http://old.cska.ru/ ★★	俄罗斯著名体育俱乐部"中央陆军俱乐部"的官网。它是一个综合性体育运动实体，其足球、篮球、手球、体操、跳水、冬季运动项目等在俄国内、甚至是世界上都享有盛誉。官网主要报道世界及俄罗斯国内体育新闻、俱乐部生活、重大事件，介绍俱乐部历史、著名运动员（队）等，开设论坛交流平台。

Чемпионат.com http://www.championat.com/	以报道足球消息为主、其他体育项目为辅的体育网站，主要报道俄超、欧洲各大联赛新闻，其他体育项目主要有网球、冰球、篮球、赛车、拳击等。
Яндекс. Каталог Спорт http://yaca.yandex.ru/yca/cat/Sports/ ★★	著名搜索引擎Yandex的体育网络资源目录。
LIFE SPORTS http://www.lifesports.ru/	"体育生活"网重点报道足球、冰球、篮球、网球、拳击等体育项目的新闻，还有大量的视频、图片供浏览。
Sportbox http://news.sportbox.ru/ (http://www.rtr-sport.ru/) ★★	俄网极具影响的体育媒体门户网站，电视频道开播于2007年，目前在俄网的体育类资源中占据优势地位。它报道许多体育项目的比赛新闻，具有数个独立频道，例如："新闻"、"结果"、"视频"和"直播"等。网站整体信息量大，具有权威性。
Sport Live http://www.allsport-live.ru/	体育直播网，重点报道足球、冰球、篮球、网球和其他体育赛事，主页还列出了不同语言的网上体育直播频道。
Sport.rbc.ru（http://sport.rbc.ru/）， Sport Qip.ru（http://sport.qip.ru/）	著名门户网站Qip.ru的体育频道，有各类体育项目的专栏，以足球、冰球、网球、F1赛车、篮球等项目为主。
@Sport.ru http://www.sport.ru/	专业的体育门户网站，主要报道足球、冰球、冬季两项、花样滑冰等体育项目的相关新闻。

第四节　网上支付及购物资源

　　人们要生活就要购物，网络时代给人们的购物带来了极大便利，人们坐在家中上上网就可轻松购物。我们国人现在无时无刻不在感受像淘宝、京东、有啊、腾讯拍拍、凡客、同城等等这样的B2C、C2C、M2C、S2C等的网上购物乐趣。俄网亦不例外。尽管我们不可能像在俄罗斯国内那样进行电子支付消费购物，但适当了解部分此类资源也是有益的。我们只介绍两类与购物有关的网络资源：网上支付系统和网上购物店。

　　网上支付系统

　　电子商务直接促进了网上支付系统的产生和发展。网上支付是指以金融电子化网络为基础，以商用电子化工具和各类交易卡为媒介，采用现代计算机技术和通信技术作为手段，通过互联网以电子信息传递的形式来实现资金的流通和支付。俄罗斯目前有十几家主要的网上支付系统，如果算上整个电子支付系统的话，则有几十家。由于国际支付的不便，我们很难在中国享受到像在俄罗斯本国网上购物的便利，除非你拥有像VISA卡并且开通了国际网上支付功能，则可以进行国际网上购物，因为像PayPal，Google Wallet等等国际支付系统在俄罗斯也开办了相关业务，另外，某些俄罗斯的网上支付系统也支持国际网上购物，但数量很少。鉴于上述原因，我们这里只是对数个具有代表性的俄罗斯网上支付系统的网络资源进行简介。

　　➢ Яндекс. Деньги（https://money.yandex.ru/）

　　2002年Yandex开发了子项目Яндекс.Деньги，2005年用户可以通过互联网正式使用该支付平台。该平台使用两种支付方式：一种是"Yandex钱包"（Яндекс.Кошелек），一种是"互联网钱包"（Интернет.Кошелек）。前者的运行需借助于web接口，后者则需借助专门的程序Интернет.Кошелек，该程序免费，并支持Windows，Android等平台。目前Яндекс.Деньги已成为俄网最主要的网上支付系统之一，在支付系统市场上占据较大份额。其运营网站有4个主要功能模块：充值、支付、转移、汇出，货币一般用卢布结算。当然，使用的用户必须注册，应该具有俄罗斯所认可的银行卡、信用卡或网上银行虚拟账户。主页上还有部分合作伙伴的服务、消费项目供用户方便选择。

➤ MoneyMail（https://www.moneymail.ru/）

俄网比较有名的网上支付平台，创办于2004年，宣传是《Деньги и кредиты по e-mail》，通过e-mail来完成某些付款、汇出业务也算是与其他支付平台不同之处吧。

➤ PayCash（http://www.paycash.ru/）

PayCash是一个极其重要的电子支付技术平台，该平台开创了许多俄罗斯网上电子支付技术之先。目前，它已成为许多电子支付平台的重要技术支撑，例如：Яндекс.Деньги（俄罗斯），Cyphermint PayCash（美国），DramCash（亚美尼亚），PayCash和iMoney（乌克兰），MonetaExpress（俄罗斯）等。

➤ QIWI（http://www.qiwi.ru/）

QIWI（КИВИ）是一个极具特色的电子支付平台，可以完成各种日常生活支付功能，从购物到贷款。它不仅可以通过网络QIWI终端来实现，还可以通过web服务"QIWI钱包"和移动终端来实现。目前其业务已扩展至15个国家，例如有乌克兰、哈萨克斯坦、罗马尼亚、中国、马来西亚、吉尔吉斯、南非等。

➤ Webmoney

这是俄罗斯最大的网上支付平台，创办于1997年，注册用户已1400余万。结算货币支持卢布、美元、欧元等，对于不同货币它有不同的"电子钱包"。进行网上电子交易时，如果选用该支付平台，则需安装相应客户端，使用密码、口令来完成。与Webmoney支付平台有关联的网站有数个，例如：http://www.webmoney.ru/，http://www.wmtransfer.com/rus/，http://owebmoney.ru/，http://wm.exchanger.ru/asp/default.asp等。

除了上述这些比较大型、重要的网上支付平台外，俄罗斯还有其他许多支付平台，这些平台都具有自己的特色。这里我们列举其中部分支付平台资源：

Деньги@Mail.ru（https://money.mail.ru/）

TeleMoney（https://telemoney.ru/）

CyberPlat（http://www.cyberplat.ru/）

e-port（http://www.e-port.ru/）

PayOut（http://payout.ru/）。

RBK Money (RUpay)（http://www.rbkmoney.ru/）

购物资源

我们这里所说的购物资源专指网上购物。俄网的网上购物资源也非常丰富，但考虑到其中许多资源我们限于条件一般不会去使用，因此，我们仅列举几个具有较强代表性的购物网站资源和数个商务类搜索引擎。

俄网优秀网络商店例举

店　名	网　址	经营商品及服务项目
003.ru	http://www.003.ru/	电器和日用品
Доставка.ру	http://www.dostavka.ru/	计算机、日用百货、图书
М. Видео	http://www.mvideo.ru/	电器、日用品
Мебельдом	http://www.mebeldom.ru/	家居和园艺用品
Партер.ру	http://www.parter.ru/ru/	文体门票
ПланетаШоп	http://www.planetashop.ru/	计算机和外设产品
Плати.ру	http://www.plati.ru/asp/index.asp	电话游戏磁卡、软件程序、数码产品、电子书
ПРОСТО	http://www.prosto.ru/	电器和各类电子设备、移动电话和日用品
Ультра электроникс	http://www.ultracomp.ru/	计算机、音像制品
е-Каталог товаров	http://www.e-katalog.ru/	家用电器、移动电话、日用百货、体育用品、儿童用品
Foto.ru	http://www.foto.ru/	摄影器材
HPC	http://www.hpc.ru/	移动通信、电子器材
Ozon.ru	http://www.ozon.ru/ ★★★	图书、报刊、音像制品
SendFlowers	http://www.sendflowers.ru/	鲜花、礼物、儿童用品
ShinaShop	http://www.shinashop.ru/	汽车零件、配件等
Softkey	http://www.softkey.ru/	软件超市
VIP Мир	http://www.vipmir.ru/	礼物店

商务搜索引擎列举

名称与网址	说　明
ГДЕ.РУ http://gde.ru/	免费公告板和公司目录类引擎。
Игде http://igde.ru/，http://3d.igde.ru/	俄网第一个商业搜索引擎。
RU поиск http://www.rupoisk.ru/index.php	俄网商品和服务搜索引擎。
tыindex http://tyndex.ru/	网上商品价格搜索引擎，可以检索任一商品在网上不同店的价格，供以比对。
PRICE.RU http://price.ru/	俄网最权威的网上商品价格搜索及商品简介的网络资源之一，商品分类几乎涵盖了日常生活营的各个领域。网站信息量极大。

国防军事网络资源

俄罗斯作为总体实力仅次于美国的世界军事大国，军事传统源远悠长，著名军事将领灿若群星，军事装备享有盛誉。自然，俄网的军事类网络资源也非常丰富。通过这些资源，我们可以对俄罗斯的军事战略、军事思想、部队构成、武器装备等方面的知识有一定程度的把握，我们也相信这些资源对于专业研究者、军事爱好者来说都具有较好的参考价值。本章将按照军事综合、军兵种、军事装备等类别对俄网的军事信息资源进行较全方位的介绍。

第一节 军事综合网络信息资源

本节所所的军事综合网络信息主要包括：军事媒体、军事观察、军事历史、军事思想、军事机构、军事参考、军事教育等方面的内容。

➤ Министерство обороны РФ（http://mil.ru/, http://stat.mil.ru/index.htm ★★★）

"俄罗斯联邦国防部"官网是俄罗斯国防部发布新闻、宣传国防政策、介绍武装力量概况、增进媒体交流的重要媒体平台。网站从创办之始就数次改版，现为2011版，按照页面布局设置了4个版块的导航栏：

第一版块导航栏处于主页上部，主要专栏有国内外军事新闻、武装力量领导、武装力量结构组成、服役法规、军事教育、军事科技、国防军事文件、军事百科、多媒体；

第二版块导航栏处于主页中部，主要是俄军各军兵种的链接，例如有陆军、空军、海军、战略导弹部队、空天防御部队、空降兵；

第三版块导航栏处于主页中下部，主要是俄罗斯的军事行政区划图及其链接，例如有西部军区、南部军区、中央军区、东部军区；

第四版块导航栏分散于主页的两侧和底部，主要是服务对象栏、重要日历栏、宣传链接栏和重要军事活动公告链接栏，其中的服务对象栏主要针对应征人员、应征服现役人员、合同服役人员、预备役和退伍人员、老战士、家属等。

国防部网站除提供文本材料外，还有大量图片、音频和视频素材，这些都是很具参考价值的多媒体材料。整体上说，俄联邦国防部网站设计精美，内容十分丰富，功能强大，在俄网军事类网络资源中无疑分量最重。

与国防部网站相关联的还有三个网络资源：

（1）Форум МО РФ（http://www.forum-mil.ru/）

"俄联邦国防部论坛"是由国防部网站衍生的一个交流平台，主要栏目有：论坛、会议栏、命令文本、文章集、公告栏等。网站有多语言支持，如阿、中、法、德、意、日、葡、英等。其开放程度也令人惊讶，例如网站居然还报道俄军内反谢尔久科夫（国防部长）运动。

（2）Российский Правовой портал（http://inpravo.ru/baza1/aut03/）

这是"俄罗斯法规门户"网的国防部法规、命令栏，主要刊登国防部颁发的各类政策、法规和命令。

➤ Зарубежное военное обозрение ★★

"国外军事观察"是俄国防部主办的军事刊物，是俄罗斯国内的重要军事期刊，是军事研究的必备参考资料之一。该杂志在俄网上有以下几个常见资源：

http://target.ucoz.ru/ （该杂志部分期刊文章的节选）

http://commi.narod.ru/ （该杂志从1972-2011年各期杂志的主体文章，可下载为html、pdf文档）

http://www.warstar.info/arhiv_voen_obozrenie.html （杂志1981-1990年全部文章，可下载存为pdf文档）。

➤ АРМС-ТАСС（http://armstass.su/ ★★☆）

"俄塔社"军事新闻报道频道是俄罗斯新闻社中开办得最好的军事频道之一，主要栏目有：武装力量、太空、国际军事政策、世界武器市场、国防工业、出版等，资料翔实，信息量大，权威性强。

➤ История Великой Отечественной войны（http://battlefront.ru/ ★★☆）

"伟大卫国战争历史"网全面纪录了俄罗斯称之为"伟大卫国战争"的那段历史，特别是从战争中双方的表现角度。其主要栏目有：电影新闻片、歌曲、音乐、论坛、照片、战役等。网站专门设置了历史专栏，在主页两端分别展现法西斯德军和苏联红军的对比方面，这些方面有：军队组织和战术、装具、武器、奖章勋章、人物、空军、装甲器材等。网站整体涉及精彩，内容非常丰富。

➤ Красная звезда（http://www.redstar.ru/ ★★★）

"红星报"是俄军的军报，它创刊于1924年，现由俄联邦国防部主办，是日刊。其网站为该报的电子（在线）版。网站专栏有：俄罗斯武器、祖国历史、二十一世纪的军队、任免记录、军校大全等，它还有专题导航栏，主要是新闻、外国军情、独联体军情、专题报道等。网站还有6种俄军军事杂志的链接，可下载为pdf文件。"红星报"在线版本身也提供纸质版的pdf文档供下载或在线浏览。"红星报"在线版与纸质版基本内容大致相同，更新频率较快，内容非常丰富，是研究俄罗斯军情、了解俄罗斯军事现状的必备参考资源。

➢ НАША АРМИЯ（http://www.oursarmy.ru/ ★★★）

"我们的军队"网是关于俄军新闻报道及相关信息发布的权威性网站，主旨是报道俄军新闻和俄军改革动态，发布和解释关于军队、军人的法律条文和规章，刊登精彩军事图片等。主要专栏有：命令、图表、视频、图片、论坛等。网站设计精致，内容非常丰富，是了解俄军和进行军事研究的极佳信息来源。

➢ Независимое военное обозрение（http://nvo.ng.ru/ ★★）

"独立军事观察"是媒体"独立报"的军事观察专栏，定位于分析、报道当前俄罗斯及世界的军事、安全情况。军事观察主要栏目有：新闻、事件、事实、冲突、军队、装备、论点、特别专题、历史、简讯等。网站内容非常丰富，许多报道具有独立见解，具有较好的参考和分析价值。

➢ Русская сила| Каталог ссылок «РУССКИЕ ВОЕННЫЕ РЕСУРСЫ»（http://legion.wplus.net/links/ ★★☆）

"俄罗斯力量/俄罗斯军事资源链接目录"网主要有两大版块内容：一是介绍俄罗斯武器装备情况，二是提供了上千个涉及俄网或国外网的军事网络资源链接。网站排行榜也具有一定参考价值。此外，网站的图书资料资源里有俄罗斯迄今正式发布的所有军事学说、军事政策、海洋战略等的文本。

➢ Телеканал Звезда（http://www.tvzvezda.ru/ ★★★☆）

"红星台"（相关内容见"大众传媒网络资源"的章节相关内容）

➢ Army.lv（http://www.army.lv/ ★★☆）

这是德·斯米尔诺夫（Д. Смирнов）的小组办的一个关于军事、军队、战争的网站，尽管是个人网站，但质量颇高。网站的主要栏目有军事新闻、武器装备、俄罗斯历史、战争史、军事、民用装备、图书馆、图库、音频、视频、论坛等。其中，图书馆的书籍、出版物都可以免费下载为djvu, pdf文档，所有视频、音频均可在线观看、收听，并可直接下载。

➢ ArmyRus（http://armyrus.ru/ ★★☆）

ArmyRus为俄罗斯军事信息门户网，报道和评述俄罗斯武装力量现状、发展趋势等各个方面的内容，主要栏目有：国情、军人爱国精神、武装力量、军队传统、法律法规、礼节规定、军官、社会与军队、论坛等等，网站整体内容十分丰富，有许多栏目不仅涉及军事基本情况，还有精神层面的诸多内容，比较少见。

➢ NATO.bz（http://nato.biz/ ★★☆）

"北约"网是个资讯分析性网站，介绍北约的历史、组成、常设机构等知识，设有北约与俄罗斯、北约与波罗的海国家、北约与独联体国家、北约与欧盟等栏目，有许多专家的时政、军事分析专栏，具有较好参考价值。

➢ Topwar（http://www.topwar.ru/ ★★☆）

这是一个军事观察性质的网站，以报道最新的军事安全、军队和军事装备发展情况为主旨。主要栏目有：新闻、武器装备、兵工厂、军事技术、论坛等。除了军事内容外，网站还有一些政治、经济的报道内容。网站整体内容非常丰富，文章报道往往视角独特，有许多令人感兴趣的内容。

其他常见军事综合资源

名称与网址	说　明
9 Мая http://www.9maya.ru/ ★★	"五月九日"是一个所有俄罗斯人不会忘记的日子，也是胜利纪念日。网站主要栏目有：新闻、歌曲、历史、谢语、武器、文学、论坛等，其中所有文学资料和歌曲音频均可免费直接下载。
Аналитический клуб | Военно-политическое обозрение http://analysisclub.ru/index.php?page=armour	政治分析网站"分析俱乐部"的"军事政治观察"专栏，其中有部分涉及军事改革、外军动向、安全观察等内容的文章。
Ансамбль песни и пляски Российской армии http://www.ensemble-aleksandrova.ru/ ★★	"荣获两次红旗勋章的俄军亚历山大歌舞团"是俄军最大的文艺团体，它成立于1928年，期间数次微调名称，在俄军和俄罗斯、在我国乃至世界都享有盛誉。官网登载了关于该团的新闻报道，介绍了其历史和组成，提供了以往演出资料和视频。
Армейский вестник http://army-news.ru/ ★★	"军事通报"网是一个报道军事新闻的网络媒体，主要栏目有：俄军、武器和技术装备、各国军队、观点、历史一页、照片等。网站的新闻报道相对独立、客观、及时，分析比较深入，是研究军事情况的较好参考信息。
Армия России http://www.russianarmya.ru/ ★	"俄军"网是一个新闻报道、交流和资料分享的信息平台，网站主要栏目有：军队新闻、论坛、视频、照片、聊天室、寻友等。视频可以在线播放并通过网络工具下载。
Большая военная энциклопедия http://zonawar.ru/ ★★	"军事大百科"网站提供了几十种俄文版军事百科词典和图书的下载资源，网站设计十分精美，所有资源均是免费下载，下载格式多为pdf、djvu文档或光盘格式，是通过网盘共享平台Depositefiles，Letitbit等下载，只是有的资源不支持中国IP地址下载。
Великая война http://velikvoy.narod.ru/ ★★	"伟大的战争"网是对伟大卫国战争的全面回顾的资料性网站，主要栏目有：历史、战役、地图、部队、武器、人物、奖章、统计、资料、纪念、歌曲、视频、文学、词典等。全部资源均可免费使用、下载。网站整体资源非常丰富。
Ветераны http://weteran1996.ucoz.ru/	"老战士"是一个献给1994—1996年车臣战争的网站，刊登了很多珍贵的图片资料，还有回忆文章、电子书籍等。
Военная библиотека Федоровых http://www.warlib.ru/	一个开办于2000年底的军事文学类网站"费奥德罗夫军事图书馆"，其中有很多资料是回忆、随笔类文章，可以按刊登时间和主题进行检索。
Военная история России http://history-of-wars.ru/ ★☆	"俄罗斯军事历史"网除登载关于军事历史方面的资料外，还有军事新闻、军事评论、军服、奖励等方面的信息。

续表

Военная литература http://militera.lib.ru/ ★★	"军事文献"是一个大型的军事资料网络图书馆，收录有军事历史、思想、回忆录、生平、武器装备等电子图书、教材和期刊，内容十分丰富，具有较强参考价值，可下载pdf、djvu等格式文档。
Военная разведка http://www.vrazvedka.ru/wv2/index.php	"军事情况"网主要有6个专栏，它们是：新闻、思想、教学、组织、创作、资料等，其中部分历史资料和军事文化评述具有一定参考价值。
Военное видео http://www.voenvideo.ru/ ★☆	"军事视频"网的主题是视频、图片和文学。资料有些零乱，但某些素材较有参考价值。
Военное дело http://www.soldiering.ru/ ★☆	网站分为"部队和武器装备"、"补充资料"两个版块，在前一版块中分陆海空天分别介绍了相关武器和部队组成，后一版块主要是图片、战争危机、心理战、反恐、生态、大规模杀伤性武器、百科词典和军人幽默等内容。
Военное обозрение http://www.siliyan.ru/ ★★	"军事观察"网是一个综合性的军事类网络媒体，设置的栏目很多，也比较零乱。具有较高参考价值的主要是以下栏目：新闻、军事改革、军事装备、政治分析与报道、内务部紧急情况部联邦安全局报道等。通过该网站的报道和分析，可以获取一定的军事安全信息。
Военное право http://millaw.info/	有关俄罗斯军事法律的专业网站，主要内容是俄联邦法律中涉及服役、军人权益等方面，也有对俄武装力量基本情况的介绍。
Военно-историческая страничка RVR http://www.warstar.info/	"军事历史之页"网开办于2009年，是一个专门刊登与军事历史有关的报道和文章的网站，主要栏目有军队历史、装备发展历史、在线图书、纪录片、图书、纪录片可以下载。
Военно-исторический форум X.Legio.Forum http://forum.xlegio.ru/	"军事历史论坛"网分基础论坛、专业论坛和辅助论坛探讨古今军事艺术及历史的平台。
Военно-исторический форум 2 http://forums.vif2.ru/	"军事历史论坛2"是侧重于讨论俄罗斯及世界大国军事历史的交流平台。
Военно-политический анализ http://www.tsiganok.ru/	"军事政治分析"网是著名军事政治评论家齐加诺克(А.Д.Цыганок)的个人网页，主要刊登他在各个媒体（杂志、报纸、电视、广播）中发表的文章、讲话、报告等，这些文章不乏真知灼见，也不少是对当前情况的批评。
Военные новости России http://voennovosti.ru/ ★★	"俄罗斯军事新闻"网主要报道军人权利、法律、保障、访谈、武器等方面的消息。
Военные песни http://warchanson.ru/ ★	"军歌嘹亮"网收录有各个时期的俄文军歌，主要分类为：MP3、电影插曲、音乐会、MV、视频、电视转播、动画、书籍、图画、明信片、电影Torrent等。其歌集、视频、电影等下载是通过分享平台DepositeFiles、Letitbit等，书籍等可以直接下载存为pdf文档。
Военный альбом http://waralbum.ru/ ★☆	"军事画册"网定位于第二次世界大战的战争画面，有人物、场景、战斗、武器等，许多照片未公开发表。
Война будущего http://futurewarfare.narod.ru/	"未来战争"是一个个人网站，主要是探讨未来战争的模式、理论和实践等问题。

Война и Мир в терминах http://www.voina-i-mir.ru/ ★★	"战争与和平"网络词典包含了从国家安全、军事战略到军队组织、战役战术、后勤经济、法律法规等各个方面的词条，解释比较简明，具有较高参考价值。
Вторая мировая война http://www.world-war.ru/ ★★	"第二次世界大战"网详细介绍了苏联在二战中所参与的各个战役，强调了苏联在世界反法西斯战争中的中流砥柱的作用。其中许多栏目很有特色，例如：列宁格勒围困；空中、海上、陆地上的战斗；战争中的妇女儿童；前线来信；战俘；斯大林格勒；出版物；重大事件；作品；教会与战争等。除了文本材料外，还有音频素材。
Доблесть и Честь http://www.doblest-chest.ru/ ★	"英勇与光荣"网主要报道军事新闻，探讨军人服役、军人保障、军事法律等方面的问题，并登载军事文学，开设有军事论坛。
Досье NEWSru: Армия России http://www.newsru.com/ dossier/20973.html	网络新闻媒体NEWSru的俄罗斯军事报道栏目，主要报道俄罗斯武装力量、俄领导人、俄国防部等关于军队改革方面的新闻，具有一定参考价值。
Журнал Армия и Флот http://www.armiyaiflot.ru/ ★☆	《三军》杂志创刊于1914年，电子版注册于2007年，是定位于俄罗斯社会、军事文学的杂志。网站导航栏中的资料、精选、博客等可以提供过期电子杂志等资料。专栏有：电子栏、观察栏、新闻栏。在电子栏中，可以看到诸如军事历史、军事科学、武器装备、军事工业、国外军队、文学之页等内容。
Журнал Национальная оборона http://oborona.ru/ ★☆	《国防》杂志创刊于2006年，是俄罗斯唯一的多元化军事政治和国防工业月刊杂志，其英文版杂志National Defense在国外享有一定知名度。官网主要是报道与俄罗斯、世界武器装备有关的新闻，发布图片等。
Журнал СОЛДАТЫ РОССИИ http://www.soldatru.ru/	《俄罗斯战士》杂志创刊于2000年，是俄罗斯比较有影响的军事杂志。网站主要报道俄罗斯的军队生活、军事动态等，还有在线调查。部分过期杂志可以在线阅览。
Интерфакс-Агентство Военных Новостей ttp://www.militarynews.ru/	"国际文传电讯军事新闻"频道的官网，但非注册用户只能浏览新闻标题。
Информационно-психологическая война «ПСИ-ФАКТОРА» http://psyfactor.org/lybr6.htm，http://psyfactor.org/lybr63.htm	电子图书馆《ПСИ-ФАКТОР》中关于信息心理战的军事政治宣传和心理战的网络信息资源。
История войн и военных конфликтов http://historiwars.narod.ru/ ★	"战争和军事冲突历史"网按照古代、近代、新时期、二十世纪等不同历史阶段叙述了这些阶段发生的一些重大战争和军事冲突事件的经过，并加以分析。
Калашников http://www.sinopa.ee/kalashnikov/	《卡拉什尼科夫》是一个俄罗斯武器杂志，创办于2000年，官网上可以下载杂志的pdf文档。
Карты военный действий Второй Мировой войны и не только http://militarymaps.narod.ru/	"二次大战军事行动图及其他"网收录有第二次世界大战中各次重要军事行动的地图以及其他时期部分军事行动地图，以djvu格式免费下载。
Каталог орденов и медалей России и СССР http://www.rusorden.ru/ ★★	俄罗斯的军功章文化源远流长，"俄罗斯、苏联奖章、勋章"网为我们提供了这方面的详尽知识。网站分为俄罗斯、苏联和俄罗斯帝国时期三个版块，再按照这三个不同时期对奖章的种类进行了详细分析和叙述，还补充了与奖章有关的书籍、人物等，整体内容十分丰富。

续表

Каталог орденов, медалей, значков СССР http://awards-su.com/	俄罗斯是个崇尚荣誉的国家，其徽章文化有其独到之处，"苏联奖章、勋章、徽章目录"网正是反映了这一文化现象，其中大部分徽章都是作战奖章。网站还设有论坛这样的交流平台。
Оборона и безопасность http://www.wps.ru/ru/digests/ru/defense.html ★	WPS社"国防与安全"网络文摘，可以在线阅读或下载pdf文件。
ОТВАГА http://otvaga2004.narod.ru/ ★☆	"无畏"网是一个军事爱国主义主题的网站，主要栏目内容涉及俄罗斯武器装备、作战、战争、英雄、方尖碑、图集、军事图书、资料和论坛等。部分图书可以直接下载存为pdf文档。
Рейтинг военных ресурсов http://top.poisk.coinss.ru/ ★☆	军事类网络资源排行榜。
Рейтинг Военных Сайтов http://top.warlib.ru/ ★☆	"军事网站排行榜"开办于2002年，一直是俄网军事网站资源的重要参考，但网站排行似乎并不科学。
РИА Новости Оборона и безопасность http://ria.ru/defense_safety ★★	俄新社新闻频道的"国防与安全"栏目，基本与该社新闻台的相关报道同步，可在线播放视频，配有报道文字。
Солдаты России http://www.soldati-russian.ru/ ★★	"俄罗斯战士"网以号召宣扬军人的爱国主义精神为宗旨，主栏目有：车臣战争、南奥赛梯战争、阿富汗战争、俄军简况、服役、论坛等栏目。网站设计非常精美，内容较为丰富。
Сослуживцы http://www.soslugivzi.ru/ ★	"战友"网是一个以寻找服役战友（士兵、军官）为宗旨的信息服务性网站，查找详细信息需注册。网站主要栏目有：要闻、视频和图片、文件下载、论坛等，所有资料或可在线浏览，或可直接下载文字或视频。
Центр анализа стратегий и технологий http://www.cast.ru/ ★☆	"战略和技术分析中心"的官网，内容主要涉及俄国内外军事动态分析、武器装备情况分析等，文章质量较高。
Чеченская война http://www.warchechnya.ru/ ★☆	"车臣战争"网详细登载了车臣战争的文字、图片和视频资料，参考价值大。
Army Guide Monthly http://www.army-guide.com/rus/AG_Monthly.php ★☆	《军事指南》月刊以报道俄罗斯国内外各类武器装备的信息为主，网站直接提供杂志的电子版下载，可直接存为pdf文档。
Bigler.ru http://www.bigler.ru/index.php ★★	一个综合性的军事信息网站，主要栏目有：军事历史、军事论坛、军事年鉴、军事文献、军事百科、军事商店等。可以按日期检索以往网站资料。网站整体内容较杂，但有不少有参考价值的信息。
Claw.ru: Военная энциклопедия http://voenn.claw.ru/ ★☆	一个以介绍军事百科知识以及古代战争艺术发展史为主要内容的网站，共划分了20余个专题范畴，其中有武器百科知识、航空百科知识和航海百科知识以及涉及俄罗斯古代、近代和欧洲中世纪、日本古代的战争艺术发展史。
NachFin http://nachfin.info/ ★	一个综合性媒体网站，其中的新闻报道中军事安全报道占较大比重，专门划分出了4类新闻为：军队新闻、军队改革、财政与军队、武器装备等。其中部分报道在其他媒体中鲜见。

名称与网址	说明
Russian Military Analysis http://www.warfare.ru/ ★☆	"俄罗斯军事分析"网默认为英文网页，俄文网页地址为http://warfare.ru/rus/?lang=rus&，名称为"俄罗斯武装力量分析"（Анализ ВС РФ）。它主要介绍俄罗斯武装力量各军兵种知识、组织编制结构、武器装备情况等，栏目有目录、论坛、视频等。网站总体性质还是以普及军事知识为主。
Way of power http://wayofpower.ru/	以"军事、战争艺术"为报道宗旨的网站，相关栏目有：武器装备、战争艺术、新闻、军事历史等，还有图片、视频等，有些电子书籍可以通过Depositefiles，Turbobit等网盘共享平台下载存为pdf文档。
War Online http://www.waronline.org/	一个定位于中东各武装力量及战争历史的军事主题网站，同时也探讨恐怖主义问题。

博物馆往往是一个国家军事历史、军事传统和军事文化的缩影，俄罗斯有几十个军事和战争类主题博物馆，除了其中部分没有官方网站外，多数都有对应的专门网络资源。我们仅选取其中有代表性的几个加以介绍。

名称与网址	说明
Военно-исторический музей артиллерии, инженерных войск и войск связи http://www.artillery-museum.ru/	"炮兵、工程部队和通信部队军事历史博物馆"的雏形起始于1703年，由彼得大帝指示收集藏品，位于圣彼得堡。它收藏了从古至今的大量火炮和器材，特别是二战和战后苏联时期的火炮装备居多。官网主要内容是介绍博物馆历史及相关活动，博物馆景观和平面图，主要展品资料等。
Военно-медицинский музей http://www.milmed.spb.ru/	"军事医学博物馆"是附属于俄罗斯军事医学院的博物馆，坐落于圣彼得堡，是俄罗斯最有影响的医学类博物馆之一。网站主要栏目有：新闻、简介、奖项、展品、藏品、资料、出版物、多媒体等。
Государственный мемориальный музей А.В. Суворова http://suvorovmuseum.ru/	"国立苏沃洛夫纪念博物馆"是为了纪念俄罗斯卓越的统帅苏沃洛夫于1900年在圣彼得堡建成。期间由于战争和其他因素，博物馆几停几开，最近一次重新开放是1998年。官网支持俄、英两种语言，主要栏目有：参观须知、历史、藏品、图书馆、出版物、虚拟展览、宫殿介绍等。网站整体设计水平较高。
Крейсер Аврора http://www.aurora.org.ru/	"阿芙乐尔号巡洋舰"是最为中国人民所熟知的俄罗斯舰艇了，因为十月革命一声炮响就是从这里发出的。该舰1900年下水，先后经历过第一、二次世界大战和十月革命的洗礼；1956年起作为中央海军博物馆的分部——舰艇博物馆开放，现停泊于圣彼得堡城内水域旁。官网为我们详细介绍了这段历史，并提供了相关文字说明、图片资料，介绍了舰艇的布局、结构、历史地位等。
Центральный военно-морской музей http://www.navalmuseum.ru/	"海军中央博物馆"是俄罗斯最具历史的博物馆之一，也是世界上最大的海军博物馆之一，位于圣彼得堡，从1924年起使用现名。网站的主要栏目有：新闻、历史、展品、藏品、展览、出版物等。网站设计庄重，内容丰富。

Центральный музей Великой Отечественной войны http://www.poklonnayagora.ru/ ★★	"伟大卫国战争中央博物馆"位于莫斯科俯首山，于1995年5月9日卫国战争胜利50周年纪念日时建成并向公众开放。这是一个大型建筑群，包括广场、数个展厅和露天的武器装备展，是为了唤起人们对那段历史的追忆，宣扬爱国主义，现成为科研、文化教育基地。网站开通于2006年，主要内容是博物馆介绍、展品说明、历史简介、参观须知和相关新闻报道。网站还提供了虚拟游览项目，用户可以在线真实模拟现场参观。网站整体设计精美，内容比较丰富。
Центральный музей Вооруженных Сил http://www.cmaf.ru/ ★★☆	"武装力量中央博物馆"是俄罗斯最大的军事历史博物馆之一，在世界上的同主题博物馆中也居于前列。它建于1919年，现归俄联邦国防部管理。其藏品共约80万件，主要是国内战争、二战期间的各类军旗、文件、奖章、军人私人纪念物品、影像资料和武器装备等。官网主要栏目有：新闻、参观需知、展品、展览、分馆、藏品、历史、视频等。许多展品都配有文字说明和图片。网站内容十分丰富，具有较好参考价值。

俄罗斯拥有世界上最发达的军事教育体系之一，各类军事院校众多。但与西方国家着力宣传其军校情况不同的是它对军校的"秘而不宣"，再加上近年来俄罗斯军校经过几轮合并改革，其军校网络资源愈发"稀少"。考虑到俄网军校资源变动较大，这里仅简要列举数个参考资源。

网　址	说　明
http://5-ka.ru/allv/index.html	俄罗斯全部高校介绍，其中包括十几所著名军校的简介。
http://www.svu.ru/	苏沃洛夫少年军校官网。
http://www.nvmu.org/	纳希莫夫少年海军学校官网。
http://www.vumo.ru/	俄联邦国防部军事大学官网。
http://millaw.info/arhiv/catalogdisplay.php?&catalogid=220	近三十所军校的介绍网页。
http://moscow-vuz.narod.ru/vsevoenkaf.html	俄高校军事教研室目录网页。
http://www.ruscadet.ru/vvo/comm.htm	俄部分军事高等院校简介。

第二节　军兵种网络资源

➤ Военный информатор（http://military-informer.narod.ru/ ★★☆）

"军事信息通报"网主要报道俄军各部队和国家层面的军事活动以及国外军情简报，宣扬其军事学说。其主要栏目有：要闻、陆军、空军、海军、武装力量、图片等。网站信息容量较大，分析较为深入，对于军情研究具有较好的参考价值。

➤ ВМФ России（http://www.navy.ru/ ★★☆）

"俄罗斯海军"网是俄海军官方网站，其主要栏目有：新闻、俄罗斯及海军、历史、科技、教育、出版、法律法规、论坛、博客等。其报道内容不仅涉及俄海军，还有世界各国海军的现实情况。网站是了解俄海军和他国海洋战略、海军军情的极佳网络资源。

➢ Воздушно-Космическая оборона（http://www.vko.ru/Default.aspx ★★☆）

"空天防御"网是俄罗斯报道空天防御的最权威网站。其主要栏目有：防御战略、空天防御武器、空天构想、分析、冲突、图书资料、图片等。可以在线浏览最新的"空天防御"杂志，具有较好的研究参考价值。

其他部分军兵种资源

名称与网址	说　明
Авиабаза http://airbase.ru/	"空军基地"网实际上并不是专门研究空军基地的信息网站，主要定位于各国空军知识和空战介绍，同时也有部分其他领域的军事知识简介。
Авиация по-русски http://www.pishiporusski.ru/	关于俄罗斯航空兵的个人网站，主要栏目有：二十一世纪（新闻报道）、歼击航空兵、轰炸航空兵、侦察航空兵、历史等。
ВВС России http://www.airforce.ru/ ★★	"俄罗斯空军"网定位于报道俄空军简况和相关新闻，主要栏目有：航空文摘、航空技术、图片、航空展、历史、图书资料、人物、博物馆、论坛等。网站提供有大量飞机图片，还有部分航空和空军网络资源链接。
Вестник ПВО http://pvo.guns.ru/，http://www.pvo.su/	"防空兵通报"网定位于报道俄军防空兵信息，网站主要内容是介绍各种防空武器的性能、图片、视频等以及各种武器展览的信息，还可以下载相关图书资料的pdf文档。
Войска.ру http://www.voiska.ru/	"部队"网是个关于俄军简况的信息交流平台，主要版块有：军史一页、战争和作战、征兵、武装力量军兵种、内务部、其他部队等，主要内容是就某一论题发表个人见解等。
Десантура.ру http://desantura.ru/ ★	"空降兵"网介绍俄罗斯及国外空降兵相关信息。
Журнал «Морской пехотинец» http://www.mpeh.ru	《海军陆战队员》杂志官网主要登载与杂志有关的信息，部分杂志文章等信息，网站可以下载较新期刊的pdf文档。
Журнал «Братишка» http://bratishka.ru/	介绍俄罗斯特种兵的专业杂志，此为其官网。主要栏目有：照片和视频、俄罗斯特种兵、阅览室、论坛等，可以在线全文阅览过期杂志。由于俄特种部队是多重领导，因此网站还给出了相关单位的链接地址，如国防部、内务部、联邦安全局、联邦保卫局、对外侦察局等。
Космодром «Байконур» http://www.baikonuradm.ru/， http://www.baikonur-info.ru/	归俄宇航局和航天兵所管辖的、在哈萨克斯坦境内的著名的拜科努尔发射场的两个网站，一个是拜科努尔航天城的官网，一个是关于拜科努尔的知识性网站。目前，该发射场是军民两用。网站集中介绍了发射场的构成、历史以及航天学的基础知识。
Космодром «Плесецк» http://www.plesetzk.ru/	"普列谢茨克火箭发射场"是俄罗斯航天军最依赖的军民用发射场。官网较详细地介绍了该发射场的基本情况，提供图书资料、图片和视频资料下载，开办论坛等。
МОРСКАЯ ПЕХОТА РОССИИ http://www.morpeh.ru/ ★★	"海军陆战队"网是俄网关于俄海军陆战队情况介绍的最佳网站，主要栏目有：海军陆战队编成、陆战队英雄人物、陆战队历史、演习和执勤、论坛等。网站内容比较丰富，是研究俄海军陆战队军情的必备参考资源。

续表

Новости ПРО-ПВО http://www.pro-pvo.ru/	"反导防空新闻"网主要报道俄罗斯、俄罗斯及北约以及世界其他国家关于反导问题、防空体系的新闻和讨论，文章主要来自俄文各大媒体。
Официальный сайт Владимира Квачкова http://www.kvachkov.org/	一个介绍俄罗斯民兵体系的半官方网站，主要栏目有图书资料、论坛、民兵、音视频、图片等。
ПОГРАНИЧНИК http://www.pogranichnik.ru/	"边防军"网是关于俄边防军的门户网站，主要栏目有：边防军简介、图书资料、文学作品、新闻、论坛等。
Разведчик http://www.vrazvedka.ru/	"侦察兵"网是配合《侦察兵》杂志而办的关于军事侦察的信息交流网（并不是该杂志的在线）。网站登载了许多根据过去的作战经验和经历对部队（战术）侦察的回顾和分析的文章，主要栏目有：新闻、主要思想、分析、历史、教学、文学、资料等，还提供了电影书籍、论坛、图片等信息服务。
Ракетчик http://vladimirdn.ucoz.ru/	"导弹兵"网俄罗斯导弹部队服役人员的一个联谊网，但网站也介绍了大量有关俄罗斯战略导弹部队的简况。
РОСКОСМОС http://www.roscosmos.ru/ ★	俄罗斯联邦航天署的主页，由于航天发射与军事用途的紧密关系，我们将其归入军事类专题。网站设计精致，内容非常丰富。
Российский подводный флот http://www.rpf.ru/	"俄罗斯潜艇部队"网详细介绍了俄罗斯海军潜艇部队的历史，并提供有视频、文学作品资源以及论坛等交流平台。
Спецназ.орг http://www.spec-naz.org/ ★	"特种部队.org"网是俄罗斯特种部队老战士协会官网，重点报道有关俄国内外特种部队相关信息，也报道其他军事新闻和军事评论等。
СПЕЦНАЗ РОССИИ http://www.specnaz.ru/ ★☆	《俄罗斯特种部队》杂志是由反恐部队"阿尔法"的老兵协会主办的社会政治性出版物，网站主要栏目有：国家政权、反恐、热点、历史、文化、文学等。网站内容和资料链接都比较丰富，具有一定参考价值。

第三节　武器装备网络资源

➢ Военный информатор（http://www.military-informant.com/ ★★☆）

"军事装备通报"网与前面所提及的"军事信息通报"网是同一网站的不同"变体"，这里所报道的是以俄军装备为主的主战装备的详细信息。网站按照陆军、空军、海军武器以及国外武装力量新闻、展览与演习的主题提供文字、图片、视频信息，还设有论坛、博客等交流平台。

➢ Оружие и вооружение России и других стран（http://worldweapon.ru/ ★★☆）

"俄罗斯与世界各国武器装备"网定位于介绍俄罗斯、其他国家的常见武器类型、性能等，分类目录为直升机、舰艇、飞机、坦克、步兵武器、地雷等。网站文章内容十分详实，并配图讲解，具有较好参考价值。

➢ Оружие России（http://www.arms-expo.ru/ ★★★）

"俄罗斯武器"网是俄网最好的俄罗斯武器装备网站，是由联邦军事技术合作总局、集体安全条约组织、独联体反恐中心联合主办。它是一个综合性武器报道平台，其武器导航分类十分详细，从陆海空直到信息装备种类齐全。主要栏目有：新闻、政治与社会、军队、特种勤务、工业和科技、世界武器、战争与冲突、事故与犯罪、国外、合作、展览与会议、采访、教学资料等。网站资料齐全、前沿，能够洞悉武器发展最新动向，对于装备和武器研究是一个绝佳信息资源。

> Энциклопедия вооружений（http://www.arms.ru/ ★★☆）

"武器百科"网是专门查阅各类武器基本信息的百科知识网站，它主要分为几种武器类型：坦克、航空器、枪炮、导弹空间防御武器、核武器、化学武器、生物武器、地雷等，并有关于武器的各种法律以供查询。所有武器均涵盖世界各国出产的各类品种。网站整体资料详实，可用性强。

其他部分武器装备资源

名称与网址	说　明
Армия и оружие Второй Мировой http://greatarmor.ru/	主要介绍第二次世界大战的坦克、装甲武器、火炮等，既包括苏联的，也有当时其他国家的。还有第二次世界大战的著名战役和小部分第一次世界大战的内容。
Архив вооружений мира http://arms.net.ru/	"世界武器资料"网目前来看还只是报道步兵武器的相关信息，基本按照枪、炮、弹药等进行分类，并且不限于俄制武器。
Атрина http://www.atrinaflot.narod.ru/	一个定位于俄苏1945-2005年间舰艇制造主题的网站，对海军的舰艇和海岸部队、海航的武器装备进行了详细分类。
Битва http://www.binmovie.ru/ ★	"战斗"网主要是介绍俄苏各类步兵武器的简要知识，其步兵武器种类划分近20种，是俄网同类网站中分类最细的，内容也比较丰富。
Военная техника http://www.wartechnic.ru/index.shtml	"军事（技术）装备"网按照俄罗斯、美国、法国的国别顺序介绍了三国的主要军事装备，以俄罗斯为例又划分了空陆海等武器装备进行了简介。
Военная техника армий мира http://army-tech.ru/ ★	"世界各国军队军事技术装备"网主要报道世界各类武器信息及相关新闻，导航栏主要包含航空器、装甲坦克、军事冲突、历史事件、舰艇、潜艇等。网站提供文字、图片、视频等多媒体信息。
Военная техника России http://www.milrus.com/ ★★	"俄罗斯军事技术装备"网按军种对俄军武器装备进行了介绍，主要栏目有：陆军、空军、海军、战略导弹部队武器以及现代军事技术装备、武器缩略语等，介绍内容主要涉及武器的战术技术性能和图片等。
Военно-промышленный курьер http://vpk-news.ru/ ★★	《军事工业信使》周报的官网，主页基本与杂志版块相同，介绍了军事工业的新发展并加以报道。可以在线免费阅览所有过期报纸，这是了解俄罗斯及世界国防工业的较好信息资源。
ГЛОНАСС навигация http://glonass-planet.ru/ ★	著名的"格洛纳斯"导航系统专业网站，有科普知识和相关装备知识。
Журнал «Взлёт» http://www.take-off.ru/	《起飞》杂志重点介绍俄罗斯和世界的各类航空器材，网站设计比较精致。
Журнал «Калибр» http://www.kalibr.tv/	军民杂志《口径》的官网，其中的武器栏目详细介绍各种枪械的基本情况。
Журнал «Новый оборонный заказ» http://www.dfnc.ru/ ★	《新国防采购》杂志的官网，可以在线阅览所有过期杂志，并可下载存为pdf文档。
Журнал «Оружие» http://zonawar.ru/biblioteka/shurnal.html	《武器》杂志是俄罗斯最负盛名的武器类杂志，在"武器大百科"网站提供了该杂志的下载链接，是通过Letitbit网盘平台下载。

续表

Издательство «Вертолет» http://www.vertolet-media.ru/	"直升机"出版社的官网，军民两用。
Издательский дом «Военный парад» http://www.milparade.com/ ★	《阅兵》杂志出版社官网，定位于报道军事工业企业、公司，主要内容涉及新闻、出版社、杂志简况等，可以在线阅览杂志文章摘要。
История кораблестроения Российского военного флота http://navy.h1.ru/	"俄罗斯海军造舰史"网按照历史顺序介绍了从沙俄时代起至今的各类舰艇建造简史，并列出了俄海军重大事故、文学作品等相关资源链接。
Компания «Сухой» http://www.sukhoi.org/ ★ ☆	著名飞机设计公司"苏霍伊"的官网，介绍详细，信息量大。
Компорация «МИГ» http://www.migavia.ru/ ★	著名飞机设计公司"米格"的官网，设计精美。
МАКС http://www.aviasalon.com/ ★	俄罗斯莫斯科每年举行的航空航天展的官网，它详细介绍了航展的历史、历年亮点、本年度航展具体展览内容、飞行表演内容等诸多信息。
МВМС http://www.navalshow.ru/	圣彼得堡每两年举办一届的国际海军展的官网，它详细介绍了展览的组织者、展览安排、历届展览情况简介、展览与展位、信息保障等等内容，是了解海军装备发展的较好参考资源。
МОНИНО http://www.monino.ru/	"中央空军博物馆"是俄罗斯最大的空军展馆，这是其官网。网站详细介绍了展馆的历史、展品、展览活动等，有图片、新闻报道服务。
ОАО «Корпорация Тактическое Ракетное Вооружение» http://www.ktrv.ru/	俄罗斯"战术导弹公司"的官网，主要报道战术导弹发展和研制的相关新闻。
Оружейные форумы http://forum.guns.ru/ ★★	"武器论坛"网是一个大型的武器装备综合性论坛，共划分了几十个主题，参与交流的人数较多，信息量大，但有些论题有些杂乱。
Оружие России Фотобанк http://arms-foto.ru/ ★★	"俄罗斯武器"网的姊妹网站，专门登载各类武器装备、人物、展览、作战的相关照片，内容非常丰富。
Пилотажная группа «Русские витязи» и «Стрижи» http://www.russianknights.ru/ ★; http://admin.strizhi.info/, http://www.strizhi.ru/s3g.html ★	俄罗斯两大享誉世界的飞行特技表演队"俄罗斯勇士"和"雨燕"的官网，网站上都详细关于这两支飞行表演队的新闻报道、主要人物、飞机性能介绍、发烧友论坛等，特别是一些多媒体素材，如图片、视频等都具有较好参考价值。
Ракетная техника http://rbase.new-factoria.ru/ ★ ☆	一个专门报道世界各国导弹信息的专业网站，主要内容为导弹性能简介、新闻、图片、研究文章等，可以按照导弹类型、研制厂商、战斗部、平台等进行检索，需要注意的是按照俄制武器体系标准，齐射火箭炮也归于此列。
Ракетная техника и технология http://missiles.ru/ ★	导弹技术装备和技术网站，有新闻、概览、历史、链接等栏目，资料比较丰富。
РУССКАЯ СИЛА http://legion.wplus.net/ http://русская-сила.рф/ ★★	"俄罗斯力量"网定位于报道现代化武器以及制造商信息等。网站按照空军、陆军、海军、制造商等对武器进行了详细介绍，另外还有北约对俄制武器的称呼体系介绍等。
Сайт Российской военной техники http://www.rusarmy.com/ ★	"俄罗斯军事技术器材"网划分了7个版块介绍俄罗斯的军事技术装备，例如空军、海军、防空军、战略导弹部队、装甲器材和炮兵、步兵武器、通信器材等，网站还提供了照片、桌面图片、视频和交流论坛等信息资源。

Стрелк. оружие и боеприпасы http://www.armoury-online.ru/ ★☆	"步兵武器和弹药"网详细介绍世界各国步兵各类武器装备，设计精致，信息量大。
ФлотПром http://flotprom.ru/	俄罗斯海军舰船制造工业的门户网站，主要内容有俄主要舰船厂的介绍、主要业务情况、造船业基础知识、军舰制造最新情况报道等，从这里可以把握俄舰船制造包括给国外造舰的某些动向。
ФСВТС http://www.fsvts.gov.ru/ ★	"联邦军事技术合作总局"官网，它详细介绍了军事技术合作的基本内容、总局的机构和任务、相关法规、活动、新闻以及一些相关资料，这些对于了解俄对外军事技术合作的基本情况具有较好参考价值。
Энциклопедия военной авиации ВВС России http://combatavia.info/	"俄罗斯空军百科"网重点介绍俄罗斯空军和陆航各类飞机、直升机型号和性能，主要分类为：歼击机、轰炸机、强击突击机、运输机、直升机，以及简要介绍前苏联和俄罗斯空军参加的各种大型战役的情况。
Энциклопедия военной техники Арсенал http://topgun.rin.ru/ ★☆	"军火百科"网定位于介绍俄罗斯及其他国家的重要军火武器信息，主要栏目有：航空器、陆军武器、海军武器、世界军队、制造商、军事装备类型、法律、历史、军事游戏、大规模杀伤性武器等。所有简介均有文字、图片信息，内容比较丰富。
Энциклопедия Оружия http://world.guns.ru/ ★★	"武器百科"网支持英、俄两种语言，主要介绍的还是世界各国陆军的各类武器，例如有步枪、手枪、冲锋枪、反坦克武器、机枪、迫击炮、弹药等等，在选择具体武器种类后，还可以选择不同国家的制品，主要有德、中、法、美、英、澳等等十几个主要国家。
Энциклопедия стрелкового оружия http://weapon.do.am/	"步兵武器百科"网主要介绍世界各国的步兵武器，划分出以下种类：无声武器、霰弹枪、火箭筒、单兵防空导弹、迫击炮、手枪、反坦克武器、机枪、狙击步枪、冲锋枪、弹药等。
Ядерное оружие. Полная энциклопедия http://www.nw0.ru/	"核武器百科"网主要内容涉及原子能、核武器基础知识，报道世界核大国的基本核武器概况和核试验情况以及核武器的最新新闻。
3v-Soviet http://3v-soft.clan.su/	一个介绍苏联武器的专业网站，内容几乎涵盖苏联武器的各个种类，有文字、图片等信息。
Lenta.ru: Оружие http://lenta.ru/mil/ ★☆	"连塔网"武器栏目，主要报道俄罗斯国内外武器发展和使用方面的消息以及军事信息等，具有较好参考价值。
LiveGuns http://www.liveguns.ru/ ★☆	网站的报道重点在于各种步兵和装甲武器，分别划分了两个版块进行介绍，其一是步兵武器，如自动步枪、火箭筒、霰弹枪、手枪、机枪、左轮枪、狙击步枪、弹药，其二是装甲武器，如陆军车辆、步兵战车、装甲运兵车、坦克等。通过网站，我们可以对各类陆军武器性能以及俄文表述有了大致了解。
Rosoboronexport http://www.rusarm.ru/	"俄罗斯国防出口公司"的官网，主要是新闻报道以及图片、视频服务等内容。
WeaponsAS http://weaponsas.narod.ru/	专门介绍武器知识的网站。

中俄网站资源和综合性门户网站

在俄网（Runet）中有这么一类网站，它们专门报道与中国有关的历史、文化、国情、宗教、政治、外交、旅游等信息，其中绝大部分是俄文网站；而在中国互联网中也有这么一类网站，它们以俄文报道关于中国的方方面面的知识和情况，其对象是说俄语国家的人们，同时也有部分中文网站专门报道俄罗斯情况、介绍有关俄罗斯和俄语的知识、提供对俄服务。上述两类网站有官方性质的，也有许多是民间、非官方性质的。我们把此类网站统称为"中俄网站"资源。这些网站为说俄语国家的人们打开了一扇面向中国的网络"窗口"，也为国人开通了一条通向«Русский Мир»的便捷途径。而这些资源对于我们往往会具有更高参考价值，具有极强实用性。本章就是介绍此类网络资源，但由于它们数量众多，我们只能选取其中部分具有代表性的网站加以介绍。

第一节 俄网的中俄网站资源

➢ Восточный портал（http://www.oriental.ru/ ★★☆）

"东方门户"网主要是关于中国、日本、朝韩、越南等国的国情文化知识网站，同时也是一个论坛门户网站。关于中国主要介绍和讨论交流中国概况、语言、医学、武术等特色文化信息。

➢ ДОКУМЕНТЫ. КИТАЙ（http://www.vostlit.info/Texts/Dokumenty/china.htm ★★☆）

这是"东方文献"«Восточная Литература»网上图书馆的"中国文献"专栏，其中有中国古代史书的介绍、著名汉学家的成果及简介、中国历史上著名事件的相关历史文献、中俄关系历史文献和研究成果等等，具有极好的学术参考价值。

➢ Журнал «КИТАЙ»（http://www.kitai-journal.ru/ ★★★）

俄文版《中国》杂志的前身是《人民画报》（俄文），在新世纪，我国外宣事业进行了重大改革。2005年11月在莫斯科正式创刊《中国》俄文版，它是面向俄罗斯及其他独联体国家的综合性双月刊，办刊宗旨是把一个真实的中国介绍给俄语地区读者，向广大俄语读者全面、深入地介绍当代中国的发展和变化。刊物及其网站开设有时事、人物、旅游、历史、饮食、茶、艺术、文学、科技、传统、社会、文化、生活、中医等主要栏目，以图文并茂的形式和权威详实的信息，展示中国经济、文化和社会等方面的成就。它从创刊至今，深受境外俄语读者和国内俄语学习者的喜爱和好评。

➢ ИнфоШОС（http://www.infoshos.ru/ ★★★）

"上合组织信息网"是上海合作组织的中央门户网站之一，为该组织和用户提供网络信息服务。该网站主要是介绍上合组织及其各成员国、观察员国的政治、经济、社会、安全、文化等各方面的信息，并提供各类实际服务。

➢ Китай. Удивительный Китай（http://china.kulichki.net/ ★★★）

"中国：惊奇"网是俄网中非常优秀的介绍中国文化的网站，主要栏目有：图册、交友、数字与事实、旅游、故事、历史、文学、文化艺术、哲学宗教、医学、武术、中国菜、商贸、算命生肖、易经等。其中，还提供了中国的许多政府、经济往来资源，这里有中国各个政府、经济部门的俄文表达。网站整体内容十分丰富，报道客观、公正，是非常值得推荐的网络资源。

➢ КитайРу.NET（http://www.kitairu.net/rus/ ★★★）

网站创办于2005年，定位于介绍中国国情、中国文化、旅游指南和教授汉语等。它有4个主要专栏：教育和文化、商务和工作、娱乐、汉语教学。其中，网站自办的网上工具词典非常有特色，共收录有27000多汉语词汇，都有明确的俄文译文。

➢ Новости Китая（http://www.chinanews.ru/ ★★☆）

"中华新闻"网专门报道关于中国的时事新闻，新闻版块的主要栏目有：要闻、经济、政治、社会、港澳台、事故、安全、专栏、俄中关系等。网站内容丰富，信息量大，是中国新闻类的较好网络资源。

➢ СМИ Китай

俄网有部分大众媒体专门开设有"中国专栏"，例如：Взгляд.Китай（"观点"网中国栏目 http://vz.ru/tags/90/），（"我们的报"网中国栏目http://ng.bigchina.ru/）Наша газета（http://ng.bigchina.ru/）等。

➢ Современный Китай（http://www.chinamodern.ru/ ★★☆）

"当代中国"网用新闻图片和文字的形式来报道当代中国的方方面面，例如有社会、城市、历史、电影、名人、中国人、商品、购物、汽车等等，内容比较丰富。

➢ Энциклопедия Китая（http://abirus.ru/ ★★☆）

"中国百科"网（АБИРУС）项目实际上起始于1988年，目前其主要任务是总结、收录中国的网络信息，从而建立起一个服务于各类用户的中国数据库平台，长远目标是为中国问题研究提供信息支撑。它主要分两个版块：商务、互联网版块和发表、出版物版块。网站整体信息量很大，提供有众多网络资源链接。

➢ ChinaPro（http://www.chinapro.ru/ ★★★☆）

ChinaPro是关于中国的商务杂志网络版，它设置了十数个专栏，主要有：一周热点、今日新闻、视频、公司、人物、专家评论、采访、数字、城市、博客、展览、交易所、市场、时事评论、相册、雷人误译、独家报道、中国生活等。网站栏目丰富，信息量极大，内容生动有趣、客观公正、实用性强，在俄网的中俄网站类型中属佼佼者。与之相关的频道还有ChinaPro TV频道（http://www.chinaprotv.ru/），可以在线播放许多视频。

第十二章　中俄网站资源和综合性门户网站

其他常见俄网的中俄网站资源

名称与网址	说　明
Антология даосской философии http://polbu.ru/malyavin_daosphilo/	"道家哲学文集"网实际上收录的并非只有道家像老子的学说，而是收录了诸子百家许多学派的学说摘要，具有较好的参考价值。
БКРС http://bkrs.info/ ★★	一个办得很有特色的"大汉俄在线词典"的词汇论坛，由网民共同维护词典词库，可以自行添加，为专业研究者和汉语爱好者服务。
Великая Стена http://china.worlds.ru/ ★★	"长城"网是介绍中国知识、报道中国新闻的专题网站，主要栏目有：概况、城市、游记、文化风俗、哲学、汉语、历史、图集、图书、港澳台、论坛等。网站内容丰富，资源链接具有很好参考价值。
Великий Китай http://iclub-china.com/ ★★	"大中国"网是关于中国的综合性知识网站，主要栏目有：概况、城市和区域、文化艺术、中国菜、身心、汉语、中国传统特色、08奥运、新闻等。网站还提供了许多有价值的链接。该网整体资源比较丰富，信息量较大。
Вокруг Света. Китай http://www.vokrugsveta.ru/country/prc/	《环球》杂志网络版关于中国的部分。
Восточное полушарие http://www.polusharie.com/	"东半球"网是关于"东部"国家如中国、日本、韩朝和其他国家的交流平台。论坛的中国专栏主要是：概况知识、照片、政治经济历史文化等，集合了各种相关论坛的信息。
Всё о Китае http://info.chinaworld.ru/ ★★	"中国大全"网是关于中国多方面知识介绍的信息网站，主要栏目有：中国概况、气候、人口、历史、货币、旅游、饭店等。网站设计简洁，知识介绍简明、丰富。
Всё о КИТАЕ и китайцах http://www.golos-vetra.ru/ ★★	"中国和中国人知识大全"网顾名思义是专门介绍有关中国、中国人各方面知识的网站，主要栏目有：中国新闻、城市和休假地、名胜、经济、文化、展览和其他等。网站内容丰富，信息量大。
Джонга http://www.zhonga.ru/	一个汉俄在线词典工具，收录的词条除基本词库外，大多数是网友补充，另外还有很多汉俄句子翻译成品供参考。 （Джонга——中国帆船）
Дом Конфуция http://confuciushouse.com/	"孔子之家"网主要介绍中国的儒家文化，特别是重点介绍孔孟等的生平和学说、思想。网站还有图书、图片等资料。
Древнекитайская литература http://www.lib.ru/POECHIN/ ★☆	俄网最大的网上图书馆之一——马克西姆·莫什科夫图书馆的中国古典文学专栏，有从诗经、老子道德经、易经到唐朝诗歌等许多文学作品的俄译本。
Изучение китайского языка online http://master-chinese.ru/ ★★	"汉语学习在线"是一个博客、论坛式的汉语学习网站，汉语学习的内容包括：语音、语法、词汇、会话、笑话、测试等，此外，网站还提供了非常不错的在线词典链接（cidian.ru）、中文字体下载等资源。
Институт Конфуция РГГУ http://www.confucius-institute.ru/	"俄罗斯国立人文大学孔子学院"的官网。
Интернет-альманах «Всё о Китае» http://www.china-voyage.com/ ★★	"中国大全网络年鉴"是关于中国重要方面的知识性和信息性网络资源，主要栏目有：概况、历史、人物、艺术、科学、文化、记录和杂项等。其中的许多报道、评论视角很独特。

续表

Китай для Вас http://www.china4you.ru/ ★★	China for You网是介绍中国的百科知识网站，栏目内容涉及历史、地理、人文、宗教、语言、传统、风俗、风景名胜等诸多方面，信息量大，内容较为丰富。
Китайская грамота http://www.lingvochina.ru/ ★★	《中国文字》杂志的官网，主要内容是介绍中国汉字文化和汉语知识。网站还提供了许多学习材料，具有很好的参考价值。
Китайская каллиграфия http://www.china-shufa.narod.ru/	介绍中国书法艺术的个人网站，有书法课程讲解和其他知识介绍。
Китайская кухня http://www.china-foods.ru/ ★★	"中餐"网详细介绍了中国烹饪文化、中餐品种、做法和一些具有代表性的名吃名餐的知识，内容非常丰富。在前面"生活娱乐"网络资源章节中也有一些相近资源介绍，例如有：kulina.ru（http://www.kulina.ru/articles/national/chinese/），kooking.net（http://www.kuking.net/c14.htm），Готовим.ру（http://www.gotovim.ru/national/china/）等。
Китайский пантеон богов http://myfhology.narod.ru/gods/kitay/kitay.html	介绍中国文化中神话传说人物、神仙的专题网页。
Китайский список http://chinalist.ru/ ★★	俄网中国网络资源（少部分中网的中文资源）的目录网站，还提供"数字中的中国"和"中国图书"资源链接。
Китайский язык онлайн http://studychinese.ru/	"汉语学习在线"网报道汉语教学、关于中国新闻的相关消息，提供了部分学习资料和在线词典工具。
Китайско-российский центр http://www.chinese-russian.com/ ★	"中俄中心"网是一个中、俄文翻译服务平台，网站还教授部分实用汉语知识和售书的网站，其中举办的"猜汉字"活动及网站的在线汉俄词典具有很高实用价值。
Китаист.инфо http://www.kitaist.info/ ★★	网站的主旨是探索现代和传统的中国，报道旅游、学习和新闻信息，提供在线词典、网上工具、学习资料等，开办有论坛。
Либрусек Китайские Народные сказки http://lib.rus.ec/b/131907	网上图书馆Либрусек的"中国民间故事"专栏，为fb2格式。与此类似的文学作品网络资源还有：Пескарь（http://peskarlib.ru/lib.php?id_sec=51）等。
Магазета – Орган независимых китаистов http://magazeta.com/ ★★	定位于"俄网中国传声筒"，由马利采夫（А.Мальцев）创办于2005年，是关于中国的集体博客网络出版物，特别是有独立汉学家（中国问题研究者）加盟。它每日发表对于中国、中国文化以及如何学好汉语的点滴感受和提供相关资源。
Мир Джеки в Рунете http://www.jackie-chan.ru/	成龙的俄罗斯"粉丝"们办的俄网成龙论坛。
Мой Китай http://www.mykitay.ru/ ★☆	这是达吉扬娜（Татьяна）所办的个人网站，侧重介绍中国国情和文化，主要栏目有：新闻、中国年、人物、历史、地理、文化、宗教、艺术、文学、戏剧、餐饮、茶、健康、体育、商务等。
Мудрость Китая http://kitaia.ru/ ★	"中国的贤智"网把视角放在了中国古代的思想源头，探讨孔子、老子思想和儒家文化等，主要栏目有：资料、二十世纪中国、十九世纪中国等。

续表

名称与网址	说明
Обучение в Китае http://www.study-in-china.ru/	"留学中国"网重点介绍中国的教育体制、高校和相关留学制度，并提供相关服务。
Россия на ЭКСПО 2010 http://expo2010-russia.ru/ ★☆	2010上海世博会俄罗斯馆官网，介绍了该馆的所有相关信息，有大量图片和视频素材。
Русско-китайский фонд развития культуры http://www.pkfond.ru/	"俄中文化发展基金会"的官网，介绍基金会的活动和中国教育情况。
Сады Востока http://garden.hobby.ru/	"东方花园"网主要介绍中国、日报、印度的诗歌、散文。以中国为例，网站收集了许多对中国古诗词、散文的俄文译本，例如有《诗经》和陶渊明的作品、唐宋诗歌等。
Срединный путь http://marianshi.com/ ★	"中庸之道"网是个人网站，主要介绍中国的哲学、宗教和文化知识。
Стихи тысячи поэтов http://baruchim.narod.ru/	"千家诗"网收录有数量众多的中国诗歌作品的俄文译文，有的还有音频文件。还有部分俄诗英文译文。
Учебник китайского языка http://www.chineseland.ru/	学习汉语的个人网站，并开办了同名网络期刊，有不少学习材料。
Оборона и безопасность КНР http://abirus.ru/content/564/623/631/	介绍中国的国防和国家安全相关知识的专题网页，有知识介绍、新闻报道和评论。
Яндекс.Каталог Китай http://yaca.yandex.ru/yca/geo/Asia/China/	著名搜索引擎Yandex的中国网站资源目录。
36 китайских стратегем http://chinastrateg.narod.ru/	关于中国"三十六计"的信息知识网站。
Ars Asiatica http://www.arsasiatica.com/ ★	关于"东方艺术"的专题网站，主要是中国、日本及其他亚洲国家（像东南亚、中亚）的艺术知识，主要栏目有：绘画、建筑、宗教、哲学等。
BigChina http://bigchina.ru/ ★★	一个网络资源目录式网站，主要介绍俄网中与中国、汉语等有关的网络资源，目前已收录近360个网站。网站还收录有60多种俄、中文TrueType字体，可以免费下载，是难得的文字处理资源。
Shu-Ba.Ru http://www.shu-ba.ru/	"书吧"网是个中文图书网上俱乐部，也是个网络书店，创办于2005年12月。它专门经营与中国有关的图书业务，同时其网站也介绍不少中文图书信息。
Tokitay.ru http://tokitay.ru/	网站的主题是"中国的历史和现代"，主要栏目有：中国简介、中国历史、中国文化、中国名胜、西藏、中餐、中国制造、中国算命等。
Vestnik.Asia Китай http://vestnik.asia/category/china	"亚洲通报"网的中国专栏，专门报道中国新闻。

俄网的常见中俄旅游资源

名称与网址	说明
Всё о Гонконге http://www.hong-kong.ru/	专门介绍港澳生活和旅游信息的网站。

续表

名称与网址	说明
Китай Travel.ru http://archive.travel.ru/china/ ★★	俄罗斯"旅游"网的中国专栏，介绍中国的人文地理、旅游名胜，报道旅游新闻，推荐旅游景点。
Китай Tyrist.ru http://china.tyrist.ru/	Tyrist旅游公司的中国旅游知识和注意事项讲解。
Москов. Офис Представительства CNTO http://www.chinatourism.ru/ ★★☆	"中国国际旅行社"驻莫斯科代办处的官网，主要报道中国旅游新闻、介绍旅游景点、提供旅游信息。
Отдых в Китае http://www.coral.ru/main/china.aspx	Coral旅游公司的中国旅游简介。
Планета Китай http://respect2china.ru/ ★	一个对中国旅行、居住的文化观感的个人网站。网文有些像帖子形式。
Роскошный отдых Китай http://www.lholiday.ru/country/china.shtml ★☆	Luxury Holiday旅游公司的中国旅游项目网，主要介绍北京、上海、大连、哈尔滨、桂林、洛阳、三亚、西安、苏州、海南岛等旅游景点。
Туры в Китай http://www.astravel.ru/china.phtml	Astravel旅游公司的中国旅游栏目，推荐多种旅游线路，介绍线路风景。
Туры и путёвки в Китай http://www.turizm.ru/china/	"旅行"网的中国专栏，提供线路和景点介绍。
Хайнань http://hainan.ru/	一个专门介绍海南旅游资源并提供旅游服务的网站。
ChinaTravel http://www.chinatravel.ru/china/ ★☆	"中国旅游"公司的官网，介绍中国旅游城市和景点，主要有：北京、上海、广州、苏杭、桂林、青岛、西藏、西安、洛阳等。
ChinaWorld.ru http://www.chinaworld.ru/ ★★☆	"旅行和商务旅游公司中国"的官网，它推介不同的旅游线路，同时介绍线路旅游景点和中国知识。网站设计精致。

俄网部分中华武术、气功、医学资源

名称与网址	说　明
Вин Чун Куен Пай http://wingchun.name/home	"国际咏春拳协会"的俄文网页。
Лига традиционного Ушу http://www.wushuliga.ru/	"俄罗斯传统武术学会"官网。
Московская Федерация УШУ http://www.wushu.ru/	"莫斯科武术学会"官网。
Тайцзи http://taiji.ru/	"太极"网专门介绍中国太极知识、报道相关消息以及太极拳练习信息的专题网站。
Тайцзицюань стиля Чень http://chentaichi.ru/，http://hunyuantaiji.ru/	陈式太极拳的知识讲解和教学网站。
Тайцзицюань Ян http://www.taichi.smysl.ru/	杨式太极拳的教学和知识网站。
Традиционная китайская медицина http://www.tcmprog.com/	介绍中国传统医学即中医知识的专题网站。
Традиционный Тайцзицюань http://www.taiji-quan.ru/	介绍各种太极拳流派和教习的网站（俄网）。

	续表
Федерация традиц. и спорт. Ушу Россия http://www.wushu.org/rus/home.php	"俄罗斯传统和体育武术协会"的官网。
Федерация Ушу России http://www.wushu-russ.ru/	"俄罗斯武术协会"的官网。
Центр изучения «ДАМО» http://damo.ru/	一个研习少林武术的网站（俄网）。
Цигун http://www.homecigun.ru/	气功讲学、教习的专业网站。

"风水"资源

"风水"（Фэн шуй）这个词恐怕是目前俄罗斯从中国传统文化中借用频率最多的词汇了，Фэн шуй在俄罗斯也是"风生水起"。自然，这方面的网络资源也是非常之多，这里仅列举部分具有一定代表性的资源进行简介。

名　　称	网　　址
Академия Фэншуй	http://academia-fengshui.ru/
Всё о китайском календаре: Фэн-шуй удачи	http://feng-shui.net.ru/
Всё о Фэн-шуй	http://fengshuiworld.ru/
Даогун – о Фэн шуй и Цигун	http://www.daogun.info/
Фэн шуй	http://www.gestia.com.ua/fs/glavna/
Фэн Шуй Консалтинг Центр（乌）	http://www.fscc.com.ua/
Fenshuy	http://www.fenshuy.ru/

俄网常见的中俄经贸专业资源

名称与网址	说　　明
АКБ «Банк Китая» http://www.boc.ru/	"中国银行"俄罗斯分部的官方网站。
Бизнес в Китае Гонконг http://asia-business.ru/	香港商务信息分析门户网站。
Бизнес портал о Китае http://www.ni-hao.ru/	"你好"网是中国公司和商务信息专业网站。
Китайский бизнес http://topchina.biz/	"中国商务"网介绍中国商务信息、提供商务服务。
КитайТорг http://www.kitaitorg.ru/ru/	介绍和销售中国商品的专业网站，同时报道商业信息。
НКТК http://www.anctc.ru/	同中国的俄罗斯贸促会官网，介绍协会、商贸和物流信息。
Окно в Китай http://www.chinawindow.ru/	"中国之窗"是为同中国贸易提供咨询服务的专业平台。
Российско-китайский автомобильный форум http://www.russiachina-forum.com/	"中俄汽车论坛"网。
Российско-Китайский деловой совет http://www.rcbc.ru/news/ ★☆	"俄中双边企业家理事会"的官网，支持中、俄、英文，主要有委员会组成、合作项目、新闻中心等栏目内容。

Твой путь в Китай http://www.chindao.ru/ ★☆	"中国之路"网的主要内容是关于中国的商业、商品信息以及数个论坛，如淘宝论坛、中国商务论坛、中国论坛等。
Торгпредство России в Китае http://www.russchinatrade.ru/ru/	"俄罗斯驻中国商务代表处"官网俄文主页，支持中文。
Форум SinoCom http://sinocom.ru/ ★	介绍中国商贸情况的专业论坛，有诸多分栏，并开设了淘宝平台。
Эксперт Китая http://cnexpert.narod.ru/	介绍中国商务、旅游和贸易信息的咨询平台和网络资源。
ChinaData Research http://www.chinadata.ru/ ★	中国市场、商业数据库检索平台。
China-online http://www.china-online.ru/	中国特色商品网络商店，例如有茶、陶瓷、保健品、化妆品等。
RussianChina.ru http://www.russianchina.ru/	中俄商务咨询信息网站，主要提供产品、供应商和服务项目信息。
RUTAO http://www.rutao.ru/ ★	利用淘宝平台进行商品交易和交流其他信息的论坛网站。
SinoExport http://sinoexport.ru/	报道中国商贸信息并提供专业商务服务的网站。

第二节　中国互联网的中俄网站资源

从网站语言上说，中国互联网的中俄网站资源一般分三种情况：纯俄文；中、俄文；纯中文。我们下面介绍的网络资源若没有特别说明，均指俄文网站资源。

媒体资源

➢ CRI online Русский язык（http://russian.cri.cn/learnchinese/ ★★★）

2004年中国国际广播电台俄语广播庆祝了开播50周年，此节目在较长的岁月里、在风云变幻的国际形势下已成为俄罗斯及其他独联体国家人民了解中国的重要窗口，其听众除了上述地区外，还涵盖东欧诸国、蒙古、以色列等。网络直播频道节目内容丰富，主要有：新闻、经济、文化、旅游、汉语学习、生活、体育等，网站提供在线广播、视频、图片、博客、论坛等网络服务。

➢ CCTV-РУССКИЙ, CNTV-РУССКИЙ（http://russian.cntv.cn/01/index.shtml ★★★★）

中央电视台俄语国际频道于2009年9月10日正式开播，信号覆盖亚洲、太平洋、中东和欧洲地区。上述地区的观众可以24小时不间断地收看到来自中国的俄语节目。频道的主要服务对象为12个独联体国家、东欧地区和波罗的海3国，总人口约3亿。同时，全球互联网用户，尤其是上述国家和地区的互联网用户，都可以通过央视网的网络电视俄语频道，收看到中央电视台俄语国际频道节目。俄语国际频道以新闻为主打，文化、服务和娱乐节目为辅助。设有新闻、专题、娱乐和教学4大类共计16个栏目。其中新闻类栏目5个，它们是：《综合新闻》、《财经新闻》、《亚洲新闻》、《中国新闻》、《会客厅》；专题类栏目11个，它们是：《放映厅》、《纪录片》、《印象中国》、《旅游指南》、《中国厨艺》、《学汉语》、《综艺荟萃》、《想挑战吗》、《财富故事会》、《每日一歌》和《功夫》。

从实用性角度来看，该台的新闻频道、纪录片和旅游节目对我国的俄语学习者和爱好者来说最有价值。它也是我国目前唯一的全天俄语电视节目播放机构。

➢ RUSSIAN.NEWS.CN（http://russian.news.cn/ ★★★★）

"新华网"是由新华社主办的中国最重要的官方网站之一，也是世界上最重要的中文新闻网站之一，共支持7种语言，全天候不间断地发布新闻信息，每日更新量近4500条。内容以新闻为主，分为要闻专区和新闻专区两大版块，包括国内、国际、财经、证券、体育、科技、IT、法制、社会、娱乐、教育、校园、读书、汽车等14大新闻类别。新华网俄文版的最主要栏目有：要闻、中国、俄联邦和独联体、世界新闻、经济、社会、科技、自然、文化、体育、健康等，除此之外，俄文版还有一些功能版块，例如：评论、采访、发布会、专题报道、图片、查询资料、旅游、天气、市场、网站资料等。

➢ Газета «Жэньминь жибао»（http://russian.people.com.cn/ ★★★）

人民网创办于1997年1月1日，是世界大报《人民日报》建设的以新闻为主的大型网上信息交互平台，也是国际互联网上最大的综合性网络媒体之一。人民网现拥有15种语言版面，其中俄文版开通于2001年，目前已经发展成为向境外人士传播中国最新、最快、最全面新闻资讯和服务信息的重要综合型平台，成为俄语国家人民获取有关中国信息的重要来源。主要栏目有：中国新闻、世界新闻、俄罗斯和独联体新闻、专题报道以及政治、经济、科技、社会文化、体育、事故等栏目和图集、视频、资料等参考资源。

➢ 俄新网（http://www.rian.cn/ ★★★）

"俄罗斯新闻网" 俄罗斯新闻社中文网站，是俄罗斯第一家中文俄罗斯电子媒体。它于2006年3月俄罗斯总统普京访华期间和两国重大活动 "中国俄罗斯年" 启动之际正式开通。俄新网主要的支持单位与合作伙伴有俄联邦总统办公厅、联邦政府、俄外交部、俄文化部、俄联邦新闻出版与传媒署以及俄罗斯各级联邦主体政府、俄罗斯联邦驻华大使馆以及中华人民共和国国务院新闻办公室、中华人民共和国驻俄罗斯联邦大使馆、人民日报社、新华社等等。我们在前面章节叙述过，РИА Новости（http://ria.ru/）官网实际上支持9种语言，但我们并没有把 "俄新网" 与РИА Новости在内容上简单等同，它们所登载的内容还是有一定区别。目前， "俄新网" 开办有三大类27个小类的分栏，特别是像俄中关系、华人平台、访谈、读者回声等刊登的内容都是俄新网（中文）的特色栏目。

➢ Голос России Китайский язык（http://chinese.ruvr.ru/ ★★☆）

"俄罗斯之声" 国际广播电台的中文频道，关于Голос России我们在前面的大众媒体章节曾予以介绍。2010年 "俄罗斯之声" 华语广播庆祝了开播70周年，主要任务是让全世界了解俄罗斯的社会生活，提供发生在俄罗斯真实的画面，使其更贴近听众。它也是为数极少的开办中文官网的俄罗斯媒体之一。它与中国国际广播电台保持着紧密的互动，合办了许多重要两国间友好文化活动。主要栏目是：政治、经济、社会、文化、体育、科技、安全方面的新闻报道。网站提供在线广播，特别是 "俄国媒体看中国" 栏目非常具有参考价值。

> Журнал «Китай»（http://www.kitaichina.com/ ★★☆）

《Китай》(《中国》)杂志有俄网的网络资源,而这是其在国内的网站资源。网站重点是新闻报道和专题新闻,同时它还与杂志的主要栏目相对应开设栏目,部分过期杂志的重点文章可以在线浏览。

> Журнал «Партнёры»（http://www.hbzzs.cn/ ★★）

这是《伙伴》杂志社的官网,支持中、俄两种语言。网站主要是介绍杂志基本情况,报道中国和黑龙江、世界重要新闻,指导俄语学习等。可以在线浏览杂志部分期刊文章。

> Здравствуй, Китай!（http://www.crinihaochina.com/ ★★）

"你好,中国!"是中国国际广播电台网站在俄罗斯汉语年举办的汉语学习和中国文化传播的文化项目,目的是教授汉语语言知识、传播中国文化。网站有游戏、在线课本、音视频资源等。

> Китайский информационный Интернет центр（http://russian.china.org.cn/ index.htm ★★★★）

"中国网"是国务院新闻办领导、中国外文出版发行事业局(中国国际出版集团)管理的国家重点新闻网站。它始建于1997年,目前支持11种语言。它以新闻为前导,以国情为基础,以融合各地通讯、即时专题、网上服务、媒体搜索等内容为原则,通过即时新闻、详实的背景资料和网上独家的深度报道,向世界及时全面地介绍中国,并为中国和世界各国的访问者提供迅捷、权威的信息服务。"中国网"俄文版主要专栏有:独家报道、中国新闻、新闻发布会、世界新闻、经济、参考资料、中国与能源、旅游、电影、照片、视频、教育、专题报道、中国与俄罗斯等。"中国网"俄文版有许多介绍中国社会、文化、风俗的版块,例如中国传统节日、电影节、时尚等等,对于俄语爱好者来说具有极佳的参考价值。网站还开辟了"网上孔子学院",对俄语受众教授汉语知识(http://russian.china.org.cn/russian/ 271684.htm)。从语言的翻译质量来说,"中国网"俄文版在我国互联网的同类新闻媒体中属于佼佼者。

> КОНТИМОСТ（http://russian.xjts.cn/eco/node_20380.htm）

《大陆桥》杂志是在中亚国家发行的俄文月刊,定位于反映经济和文化生活。这是个中外合作媒体,其电子版由"天山网"等予以支持。在杂志官网上可以在线浏览部分期刊文章。

> ПАРТНЁРЫ（http://www.partnery.cn/ ★★★）

"东北网"(www.dbw.cn)是黑龙江省唯一重点新闻网站,是黑龙江网络门户,于2001年7月正式开通。2006年6月由东北网创办的中国首家俄汉双语综合性网站——"伙伴网"正式开通。目前网站的主要栏目有:要闻、中国新闻、世界新闻、经济、专题报道、黑龙江简介、中国简介、旅游、照片和视频、俄语学习、俄罗斯人在中国等。"伙伴网"有许多回顾历史文化的栏目非常有特色,在国内同类网站中独树一帜。

> ТЯНЬШАНЬНЕТ（http://russian.xjts.cn/ ★★☆）

"天山网"是新疆新闻门户网,于2001年12月18日正式开通,是新疆维吾尔自治区唯一家重点新闻宣传网站。网站现有中文（简、繁体）、俄文、维文、英文、哈文5个语种的8个版面，共搭建了互联网、手机报、手机网、数字报刊4大平台。设有新闻、政务、区情、旅游、经济、女性、汽车、数码、房产等频道70多个。俄文版是新疆唯一俄语新闻网站，于2003年开通，面向中亚五国、俄罗斯和东欧俄语区国家及时介绍中国特别是新疆维吾尔自治区的重大事件、新闻信息，以传播我国西北经济信息为主，专栏有：要闻、中国新闻、独联体和俄联邦新闻、世界新闻、专题报道、旅游等。

经贸资源

名称与网址	说　明
Cocochina http://www.cocochina.com/	一个中俄网上交易网络，提供产品、公司、买卖检索，设有交易论坛，实行会员制。
Китайская ярмарка импортных и экспортных товаров http://www.cantonfair.org.cn/ russian/index.shtml	"中国进出口商品交易会"（广交会）官网，又称"网上广交会"。目前官网支持11种语言，其中包括俄语。网上广交会与广交会产品资料库数据同源，利用广交会数十年积累的参展商展品数据库和客商数据库资源，实现"网上洽谈，现场成交"，网站提供大型电子商务平台——贸易匹配。俄文网页主要是介绍广交会历史、报道商贸新闻，同时提供广阔的网上交易平台。
Министерство коммерции КНР http://russia.mofcom.gov.cn/index.shtml	"中华人民共和国商务部"官网的俄文版，报道了中国各类商务信息以及商务部机构组成、功能，并提供网上服务。
Портал Научно-технической и экономической информации Центральной Азии http://www.cainfo.net/	"中亚科技和经济信息门户网"是由新疆科技情报所的同名中心主办的经贸类网络资源，主要报道经贸、科技、社会、政治法律等方面的资讯。
Региональное экономическое сотрудничество ШОС http://www.sco-ec.gov.cn/crweb/ scor/index.jsp	"上合组织区域经济合作网"支持中、俄文，它是上合组织的重要经济合作形式，主要栏目有：合作概况、区域动态、贸易投资环境、便利化与经济合作、企业服务、网上互动等。它所提供的很多双边、多边投资信息对于提升该组织的贸易活力起到很好作用。
Российско Китайское торгово-экономическое сотрудничество http://www.crc.mofcom. gov.cn/	"中俄经贸合作网"是由中国商务部和俄罗斯经济发展部联合主办的经贸类网站，支持中、俄文。网站主要提供以下资讯：双边动态、经贸资讯、市场调研、统计数据、专家论坛、在线发布等。它还提供了许多服务项目，如赴俄投资指南等。
Харбинская международная торгово-экономическая ярмарка http://ru.ichtf.com/	"中国哈尔滨国际经济贸易洽谈会"（简称"哈洽会"）官网的俄文版。它重点报道交易会的商贸新闻、中俄和东北亚地区的交流信息，为交易者提供服务平台，网上办公，同时介绍哈洽会历史、黑龙江概况等。

其他资源

➢ Show China（http://ru.showchina.org/ ★★★）

看中国网（www.showchina.org），是以视觉为特色向海内外网民客观介绍中国及中国文化的多语种、多媒体数字化传播平台,由五洲传播中心建设运营。网站是海内外了解中国的便捷窗口,也是汇聚对外交流、华夏风采、中国文化资源的数据库。网站以服务于关注中国热点、中外交流讯息、中国文化发展与动态的人士,以及学习中文的群体为主要受众。目前网站支持6种语言,其俄文版以反映中国国内热点、焦点事件和动态资讯、中外文化交流信息、中国传统文化精品和各地方文化产品资源、介绍中国基本情况的权威资料为主要内容。此外,还有五洲图片库及"封面"摄影俱乐部、专题论坛、博客、在线视听等多媒体互动功能版块。

名称与网址	说 明
Beijing Language and Culture University http://www.blcu.edu.cn/blcuWeb/Russia/index-Rs.asp	北京语言文化大学校方官网的俄文主页,在国内大学的官方主页中有俄文主页的不多,这是其中之一。它主要是介绍学校历史、语言学习安排其他学习信息。
Confucius Publishing http://confucius.org/mainr.htm	"儒学出版社多语言网址"的俄文主页,该网支持十几种语言,主要是用中文和外文简要解释儒学、孔学的一些基本学说。
Discover HongKong http://www.discoverhongkong.com/russia/	香港旅游发展局主办的"亚洲国际都会香港"的旅游俄文主页,主要栏目有:行程、景点、购物、美食、旅行团、特色旅游、节日及盛事、互动、会议展览等。这几乎是香港的旅游大全。
Китай Синьцзян http://ru.chinaxinjiang.cn/	"中国新疆"网创办于2005年10月,目前支持中、英、俄等6种语言,是向外界宣传真实新疆的网络新闻信息窗口。网站俄文版的主要栏目有:新闻、社会生活、文化、旅游、宗教、新疆、图片、音频、视频等。
Китай Цзилинь http://russian.jl.gov.cn/	吉林省政府官网的俄文版,主要介绍吉林概况、省政府机构情况等,报道相关新闻,并为投资、旅游、居住等提供咨询服务。
МИД КНР http://www.fmprc.gov.cn/rus/default.htm	"中华人民共和国外交部"官网的俄文版,主要专栏有:外交动态、信息服务、国家地区组织、国际问题、中国简介、资料。此外,还有要闻、新闻发布会等专题栏目。
Пекин 2008 China.org.cn http://russian.china.org.cn/sports/archive/beijing2008/node_2145024.htm	2008北京奥运虽说已过去一段时间了,但网络上的专题报道依然保留着。从这里我们可以重温那场盛会,学习并体会相关报道的俄文表达形式,总之,作为奥运会的俄文资料是比较难得的。
Посольство КНР в РФ http://ru.china-embassy.org/rus/	"中华人民共和国驻俄联邦大使馆"的官网俄文版,支持中、俄两种语言,主要栏目是使馆信息、中俄关系、领事事务、经贸教育科技文化执法合作等,并介绍台湾问题、今日中国和西藏概况等等。
Посольство России в Китае http://www.russia.org.cn/rus/	"俄联邦驻中国大使馆"的官网俄文主页,主要是报道中俄两国在政治、外交、经济、文化等各方面的交流情况,介绍使馆的职责和工作情况,为人员往来提供服务,有相关参考文件、资料供下载。网站还提供了很多链接资源,像上合组织、俄联邦政府机构等。
Харбин Китая http://www.harbin.gov.cn/russia/	"哈尔滨市人民政府门户网"的俄文版,同时还支持多种语言。主要内容是介绍市政府的功能和组成以及哈市的概况,提供投资、旅游服务信息,介绍当地的文化特色和国际联系等。
Центр по изучению России http://www.rus.org.cn/	"华师大俄罗斯研究中心"主页,主要是介绍机构组成、学术活动和部分论文资源。

中文的中俄网站资源

在中国互联网有一批中文网站资源，它们定位于俄语学习、教学，或介绍俄罗斯的国情、历史、文化，或研究俄罗斯问题，或提供中俄商贸服务等等，严格地说，它们不属于我们所介绍的Рунет的俄文网络资源，但鉴于它们同我们上面所介绍的相关资源的紧密关系以及对我国受众的重要作用，我们这里一并加以简介。

➢ Lesha俄语娱乐综合论坛（http://www.lesha.cc/ ★★★）

这是一个在中国国内办得很不错的俄语论坛，是国内同类网络资源的后起之秀，近年来发展极快，在圈内已有较大知名度。主要论坛版块除了常见的俄语音像制品（电子版）的介绍和下载资源外，还有不少俄语学习资料和娱乐信息。网站所提供的丰富的下载资源和网络链接资源为我国广大俄语爱好者提供了很好的交流、学习平台。尽管在某些方面还存在不少瑕疵（高档次专业学者少、失误错误频出、有些资源档次偏低等），但在国内英语一统网络天下的背景下取得目前成绩并占有一定地位实属不易，应予大力推荐。①

➢ 文国俄语学习（http://ru.v.wenguo.com/ ★★☆）

这是号称"中国外语教育第一门户"的"文国网"的俄语学习频道。主要内容是传授俄语知识以及俄语学习、俄语考试和俄语歌曲等资源。主要栏目有：新闻排行、俄语视频课程、俄语学习、俄语考试、俄语视听吧、俄语留学、最新专题、俄罗斯风情历史文化等。此外，还有一些诸如学习资源下载、文国音乐、在线电视等资源链接。

名称与网址	说　明
俄罗斯东欧中亚研究网 http://euroasia.cass.cn/ ★★	中国社科院俄罗斯东欧中亚研究所的网站主页，该所在国内俄罗斯问题研究方面具有权威性影响，网站登载了许多学术研究信息和热点新闻信息。其中的学术论文收录量颇大，对于学术研究具有极好的参考价值。
俄语词霸 http://www.bjguang.com/ ★★	一个办得很有特色的在线俄汉双向工具词典，是由中国青岛北极光网络公司承办。目前已逐步建成了数据量庞大、词汇释意精确、涉及领域广泛的汉俄词汇数据库，收词已达1700万，并致力于打造成权威性的汉俄词汇搜索引擎。
俄语俄罗斯 http://www.myruru.com/ ★☆	一个俄语学习、俄语翻译和俄语资源的专业网站，侧重在俄语学习的基础和趣味知识，同时提供部分音像资源和学习资料下载。
俄语人才网 http://www.russianjob.cn/	该网称为"网上的俄语人才市场"，提供各种岗位信息和求职咨询服务。
《疯狂俄语》专业网络商店 http://www.aif.cn/	专门销售俄语学习资料、《疯狂俄语》杂志、俄语音像制品和电子词典的专业网店，品种比较丰富。作为一个民间俄语出版机构，面对中国这样的俄语市场，能生存下来并得到发展实属不易。
"你好！俄罗斯"专业俄语博客网站 http://www.hirussia.net/ ★★	由上海廖莎国际俄语推广工作室主办的一个俄语博客交流平台，定位于通过博客、日志来提供俄语学习交流平台，同时提供一定数量的音视频、俄语学习资源，并报道相关经贸消息、出国留学信息等。与此类似的国内俄语论坛还有一些，例如："静静的白桦林"（http://www.91luck.net/index.asp）等。

---
① 正是为了鼓励其不断发展，我们给出了★★★的推荐评价。

情动俄罗斯 http://gb.cri.cn/2009eluosi/	在俄罗斯年由中国国际广播电台等媒体主办的"中国人唱俄语歌大赛"活动的官网，这里有大赛比赛的报道和最终结果以及推荐曲目等资源。
神州俄语学习网 http://russian.szstudy.cn/	"神州学习网"（http://www.szstudy.cn/）的俄语学习频道，提供俄语学习指南、学习资料下载以及俄语语言知识等服务。
外语时空俄语专版 http://www.russky.net/ru.asp ★★	"外语时空网"创办于2002年3月，是一个服务于外语教学和学习，特别是小语种学习的专业网站，目前支持10种语言的学习。俄语专版主要提供俄语教学、学习资料，发布影音素材，指导俄语实践，提供到俄语国家留学信息等。该网站在国内的相关网络资源中在实用性和受众面上居于前列。
万语网俄语 http://ru.10000study.com/	"万语网"的俄语学习专栏，提供俄语学习课程、俄语学习方法指导以及俄语学习资料下载等。
中国俄语教学研究会 http://www.kaprial.org/	中国俄语教学研究会的官网，主要是发布俄语界信息，例如学术会议、学术出版及会员介绍等。更新较慢。
中国·黑龙江 中俄热线 http://www.hlj.gov.cn/zerx/	黑龙江省人民政府门户网站的中俄热线栏目，网站支持中、英文（理论上有俄文，但暂不能用）。该栏目重点介绍动态信息、俄罗斯概况、今日俄罗斯、中俄经贸信息、口岸、中俄留学、出行等内容。
中国俄语人才网 http://www.eyurc.com/	一个中国俄语人才专业数据库，是"东北网"的合作伙伴，提供各类人才动向和职位信息，实施会员制。

第三节 综合性门户网站

所谓门户网站（Портал，Portal），是指提供某类综合性互联网信息资源并提供有关信息服务的应用系统。门户网站一般最初是提供搜索引擎、目录服务，但随着互联网技术和业务的发展，目前门户网站主要提供新闻、搜索引擎、网络接入、聊天室、电子公告牌、免费邮箱、影音资讯、电子商务、网络社区、网络游戏、免费网页空间等，例如我国的典型门户网站——新浪网、网易和搜狐网等。[①]但是，随着"门户"网站这一用法的普及，许多各部门、各门类、各领域的主流网站都启用了"门户"之名。在前面的俄文网络资源中，我们实际上已经介绍了诸多门类的"门户"网，例如"媒体门户网"、"教育门户网"、"计算机门户网"、"音乐门户网"、"军事门户网"、"政府门户网"等等。本节我们将选取部分具有代表性的俄文综合性门户网站进行介绍，它们是指那些整合了多种信息门类和服务项目的网络资源，这些信息和服务主要类型有：新闻、搜索引擎、电子邮箱、论坛、聊天室、影视资源、音乐资源、共享资源、下载资源、电子商务、交友社区等等。

➢ Единое Окно – доступ к образовательным ресурсам（http://window.edu.ru/ ★★☆）

"统一窗口：教育资源的入口"是俄网的教育"大门户"网，但不应把网站资源只定义为教育学资源，它可以说是"门户的门户"，实际上，网站提供了十几个学科门类的

[①] 以上内容部分参考百度百科"门户网站"条目。

参考信息资源和众多的网络链接。网站的几大版块有：目录、网络图书馆、精选、门户、高校图书馆、新闻等，并可以在上述版块内进行信息检索。目录按照以下学科门类进行分类：人文和社会教育、数学和自然科学教育、医学和药学教育、文化艺术教育、技术工艺教育、经济和管理教育、师范教育、法学教育、军事学等，同时在通用教育方面又划分了几十个方向。网站的许多资源都可免费下载，但有些需付费。

> Информационный Канал Subscribe.ru（http://subscribe.ru/ ★★☆）

Subscribe.ru信息频道是圣彼得堡的 Интернет-Проекты公司的网络服务项目，其邮箱服务名列俄网第一。Subscribe.ru目前已发展成为综合性较强的门户网站，网络服务项目主要有：汽车、旅游、计算机、女性、商务、财经、房产、儿童、高科技、健康、体育、生活、烹饪、影视、动物、居家、市场和广告等方面。网站整体资料丰富，文章趣味性、信息性、可读性强。

> KM (Кирилл и Мефодий)（http://www.km.ru/ ★★★☆）

该网站的创办公司使用了斯拉夫文字的创始人"基里尔和梅福迪"的名字来命名，其用意不言而喻，其同名网络项目KM.RU自然是为了占据俄文网络的出发点和制高点。它称为"俄网第一多媒体门户网"，口号是"互联网从这里开始！"。KM公司创办于1995年，1998年开通了最初的网络项目Megabook.ru，2001年"KM在线"加入了e-Style集团。目前，KM.RU已发展成为一个超大型的综合性门户网站，并以出版系列百科工具、科学认知、多媒体教学等产品而著称，在教育服务及其远程教学方面它一直走在俄罗斯同类产品的前列。正是由于其产品的丰富多样性和权威性，当年，它发起的对网络图书馆Максим Мошков Lib.ru 和litportal.ru的版权诉讼案曾轰动一时。

KM.RU主页共分为以下功能版块：（1）搜索引擎，它支持在KM.RU和整个互联网进行搜索；（2）新闻标题，主要有要闻、商务、科技、房产、汽车、旅游、健康、体育、音乐、电影、电视、风格等；（3）知识，主要包括幼儿、中小学生、论文摘要、百科、图书、圣经、古兰经、节日等；（4）娱乐，主要包括电视节目、游戏、电影、海报、音乐、笑话、星相等；（5）KM在线TV；（6）在线杂志；（7）新品；（8）明星和名人；（9）交友社区，即著名的@В Кругу друзей。KM.RU网站整体设计大气、精致，内容十分丰富，诸多服务项目在俄网同类产品和服务中享有极高声誉，在俄网的综合类门户网站资源中居于领先地位。

> Культура-Портал（http://portal-kultura.ru/ ★★★）

"文化门户网"是"文化报"的网络合作项目，由"互联网媒体控股公司"（ИнтернетМедиа Холдинг）承办，俄联邦信息产业和大众媒体部给予资金支持。它致力于向用户提供高质量的文化信息服务，弘扬俄罗斯传统文化和吸收世界优秀文化因子。这一项目由12个分项组成："文化报"网络版；网络杂志"文物爱好者"；"电影图景"；"音乐爱好者"；关于宗教的"信仰世界"；"戏剧舞台"；关于图书、文学的"护封"；"活动"；"艺术现实"；"文化资料"；"文化法规"；"指南"等。网站设计精致，内容非常丰富，参考价值高。

➢ Соотечественники（http://www.russedina.ru/ ★★☆）

"同胞网"是关于俄罗斯与他国关系、俄罗斯人在国外、俄罗斯文化传承等主题的俄罗斯门户网站，主要导航栏有：俄罗斯、同胞、移民、一体化、Русский мир、经济、安全、乌克兰、高加索、波罗的海沿岸、亚洲、文化、体育、历史等。它还支持按国家、地区进行检索。网站的国家关系、俄罗斯文化等方面的资料非常具有参考价值。

➢ Чертовы Кулички（http://www.kulichki.com/，http://www.kulichki.ru/ ★★★）

"远方"网是俄网具有较高知名度的综合性门户网络资源，它由科尔帕科夫（В.Колпаков）和乌曼采夫（Л. Уманцев）于1996年在美国创办，之后转到俄罗斯。网站主页称自己为"俄罗斯第一娱乐服务网站"。众多栏目范围涵盖了从新闻资讯、网上资源到游戏、资源共享、交友等等众多领域，我们在前面的俄网网络资源介绍中已多次谈及该网站的丰富资源。这些栏目主要有：汽车、笑话、动漫、名言谚语、旧货、商务、星相、少儿、交友、游戏、电影、烹饪、中国、绘画、音乐、教育、贺卡、论文、体育、旅游、论坛等等。总之，网站可以从不同方面为用户带来丰富的信息资源服务。

➢ QIP.RU（http://qip.ru/ ★★★）

QIP.RU是俄网一个大型的具有较高权威性的综合性门户网站，它发起于俄网一个著名的网上寻呼、交友软件Qip（我们将在网上交流章节中加以介绍），之后进军网络搜索、资讯服务、网络工具、社交服务、日志服务等等，其发展历程有些类似于我国起家于QQ的腾讯公司。目前，QIP.RU的服务项目主要有：搜索引擎、即时通讯、图片检索、视频检索和播放下载、地图检索、文件共享、词典工具、找工作、明星轶闻、论文服务、房产咨询、网上游戏、贺卡服务、幽默、博客、论坛等。网站整体设计精致、大气，服务项目全、功能强大，内容丰富，是俄网大型门户网站中的佼佼者。

➢ WhoYOUgle（http://whoyougle.ru/ ★★★☆）

当前的搜索引擎凭借其强大功能似乎"无所不能"，但人们在网络信息检索时仍然时不时感到"无所适从"，不论是对于搜索"高手"还是"菜鸟"。其中很重要的一个原因，就是人们在求助于网络时往往需要某些特定的信息检索服务，比如查个电话号码、邮编、IP地址、证件号、某条法律条文或规定、单位换算、行车路线等等不一而足。网络服务商们也注意到了这些需求，纷纷推出了满足不同需求的各类网络服务，但是用户毕竟还是需要去查找、记住这些网站。怎么克服这个困难呢？于是WhoYOUgle于2009年4月应运而生了，从名字上有些仿Google的意味。它集各类特定服务于一体，从最初的一般性信息搜索，发展到今天的"通用服务指南"，服务项目也在不断增加。目前共设置了7大类服务项目和上百个小项：货币/资金（28个小项）；度量（39个小项）；地理/空间（25个小项）；互联网（12个小项）；语言（4个小项）；时间（10个小项）；杂项如颜色、狗、礼节、卡洛里等（30个小项）等。在网站主页还列出了最常用的咨询服务项目类别。总之，WhoYOUgle以其独特的服务项目在俄网资讯门户网中独树一帜。

其他部分综合门户资源

名称与网址	说　明
Федеральный образовательный портал ЭСМ http://ecsocman.hse.ru/	"联邦教育门户网ЭСМ"是关于经济学、社会学、管理学的门户网站，主要栏目有：新闻、组织、人名索引、图书、文章、词汇表、论文、网络资源、计算机程序、网络会议、研讨会、杂志、词典等。
Beenergy.ru – мир энергичных людей http://www.beenergy.ru/ ★★	专业资讯门户网，定位于那些«энергичные люди»。主要资讯栏目有：即时新闻、政治、经济、社会、教育、科技、文化、历史、明星、汽车、体育等。网站所提供的资讯信息并不限于新闻题材，而是对大千社会各类形态的报道、分析和评述。
Qip.ws http://qiq.ws/ ★★	一个综合性资讯网络资源，开通于2005年。它整合了诸多资讯功能，设置了各色专栏，例如有：程序、操作系统、移动工具、电子图书、杂志、音乐、电影、连续剧、游戏、视频、设计、幽默、新闻、医药、交友等。网站整体资源比较丰富，其中大部分资源都是免费下载。
Russkie.org – Русское зарубежье http://www.russkie.org/ ★★	"俄罗斯侨民网"是关于居住在俄罗斯境外的俄罗斯人的信息门户网，它主要报道与俄罗斯侨民有关的新闻时事、生活境况、文化历史、同俄罗斯的联系等等信息，主要栏目有：新闻、图书馆、人物、文章、论坛、采访、多媒体、资料、组织等。网站整体设计精致，资料性较强，有许多国外俄罗斯人组织的链接。
SkyGlobe.ru http://skyglobe.ru/ ★	一个大型的综合性门户网，可以提供全文式、目录式、论文摘要和MP3搜索服务。主要栏目有：音乐、程序、新闻、视频、幽默、MV、星相、目录、相册、游戏、墙纸、论文摘要、电影、商务等。
WeekEnd.Ru http://www.weekend.ru/	"周末.ru"是个综合娱乐门户网站，提供各类娱乐、休闲方式信息，例如去影院、俱乐部、剧院、音乐会、展览、饭店等，还有诸如美容、生活形态、"积极休息"和少儿等专栏。
Women.Ru http://www.woman.ru/ ★☆	俄网的最权威的"女性"门户网站，"女性"是网站的唯一主题。网站设立了许多栏目都非常具有特色，例如明星、时尚、美容、爱情、心理、健康、儿童、生活、居家、星相、游戏、视频等，它们还下属许多子栏目。它还设有论坛和许多主题俱乐部。网站整体设计非常精致，内容丰富。

下篇

俄文网上交流资源

在互联网研究学界及至社会生活中，对于"网上交流"这一术语从来也没有一个被人们所公认的定义。通常我们将其理解为像QQ聊天、MSN等这样的即时通讯消息工具或者平台。但随着互联网的迅猛发展，这种理解已跟不上网络时代的发展步伐，新事物层出不穷，像目前大行其道的微博也是一种网上交流方式。因此，本书持一种宽泛的理解，将"网上交流"看做一种工具，即一种信息平台，网民通过该平台可以进行文字、语音、图像、视频等信息的交流共享，可以围绕某个（些）主题组成某种形式的小组、社区，可以为我们的网上生活提供各种便利。另外，就像我们在"中篇"的起始所讲的那样，这些网上交流平台实际上也是一类网络资源，更确切地说是网上交流网络资源，只不过根据本书的编写构想，我们将其单列出来叙述。本篇我们将介绍以下网上交流资源：（1）电子邮箱和即时通讯资源；（2）网络交流平台，如论坛、聊天室、留言等；（3）电子日志；（4）网络社区（交友等）；（5）资源共享与下载；（6）网络视频与网上TV等。

第十三章 邮箱、通讯、论坛和聊天室资源

第一节 电子邮箱资源

　　电子邮箱（Электронная почта）是网络生活必不可少的信息交流工具之一。俄网电子邮箱分为免费和付费两大类。由于我们中国用户的条件所限，这里我们重点介绍免费电子邮箱资源。互联网各国、各语言的电子邮箱在申请上、设置上和使用上实际上大同小异，其基础功能基本一致。我们仅以俄网最大的免费邮箱@Mail.ru 为例来说一下俄网电子邮箱的使用问题，其他邮箱我们将列表简介。

> Почта@Mail.ru（http://mail.ru/）

　　俄网最大的电子邮箱服务商，开通于1998年10月；从2002年起，随着注册用户数的不断增加，网站开始提供4类注册邮箱域名：mail.ru，inbox.ru，bk.ru，list.ru；2003年服务商宣布取消邮箱注册容量限制；2006年进军搜索引擎领域，2007年正式推出自己的搜索引擎GoGo.ru（我们在信息检索的"搜索引擎"章节中已加以介绍）；2007年它将其邮箱容量扩至无限；2010年Mail.ru在搜索引擎技术支持上与Yandex分道扬镳。目前Mail.ru已发展为集电子邮箱服务、搜索引擎、博客、问答平台、即时通讯于一体的俄网信息服务门户网站。根据Alex.com统计数据，截至2011年7月Mail.ru在世界互联网知名度排名中居第33位。

　　通常来说，@Mail.ru 的使用程序一般按照以下几个步骤：

（一）注册

　　注册时可以选择邮件系统提供的4种邮箱域名中的任何一个。注册到最后一步，系统会自动给你所填写的第三方邮箱地址发一封确认信，以防自动盗注，并需登录该邮箱点击确认。

（二）登录和退出

　　登录时为了账号的安全，系统建议选择非本机登录方式，即不自动保留密码；在登录后，如果未退出，则可以利用邮箱浮动图标快速接入邮箱。

（三）邮箱设置

　　在首次进入邮箱后，应立即对邮箱进行设置，主要是设置邮箱文件夹、文件过滤、地址本、日志等。

☑ ▼	Удалить	Это спам	▼ Переместить	▼ Пометить	▼ Ещё	▼ Сортировать	Кратко	Подробно
◎ ☐ ▯	Мой Мир@Mail.Ru		~metal division~ Julichka предлагает Вам дружбу!				13:59	
☑ ☐ ▯	Савельева Наталья		<Без темы>				13:08	
◎ ☐ ▯	Ваш Помощник		Fwd: Новое сообщение				12:46	
◎ ☐ ▶	Служба поддержки Mail.Ru		Изменения в системе нумерации телефонов Грузии				24 июн	

（四）书写和载入附件

书写时应遵守电子邮件写作规范，下载附件时应使用反病毒软件查杀。

（五）反病毒和反垃圾邮件设置

（六）离线邮件设置（SMTP和POP3）

（七）手机邮件设置

移动通信工具的邮件设置应通过m.mail.ru进行。

@Mail.ru还有邮件推荐订制功能：Рассылки@Mail.ru（http://content.mail.ru/），它是由网站分类列表推荐邮件链接，用户可以输入自己的邮箱地址订阅。这些分类推荐的邮件标题一般都较为吸引人。

2010年俄网"十佳电子邮箱"的排序为：1. Яндекс.Почта 2. Рамблер.Почта 3. Google Gmail 4. Mail.ru 5. Mail.com 6. Yahoo! Mail 7. Почта.ру 8. Gmail.ru 9. KM Почта 10. Hotmail[1]。

俄网其他邮箱的功能、设置与@Mail.ru大致相同或相似，只是各自在容量、界面、安全性、特色服务等方面有所区别。我们对其他邮箱资源将列表加以简介。

名称与网址	说明
Почта KM.RU http://www.mail.km.ru/	这是著名门户网站KM的邮箱服务，可以注册以下邮箱域名：@km.ru、@freemail.ru、@bossmail.ru、@girlmail.ru、@safebox.ru、@megabox.ru、@boymail.ru。邮箱容量无限；具有强大的反病毒、反垃圾等领先功能。
Почта.ру (Qip.ru) (Newmail.ru) http://mail.qip.ru/?pochta/	它实际上就是Qip.ru的邮箱服务项目，2009年这两个项目合并重组，后又并入nm.ru邮箱；号称"快速邮箱"；可以储存5GB容量；支持即时通讯、移动通信工具等；目前已发展成为集邮箱、博客、论坛、交友社区、视频共享等多功能的综合性门户网站。
Рамблер-Почта http://mail.rambler.ru/	俄网著名搜索引擎Rambler的电子邮箱服务平台，它提供以下邮箱域名注册：@rambler.ru、@ro.ru、@lenta.ru、@myrambler.ru、@autorambler.ru；邮箱空间默认500M，可扩至1500M；可以去除广告；支持手机移动版等。
Яндекс. Почта http://mail.yandex.ru/	俄网第一搜索引擎Yandex的电子邮箱服务项目，经过不懈努力现已成为俄网第一电子邮箱，除了那些邮箱通性外，还有部分优点，诸如：无限容量，支持不同邮箱随意转移邮件和地址本，高性能安全防护，可以发送视频、贺卡等邮件，可以直接查看所有office文档格式，支持手机、PDA等移动工具等等。

[1] 参见 Сайт Золотой Листок http://www.zolotoylistok.ru/internet/reyting-10-luchshich-pochtovich-servisov-2010-goda

续表

Email.ru http://www.email.ru/	一个免费邮箱联盟，主要是可以免费注册以下域名：@email.ru，@aport.ru，@omen.ru，@atrus.ru，@au.ru，@imail.ru，@aport2000.ru，其单个邮件容量不能超过30M。
GALA Почта http://mail.gala.net/	可以注册@gala.net邮箱域名，容量7GB，支持手机邮件等。
Gmail.ru http://www.gmail.ru/	Google的Gmail.com的俄网版，它秉承了英文版的许多优点，诸如自动将.com的Gmail邮件转为.ru；容量为7GB以上；支持短信通知和ICQ、Jabber、Я-онлайн等即时通讯工具；强大的反病毒、反垃圾功能；可以隐藏真实邮箱地址的私密功能等。
Hob.ru http://www.hob.ru/	可以注册@hob.ru，@mailhob.com，@e-mail.su等邮箱域名。
LiveInternet Почта http://g.liveinternet.ru/	著名网络社交平台LiveInternet的邮箱服务项目，可以注册@li.ru，@liveinternet.ru两种邮箱域名。
Mailgate.ru http://mailgate.ru/mail/gate	一个邮箱入口平台，可以直接进入像mailgate.ru、lenta.ru、msx.ru、pobox.ru、netcity.ru、nc.ru、takoe.net等二十余邮箱地址。
NextMail.ru http://www.nextmail.ru/	一个多域名注册的邮箱，主要有：@nextmail.ru，@nxt.ru，@epage.ru，@email.su，@student.su，@hu2.ru，@xaker.ru，@mail2k.ru，@dezigner.ru，@programist.ru；邮箱容量2GB，并有FTP接口；支持IMAP协议；邮件可以链接博客、论坛、聊天室的任何类型文字影音文件等。
Yahoo! По-русски https://login.yahoo.com/config/ login_verify2?.intl=ru&.src=ym	雅虎俄文邮箱服务的网址，它基本上秉承了英文雅虎邮箱的优点。
Z-Mail http://zmail.ru/	可以注册@zmail.ru，@id.ru，@go.ru，@ru.ru，@quake.ru等邮箱域名，容量为6M空间。

第二节 即时通讯资源

即时通讯（英文Instant Messenger，简称IM；俄文Средство мгновенного обмена сообщениями），是指能够即时发送和接收互联网消息等的业务。IM最早的创始人是三个以色列青年，是他们在1996年开发出来的，取名叫ICQ（I seek you）。1998年当ICQ注册用户数达到1200万时，被AOL看中，以2.87亿美元的天价买走。目前ICQ有1亿多用户，主要市场在美洲和欧洲（包括俄罗斯），已成为世界上最大的即时通信系统。即时通讯是一个终端服务，允许两人或多人使用网路即时地传递文字讯息、档案、语音与视频交流。分为手机即时通讯和网站即时通讯，在我国例如有：YY语音、QQ、MSN、百度hi、新浪UC、阿里旺旺、IS、网易泡泡、网易CC、盛大ET、中国移动飞信等应用形式。目前，即时通讯的功能日益丰富，逐渐集成了电子邮件、博客、音乐、电视、游戏和搜索等多种功能。它不再是一个单纯的聊天工具，它已经发展成集交流、资讯、娱乐、搜索、电子商务、办公协作和企业客户服务等为一体的综合化信息平台，是一种终端连网即时通讯网络的服务。即时通讯不同于e-mail，这在于它的交谈是即时的。大部分的即时通讯服务提供了状态信息的特性——显示联络人名单，联络人是否在在线与能否与联络人交谈。[①]

Аська（ICQ）

俄文词Аська从狭义上专指ICQ软件，但广义上也指各类即时通讯软件，如IRC，MSN，Yahoo!，Jabber等。

Аська（ICQ）是俄网最大的即时通讯平台，其功能和我国腾讯公司的QQ比较类似，都是利用一个客户端程序进行安装，之后可以在本地电脑、移动通讯设备上进行语音、文字、图像的信息交流。与之有关的Аська资源有很多，下面介绍数个具有代表性的资源：

名称与网址	说 明
ICQ http://www.icq.com/ru	ICQ官网的俄文版，其官网共支持10种语言，有下载、手机ICQ、游戏、交友、聊天室等主要栏目。
Аська и ICQ http://ase4ka.su/	主要有Аська客户端不同版本下载栏目以及论坛、皮肤和主题资源等。
В Аське.Ру http://vaske.ru/	一个专业的即时通讯服务网站，自称为IM在线杂志，登载关于ICQ，MSN，IRC，Miranda，Jabber等各类软件的信息并进行解答，还有许多交流和链接资源。
Bicq（http://bicq.ru/）	提供Jimm和ICQ即时通讯服务的专业网站。
ICQ для мобильного http://mobiicq.ru/; http://icq-rus.com/	专门为移动通讯工具提供ICQ服务的网站。
ICQ master（http://icqmaster.ru/）	专业的ICQ服务网站，解答各类使用问题并提供资源。
Rambler ICQ http://icq.rambler.ru/	著名搜索引擎Rambler的即时通讯平台，捆绑的ICQ软件，提供部分资源。

俄网其他部分即时通讯资源

名称与网址	说 明
Я.Онлайн http://online.yandex.ru/	著名搜索引擎Yandex开发的即时通讯平台，与Jabber（XMPP）技术共享。最强大的功能在于支持移动通信工具，可以从Я.ру，Facebook，Одноклассники.ru，ВКонтакте，Twitter接收即时短信和交流，获取Яндекс.Пробок，Яндекс.Погоды的即时信息，寄发Яндекс.Почта邮件等。
GTalk http://www.google.com/talk/intl/ru/	Google的即时通讯方式。它可以进行文字聊天以及电脑对电脑的语音连接通话。除了具有IM功能外，另外还加上了Viop功能，界面清新大方，可直接链接Gmail，接受查看邮件。是基于Jabber开源标准，这种标准允许用户和其他的即时讯息系统相连（MSN，Yahoo Messenger除外）。它在俄网即时通讯市场也占有一定比重。
IRC http://ircinfo.ru/，http://irc-soft.net/，http://www.ircnet.su/，http://www.rus-net.org/ 等	IRC（Internet Relay Chat的缩写，"互联网中继聊天"）开发于1988年，是一种通过网络的即时聊天方式。主要用于群体聊天，但同样也可以用于个人对个人的聊天。

[①] 上述内容参考自百度百科相关词条。

续表

Jabber http://www.jabber.ru/	著名的Linux即时通讯服务服务器，是一个基于XMPP协议的IM应用的自由开源软件，能让用户自己架即时通讯服务器，可以在Internet上应用，也可以在局域网中应用。它在俄网即时通讯市场也占有一定份额。Jabber最有优势的就是其通信协议，可以和多种即时通讯对接。Jabber有第三方插件，能让Jabber用户和MSN、Yahoo Messager、ICQ等IM用户相互通讯。因为Google遵从Jabber协议，并且Google已经将Gtalk的服务器开放给了其他的Jabber服务器。
Jimm www.jimm.org/; http://jimm.im/	一个在ICQ平台上运行的多语言移动工具即时聊天软件，在俄网有一定市场占有量。
Mail.Ru Агент http://agent.mail.ru/ru/	著名搜索引擎@Mail.ru 的即时通讯服务平台，是一个免费的语音、视频网络通讯软件，可以在ICQ、ВКонтакте、Gtalk等网络交流平台上使用，可以发免费短信、微博，举行视频会议等。
Miranda IM http://www.miranda-im.org/; http://miranda-planet.com/ 等	由Roland Rabien公司出品于2000年4月，在俄网市场上有一定占有率，是一款支持多种协议的即时聊天客户端程序，高效便捷，无需安装即可使用，而且占用内存更少。特别适合经常在不同机器上聊天的用户，可以在闪存上随处聊。超强的插件系统让Miranda IM获得极高的扩展性，软件本身只内置了最常用的通讯功能，其余强大特性可随时通过网站上提供的数百个插件扩展获取。安装插件后Miranda IM可以支持QQ、ICQ、AIM、MSN、Jabber、Yahoo、Gadu-Gadu、Tlen、Netsend等等国际流行聊天工具。
MSN http://messenger.live.com/	MSN全称Microsoft Service Network（微软网络服务），是微软公司推出的即时消息软件，2005年12月它整合了原先的MSN Messenger和其他软件重新包装推出，可以在任何Windows系统中使用。市场占有率在俄罗斯和许多其他国家都稳居三甲。它可以与亲人、朋友、工作伙伴进行文字聊天、语音对话、视频会议等即时交流，还可以通过此软件来查看联系人是否联机。微软MSN移动互联网服务提供包括手机MSN、bing移动搜索、手机SNS、手机娱乐等创新移动服务。
QIP клиент http://qip.ru/download_qip_2012	QIP客户端是目前俄网最大的即时通讯软件平台之一，完全支持ВКонтакте，Facebook，Twitter等交流平台，用户可以免费进行语音、视频交流，可以进行分组聊天，并可以模仿座机电话进行电话通信。

第三节　俄网论坛资源

论坛（Форум）的早期形式又称BBS，全称为Bulletin Board System（电子公告板）或者Bulletin Board Service（公告板服务），它是互联网上的一种电子信息服务系统。它提供一块公共电子白板，每个用户都可以在上面书写，可发布信息或提出看法。它是一种交互性强，内容丰富而及时的互联网电子信息服务系统。用户在BBS站点上可以获得各种信息服务，发布信息，进行讨论，聊天等等。目前，论坛的发展早已超出了BBS的单纯用途，它几乎涵盖了我们生活的各个方面，几乎每一个人都可以找到自己感兴趣或者需要了解的专题性论坛，而各类网站，特别是综合性门户网站或者功能性专题网站也都青睐于开设自己的论坛，以促进网友之间的交流，增加互动性和丰富网站的内容。论坛就其专业性可分为综合性论坛和专题性论坛两类，按照功能又可分为教学型、推广型、地方性和交流性论坛。但随着Web2.0时代的到来，论坛这一网络交流形式似乎遇到了发展瓶颈，博客等新型交流形式日益普及，未来论坛的发展究竟如何还未得知。

俄网的论坛数量众多，仅在Yandex目录注册的就有三万多个。我们在"中篇"的网络资源介绍中，也经常会提到某网站的论坛。实际上，对于大型服务性网站、知识性网站和专题类网站来说，设立相关论坛已是必备条件之一。在目录搜索引擎Aport.ru的分类体系中，每一专题目录中都划分有论坛和聊天室资源，大致可以分出以下专题：车；社交；文化艺术；新闻传媒；娱乐休假；商业经济；网络；医学健康；社会；体育；居家；计算机；科学和教育；参考指南等。论坛类资源常常包含有一些专业问题解答，有许多特殊资源链接可资借鉴，同时，还可以了解本行业的最新发展趋势和最新消息等。因此，该类资源是我们充分了解俄网资源的极好补充。论坛类资源是本书最难以集中介绍的俄网资源之一。鉴于论坛分类的复杂性、数量的繁多以及前面已论及部分资源等原因，我们本章只是按照综合类和专题类论坛举部分俄网论坛为例来列表介绍部分该类资源，它们并不具有绝对代表性。

名称与网址	说　明
综合类论坛	
Золотой Витязь http://www.zolotoyvityaz.ru/ ★★	一个非常专业的以电影为主线、交叉有戏剧、文学、文化艺术、军事等主题的综合性论坛，内容非常丰富，开设有几十个专业栏目。
Фишки НЕТ http://forum.fishki.net/	讨论生活、名人、趣事、计算机和网络资源等等诸多方面的综合类论坛。
Форум студентов http://forum.stydenty.ru/ ★★	大学生综合论坛，分为大学生活和青年论坛两大板块。
Форум Точек.нет http://tochek.net/ ★★	一个大型综合类论坛，主要内容涉及交流、世界、爱情、严肃、休闲、技术等领域。
Форумок http://forumok.org/	该论坛秉承"快乐交流"理念，所设版块涉及生活、音乐、计算机网络、业余爱好、文化艺术等诸多方面。
Форумы Gumer.info http://www.gumer.info/forum/ ★★	Гумер网络图书馆的论坛专栏，包含有十几个领域图书的相关信息。
Форумы ROL http://forums.rol.ru/ ★★	著名IT公司ROL的论坛频道，有十数个专栏，内容涵盖科技、人文、日常生活的各个领域。
ForumFun http://www.forumfun.ru/ ★	Yandex的论坛搜索引擎。
ForumOne http://www.all-forums.ru/ ★☆	论坛原本起源于"一级方程式"赛车栏目，后发展至包括文化艺术、体育运动、IT、休闲生活等各方面内容的综合类论坛。
Forumy.ru http://www.forumy.ru/ ★☆	大型综合性论坛，主要有社会、文化、日常生活等版块。
专题类论坛	
Авто.Ру Форум http://forum.avto.ru/	俄网最大的汽车论坛之一。

第十三章 邮箱、通讯、论坛和聊天室资源

续表

	Балканская русистика http://www.russian.slavica.org/topics.html ★★☆	前面"语言学"资源中所介绍过的"巴尔干俄语工作者"的语言学学术论坛网。
	Биологический форум http://forum.zoomet.ru/ ★	非常专业的生物学论坛,开设有生物学知识的几十个专栏。
	Боевой дух http://forum.battlespirit.ru/ ★☆	"搏击精神"论坛是专业讨论各搏击流派及教学的专题论坛。
	Будо-Форумы http://www.budo-forums.ru/ ★★	非常专业的搏击运动论坛,除了讨论搏击艺术外,还有各国的搏击文化以及教学等内容。
	Военно-исторический форум 2 http://forums.vif2.ru/ ★★	"军事历史论坛2"以军事历史为主线,开办有军事历史、科技教育、斯拉夫记者联盟、荣誉之家等专栏。
	Восточное Полушарие http://www.polusharie.com/ ★★	"东半球"论坛以东方国家的国情、语言和文化为主线,中国为重点方向,开设有几个专栏,很具参考价值。
	Женский Форум-2 http://www.woman.ru/forum/	专业女性论坛,主要是明星、时尚、美容、爱情、心理、健康、育儿等版块。
	История.Ру http://www.istorya.ru/forum/index.php?act=idx ★★	"历史网"也是俄网的最大历史论坛,有十几个专栏,同时还有艺术、文化、娱乐等内容。
	Конференция iXBT http://forum.ixbt.com/ ★★	这是iXBT网络项目的一个专题论坛,主要是高科技、电脑及通信器材、外围设备、软件等内容。
	Лингвофорум http://lingvoforum.net/ ★★☆	一个专业的语言学和语言学习论坛,内容涉及许多语言的学习以及语言学诸多研究领域。
	ЛитФорум http://litforum.ru/ ★★	专业的文学论坛,内容涵盖文学的诸多领域及作品类型。
	Союз писателей Литературный Форум http://soyuz-pisatelei.ru/forum/ ★★	"作家联盟"论坛有近十个版块,例如创作、出版、竞赛、国际联盟、基金、百科、杂项等,共发起3千多主题,注册2千多人。
	Музыкальный огонёк http://shanson-e.tk/forum/ ★☆	"音乐灯火"论坛以讨论尚松音乐为主,兼论其他音乐风格。
	Музыкальный Форум http://musicforum.ru/ ★★☆	俄网最大的音乐论坛之一,既涉及流行乐,又有古典音乐等,内容非常丰富。
	Образовательно-студенческий форум http://www.opeople.ru/	"教育-大学生论坛"是讨论课程、教育、计算机、休闲、考试等问题的专题论坛。
	Опиумм.ру http://www.opiumm.ru/index.php ★★	Опиумм这个词不知道和"鸦片"是什么关系,但网站却是专业的电影和音乐论坛,讨论内容比较丰富。
	Оружейные форумы http://talks.guns.ru/ ★★	"武器论坛"专门讨论各类武器知识。
	Политические форумы России http://www.politforums.ru/ ★★	专门讨论俄罗斯社会、政治、政党问题的专业论坛。
	Русская беседа http://www.rusbeseda.ru/ ★	关于俄罗斯东正教文化、思想的交流论坛。
	СофтФорум http://www.softboard.ru/ ★★	俄网最大的软件论坛之一,内容涵盖软件的几乎各个门类。
	Театромания http://teatromania.net/	"戏剧发烧友"是戏剧迷的交流平台,主要是莫斯科、圣彼得堡戏剧生活以及音乐剧等戏剧文化内容。

Форум Rock.ru http://rock.ru/forum/	专业的摇滚乐论坛。
Форум Восток http://www.venasera.ru/forum/index.php ★☆	以东方文化，特别是中日韩文化为主题的专题性论坛。
Форум Грамоты.Ру http://www.gramota.ru/forum/ ★★	著名"俄语"专题门户Грамота.Ру的论坛，专业性、学术性很强。
Форум Для ТЕБЯ http://forum.foru.ru/	关于基督教文化的专题论坛。
Форум Литература и Журналистика http://www.librar.ru/ ★★	文学和新闻学的专业论坛。
Форум Музеев России http://www.museum.ru/forum/	"俄罗斯博物馆网"的论坛频道，专门讨论参观、主题、新闻等内容。
Форум музыкантов http://www.musicforums.ru/ ★☆	"音乐家论坛"是一个非常专业的关于音乐创作、商业信息、社区交友等诸多音乐方面的网络论坛。
Форум о буржунете по-русски http://www.burzhunet.com/ ★	专门探讨俄网上"西网"（主要是英文）网络资源的论坛。
Форум о поисковых системах http://forum.searchengines.ru/	专门讨论搜索引擎的专业论坛。
Форум про Спорт http://www.forumprosport.ru/	专业的体育论坛，重点讨论足球、冰球、网球、篮球、现代两项等运动。
Форум про Танцы http://www.danc.ru/	讨论舞蹈生活的专业论坛。
Форумы ВелоЛипецка http://forum.velolipetsk.ru/	"自行车驴友俱乐部"论坛。
Форумы на tourism.ru http://www.tourism.ru/wbboard/main.php	专业的旅游论坛。
Форумы на Хакер http://forum.xakep.ru/	"黑客论坛"，但内容并不限于黑客知识，还有计算机和网络知识和信息的诸多方面。
Футбольный форум http://www.soccer-forum.ru/ ★☆	专业的足球论坛，内容涉及俄罗斯国内及欧洲、世界杯比赛等。
ЦИТ Форума http://forum.citforum.ru/	以计算机、互联网为主题的专题论坛。
ArtWin http://artwin.ru/forum/ ★☆	专业的艺术论坛，包含关于艺术综合、艺术作品、艺术家、竞赛等诸多内容。
ShadeLynx http://forums.shadelynx.com/	关于摇滚乐和民谣歌曲的专业论坛。
TopKino http://forum.topkino.ru/ ★★	交流关于连续剧、改编电影和电影话题的专业论坛。

第四节 俄网聊天室资源

俄文的Чат（英文为Chat）通常称做聊天室，是一种人们可以在线交谈的网络论坛，在同一聊天室的人们通过广播消息进行实时交谈。Чат的俄文近义词及网络俚语还有пивник，подвал等。聊天室可以建立在即时通讯软件、P2P软件、万维网等基础上，万维

第十三章　邮箱、通讯、论坛和聊天室资源

网方式更为普通和种类繁多，交谈的手段不局限于文本，更包括语音、视频。通常聊天室是按照房间或频道为单位的，在同一房间或频道的网民可以实时地广播和阅读公开消息。一般情况下，与其他网络论坛、即时通讯不同的是，聊天室不保存聊天记录。

俄网的聊天室资源和论坛资源一样都很丰富。俄文的聊天室一般都要注册，注册后才能进入聊天室的各个"房间"，参与某一话题的讨论；有些聊天室有自由话题，可以免注册进入，但不能发表看法，只能浏览别人的对话。上述聊天室的基本规则与我国网络上的大体相同。在聊天室的谈话中，最重要的是遵守一定的"聊天法则"，否则会被"踢出"房间。这些法则中很重要的一部分就是聊天语言。俄语聊天的网络语言已成为目前语言学、社会学等学科的关注对象，也已成为许多学科研究的重要语料来源。聊天必备的还有Ник（昵称）和Смайлики（表情符号），后者已成为伴随聊天的基础网络资源。由于聊天室所具有的上述共性，因此，我们这里仅是列表简介其中部分具有代表性的聊天室资源。

名称与网址	说　明
33b Смайлики http://smiles.33bru.com/ ★★	俄文聊天的必备工具——表情符号的专题网站，有十余种表情符号和动画的分类。
Ася Аська онлайн http://www.asya-club.ru/ ★★	一个在ICQ即时通讯基础上发展起来的莫斯科青年聊天平台，可以发布消息、交流心得和通过社区交友。
Видео чат на Mixmir http://www.mixmir.net/option-com_wrapper/Itemid-220/	Mixmir网的视频聊天室。
Волчат http://www.volchat.ru/	专业的娱乐和交友聊天室资源。
Все Русские Чаты http://langiron.ru/all/ ★☆	一个俄、乌网络上聊天室资源目录及排行榜发布网站。
Каталог чатов http://topruchats.ru/ ★☆	俄语聊天室网站的评介排行网，并不限于俄网，独联体其他国家的相关聊天室资源也收录。
Комеди чат http://www.comedy-chat.ru/ ★	"喜剧"聊天室是个青年交友、娱乐的聊天平台，无需注册，但需聊天昵称。
Кристалл http://chatkristall.ru/ ★★	一个综合性的大型聊天室平台，主要内容涉及交友、游戏、娱乐、工作等方面，无需注册。
Кроватка http://www.krovatka.ru/ ★★☆	俄网最著名的聊天室网站，在某种程度上Кроватка几乎成了俄语"聊天室"的代名词。其聊天"室"有40余个，共发布4700多个话题，内容涉及社会生活、科技、教育等各个方面。
Лучшие чаты http://top.chat.lc/?fromsite=15 ★☆	俄网和乌克兰网俄语聊天室资源的排行网站，数据统计详实，简介细致。
Московский чат http://www.moscowchat.ru/ ★★☆	"莫斯科聊天室"是莫斯科俄网空间最大的聊天室资源，除了聊天资源外，还有论坛、博客、视音频、在线广播、社区等，是一个统一的网络交流平台。
Рейтинг чатов http://www.chatov.net/index.php ★☆	俄语聊天室排行榜网站，按照点击率、访问量等数据统计。
Смайлики http://fantasyflash.ru/smiles/ ★	聊天必不可少的表情工具集锦资源。
СПб Чат Портал http://spchat.ru/	圣彼得堡网络空间的第一青年聊天门户网，同时还有博客平台，可以浏览即时聊天信息，但发布则需注册。

网站	说明
Список бесплатных чатов http://www.vanta.ru/hosting/chat.php	一些免费聊天室目录。
Список чатов FULLWEB http://www.fullweb.ru/ent/chat/	FULLWEB 网的聊天室目录，按城市聊天和专业化聊天进行划分。
Топ 100 Рейтинг чатов http://chats.top-100.ru/ ★★	一个聊天室主题排行榜，Top100 排名，但实际收录数量不止 100 个。
Чат «Город Улыбок» http://www.smilestown.ru/	"欢笑之城"聊天室以交友和一般交流为主要内容。
Чат контакт http://k4at.ru/ ★	一个综合交流聊天平台，无需注册，同时还有图片交流和论坛专栏。
Чат лучший http://best.chatz.ru/	一个综合性的以莫斯科、彼得堡等大城市为主要网络空间的交友、娱乐聊天网站。
Чат на Куличках http://chat.anekdot.net/	一个交友和关于笑话的聊天室、论坛网站。
Чат со звездой http://www.starchat.ru/	一个比较有特色的"与明星聊天"的交流平台。
ЧАТ.COM http://chats.su/ ★	一个综合聊天网站，可以浏览即时网聊信息，但发布需注册。
Чатик.нет http://chatic.net/ ★☆	一个大型的社交型聊天室和论坛网站，有十数个交友和娱乐"房间"。
Чат. Поиск http://chat.igde.ru/ ★☆	俄网聊天室搜索引擎。
Chat.Ru http://chat.ru/ ★★☆	俄网最大、最著名的聊天室资源网站之一，收录有 14 个大类、几十个子类的俄网聊天室资源。
ChatHome.Ru http://www.chathome.ru/	免注册的聊天室服务平台，已有几十个聊天室。
ChatList.SU http://www.chatlist.su/ ★★☆	一个俄网功能独特的聊天室制作发布平台，它提供了在 ChatList.SU 统一平台下个人免费制作发布聊天室的空间，目前已有 600 多个聊天室。其中，许多"房间"可以直接浏览聊天内容，但加入谈话还需注册。
Chats.Ru http://www.chats.ru/ ★★	一个综合性的用于交流信息的聊天室平台，可以发布一般、Flash 和 Java 聊天空间。
Good-Chat http://good-chat.ru/	综合话题和交友聊天室，无需注册。
LiveChat http://www.livechat.su/ ★☆	一个莫斯科聊天空间，免注册，资源丰富。
MpChat http://mpchat.com/ ★☆	一个免费的聊天室资源发布空间，目前已有 600 多聊天资源。
Multi-Chat.Ru http://multi-chat.ru/index.php ★	俄、乌两国的网上交友及娱乐性质的聊天室资源，免注册。
Super Mega Chat http://smchat.ru/ ★☆	这一平台与 ChatList 类似，都是可以提供统一的聊天室空间，但不同的是它还可以提供论坛和聊天"画廊"发布空间。目前已有近 300 个聊天室。
The Chat.ru http://www.thechat.ru/ ★☆	关于俄网聊天室资源及其相关知识的综合评介网站。
VIP видеочат http://vip-chat.ru/ ★	一个免费的 VIP 视频聊天平台，并可通过共享资源平台免费下载大片。

网络日志(博客)和社交网络资源

第一节 网络日志(博客)资源

网络日志的俄文术语是Интернет-журнал，Интернет-дневник，онлайн-дневник等，而网络日志的别名又称为"博客"，由于"博客"的名声如此响亮，以至于许多人忘记了它原来的身份——"网络日志"。与"博客"有关的俄文表述主要有：Блог，Блогосфера，Блогер等等。"博客"是继Email、BBS、ICQ之后出现的第四种网络交流方式，是网络时代的个人"读者文摘"，是以超级链接为武器的网络日记，是代表着新的生活方式和新的工作方式，更代表着新的学习方式。博客按作者身份分为个人博客（Личный，персональный，авторский，частный блог）、集体博客（Коллективный или социальный блог）和公司博客（Корпоративный блог）；依照内容或专题，博客又分为政治博客、图片博客、视频博客（播客）、旅游博客、居家博客、时尚博客、项目博客、教育博客、音乐博客、体育博客等；按照存在属性，又分为文字、图片、音乐、视频博客等；按照内容特征，博客又分为内容博客（Контентный блог）、监控或链接博客（Мониторинговый или ссылочный блог）、摘录博客（Цитатный блог）、轻博客（Тамблелог，Тамбллог，Тлог）、垃圾博客（Сплог，Спам-блог）等。

俄网有着极其丰富的博客资源，并且还有专门的博客目录分类网站资源，收录有几十种分类的成千上万个博客地址。俄网的俄文博客可以为我们带来以下帮助：（1）跟踪并了解俄罗斯最新的时事和社会百态；（2）追踪最新的社会发展动向；（3）吸收最新鲜的俄语词汇。博客目前已成为网络俄语语言研究的重要语料来源之一。面对俄网数以万计的博客资源，我们不可能分门别类地加以详细介绍，因此，我们将就俄网俄文博客资源所依赖的交流平台及少部分具有代表性和影响力的博客资源列表简介。

名称与网址	说 明
Авторский блог о социальных сетях http://www.mblog.ru/	一个关于网络社区的专题博客。
Блог Disell http://blog.disell.ru/blog.php	一个博客和电子日志的制作发布平台。
Блог Ботинок http://botinok.co.il/	一个娱乐、科技博文的发布平台，每个博文都附有图片。
Блог в помощь http://blogbook.ru/	"博客帮助"是报道博客消息、博客释疑、讨论博客技术问题的平台。

名称/网址	说明
Блог В. Жириновского http://blogs.mail.ru/mail/zhirinovskyvv/	俄罗斯自由民主党党首日里诺夫斯基的个人博客，有文字、图片和视频。
Блог Владимира Путина http://vladeemir-putin.livejournal.com/, http://blogs.mail.ru/list/vladimir_putin_2013/ ★★	弗拉基米尔·普京的两个博客，尽管言语不多，但比较有趣，观者甚重，其点击率的人气指数始终居高不下，因为这是俄罗斯总统。
Блог Дмитрия Медведева http://blog-medvedev.livejournal.com/, http://blog.da-medvedev.ru/, http://twitter.com/MedvedevRussia/ ★☆	俄罗斯前总统、现总理梅德韦杰夫的博客，也是俄罗斯历任总统中第一个发布博客的，人气指数颇高，主要是一些官方发言和生活中的视频博客。
Блог и Литература http://bloglit.ru/	一个综合性文学博客，内容涉及一般性文章、故事、诗歌、评论等。
Блог Кирилла http://allproall.com/	"基里尔博客"专门探讨有关博客的相关知识和扩展性信息。
Блог на Блог http://blognablog.ru/	定位于为SEO服务的博客发布平台。
Блог Яндекса http://clubs.ya.ru/company/	Yandex引擎的博客俱乐部，是я.ру社区的一部分。
Блог.Ру http://blog.ru/ ★★☆	俄网最大的博客发布平台，有博客排行、博客直播以及常用功能栏目等内容，它是俄网许多名人的博客发布空间。
Блоги VK http://vk.com/blog ★☆	俄网著名交友社区ВКонтакте的博客专栏。
Блоги на 7я.ру http://blog.7ya.ru/ ★★	一个大型的博客发布平台，由СемьЯ网提供，它将博客分为9个大类，并对平台上发布的博客进行统计排行。
Блогнат http://blognat.ru/ ★★	网站又称为"博主教科书"，主要是讨论博客制作与发布及技术问题的专业博客平台。
Блоги знаменитостей http://yavbloge.ru/blogi_znamenitostey ★	Livejournal.com的名人博客目录，共有几十位。
Блогосфера http://www.blogosphera.net/	一个博客集合网站，收录有俄、乌、英等多国的博客资源。
ГосБлоги.ру http://www.gosblogi.ru/ ★☆	一个俄罗斯政府官员博文的排行榜，可以跟踪时事，具有较好的参考价值。
Дневники на КП http://blog.kp.ru/	俄罗斯大报《共青团真理报》的博客平台。
Добрый рейтинг блогов http://www.dobrobot.com/ ★	Feedburner网站统计数字得出的博客排行榜，涉及生活娱乐科技轶闻等多方面内容。
ЕБЛОГ http://www.eblog.ru/ ★★	一个生活娱乐百科博客，有博文、图片、视频等素材，内容非常丰富。
Женский Блог http://zhenskiyblog.ru/rating ★☆	女性博客排行榜，分类十分细致。
ЖЖ поиск http://www.ljpoisk.ru/ ★☆	一个可以在LiveJournal博客中进行搜索的引擎工具网站。
Живой Журнал (LiveJournal) http://www.livejournal.com/ ★★★	大名鼎鼎的LiveJournal俄文博客发布平台，详细介绍见后。

Журнал Другого http://drugoi.livejournal.com/ ★★	一个综合时事新闻博客网，关注当今世界，图片+文字。
Заметки лаовайского веломаньяка http://laowai-ru.livejournal.com/	一个很有意思的俄罗斯人旅游日志，俗称"老外骑车旅行记"，记载在中国骑车旅行的所见所闻。
Звездные блоги/ блоги знаменитостей http://blogs.mail.ru/top/stars/ ★★	介绍各界明星、名人的博客目录，具有较好参考价值。
Каталог блогов http://www.blogdir.ru/; http://catalog-blogov.ru/ ★★☆	两个分别集博客分类目录和检索于一身的专题网站，分类细致，达十几项，很具参考价值。
Конкурс «Блог Рунета 2011» http://2011.blogruneta.ru/	从2009年开始举办的俄网博客大赛的官方网站，每年官网地址只需修改为该年年份数字即可。
Магазета http://magazeta.com/ ★★	这是个博客性质的网络日志，主题是"中国"，自称为"老外播客"，以文字、图片来"播"内容，十分有趣。
Музыкальный блог http://blog.muz.ru/	一个内容较丰富的综合性音乐主题博客。
Новости в фоторграфиях http://bigpicture.ru/ ★★☆	新闻图片博客网，收录有大量时事新闻图片，非常具有参考价值。
Поиск блогов Рунета QIP.Ru http://blogs.search.qip.ru/?from=qip	门户网站QIP的博客检索页面，可以查询俄网的博客信息。
Рейтинг блогов http://ratingblogs.com/ ★	专业的博客排行网站。
Рейтинг блогов жж http://ljrate.ru/	Livejournal博客排行榜。
Рейтинг блогов и блоггеров http://topblogs.su/ ★☆	一个博客发布平台排行及博文排行，具有一定权威性。
Рейтинг блогов на Blogmemes http://www.blogmemes.ru/ ★	一个数据详实的博客排行网，具有较好参考价值。
Рейтинг блогов на BlogsDB http://www.blogsdb.ru/ ★	BlogDB统计数据得出的俄网博客排行榜，具有一定参考价值。
Рейтинг блогов на Pravmir http://www.rating.pravmir.ru/	一个根据自己的统计数据得出的俄网博文排行榜。
Рейтинг блогов Рунета http://cyber-promo.ru/archives/1602 ★★	俄网博客排行榜资源的集合网站，共收录有11类博客排行榜。
Рейтинг блогов рунета Яндекса http://blogs.yandex.ru/top.xml ★☆	Yandex所收录的俄网博客排行榜。
Рейтинг записей в блогах Рунета http://whoyougle.ru/blogs/	Whoyougle网所发布的俄网博文的统计排行榜，但不具绝对权威性。
Рейтинг звездных блогов http://www.vblogah.ru/ ★★	明星博客排行榜。
Рейтинг тематических блогов http://blogotop.info/ ★★	俄网博客主题分类目录网站。
Рейтинги блогов http://blogat.ru/ratings/	网页列出了许多博客排行榜的信息。

Рожденные в СССР http://nashe-detstvo.livejournal.com/ ★	ЖЖ社区的"生于苏联"主题博客，回忆苏联生活的点点滴滴。
Сайт Кэпа http://www.blogkepa.ru/ ★	仿博客性质的КЭП（拍客），发些有趣的拍片、拍图。
Узнай про Китай http://prokitay.ru/ ★	这是一个关于中国及其文化的个人博客，比较有趣。
Фактрум http://www.factroom.ru/ ★★☆	一个大型的综合话题博客，涉及社会生活、科技等诸多内容，以文字、图片为主。
Я в Блоге http://yavbloge.ru/	一个专门为SEO服务的博客发布平台，并统计年度俄网SEO博客Top10。
Я.Ру http://my.ya.ru/ ★★☆	这是Yandex所提供的博客和交友社区服务平台，创办于于2007年，也是俄网最大的博客发布平台之一。
Яblor http://yablor.ru/ ★ ☆	俄网博文排行榜，引导人们关注所关注的。
Яндекс. Народ http://narod.yandex.ru/ ★★	俄网最大的个人网络空间平台之一，网民可以利用该平台发布个人网站或博客。其允许上传、共享文件，交换文件空间最大5GB。
Яндекс. Поиск по блогам http://blogs.yandex.ru/ ★ ☆	Yandex的俄文博客搜索引擎，也是俄网为数不多的此类检索工具，是俄网最强大的博客、博文检索工具。
Blogohelp.ru http://www.blogohelp.ru/ ★	一个专业的网络知识及生活博客。
BlogRus http://blogrus.ru/	一个较有影响的博客、电子日志制作发布平台。
D3 (Большой dirty) http://www.dirty.ru/ ★ ☆	一个具有一定知名度的综合性话题的博客网，话题丰富，评论、跟帖积极。
elLfhouSE http://www.ellf.ru/	一个日常生活类博客，有博文、图片、视频等元素，内容有趣、丰富。
Etoday http://www.etoday.ru/ ★★	Etoday网络杂志或也可称博客，关注今日世界，以图片报道为主。
Mublog http://mublog.ru/	一个常用的博客发布平台。
Papa HuHu 3.0 http://www.papahuhu.com/ ★ ☆	又称"囫囵网"，是一个发布汉语知识、俄汉诗文翻译以及其他娱乐信息的博客平台。
Trip trip http://triptrip.ru/ ★ ☆	一个用移动通讯工具发布的视频博客平台，个人也可以利用视频微博来发布消息。

❖❖❖❖❖❖❖❖❖❖

微博即微博客（Микроблог，MicroBlog）的简称，是一个基于用户关系的信息分享、传播以及获取平台，用户可以通过WEB、WAP以及各种客户端组件个人社区，以很少的字数更新信息，并实现即时分享。它同时包含了文字、即时通讯、电子邮箱、WEB浏览等功能。目前世界上最有名的微博服务商是Twitter，中国是新浪微博。俄网最大的微博应用平台还是西方的Twitter和Facebook等，但俄罗斯自己的微博发布平台也在不断发展。目前，俄文的微博发布平台可以说是"群雄并起"，以Твиттер (Twitter)、ЖЖ (LiveJournal)、Фэйсбук (Facebook)等"洋品牌"俄化产品和俄罗斯本土产品进行激烈竞争。俄网的微博发布平台还是以交友性质的社交型网站的微博发布平台为主，这一部分我们将在相关章节中加以介绍。作为现代网络信息发布最大众化、最普及的方式之一，简单了解一下俄文微博的知识有助于我们更好地深入俄罗斯网络社会。下面将简介几个典型的俄文微博发布平台。

名称与网址	说明
Какату (Cacatu.ru) http://cacatu.ru/	一个比较常见的俄文微博发布平台，规定不得超过200个字符，同时允许嵌入链接、文档、图片、视频等，可以订阅RSS。
Микроблоги Твиттер http://microblogs.taba.ru/; http://twitblog.ru/tag/mikroblog/	两个与Twitter俄文微博发布有关的平台，两者都是报道与Twitter有关的信息，探讨微博发布技巧、软件以及交友社区等知识。
Микроблоги SU http://www.microblog.su/	为数不多的以SU为域名后缀的微博发布平台。
Однослово http://www.oneword.ru/	"三言两语"网是俄网非常有影响的微博发布平台，它允许进行ICQ搜索、使用书签、加入好友、进行统计等。
Свежачок Qip.ru http://mblogi.qip.ru/	俄网大型门户网QIP.RU的微博发布平台，注册和发布手续简便，可以订阅RSS。
Твитс (Tweets) http://www.tweets.ru/	自称是俄网最大的微博服务商，它可以通过任意联网计算机、手机短信等完成微博的发布，据说已有百万用户。
Фейсбук: Facebook на русском http://rufacebook.com/	Facebook的俄文微博发布平台，网站教授一些微博发布的技巧和程序，并报道部分Facebook微博发布的新闻。同时，它也忘不了和ВКонтакте打打嘴仗。在Фейсбук上发布微博的名人有俄罗斯（前）总统梅德韦杰夫（http://www.facebook.com/Dmitry.Medvedev）等。
Jaiku http://www.jaiku.com/	一个非俄网微博发布平台，建于2006年，后被Google买下，可以提供俄文微博发布服务。
Juick.com http://juick.com/	一个非俄网的微博信息发布和交友平台，可以用俄文发布，允许发布、讨论新闻，分享图片以及问答等。
MYAA.RU http://myaa.ru/	自称为"时髦（时尚）"的博客发布平台，其承诺也是发言、交友不受限制。
Mycroblog http://mycroblog.ru/	Mycroblog为"在线微博服务商"，是个较为理想的微博发布平台，主页有新发布的微博汇总。

❖❖❖❖❖❖❖❖❖❖

轻博客（Тамблелог，Tumblelog）是一种相对简易的博客发布方式，是一种变异后Blogging模式，是继Blogging和Microblogging提出后的又一种全新的网志发布形式。它以Media RSS的混合发布取代了传统较为复杂的编辑器Blogging模式。通常在Tumblelog上发布的内容形式包括有链接、图片、引文、对话以及视频等，这种方式常常用来分享作者的创作，以及发表一些无关紧要的琐碎话语等。这里仅列举数个俄网轻博资源。

名称与网址	说明
Ммм...тейсти http://www.mmm-tasty.ru/	一个与Tlogs在界面、功能上非常类似的"轻薄"发布平台。
Summer-breath http://summer-breath.com/	"夏天的呼吸"是俄网的典型"轻博"发布平台，人们可以在这里建立自己的博客，发布博文、链接、摘录、图片、音频和视频等，并和好友共享资源。
Tlogs http://tlogs.ru/	俄网非常有名的"轻博"发布平台，性质似乎更接近于微博，只是生活化更强，多种媒体使用形式更为丰富，并且多了个直播栏。
Tumblr https://www.tumblr.com/	世界上最著名的轻博社区之一，在俄网也拥有一定市场。

❖❖❖❖❖❖❖❖❖❖

摘录博客（Цитатник，Цитатный блог）又名"引文博客"、"博客语录"，即博客的博文大多不是原创，而是引用别人博客的全文、词句，或者是摘录一些网上的"名言"、趣话等。俄网也有部分此类资源，这里列举一二。

名称与网址	说明
Забавный цитатник рунета http://zashibis.ltalk.ru/	博客的宗旨是收集发布俄网一切可笑、好玩、有趣的词句。
Цитатник Вконтакте http://vk.com/citatnik2012	大型交友社区ВКонтакте的"语录"栏，只是地址中的年份每年不同。
Цитатник Рунета Башорг.орг http://bash.org.ru/; http://www.bashorg.org/	一个俄网"重要"语录的信息发布平台，注册后的用户都可以摘录俄网上的词句予以发布，但这些"语录"还是以调侃意味为多，一般无出处。
Цитаты Рунета Шуток.нет http://www.shytok.net/index.php?name=Jokes&op= CatView&cat=35	Шуток.нет（"笑话网"）上俄网笑话摘录的栏目，与博客性质颇似。
Ciru – цитаты Рунета http://ciru.ru/	一个真正俄网"语录"网，发布的信息较杂，且戏谑、调侃的词句居多。
Kicha http://www.kitcha.ru/	一个典型的"语录"博客，但其中某些"语录"看来并不是真正的引文。

❖❖❖❖❖❖❖❖❖❖

俄网RSS工具说明

RSS（简易信息聚合，也叫聚合内容Really Simple Syndication；RDF (Resource Description Framework) Site Summary；Rich Site Summary）是一种描述和同步网站内容的格式。RSS目前广泛用于网上新闻频道、博客和wiki。使用RSS订阅能更快地获取信息，网站提供RSS输出，有利于让用户获取网站内容的最新更新。网络用户可以在客户端借助于支持RSS的聚合工具软件，在不打开网站内容页面的情况下阅读支持RSS输出的网站内容。俄网的多数新闻网站在页面的顶部都有RSS订阅标志，而RSS对于俄网的博客资源来说已成为一种必不可少的订阅手段。俄网有一些专门提供RSS技术服务和答疑的网络资源。

名称与网址	说明
Блоги，RSS，Wiki http://blogirss.narod.ru/	专门探讨Blog，RSS和Wiki技术问题的网站。
Всё о RSS http://orss.ru/ ★ ☆	一个专门讨论RSS技术与应用的专业网站。
Яндекс.Лента http://lenta.yandex.ru/	著名搜索引擎Yandex的RSS订阅频道。
RSS каталог http://rssdirectory.ru/ ★ ★	一个提供俄网RSS订阅服务资源目录的专业网站，数量达上千个，并提供最新加入网站列表。
RSS ленты новостей http://www.advesti.ru/rss/ ★ ☆	一个介绍即时新闻RSS订阅的信息资源目录网站，有提供RSS服务的新闻网站列表以及即时新闻列表，具有较好参考价值。

RSS портал http://rssportal.ru/ ★★☆	一个俄网RSS订阅资源大全，网站提供了详细的俄网RSS订阅资源列表，有十数个子类，收录资源总数达45000多个。
RSS-news http://www.rss-news.ru/	本身就是一个专门引录RSS来源新闻的新闻网站，主要内容是高科技类新闻。

第二节　俄网社交网络资源

　　网络社区是指包括BBS、论坛、贴吧、公告栏、群组讨论、在线聊天、交友、个人空间、无线增值服务等形式在内的网上交流空间，同一主题的网络社区集中了具有共同兴趣的访问者。广义上的网络社区是指社区网络化、信息化，并和金融经贸、大型会展、高档办公、企业管理、文体娱乐等综合信息服务功能需求及电子商务有关。据此，学术界将网上社区分为以下4类：交易社区、兴趣社区、关系社区和幻想社区。"社交网络"（Социальная сеть，The Social Network）是广义上的网络社区的一种，它以人们的网上交友为出发点，后逐渐发展为集交友、在线聊天、信息共享、个人空间等为一体的信息共享和发布平台。俄网社交网络（有时候我们也使用"社区"的术语）在广义上应包括前面所提到的BBS、论坛、聊天室、博客等，而本节所指的社交网络是一种综合性交流平台，俄网的绝大多数社交网络都包含有博客、电子邮件、即时交流等空间，其实我们上面提到的不少博客空间就是基于社交网络基础之上。在社交网络平台上，网民可以建立起一个虚拟的"我"，千万个虚拟的"我"共同组成一个大型的交流网络。真正符合这种意义上的社交网络在万维网上最早出现于美国，即1995年开通的Classmates.com社区，之后此种社区呈现出迅猛发展的趋势，2003-2004年间出现了至今大名鼎鼎的LinkedIn，MySpace和Facebook。

　　世界各地区、各国使用最普遍的社交网络主要有：

　　美国——MySpace，Facebook，Twitter，LinkedIn；加拿大——Nexopia；英国——Bebo；德国——Facebook，Hi5，dol2day；欧洲许多国家——Tagged.com，XING，Skyrock；中、南美——Public Broadcasting Service，Orkut，Facebook，Hi5；东南亚——Friendster，Multiply，Orkut，Cyworld；中国——人人网等。在世界上用户上居于前列的社交网络主要有：Facebook，MySpace，Twitter，ВКонтакте，RenRen，Windows Live Spaces，Habbo Hotel，Friendster，Hi5，Tagged.com等。俄、乌、白三国最常用的社交网络分别是：ВКонтакте，Мой Круг，Мой Мир@mail.ru，Одноклассники.ru，ЖЖ，В кругу друзей；Connect，exSlife；ВСети等。

　　俄网的社交网络资源非常丰富，其中部分是西方（特别是英语国家）著名社交网在俄网的俄文版，还有一部分是俄罗斯本土化的社交网络。此外，这里我们把俄网的纯交友性质的网络资源也归入到社交网络中来，应该承认，这种性质的交友网站和我们上面所说的综合性大型社交网络还是有较大不同的，最主要差异在于纯交友网站更接近于论坛、聊天工具的结合体，社区性并不强。我们下面对这些网络社区的主要资源分别加以简介。

俄罗斯本土社交网络资源

➢ В Контакте（http://vkontakte.ru/ ★★★☆）

Vkontakte[①]是独联体国家最著名的俄语社交网络，它自称是俄网最大的社交网，乌、哈两国排第三的互联网资源，白俄罗斯排第4的互联网资源。它最初是为俄罗斯高校在校和毕业学生的网上交流所办，这与我国"人人网"的前身"校内网"的发展轨迹极为类似。之后发展为全方位、全覆盖的社交网，据2011年初的统计数字，它的每日访问量超过2300万人次。VK与2006年上线，10月正式注册为В Контакте[②]。之后，В Контакте的经营业绩取得了迅猛发展，2007年用户数就超过了其竞争对手Одноклассники.ru，并在独联体国家不断扩大影响，现在VK.Com在推动国
际化路线，主页支持50余种语言，其中包括汉语。VK的功能优势还在于：友好、专业化的个人信息服务，自由发布和扩展信息，可靠的隐私保障，与好友及他人的相互协作，及时跟踪最新信息等。В Контакте也开始进军网络支付平台，目前也是俄网市场上具有重要影响的网上支付工具。与它相关的网站还有Аудио ВКонтакте（http://audiovkontakte.ru/），这是它的音频交流工具平台。

➢ Мир тесен!（http://mirtesen.ru/ ★★）

Мир тесен!（"世界真小"网）是俄网非常具有特色的社交网站，被称作是"地图上的社交网"。它把网络地图定位与找好友结合起来。首先，你必须通过注册方能使用社交网的高级功能，注册后可以建立自己的"社交圈"，通过地图可以查找某人或好友的所处位置。网站地图可以根据你的IP地址，自动大体定位你打开网站时所处的地点。

➢ Мой круг（http://moikrug.ru/ ★★）

Мой круг（"圈子"网）创办于2005年11月，2007年3月被Yandex购并，成为了Yandex的一个重要服务项目。至2010年它已发展成为一个大型社交网站，2011年它同
俄网的其他几个大型社交网站进行了功能接入，可以通过Facebook，Twitter，LiveJournal和LinkedIn的账户来查找好友。该社交网站的特点就是在于"圈子"：第一圈为你最信任的好友，第二圈为好友的好友，第三圈为好友的好友的朋友。通过该网，可以实现寻找工作、查找同学、兴趣交流和人力资源管理等。

➢ Мой мир@Mail.ru（http://corp.mail.ru/communications; http://my.mail.ru/ ★★★）

Мой мир（"我的世界"）是大型门户网站@Mail.ru的社交频道，2007年5月上线。最初它主要是集成了@Mail.ru 的博客、邮箱、相册、视频、问答、留言等，12月开通

---

① 有译为"联络"网的。
② 之所以取名В Контакте，是因为据说其创始人巴维尔·杜罗夫（Павел Дуров）曾在Эхо Москвы广播公司工作，工作期间天天听到的一句话就是：В полном контакте с информацией。

WAP版，2011年11月开通手机网站交友模式。Мой мир不能直接按地址http://my.mail.ru/登录，需先注册@Mail.ru邮箱，然后才能勾选Мой Мир的功能选项。这一切均可以在Mail.ru Group（http://corp.mail.ru/）中完成，后者提供了以下功能版块：邮箱、客户端、社交网；游戏；
导航服务；电子商务；媒体项目等。2010年Мой мир与Одноклассники合作，并整合了ICQ即时聊天工具。目前，Мой мир@Mail.ru在俄网的社交网站中占据重要地位，用户数已超过4千万。与之相关的网站还有：

Знакомства@Mail.ru（http://love.mail.ru/），这是@Mail.ru的交友频道，与Мой Мир进行了整合。

➢ Одноклассники.ru（http://www.odnoklassniki.ru/ ★★★）

Одноклассники（"同学"网）是依照美国的同类型网站Classmates.com进行重新包装在俄网推出的社交型网站，上线时间是2006年3月，早于В Контакте，它最初是为了在网上找寻学校的同学而设立的交流网站，现已发展成为大型的全覆盖的综合社交网，注册用户数已超过1亿。2006年获Рунет大奖。

Одноклассники的主要功能模块有：Mail.ru、邮箱、Мой Мир、Одноклассники、游戏、交友、新闻、搜索及辅助功能版块（如：汽车、房产、软件、商品、工作、旅游、视频、地图、支付等）。网站还支持移动工具（手机）版社交网服务。由于与В Контакте互为竞争对手，网站禁止任何指向后者的链接，且网站的图片不得链接至其他网站，而В Контакте则无此限制。

➢ Открытое письмо（http://open-letter.ru/ ★★☆）

"公开信"网很难说是一个严格意义上的社交网络，但是它又为那些想对人发表意见却无门的人们提供了一个"公告板"，从此意义上说，也算是某种形式的"社区"。这些"公开信"大多是针对国家领导人、政府官员或某些"民意"无法直达的人物，当然网站允许用户为任何人发公开信。网站的论坛主要是讨论政治、经济问题。

➢ Серия социальных сетей

这是个交友社区系列网站，所有网站的设计风格统一，这些网站有：
http://beon.ru/; http://ltalk.ru/; http://mindmix.ru/; http://carguru.ru/; http://car-guru.com/; http://ryxi.com/; http://qaix.com/; http://gyxe.com/; http://gyxu.com/; http://xywe.com/; http://xyqe.com/

每个网站都包含有用户排名、社区排名、精彩日志、推荐链接和论坛等专栏。可以发布文字、图片和视频。但实际上，这些网站更接近于博客或论坛性质，其社交性质并不强。

➢ Социальная сеть фотографов

俄网有一些专业的摄影爱好者的交友社区，在这里他们一般是发布摄影作品、探讨摄影技术和交流摄影经验。例如有：Фото жизнь (http://www.lifeisphoto.ru/); 35photo (http://35photo.ru/)等。

➢ Я.Ру（http://my.ya.ru/ ★★☆）

Yandex所提供的博客和交友社区服务平台，它与Yandex的图片、视频频道形成联动，并可以加其他博客为好友，可以自动将自己的日志输出到其他博客平台，可以记录自己的心愿。注册用户可以使用《Яндекс Паспорт》（"Yandex护照"），完成Я.Онлайн的设置等。

俄网其他常见社交资源

名称与网址	说　明
Весь Мир http://vecmir.ru/ ★★	一个国际性社交平台，它是将不同地区、国家的人们联合进一个统一的社区，并为人们的交友活动提供服务和方便。网站还提供视频聊天、博客和在线广播电视服务。
Видеокласс http://www.videoklass.ru/	一种新型的视频交友社区，还允许上传照片、视频，重点服务对象是同学交友。
вКругуДрузей.ру http://vkrugudruzei.ru/ ★★	大型门户网Кирилл и Мефодий的社交频道，用户可以上传照片、发布博客、寻找好友和同学等。它利用KM.RU这一平台已有千万用户。
@дневники http://www.diary.ru/ ★☆	"@日志"网是个大型社交网站，通过网站注册后，可以组织话题，并发布网络日志（博客），同时可以按照自己的兴趣加入或组织各种形式的社圈。网站还列出了常见话题和人气博客、社区等。
Мир добрых дел http://www.cw.ru/	一个慈善事业及其人士的社交网络。
Моя библиотека – социальная сеть любителей книг http://www.my-lib.ru/ ★☆	"我的图书馆：爱书社交网"为热爱书籍的同好者提供了一个交友和发布信息的平台，主要提供了4种讨论平台：图书、作家、读者和新闻，同时还对图书主题进行了详尽的分类。
Моя живая страница (Mylivepage) http://www.mylivepage.ru/ ★★	"我的即时主页"提供了6个社交服务模块：（1）社会主页，可以轻松实现与世界交流；（2）家庭主页，支持与亲朋好友的紧密联系；（3）公司主页，展示自己的商务、商品和服务；（4）职业主页，与他人分享、讲述自己的工作；（5）社区主页，可以将人们联合加入各种社区，如体育、同学、同事等等；（6）汽车主页，创建自己汽车的在线肖像。注册分免费和收费等不同空间付费形式。
Профессионалы http://professionali.ru/	一个专为商务人士、企业管理人员建立的社交空间。
Сообщество влюбленных в кино http://www.ilovecinema.ru/ ★	"电影爱好者社区"网以电影为话题将电影爱好者"聚合"到一个社区内，大家就电影本身、演员或故事发布感言或跟帖。网站对帖子和社区成员进行排名。
Сообщество на RB.ru http://www.rb.ru/community/	俄网最大的商务网站RB.Ru的社交频道，主要是为商务人士提供交友、博客等服务。
Соратник http://soratniki-online.ru/	"战友"社区是一个由公正俄罗斯党及其支持者发起的政治性社区，讨论许多当今政治、社会、经济、军队等多领域问题。
Список русскоязычных специальных сетей http://galleo.ru/articles/sw220 ★	俄网社交网站的目录，具有一定参考价值，但有些收录网站已被关闭。
Сообщество 100 друзей http://www.100druzei.ru/	"100个朋友社区"创办于2005年，它将数以万计的居住在世界各地的说俄语的人聚合在一起，同时还为那些失去联系的人们提供一个寻找并建立联系的空间。

续表

名称与网址	说明
Страна друзей http://www.stranadruzey.ru/ ★☆	"朋友之家"是由全俄广播电视传播公司于2008年7月创办的俄罗斯第一个少儿交友社区，接纳6-16岁的儿童。网站分为交友、教育和娱乐三大版块，并提供虚拟城市网络服务。这几大版块又分出以下栏目：视频、照片、筹码、游戏、竞赛、交易、决斗、俱乐部、日志、聊天等。
ФотоФильмы.ру http://fotofilmi.ru/ ★	一个把各种相片做成幻灯播放形式供大家欣赏的社区。
Friends.qip.ru http://friends.qip.ru/ ★★	大型门户网Qip.ru的社交频道，又命名为Вспомни（"记住"）。网站主题提供：照片、文件交换、交友、邮箱、贺卡、游戏、微博等服务。用户还可以加入"组群"，交友和发布消息。
LJ.Rossia.org http://lj.rossia.org/ ★	LJR在许多地方模仿LiveJournal的服务，当然，正如网站所标榜的那样，它更加"支持言论自由，发展公民权益和保障自由交换信息"。用户可以通过这一社交网站创建自己的日志，阅读他人日志并对喜欢的内容进行评论，建立好友目录等等。
Memori.qip.ru http://memori.qip.ru/ ★☆	"记忆"网是一种具有网络书签性质的社区网，基本功能除了在不同电脑制作和保存网络书签外，还可以朋友、同事分享自己的书签，甚至是共同管理网络书签；通过交换"收藏"的书签，还可以认识同好网友，这种具有网络书签和社交性质的网络资源在俄网上并不多。后与Qip.ru合并。
RusEdu http://www.rusedu.net/ ★☆	俄罗斯教育工作者社区网，主要服务项目有：社区、出版物、博客等。人们可以按照不同的Модуль（模块），就教育问题展开讨论，发布资源和消息以及建立联系。
RuSpace.ru http://www.ruspace.ru/ ★★	一个非常典型的俄语交友空间，其宣传口号为«Российская социальная сеть»，有博客、邮箱、搜友、音乐等服务，而且其社交界面也非常人性化。
Spaces http://www.spaces.ru/	一个集交友、文件共享、日志、论坛、聊天、公告、游戏等于一体的综合性社交网站，支持手机等移动工具。
TourOut http://tourout.ru/ ★★	一个大型的旅游爱好者交友社区，人们交流在俄罗斯国内和世界各地旅游的见闻、心得和旅游信息，同时推荐旅游线路和发出结伴邀请等。
X-libris http://www.x-libris.net/ ★	"爱书者"社区将阅读爱好者、爱书的人们联合在一个社交空间内，提供讨论平台，同时还对图书的题材进行了详尽分类。

俄网纯交友网络资源

名称与网址	说明
Дамочка.ру http://damochka.ru/	在线交友、交流网站，还有论坛、日志、音乐、视频等栏目。
ЗАРУКУ.Ру http://zaruku.ru/	俄网交友网站搜索引擎。
Знакомства на 55.Ru http://www.55.ru/ ★☆	俄网55.ru的大型交友平台，设计精美，有图片、音频、视频、论坛、聊天室、博客等栏目。
Знакомство Справки.net http://spravki.net/go/dating/	门户网站Справки.net的交友网站目录，数量近百个。
KM.RU Знакомства http://love.km.ru/	著名门户网站Кирилл и Мефодий的交友频道，用户数已达千万。

续表

Омен.ру http://omen.ru/	一个较大型的交友网站,并提供论坛、聊天、邮箱等服务。
Рейтинг сайтов знакомств http://mytopmeet.ru/ ★	俄网交友网站排行榜,有点击率、转引率等数据统计。
ILoveYou.ru http://www.iloveyou.ru/	俄网最大的交友网站之一,用户数达千万,来自世界各国。网站支持俄、英、德语。

❖ ❖ ❖ ❖ ❖ ❖ ❖ ❖ ❖ ❖

国外社交网络的俄文版

➢ FACEBOOK（www.facebook.com ★★★）

Facebook的中文名为"脸谱"网（也有称"脸书"、"面书"的），它于2004年2月上线，目前是全球最大的社交网络。Facebook非常国际化，有70%的用户来自美国以外的地区，并且它的网站提供超过70种不同的语言，但目前暂时还没有针对中国大陆的简体中文版[①]。2008年6月俄文版Facebook上线，仅仅5个月后，Facebook俄文版用户数就超过了俄罗斯市场的社交网络"老大"LiveJournal，而Mail.ru Group已拥有Facebook 10%的股份。目前Facebook是俄网用户数最多的社交网站，在俄罗斯社会中发挥越来越重要的作用。例如，在2011年12月俄罗斯国家杜马议会选举中，大批反对派人士通过Facebook相约示威抗议，

而俄罗斯总统梅德韦杰夫也通过Facebook回应示威活动。登录Facebook俄文版可以在注册后从facebook.com的多语种选项中选择Русский язык进入Фейсбук社区，并使用其基本和扩展功能。Facebook所为人称道的一些功能有：墙、Poke、状态、礼物、活动、视频、市场、应用程序、游戏、直播频道等，现在它允许用户自己选择相应地址名，例如德米特里·梅德韦杰夫的Facebook地址为https://www.facebook.com/Dmitry.Medvedev，目前它还在不断开拓出新的功能。

俄网与之有关的还有一个网站：Блог Фейсбук（http://rufacebook.com），是专门为俄网Facebook用户开办的专业博客，主要探讨相关软件、服务和Facebook新闻等。有趣的是，它还在主页顶部设置了俄网两大社交网ВКонтакте和Facebook的比较民意测验，看它们谁的支持率更高，结果前者的支持率遥遥领先于后者，这似乎与市场所占份额并不太符合。ifacebook是另一个相关网站，它主要是报道与俄文版Facebook相关的新闻和技术问题。

➢ Вики Сообщества（http://ru.community.wikia.com/ ★★☆）

"维基社区"（俄文版）是维基百科（俄文版Викия）的一个自由项目，它允许用户独立或者集合合作在维基平台上创立一个自己的维基主题项目。所有的自创维基项目划分为4个种类：电影、游戏、娱乐、科学；每个维基项目都可以包含以下版块：新闻、论坛、指南、视频。目前俄文维基社区只有近700文章，还有待进一步扩充内容，但其发展前景是不可估量的。

---

① 目前Facebook.com在我国是被屏蔽的。

第十四章　网络日志（博客）和社交网络资源

➤ Живой Журнал (ЖЖ)/LiveJournal（www.livejournal.com ★★）

LiveJournal是一个综合型SNS交友网站，有论坛，博客等功能，Brad Fitzpatrick始建于1999年4月，目的是为了与同学保持联系，之后发展为大型网络社区平台，是网友聚集的好地方，它还支持多国语言。其用户数排前三位的国家是：美国、俄罗斯、英国。Живой Журнал在俄罗斯市场拥有极大知名度，许多名人、政治和社会党团、组织都利用ЖЖ来发布消息、聚拢人气，它由俄美合资公司SUP管理，其市场占有率始终在俄网市场占有较大份额，在Facebook没有进入俄罗斯市场之前，它一直俄网社交类网站的"老大"。2009年ЖЖ荣获Рунет年度大奖"国家与社会"类奖项。

登录ЖЖ的方式：可以在LiveJournal.com的主页选择Русский язык，之后即显示俄文页面。ЖЖ的突出功能在于丰富的信息共享格式、功能强大的好友册、用户信息管理和安全、隐私保障等等。它还完全支持RSS订阅。

➤ Google +（https://plus.google.com/ ★☆）

2011年6月Google将它先前的相关社交功能进行整合，成为了Google+，目的是让Google在线资产在日常生活中更普及，是一项社交服务项目。Google+将Google的在线产品整合，以此作为完整社交网的基础。为了让服务区别于Facebook，Google+特别突出隐私服务管理方面。用户可以通过自己的Gmail 账户登录，在这个社交网站上用户可以和不同兴趣的好友分享好玩的东西。在Google Plus的主页上可以选择不同语言，其中包括俄语、汉语。Google Plus的突出功能有：圈子功能（Circles，Круги）、内容推送（Sparks）、信息流功能（Stream，Лента）、视频群聊（Hangouts，ВидеоВстречи）、文字群聊（Huddle，Чат）、即时上传（Instant Upload，мгновенная загрузка фото）等。

➤ Twitter (Твиттер)（http://twitter.com/ ★★）

许多人认为Twitter更应该是一个微博服务网站，而没有意识到它的社交网络属性。它在美国诞生于2006年左右，之后在一系列世界事件中大出风头，也开始了它的迅猛发展。其创始人之一曾写到"人们可以通过Twetter的140个字符来改变世界"。以社交网站的标准来看，Twitter规模仍然很小，但Twitter可以提供直接和重要的信息，而这一点其他社交网站无法比拟。同Facebook每月6亿的活跃用户数相比，Twitter还显得有些微不足道。但它却与Facebook截然不同，按其创始人的话说是"降低了门槛"，"能让人们更便捷地共享信息"。2011年4月Twitter开通了俄文版，并在俄罗斯取得了快速发展，网站还专门为俄罗斯总统梅德韦杰夫举办了微博开通仪式。登录Twitter俄文版可以通过在其官网上选取Русский选项[①]，Твиттер在手机使用、消息发送布、跟随链接、统计数据和第三方应用等方面有其特长。但现在人们记住它的还是微博功能。与之相关的还有部分资源，如Русский Твиттер сообщества（http://twitterru.livejournal.com/），这是探讨Twitter技术问题和新闻报道的专题网站。

[①] 由于所发送信息内容不受限制，因此Twitter在中国内地被屏蔽。

共享交换下载资源

所谓"下载"就是通过网络进行传输文件保存到本地电脑上的一种网络活动。本章所介绍的俄网共享性质的交换、下载资源主要是指以下几种类型：web下载资源、P2P下载资源、网盘下载资源和分享网络视频资源及其他。在我国，人们常约定俗称地把上述资源都定义为"互联网分享资源"。下面我们将对此分类加以介绍。

第一节 Web下载资源

Web下载方式分为HTTP与FTP两种类型，它们是计算机之间交换数据的方式，也是两种最经典的下载方式，该下载方式原理非常简单，就是用户两种规则（协议）和提供文件的服务器取得联系并将文件搬到自己的计算机中来，从而实现下载的功能。在俄网的web下载方式中，HTTP是最常用的网络下载方式之一，一般可以通过浏览器下载功能和专用网络文件下载工具来完成（如我国的迅雷、快车等）。FTP下载是由用户连接上一个运行着FTP服务器程序的远程计算机，并从这些计算机上查看、下载文件（以软件为主），也可反其道而行之。

➢ Мультик by ArjLover（http://multiki.arjlover.net/ ★★☆）

专业的动画片下载资源网站，内容非常丰富。下载方式选项多，实用性强。几乎每个动画资源都有三种下载方式：http直接下载、eMule下载和BT下载。

其他部分Web下载资源

名称与网址	说　明
2baksa.net http://www.2baksa.net/ ★☆	一个综合性资源下载网站，支持俄、英文和RSS订阅，主要有游戏、视频、电子书、软件等。下载方式是http直接分别打包下载，或通过FileSonic、UniBytes的镜像直接打包下载，同时提供解压缩密码。可用性较好。
GiG-Soft.net http://gig-soft.net/ ★	一个综合性的Web下载网站，主要资源有电影、音乐、软件、游戏、电子书等。注册登录后可以查看隐藏的下载链接地址，并直接下载。
LifeHD http://lifehd.ru/	俄网比较有名的高清影片资源网站，大部分资源可以通过Videobb（http://videobb.com/）在线播放，并在付费后可以直接下载。
OpenSharing http://opensharing.ru/ ★★	专业的软件、程序下载资源网站，主要分为：Android、iPhone、Macintosh、Windows、Windows Mobile、脚本等资源类型。所有资源均可直接点击下载，无需注册。
Poiskovik.tv http://poiskovik.tv/	电影资源下载网，可以检索电影相关信息。网站还提供了Top100电影下载资源。下载方式是通过手机短信获取确认码，之后按照唯一地址下载。

第十五章　共享交换下载资源

❖❖❖❖❖❖❖❖❖❖❖

　　网盘，又称网络U盘、网络硬盘，是一些网络公司推出的在线存储服务，有时它又被称作"托管服务器"，向用户提供文件的存储、访问、备份、共享等文件管理功能，使用起来比较方便。免费网盘一般只用于存储较小的文件；而收费网盘则具有速度快、安全性能好、容量高、允许大文件存储等优点，适合有较高要求的用户。俄网的网盘一般是指Файлообменник、файлхостинг、файловый хостинг、файлопомойка等，直译应为"分享（交换）器"。这类分享交换资源其实也是通过web访问，确切地说就是http访问。用户获取某一网盘的分享交换资源链接的方式可以是电子邮件或博客、论坛、即时聊天工具等，这些URL地址都是唯一的。

　　俄网的分享网盘一般有两种商业模式：一种模式是植入广告，当用户点击文件时，会出现读秒停顿，出现广告，读秒（一般为45-120秒不等）结束后出现文件链接地址。但这种植入广告的免费文件下载途径一般速率较慢，特别是通过我国的互联网一般无法下载中等以上大小的文件。另一种模式是收费账户（премиум-аккаунт），即按照年费、月费收取一定费用，而且费用往往平均较低。此类用户下载文件时可以即点即下，无广告、速度快，有的甚至支持多线程、断点续传等功能。根据不同的赚钱模式，这些平台一般都鼓励用户在尽可能多的网盘上分享文件，因此，许多此类下载资源都存在于多个共享平台上。俄网上部分最为常见的网盘托管服务器有：

名称与网址	说　明
DepositFiles http://depositfiles.com/	一个在俄罗斯使用极广的国际性网盘网站，目前排名第二，功能强大，受限较少，免费上传空间为300MB，最高至2GB，用户可通过上传共享文件赚钱。网站支持俄英德西波法等语言。
Fayloobmennik http://www.fayloobmennik.net/	一个俄罗斯的网盘网站，上传文件最大2GB，未注册即可上传共享文件，注册后提供更大空间、更长时限。
FileSonic http://www.filesonic.com/	一个知名的国际性网盘托管服务器，在俄网拥有大量用户，最大支持上传2GB文件，服务稳定性较高。网址支持英俄中等在内的10余种语言。
iFolder http://ifolder.ru/	俄网使用极其普遍以及历史最长的托管服务网站之一，网站贴近用户需求。
Letitbit http://letitbit.net/	俄网使用最为普遍的网盘，支持Web、FTP、远程上传。用户可以免费注册并通过上传共享文件赚钱，注册需借助于手机短息确认。网站支持俄英德西波等语言。
Rapidshare http://rapidshare.com/	创立于2003年，是世界知名的网盘托管服务网站，总部在德国。在俄网它又被称为Рапида，它世界上速度最快、容量最大的托服网站之一，使用简便，支持"一键式"上传文件。
Sms4file http://sms4file.com/	俄网知名度较高的网盘托管服务器，支持web、FTP、远程上传。注册后空间不受限制，上传大小不受限制。可通过共享文件赚钱。
Turbobit http://turbobit.net，http://turbobit.ru	俄网知名度较高的网盘之一，目前仅次于Letitbit和DepositFiles。2008年开始运行，性质与Letitbit类似，免费空间为100MB，最大空间可到100GB。可通过共享文件赚钱。
Unibytes http://www.unibytes.com/	一个比较"年轻"但享有较高知名度、在俄网使用普遍的国际性网盘托管服务器，其保留上传文件时限比大多数网盘都要长——达120天。上传文件可在250MB—2GB之间。

续表

名称与网址	说　明
Uploading http://uploading.com/	一个国际性网盘托管服务器，提供最大10GB上传空间。网站支持包括中、俄文在内的十余种语言。
VIP-Files http://vip-file.com/	一个国际知名、在俄网使用非常普遍的网盘托管服务器，免费空间受限，注册付费空间大。网站支持俄英西德波等语言。

上述常见的网盘托管服务器都需付费，但费用根据时限来说并不算高。这些平台的主页允许通过像PayPal等国际支付方式付款。对于我国使用俄网资源的普通网民来说大部分并不拥有国际在线支付手段，但仍有网盘付费的途径。淘宝网有许多店家都从事网盘付费服务，其中就包括我们所提及的常用俄网网盘。经试用，效果是不错的。其实从能够下载的资源及实用性角度来说，网盘下载的性价比是很高的。俄网资源的网盘下载方式是非常普遍的。如果您已是俄网网盘付费用户，那么以下的网盘下载资源都可以升级为★★以上推荐标志。

俄网下载的电影资源一般为avi格式，从技术标准说是DivX、Xvid，少部分为mp4、Ogg、wmv等格式，基本不使用我国互联网下载电影常见的rmvb格式。应该说DivX、Xvid要远比rmvb清晰得多。

俄网部分网盘及类似方式下载资源

名称与网址	说　明
Видик http://www.vidik.org/	电影下载资源网站，共分出几十种、3万余部（集）影视剧，每部影视剧都有剧情、演职人员介绍，还有影片的数字信息。网站号称"免费下载"，实际要交纳一定的SMS费用，下载方式是发出短信请求，服务商回复下载确认码，之后通过网盘下载。
Документалка http://dokumentalka.ru/	"纪录片"网是一个免费下载网站，按照纪录片类型进行了划分，例如有探索片、教学片以及宗教、旅游、历史、电影、体育、音乐、幽默、医学、政治等。大多数视频时通过Depositfiles, Rapidshare, Letitbit, Sms4files.com, Turbobit, VIP-File.com, ShareFlare等下载，少部分通过eMule的ed2k网络下载。
КиноМост http://digital.kinomost.ru/	"电影桥"网上音像店的下载频道，下载方式与Видик网站相似，都是以SMS方式付费获取下载地址，通过网盘下载。
Komapz http://komapz.net/	一个以电影资源下载为主，游戏、软件、音乐下载为辅的综合性资源下载资源网站，分类十分细致，电影都有大幅宣传海报。下载方式是通过像Letitbit, VIP-file, Shareflare, Rapidshare等共享网盘平台下载。
Мой мир видео http://moimirvideo.com/	影视剧下载资源平台，资源题材达几十种。下载方式是借助于像Unibytes, Letitbit, vip-file, Depositfiles等网盘共享平台下载。
Скачать бесплатно http://skachat-besplatno.net.ru/	一个综合性资源免费下载网站，主要资源有MV、音乐、电影、软件、游戏、移动工具辅助、墙纸等。下载方式是网盘下载，途径主要是借助于像Turbobit, Letitbit, Shareflare, Unibytes等共享平台。
Супер Варезник http://super-wareznik.ru/	综合性下载资源网，主要资源是软件、PS及工具、游戏、音乐、电影、手机程序等，还开有论坛，许多软件均是破解版。下载方式是通过Letitbit下载。

续表

网站	描述
AA-Kino http://aa-kino.ru/	网站有着较为庞大的影视资源库，主要是影视剧，有几十种分类，部分电影可以在线观看（但受网速局限较大）。下载方式是通过短信SMS收取下载确认码，之后可以直接从网盘下载，下载免费、不受限制，但一般地址有效期只有5天。
CitySmile.org http://www.citysmile.org	综合资源下载网站，主要是电影、游戏、音乐、软件、图片等。下载方式为通过像Letitbit, Fileserve, Depositefiles, Turbobit等网盘共享平台下载，或通过MediaGet直接下载，但后者并不稳定。
DIRfilm.com http://dirvideo.com/	一个电影资源下载网站，分类详尽，设计精美。下载方式是通过短信SMS收取下载确认码，之后可以直接从网盘下载，下载免费。
DrWarez.info http://drwarez.info/	一个综合性下载资源，主要是游戏、软件、电影、音乐、电子书、图片等。下载方式分为高速、中速、一般速度。下载方式也是通过短信SMS收取下载确认码，然后按照下载地址直接从网盘下载。
Dump.Ru http://dump.ru/	综合性下载资源，主要有视频、图片、音乐、软件等。多数文件可自动读秒后下载。
Extra Warez Portal http://www.exwarez.com/ ★	一个以软件下载为主、电影电子书等资源下载为辅的网站，站名就带有"破解"意味。下载资源分类比较细致，讲解详细。下载方式为通过像Turbobit, Depositfiles, Extabit, Letitbit, Rapidshare等网盘共享平台下载。
Kadets.Ru http://kadets.ru/	综合性的资源下载网站，主要是：软件、音乐、电子书、游戏等。下载方式是通过像Filesonic, Letitbit, 的网盘共享下载平台下载。
Kinonline.org http://www.kinonline.org/ ★	一个具有多种下载方式的电影下载资源网站，内容分类细致，还有音乐、图书等资源。大部分电影资源均可在线观看，可通过特殊工具下载流媒体mp4文件，但有些在线观看的视频非完整版。下载方式主要是通过像Letitbit, vip-file, Shareflare, Depositfiles, Turbobit, Hitfile, Rapidshare, Uploadbox等网盘下载，还可以通过下载torrent种子文件来下载视频文件。网站还设有论坛和聊天室。
Kino-Zaycev http://kino-zaycev.ru/	一个较大型的电影下载网站，设计比较精美，影片介绍详细。下载方式是通过短信SMS收取下载确认码，之后可以直接从网盘下载，有免费和收费两种形式。
Maxwarez.org http://maxwarez.org/ ★	一个综合性下载资源网站，主要有电影、软件、游戏、音乐、电子书、移动工具程序等。下载方式是通过像Shareflare, vip-file, Unibytes等共享网盘下载，有时还可以下载torrent种子。
MEGA-online http://megaonlinez.net/	网站宣传为免费下载资源网站，主要有音乐、电影、动画、游戏、软件、电子书、图片等下载资源。下载方式主要有网盘下载和BT种子下载，前者虽然是免费，但需通过手机短信注册，故在我国无法实现。
Mp4-video http://mp4-video.ru/ ★	为影视剧资源下载网站，共十几种题材，涵盖故事片、纪录片、动画片、电视节目、体育比赛、MV等多种类型。下载方式主要通过Letitbit, shareflare, vip-file等共享网盘下载。网站还专门设置了下载Youtube分享视频的专栏，只要输入地址即可下载。
NaNoWarez http://nanowarez.com/	综合性下载资源网站，主要是视频、游戏、音乐、软件、电子书、图片、破解等。每部资源的跟帖也常常提供有效信息。下载方式为像Depositfiles, Letitbit, Turbobit, Sms4files, vip-file等共享网盘下载的。
Netz http://netz.ru/	网站具有综合性下载资源性质，主要有软件、游戏、视频、音乐、移动辅助工具等。下载方式是通过短信SMS收取下载确认码，之后按照下载地址直接从网盘下载。

续表

网站	描述
Portal-New-Soft http://www.portal-new-soft.ru/	一个综合性的下载资源网站，主要下载资源类型有：电影、软件、游戏、PS、音乐、桌面等。网站设计精致，资源丰富，介绍详尽。下载主要借助于Letitbit，VIP-Files，ShareFlare，SMS4File等网站共享平台。
Qiq.ws http://qiq.ws/	一个典型的共享网盘下载资源网站，主要资源为软件、影视剧、游戏、音乐、电子书等。下载平台是Letitbit，Turbobit等。
RapidLinks http://rapidlinks.org/	大型的综合资源下载网站，主要下载资源为软件、视频、电影、游戏、电子书、有声书、图片、移动辅助工具等。下载方式是通过像Letitbit，Shareflare，vip-file等共享网盘平台下载或者通过Rapidshare分压缩包下载。
REAL-WAREZ http://real-warez.net/	一个典型的共享网盘性质的下载资源网站，主要有电影、游戏、音乐、电子书等。共享网盘平台主要为Letitbit，Sms4file，vip-file等。
RussPlaneta http://russplaneta.com/ ★	复合性下载方式的影视剧资源下载网站，网站设计精致，分类较为细致，内容丰富。下载方式主要有：一是借助于vip-file，Letitbit，Depositfiles，Turbobit，Hitfile等网盘下载，或通过Rapidshare网盘分段下载；二是通过网站下载torrent种子，之后使用BT客户端下载资源，但必需注册。
ShareLita http://sharelita.com	一个综合性资源下载网站，开通于2003年，主要有电影、音乐、游戏、电子书等。网站设计简洁，内容比较丰富。它还开设有论坛、在线电视栏目。其下载方式曾使用eMule下载，但目前已转为通过像Letitbit，vip-file，Schareflare，Turbobit，hitfile，Depositfiles，FileSonic，Rapidshare等网盘下载。
Stepashka http://stepashka.com/	网站内容是以综合性下载资源为主，例如电影、软件、游戏、音乐、电子书、视频等。网站设计精致，资源非常丰富，介绍详细。下载方式是通过像Shareflare，Letitbit，vip-file，Filesonic等共享网盘平台下载。
Streetbox http://streetbox.ru/	一个以下载电影、游戏、软件、音乐为主的网站，各类资源都有较细的分类。下载方式主要是网盘下载和BT种子下载，而网盘下载大多是通过TurboBit，Letitbit，SMS4Flie，vip-flie，DepositeFiles等共享平台下载。
Tusnya.Net http://www.tusnya.net/	综合性的资源下载网站，主要为软件、电影、音乐、电子书、图片等。网站资源丰富，分类细致，介绍详细。下载方式是通过像Letitbit，Unibytes，vip-files，Turbobit，Rapidshare等共享网盘下载，或者是通过Google-File获取下载torrent种子。
Vozgeliai http://vozgeliai.ucoz.com/ ★	一个网上多媒体资源下载网站，主要有电影、音乐、软件等，并设有聊天室、论坛等，列出了俄网部分在线电视、广播的链接地址资源。下载方式是通过像Letitbit这样的网盘免费或收费下载。
Wararu http://www.wararu.net/	一个综合下载资源网站，主要是电影、连续剧、软件、音乐、桌面墙纸、电子书等。下载资源都有详细信息介绍。下载方式主要是通过像Turbobit，Letitbit，vip-file，Shareflare，Deposite等网盘共享平台下载。
Warez4me http://warez4me.ru/	一个以下载软件、游戏为主，音乐、电影、电子书等其他资源为辅的网站，其中的软件程序等大多为破解程序。下载方式主要是通过Letitbit，ShareFlare，vip-file，Sms4File等共享网盘下载。
WarezCity http://warezcity.ru/	一个综合性下载资源网站，主要为程序、音乐、视频、电子图书、图片、游戏等下载资源，资料介绍详细，主要通过Rapidshare，Letitbit，Depositfiles，Uploadbox，Turbobit，Uploading.com等共享网盘平台下载。
Woop.ru http://woop.ru/	一个综合性下载资源网站，主要是视频（含电影）、音乐、游戏、程序、电子书等资源类型。下载方式主要借助于Letitbit，Unibytes，vip-flie，Gigabase等网盘下载。有不少程序都是破解版。
Zhmak.info http://zhmak.info/index.php	一个综合性资源下载网站，主要资源有程序、游戏、有声书、音乐、电影等，所有资源介绍都非常详细。下载方式主要是借助于Turbobit，Letitbit，Depositfiles等共享网盘下载。此外，还可以借助MediaGet客户端获取torrent种子并下载资源。

第二节　P2P下载资源

P2P（英文诗Peer-to-Peer或Point to Point，俄文是Одноранговая, децентрализованная или пиринговая сеть）是一种对等互联网技术，可以进行点对点的文件共享交换，它与Web方式正好相反，该种模式不需要服务器，而是在用户机与用户机之间进行传播，每台用户机都是服务器，讲究"人人平等"的下载模式，每台用户机在自己下载其他用户机上文件的同时，还提供被其他用户机下载的作用，所以使用该种下载方式的用户越多，其下载速度就会越快。从俄网的P2P资源来看，我们主要介绍两种下载资源：BT下载和eMule下载。

15.2.1　俄网BT下载资源

　　BT（英文全称为BitTorrent，中文为"比特流"，"变态"下载等）。发布者只需使用BT软件为自己的发布资源制作torrent（种子）文件，将torrent提供给人下载，并保证自己的BT软件正常工作，就能轻松完成发布。下载者只要用BT软件打开torrent文件，软件就会根据在torrent文件中提供的相关数据和其他运行着BT软件的计算机取得联系，并完成传输。BT交换是完全免费的。由于有很多侵权内容也通过BT发布，因此BT面临着涉嫌侵权的指控。[①]与另一款常见的P2P软件eMule不同，BT协议中并没有采用对使用者按上传下载比和登陆顺序及是否能收到入站请求来综合排序进行上传。由于许多BT Tracker服务器成为版权组织打击的重点对象，BT下载发展出一种全新的下载方式——磁力下载（magnet），其下载地址只是一个字符串，而不必像BT那样非得有.torrent的种子文件，有些类似于电驴的ED2K链接。在BT被封锁以后MagNet将是主流下载方式。现在BT下载的多款软件已经更新，支持磁力链接方式。俄网的许多BT下载资源也正在向magnet过渡。

　　俄网最常用的BT下载客户端软件为：uTorrent (utorrent)，bittorrent，azureus，Bitcomet等。其中，Bitcomet（比特彗星）是中国产的免费BT下载软件，在国际上的同类软件中享有较高知名度。我们推荐使用该软件的最新版来下载俄网BT资源，在使用过程中，如果种子数量多、同时下载人数多，最快时可以达到200kb/s以上；平均速度应为30—70kb/s。[②]

俄网有部分资源下载网站的性质为torrent种子发布、检索平台，且下载的资源大都是音乐、电影、游戏、软件种子。通过这些网站获得种子需借助于手机短信的确认码进行确认，订阅手机短信需根据时段付费。下面列举部分此类网站资源：

---

① 以上内容参考自迅雷社区帮助文件。
② 在我国国内下载俄网的BT、eMule资源，我们不建议使用像迅雷、快车这样的通用型下载工具，尽管它们也可以下载，但总体效果并不理想。建议使用更为专业、分工更细的下载工具。

7-file（http://7-ffiile.o3f.ru/）
GetFile（http://geetflle.o3f.ru/）
GoogleFiles（http://g00glef1les.o9g.ru/）
Pullfile（http://pulllfi1e.o9d.ru/）★
VivaFiles（http://vivvafi7es.t8e.ru/）
ЯндексLOAD（http://yandexl7oad.o9d.ru/）

➢ Поиск по торрентам. Nigma-фичи（http://nigma.ru）
著名搜索引擎Nigma.ru的torrent种子搜索功能非常强大，可以直接搜索资源的种子。

➢ Поиск файлов QIP.RU（http://search.file.qip.ru/?from=qip）
著名门户网QIP.RU的文件搜索引擎可以检索BT种子。

➢ Поисковик MyTor（http://mytor.ru/）
一个种子搜索引擎，可以在以下BT下载网站搜索所需种子：http://baratro.ru，http://freetorrent.ru，http://rutor.org，http://opensharing.ru，http://tfile.ru。

➢ Трекер Кинозала（http://www.kinozal.ws/ ★★★☆）
网站称为"国际性的俄文种子资源"网，是俄网最好、资源最丰富、最易于下载的电影资源BT下载网站，在网民中享有极高声誉。正是由于其权威性和知名度，从某种程度上说，Кинозал几乎成了俄网BT电影下载资源的代名词。网站还提供非常丰富的音乐、连续剧、电视节目等资源。Kinozal.ws在俄网的同类BT下载资源网中也是历史最为悠久的之一，期间曾数次更换服务器域名地址，目前的地址已稳定使用了数年。但近期使用的状态与发展全盛期相比并不特别稳定，期间还曾数次受攻击而丢失用户信息。

Kinozal.ws最近常无法登录，我们之所以仍将其作为重点介绍主要是因为其在俄网同类网站中曾占有的地位及开拓作用。我们下面所介绍其所使用的常用语、分类标示等都已成为俄网同类网站事实上的"标准"。其实，我们下面推荐的许多其他网站都要比它更稳定，内容更丰富。

该网站可以免费注册，注册后登录才能浏览资源信息。网站还设有论坛、博客、问答、网站日志栏目，论坛内容非常丰富，可以解答许多问题并发布许多有益信息。网站的顶层功能导航栏中Раздачи，Запросы，Залить三个最为重要。Раздачи原指torrent传播、分布，这里实际上就是"torrent下载或发布"之意；Запросы为"求种"；Залить原指将torrent信息上传写入至tracker服务跟踪器，这里实际就是"上载torrent"之意。用户登录后，在页面左部会显示用户个人使用信息，例如有你的排名、等级，累计上载、下载多少字节，你的IP地址等。直接点击导航栏的Раздачи即可进入发布下载栏目。这里会按照时间先后将所发布的资源信息排列显示。每个发布资源都会显示文件数、上载时间、资源大小、种子数、同时下载点数、发布人等信息。点击每个发布资源，都会打开资源的详细信息网页，可以从这里直接下载torrent。Kinozal.ws的资源格式有些固定用法具有代表性，大多数俄网的影视资源下载网都使用此种格式标示，例如：

BDRip——蓝光片源压制来源；

CAMRip——低质量的D版电影（影院偷录）压片；

DVDRip——DVD片源压缩；

HDTVRip——高清电视录制片源；

MP3——一般为音乐专辑或有声图书的格式；

SATRip——卫视节目录制来源；

SCR——质量类似于VCD格式的压片；

TS——数字录影压片，与CAMRip性质相同，但质量要高；

TVRip——电视节目录制来源；

VHS-Rip——录像带翻录压片；

WEBRip——网络节目录制压缩来源。

Kinozal.ws的影片风格、类型表达法也具有很好的代表性，多数俄网同类资源下载网站也都如此运用。例如：

боевики	动作片/枪战片	Военный/ Война	军事片/战争片	Документальный	纪录片
детектив	侦探片	Русский сериал	俄罗斯连续剧	Видеоклипы	MV
Детский/ Кино детям	儿童片	исторический	历史片	Классика	经典片
комедия	喜剧片	сборники	音乐专辑杂集	триллер	惊悚片
Криминальный	犯罪片	VA (Various Artist)	不同歌手合集	Музыка Саундреки	原声大碟
Мульт Буржуйский	西方动画片	отечественный	国产片	Игры/ спорт	游戏/体育片/
семейный	家庭	драма	正剧，剧本剧	Мелодрама	情节剧
Ужасы/ Мистика	恐怖片/悬疑片	приключения	冒险片	Фантастика/ фэнтези	科幻片/ 奇幻片
эротика	情色片	ретро	怀旧影片	Мульт Аниме	数字动画片

➢ Кинозал.ТВ（http://kinozal.tv/ ★★★☆）

Kinozal.tv经常被人们拿来和Трекер Кинозала (Kinozal.ws)作比较，其实前者的知名度在俄网同类网络资源中并不亚于后者，这是因为，一方面可以说是它在一定程度上"沾"了Кинозал这一名称的"光"，另一方面前者的资源种类比后者更为丰富。它们两者在主页界面、设计风格、基本功能、下载规范和格式方面有许多相似之处。我们甚至经常能遇到同一资源在两个网站都有torrent的现象。我们这里仅介绍它们不同之处。

Kinozal.tv可以直接浏览所有资源，但要下载torrent则必需注册登录，而Kinozal.ws则必需注册登录后才能浏览、下载所有资源。Kinozal.tv要求用户必须在规定时限内上载种子与他人分享资源，或者自己做种达到规定的分享字节数。如果在规定时限内没有达到上述要求，则网站会自动取消用户的注册"户籍"。这也是我们为什么没有给它评定四个★的等级的原因，而Kinozal.ws则无此限制。

Kinozal.tv的稳定性要大大好于Kinozal.ws，我们在使用期间从未发生过网站被攻击导致崩溃的情况。前者的下载资源种类也比后者要丰富，它有些资源是后者很少发布的，例如：ТВ-ШОУ（电视脱口秀、访谈）, Игры（游戏）, Программы（程序），

Библиотека（电子图书）、Дизайн/Графика（图形设计、图片）等。此外，它还设有论坛、网络电台栏目。

➢ Brodim.com（http://www.brodim.com/ ★★☆）

这是一个典型的BT下载资源网站，主要资源是影视剧、软件、电子书、游戏等，种类非常丰富，界面类似于论坛网站。下载方式是注册后，通过uTorrent获取torrent种子，之后使用BT客户端软件下载。

➢ Deaf-Arena（http://deaf-arena.tv/index.php ★★☆）

这是一个俄网不多见的BT电影资源下载网站，电影、电视剧题材分类十分细致，还有像程序、电子书、音乐等资源。网站设计精致，讲解细致。所有torrent种子无需注册均可直接下载。其中大部分电影资源都配有字幕文件，可以直接点击资源介绍中的Субтитры选项下载。网站还开设有论坛、聊天室。

➢ DVDRiper（http://dvdriper.ru/ ★★★）

DVDRip本身是网上电影资源的一种常见格式，即所有用DVD作为片源进行重新压缩编码的文件都统称为DVDRip，像我们前面所提及的DivX，Xvid等均是此类。该网站借用了此格式作为网站名，主要下载资源是电影、电视剧，分类非常细致，资源丰富，介绍详细，设计精致，检索功能强大。大部分影片都有DVDRip，HDRip（高清），Blu-Ray（蓝光）三种格式的种子以供下载，无需注册。

➢ Films-Torrent.Ru（http://films-torrent.ru/ ★★★）

一个电影资源的torrent种子下载网站，所有影片按照题材、格式进行了详细分类，所有影片内容介绍翔实，torrent种子文件无需注册可以直接下载。还可以查阅过去日期的种子信息，并可直接检索种子文件。

➢ Free-Torrents（http://free-torrents.org/forum/indexer.php ★★★☆）

网站自称为俄网"第一个自由种子"网站，它类似于论坛性质，有些栏目是讨论BT资源及其下载的问题，但主要栏目还是影视剧、音乐、游戏、电子书、程序等资源的种子分享信息。它还提供了大量BDMV即HDTVRip的高清格式资源供下载。但种子下载必需注册。网站还可以借助于MediaGet下载。网站整体设计精致，资源非常丰富，值得推荐。

➢ KinoClub（http://www.kinoclub.org/ ★★☆）

一个电影资源下载网站，电影题材分类十分细致，此外还有音乐、游戏、软件、电子书等资源供下载。网站设计精致，介绍详细。未注册用户只能浏览Раздачи资源，注册后可以下载torrent种子，用BT客户端下载资源。

➢ KINO@RENA.TV（http://kinoarena.tv/ ★★★）

俄网一个大型的BT资源下载网站，主要资源以电影为主，另辅以音乐、程序等。网站整体设计精致，资源非常丰富，下载方便，torrent种子下载无需注册。主要下载方式为直接下载种子，或点击所下载资源的"磁力下载"（magnet）链接，通过客户端软件直接下载。

➢ Live-Torrent.Ru（http://live-torrent.ru/ ★★☆）

大型的BT种子下载资源网站，主要资源为软件、电影、游戏、音乐、图片、杂项等，无需注册直接下种子，可用性较强，整体设计精致。

> tfile（http://tfile.ru/ ★★☆）

这是综合性资源BT下载网站，主要资源为：视频、音乐、软件、游戏、电子书和其他。网站设计精致，资源丰富。所有资源的种子均可直接下载，无需注册。

> ТорФильм.Ру（http://torfilm.ru/ ★★☆）

一个大型的影视剧和多种视频torrent种子下载网站，网站设计非常精致，介绍翔实，图片丰富，无需注册即可直接使用磁力下载或者下载torrent种子。

> Top Torent（http://toptorent.com ★★☆）

综合性资源BT下载网站似乎是俄网的常项，Top Torent也不例外。其资源主要为：电影、视频、音乐、游戏、软件、电子图书及其他杂项。下载方式有三种：一是web直接下载，但此种方式要么有诸多限制，要么有的链接失效；二是磁力下载（magnet），直接点击即可下载，有效性高；三是torrent种子下载，也很方便、实用，有效性强。

> Torrentino.com（http://www.torrentino.com/ ★★☆）

这是一个综合性BT资源下载网站，主要资源为电影、电视剧、音乐、游戏、软件等。网站资源丰富，介绍详实，下载方便，种子下载无需注册。

> RuTracker.org（http://rutracker.org/forum/index.php ★★★☆）

这是俄网最大的BT下载资源的torrent种子服务器资源之一，其前身是Torrents.ru。形式上这是一个BT下载技术和资源的论坛性质网站，主要有以下版块：新闻、BitTorrent使用问题、影视作品和视频、纪录片和幽默、体育、电视剧、期刊和电子书、外语教学、教学视频、有声图书、音乐、游戏、软件和设计、移动工具程序、杂项等，内容极其丰富。所有标出Torrent Tracker地址的资源均可完全免费下载。网站无需注册即可获取种子资源，但注册后有高级服务。

其他部分俄网BT下载资源

名称与网址	说　明
Скатай на Skatay http://skatay.com/ ★★	一个复合下载方式的综合性资源下载网站，主要资源是软件、游戏、电影、电子书、移动辅助工具等，并开有博客、论坛等交流平台。下载方式主要有两种：一种是torrent种子下载，来源是jTorrents，7File，VivaFiles，GetFile等种子平台，而高清格式种子平台是AgentLoad.com；另一种是通过像Letitbit，Turbobit，Depositfiles，Shareflare，Getzilla，VIP-file，sms4file等共享网盘平台下载。
5 Music http://5music.ru/index.php ★★	一个以音乐资源为主、电影和游戏、电子图书资源为辅的下载网站。下载方式分为两种类型：一是torrent种子来源下载，主要是通过像VivaFiles，Яндекс Load，GoogleFiles，PullFile，jTorrents等种子平台下载，然后利用BT客户端下载资源，上述平台都需通过手机短信发送确认码；二是借助于Letitbit，Unibytes，Turbobit，Shareflare，VIP-File，Sibit，Hitfile等网盘下载。
All-eBooks http://www.all-ebooks.com/ ★★	一个最全的电子书资源下载网站，涉及范围有：有声图书以及计算机互联网、经济、科技、教育、家庭、娱乐、文学、国情等。下载文件格式为pdf，djvu等。下载方式是通过JTorrents，7-File的BT种子平台下载torrent，但这两个平台必须付费注册。

续表

网站	说明
Azureus http://azureus.sourceforge.net/	一个国际性BitTorrent下载平台，通过网站可以下载Vuze客户端，安装后，有大量电影、高清影片等资源免费下载。客户端支持十数种语言，其中包括俄文、简体中文。
Baratro http://baratro.ru/ ★	一个以电影资源为主的BT下载网站，种子可以免注册下载，另外还可以使用磁力连接。
Best-Torrent трекер http://best-torent.ru/ ★	一个典型的BT电影资源下载网站，题材分类达几十种。种子下载需注册。
BT-club http://www.bt-club.org/index.php ★★	一个电影资源下载网站，还辅以游戏、电子书、有声书资源。影视剧资源分类十分详尽，且设计为Flash选项。还专门设置了高清HD格式栏目。下载方式是BT下载，需注册。
DonkeyHot http://www.donkeyhot.net/	网站名称实际与电驴下载无关，它主要是电影资源下载，电影均可在线观看，但受网速影响较大。下载方式是转到Vsefiles，通过手机短信获取种子信息，之后下载。
Fast-Torrent http://www.fast-torrent.ru/ ★★	网站BT下载资源以影视剧、游戏为主，资源比较丰富，还有许多HDRip高清格式资源，介绍详细。下载方式主要是直接下载种子，无需注册，亦或通过MeidaGet直接下载执行文件。
Hilm http://www.hilm.ru/ ★☆	一个典型的影视剧BT资源下载网站，分类较细致，内容丰富，更新较快。资源种子无需注册即可直接下载。
InterFilm.info http://interfilm.info/ ★☆	典型的电影、电视、音乐、游戏的BT资源下载网站，但资源的多样性还有待提高。下载torrent种子需注册。
MegaShara http://megashara.com/ ★★	一个影视剧、音乐、游戏资源下载网站，资源丰富、更新快。下载方式主要是通过MediaGet获取torrent种子完成BT下载，或点击磁力下载链接。
NoLamerS.net http://nolamers.net/index.php ★☆	一个以游戏、电影、软件为主要资源的下载网站，每个下载资源都有详细的介绍。下载方式有两种，一种是下载torrent种子，一种是自动链接到poiskovik网站，通过手机短信SMS收取下载确认码，然后按照唯一下载地址直接下载。
OpenTorrent http://www.opentorrent.ru/ ★★	OpenTorrent的界面看起来像个论坛，主题是关于BT下载的信息及其讨论，同时网站也提供了电影、视频、音乐、软件、游戏、电子书等BT资源供下载。网站资源比较丰富，种子下载需注册。
RUTOR.ORG http://rutor.org/ ★	一个综合性BT资源下载网站，主要资源是电影、音乐、电子图书、程序等，但分类比较零乱。下载torrent种子无需注册，另外也允许直接使用资源的磁力连接（magnet）下载。
SeedOff.net http://www.seedoff.net/ ★★	一个综合性BT下载资源网站，资源类型主要是：视频、音乐、游戏、软件、电子书、图片等。注册后可以下载资源种子或者直接通过http下载，另一种下载方式是借助于MediaGet下载。
Torrentino.ru http://www.torrentino.ru/ ★★	下载资源主要是电影、连续剧、音乐、游戏、软件等，但分类比较零乱。下载方式是BT的高级形式，几乎所有下载链接均是磁力下载（magnet），无需注册。
Torrent Zal http://torrentzal.ru/ ★★	一个综合性的BT资源下载网站，主要有影视剧、游戏、音乐、杂志、图片等，无需注册可以直接下载torrent种子。
Tort8.com (http://tort8.com/); tfile.org (http://tfile.org/)	俄网torrent种子搜索引擎。

15.2.2 俄网eMule下载资源

eMule（中文称"电骡"）是一个开源免费的P2P文件共享软件，是基于eDonkey2000的eDonkey（"电驴"）网络，eMule能够连接eDonkey和Kad两个网络。ED2K网络是一种文件共享网络，最初用于共享音乐、电影和软件。与多数文件共享网络一样，它是分布式的；文件基于P2P原理存放于用户的电脑上而不是存储于一个中枢服务器。Kad是Kademlia的简称，Kademlia是P2P重叠网络传输协议，以构建分布式的P2P电脑网络。通过Kad网络，用户可以直接问其他用户"你有没有我要的文件"，如果有，就会进行文件传输，如果没有，就会告之哪个用户有或者可能有，直到文件传输完毕。与ED2K网络的不同在于，KAD网络让用户省去了从服务器寻找用户源的步骤，可以直接找寻到合适的用户源，进行文件传输。

总体来说，对于在我国下载俄文eMule资源，下载速率同BT相比并不理想，主要优点还在于资源可用期较长，不致于受"种子"制约。下载工具建议使用我国VeryCD网提供的中文简体eMule客户端。

名称与网址	说 明
25-й КАДР http://www.25kadr.net/ ★☆	"25镜头"网是个专业的俄外电影资源下载网站，每个下载资源都有ed2k地址链接，可以直接点击进行eMule的下载。网站的部分资源还支持通过像Letitbit，Unibytes，Depositfiles等网站下载。
Киносборник http://kinosbornik.ru/ ★★	专业的电影资源下载网站，分类十分细致，资源丰富，网站有着较强的检索功能。每个资源都提供ed2k链接，可以直接进行eMule的下载。
На Шару http://www.nasharu.net/ ★	综合性资源下载网站，主要资源为：电影、音乐、游戏、程序、电子书等。下载方式是点击每个下载资源的ed2k链接，使用eMule客户端下载，但链接地址只有注册后登录才可见。
eMule-Project http://www.emule-project.net/ home/perl/general.cgi?l=34	eMule国际项目的官网，主要提供eMule程序下载及技术支持。网站支持包括俄文、中文等在内的24种语言。
eMule-Rus.Net http://forum.emule-rus.net/ ★☆	网站类似于论坛性质，主要提供电影、音乐资源的eMule下载并解决一些eMule下载的技术问题。其下载链接是ed2k，kad等类型，使用eMule客户端即可直接下载。
KinoNo http://www.kinono.ru ★★	电影资源下载网站，内容丰富，资源更新快，检索功能强大。下载方式是输入网上的校验码后，点击ed2k链接地址，即可完成eMule下载。
KinoShow http://www.kinoshow.ru/ ★★	网站以影视剧资源下载为主，可以按照资源类型进行检索，同时还提供了下载排行。影片下载方式有两种：一是ed2k的eMule的下载链接，二是借助于Letitbit，VIP-File等网盘下载。
NetLab http://netlab.e2k.ru ★	综合性资源下载网站，主要是电影、音乐、有声书等。下载方式依据下载资源类型而有所不同，电影和部分音乐资源是由edonkey (eMule)的ed2k方式下载，电子书、有声书是由Deposite共享网盘下载，部分音乐资源是由"磁力链接"（magnet）下载。

ShareReactor http://www.sharereactor.ru/ ★★☆	俄网开通较早的eMule下载资源网站，资源主要为电影、音乐、游戏等。网站的检索功能比较强大，可以按照名称、类型进行检索，并有下载排行。每个资源都有ed2k链接地址，使用eMule程序直接点击即可下载。	
Zevel http://zevel.ru/ ★	下载资源主要是电影、游戏、电子书等，下载方式有两种：一种是eMule的ed2k下载链接，另一种是借助于像Letitbit，VIP-File，Sms4file的共享网盘下载。网站还提供在线观看服务，但流媒体播放效果受网速影响较大。	

第三节 网络视频分享资源

一提到网络视频分享我们就会想到YouTube和中国的优酷网，其实俄网也有大量相似性质的视频分享网络资源。它们在许多地方都有相通之处：（1）它们都把个人拍摄的视频资源作为视频分享资源的最重要来源之一，这些个人拍摄"作品"（按优酷网的话说叫"拍客行动"）大多是日常生活中拍摄的有趣、惊异、危险、灾害、轶事等方面的内容，特别是突发事件、隐秘活动等更是会看到此类视频的踪影；（2）它们也都鼓励发布那些非原创性质，但具有即时性、资料性的视频素材，例如影视节目、名人访谈、体育比赛等；（3）都在努力向综合性发展，即分享、浏览、搜索等；（4）都或多或少地存在涉嫌侵犯版权、隐私权以及触及宗教信仰、色情、暴力、恐怖等问题。总的说来，俄网的视频分享资源能够使我们找到许多有用、有价值的参考信息。

➤ YouTube.RU（http://ru.youtube.com/）[①]

YouTube是世界上最大的视频分享网站，2005年2月由三名PayPal的前任员工在美国创站，2006年11月，Google公司以16.5亿美元收购了YouTube。网站借由Flash Video来播

放各式各样由上传者制成的影片内容，包括电影剪辑、电视短片、音乐录像带等，以及其他上传者自制的业余影片等。大部分YouTube的上传者仅是个人自行上传，但也有一些媒体公司以及其他团体与YouTube有合作伙伴计划，上传本公司所录制的影片。网站的未注册用户可以直接观看视频，而注册用户则可以上传无限制数量的影片。通过强有力的技术支持，YouTube提供了对多种格式视频内容的支持，包括AVI、MKV、MOV、MP4、DivX、FLV、Theora、MPEG-4、MPEG、WMV和3GP等格式。它在对上传文件规格的规定也比较宽泛，容量不超过2G，且长度不超过15分钟的视频都被允许。

2007年11月13日，YouTube开通了俄文版本。由于YouTube对上传内容的无限纵容，它在许多国家被禁，俄文版YouTube也命运多舛，用户也经常不能使用。YouTube目前将语言与国家（地区）的选项区分开，"语言"概念仅适用于功能界面的，而国家（地区）选项，则适用于像当地用户推荐当地最感兴趣的视频内容，例如如果用户想关注俄罗斯联

[①] 本段内容主要参考自百度百科相关内容。网站目前在中国内地被屏蔽，因此，与之相关的其他语言版本也无法登录。另：我们没有为YouTube，RuTube给出推荐指数，并不是因为它们不值得推荐，而是因为在我国内地无法登录，但正由于其权威性，我们仍把它们放在此类资源推介的最前面。
[②] 不知什么原因，RuTube在中国内地有时也被屏蔽。

邦的正热门的视频，可以使用此功能切换查看。

➢ RuTube（http://rutube.ru/）[2]

RuTube是俄网最大的视频分享网站，是最有名的多媒体节目和家庭录像的发布平台。它是YouTube的"舶来品"，它创办于2006年，2008年被俄罗斯"天然气媒体集团"并购，2009年其访问量比之前翻番，达到了每天50万人次，2010年底达到了每天100万人次。RuTube早已成为俄网百强网站、十佳网站之一。由于其影响不断扩大，俄罗斯许多政治家在节日期间都利用这一平台向人民表示祝贺，例如Иван Охлобыстин，Владимир Жириновский，Геннадий Зюганов，Виктор Черномырдин等人。

RuTube支持按照视频名称、发布者、频道进行搜索，发布的视频主要分以下题材：幽默、电视节目、卡通、动漫、体育、音乐、车、新闻、电影、其他、THT等，所发布的视频内容由以灾难事故现场、电视转播、体育比赛、冲突、动漫、搞笑等最为吸引人。当然，它和YouTube一样，在某些方面也是良莠混杂，存在比较大的争议。RuTube也是俄网最大的交互视频广告平台之一，它通过《Одноклассники. Видео》，rutube.ru，tnt-online.ru，dom2.ru，kinopoisk.ru和karaoke.ru等6个平台来实现视频广告服务。RuTube有自己的广播频道，在THT电视台有自己的专门频道，与许多国际、国内大公司和重要媒体都有合作发布项目。RuTube每日精选部分视频，放入"编辑推荐"栏目，并由此推出许多专题视频频道，如《RuTube Классика》，《Лучшее из лучшего》，《Дети》，《Обломы в прямом эфире》，《RuTube Трейлеры》等等，它们都已成了RuTube的品牌专题栏目。

➢ СМОТРИ.com（http://smotri.com/?lang=rus ★★☆）

Smotri.com是俄罗斯本土开发的最有影响的视频分享网站，它支持用户免费上传、分享、播放、评论视频资源，这些资源既可以是家庭录像机、手机的"作品"，也可以是专业摄影设备拍摄的影片以及电视节目录像等。2006年底最初推出了LoadUp.ru测试版，2007年9月正式推出Smotri.com网络项目。2011年初其视频数已过百万。它在LiveJournal，twitter，Википедия，В Контакте等社区都开办有空间。

网站开办有5大版块：视频、日志、社区、直播、频道。其中，视频版块是由网友上传的各类视频片断，它支持按照日期、点击数、评价进行检索，同时又将这些视频分成：搞笑、体育、动画、影视、车族、音乐、事件、动物、旅游、居家、娱乐、游戏等类型。所有视频均可在线播放，并附评价等级。注册用户可以下载视频。日志、社区版块是紧密相连的，日志版块可以像博客一样发布消息、评论等，社区版块可以使不同兴趣、爱好的人们（特别是拍摄爱好者）互相交流。直播版块是个非常有特色的栏目，它支持用户将摄像机同网络的个人播放频道相连，并实时直播现场，同时可以利用社区栏目构成互动。频道版块主要是同许多电视栏目合作，开办有连续剧、音乐、欢笑、男士娱乐部、动画片、女士俱乐部等。

➢ Россия от А до Я（http://www.a-z.ru/ ★★☆）

"完全俄罗斯"是个视频直播分享资源网站，特色在于主要收录以下视频资源：

（1）各类会议、展览视频资源；（2）政府、国家、执法机构主题的视频资源；（3）非政府组织活动的视频资源；（4）商务、经贸活动视频资源；（5）教育、IT业活动视频资源等。视频资料导航栏主要包括以下题材：视频杂志、展览、会议、因特网、艺术、比赛、圆桌会议、医疗、授奖、教育、新闻发布会、宗教、体育、政治、各种文化节等。视频格式为ram，观看需下载专门播放器。

> Яндекс.Видео（http://video.yandex.ru/ ★★☆）

著名搜索引擎Yandex的视频搜索项目，鉴于Yandex强大的搜索技术以及海量的数据库，其视频搜索功能也是居于俄网前列的。检索到的视频片断自动链接到来源网站。

> Corbina.TV（http://www.corbina.tv/ ★★☆）

这是一个立足于电视节目片断的视频在线播放网站。它分为以下几个版块：频道视频、在线电视、直播节目、新闻等。其中的频道视频又划分了以下类型：创意、休闲、汽摩、商务、家庭、教育、搞笑、明星、游戏等等，而在线电视栏目又列出了44家网络电视的链接，并分出了新闻、直播、音乐、体育等类型。

> InTV（http://www.intv.ru/ ★★☆）

InTV网站是俄网视频分享类网站的"新成员"，但有后来居上之势。定位是以影视剧视频为主，可以按照名称、范畴进行检索。大部分都提供avi，3GP两种格式下载，但针对注册用户。非注册用户可以直接在线观看，也可以借助于迅雷等工具探地址下载在线视频。整体播放受网速影响较小。

> Tvbox（http://tvbox.alkar.net/ ★★★）

"电视盒"是俄网最好的电视节目视频分享网站，目前共收录有1000多个节目，12000多集，总容量5.34TB，涵盖了俄罗斯众多主流电视台的重点栏目。每个节目视频片断都有推荐等级星号标志，视频格式为avi (mpeg4)，并且所有视频片断可以在线播放，也允许直接下载，无需注册。

> Video.deport.ru（http://video.deport.ru/ ★★☆）

这是著名门户网站Deport.ru的视频分享专栏，功能和设计风格上类似于Smotri.com，Video.qip.ru等平台。它们都设立了视频、日志、社交、直播等版块。其中，视频版块主要是以下题材类型：搞笑、体育、动画、影视、汽车、音乐、事件、动物、旅行、居家、游戏等；直播栏目在线收看视频实时播放。

> Video.mail.ru（http://video.mail.ru/ ★★☆）

著名搜索引擎@Mail.ru 的社交专栏 Мой мир@mail.ru的视频分享频道。网站分为4个版块：最优视频、现在观看、电视直播、新视频，并支持按照排行、点击率进行检索。其中，视频又分为以下种类：动漫、MV、音乐、少儿、动物、健康、电影、戏剧、爱情、搞笑、连续剧、电影等；而电视直播版块提供了几十个网络电视和在线直播节目。大部分视频都有网民评语，用户注册后都可以加入评论。所有视频和在线电视均可直接播放，但受网速一定影响。

> Video.qip.ru（http://video.qip.ru/?lang=rus ★★☆）

这是著名门户Qip的视频版块，其功能和设计风格上类似于Smotri.com，例如它们都设立了视频、日志、社交、直播等版块。其中,视频版块主要是以下题材类型:搞笑、体育、动画、影视、汽车、音乐、事件、动物、旅行、居家、游戏等;直播栏目在线收看视频实时播放。主页还有视频点击排行榜,支持注册用户视频下载。与之相关的还有Qip的视频检索工具(http://search.video.qip.ru/?from=qip)。

其他部分网络视频分享资源

名称与网址	说 明
Апорт.Видео http://aport.ru/pics/?That=video	著名俄文搜索引擎Aport的视频检索页面,每个检索视频均可在线播放。
Видеобоз http://video.oboz.ua/ ★☆	"观察家视频"网是一个来自乌克兰的俄语界面视频分享网站,视频内容涉及名人、音乐、政治、事故、搞笑、广告、体育等。视频播放受网速影响较大。
Видеоинет.ру http://videoinet.ru/ ★☆	一个视频分享网站,目前已有300多万视频片断。视频种类主要有:事故灾难、车族、视频贺卡、人物、历史、动物、游戏、电影、节日、旅行、音乐、动画、体育、政治、广告、家庭等等。所有视频均可在线播放,受网速影响较小。视频为flv格式,通过下载工具可以直接下载。
Киновечер http://kinovecher.ru/ ★☆	这并非严格意义上的视频分享网站,主要提供各类电影资源用以在线观看,影视资源非常丰富。它与前面所提到的资源下载网站性质不同,并不支持电影资源下载。需下载专业播放器ВидеоГляделка,安装后即可在线观看,若享受全部服务,则需注册。
Муви.ру http://www.myvi.ru/ ★★	一个综合性视频在线观看和分享网站,主要资源类型为:搞笑、娱乐、科学、音乐、游戏、动物、体育、旅行、人物和博客以及电影、动漫等。视频均可在线播放,视频格式为mp4,大部分非常清晰,且受网速影响较小,通过专门工具可以下载。
Поиск по видео Поиск@Mail.ru http://go.mail.ru/search_video?fr=main& ★☆	著名搜索引擎@Mail.ru的视频检索专栏,检索到的视频片断大部分可以在线播放,但受网速影响较大。
Рамблер-Видео http://nova.rambler.ru/video ★★	著名搜索引擎和门户网站Rambler的视频检索专栏,可以在3千万个视频片断中搜索任一视频,所有检索到的视频都自动链接到来源网站,大部分可以在线播放。
Скачивай.ру http://www.skachivai.ru/	一个提供可以下载Youtube等视频分享网站资源下载的专业工具。
24video.net http://www.24video.net/ ★	一个俄网视频分享网站,主要视频资源为奇趣、广告、体育、车交通、政治、音乐、人物、博客、动物、旅行、居家、电影、动漫、个人拍摄等来源。网站还设立了点击观看排行。所有视频均可在线点击播放,有些视频发布者禁止下载,有些视频对于注册后登录用户允许下载。
COMEDY.ru http://video.comedy.ru/ ★★	网站的设计风格类似于Smotri.com,video.qip.ru等视频分享平台,也设有视频、日志、社交、直播等专栏,但其视频主题为各类搞笑、喜剧视频素材。所有视频均可在线播放,视频格式为flv,通过专业工具可以下载。另一个视频分享网站Видин.ру(http://vidin.ru/)网站整体与Comedy.ru基本相同,其视频涉及的范围与Smotri.com等大致相同。
Games-tv.ru http://www.games-tv.ru/ ★	一个娱乐性质的视频分享网站,视频资源主要为电影、游戏、高科技和杂项等。网站设计比较精致,检索功能较好。所有视频均可在线观看,通过专门工具可以下载,为mp4格式。

续表

Kovalan http://kovalan.ru/video ★☆	Kovalan网站的综合性视频分享专栏，视频资源的主要类型有：幽默、电视、动画、体育、音乐、汽车、科学、动物、游戏、新闻、家庭、旅行等。视频语言来源并不限于俄语。栏目支持按照点击率、评价进行检索。所有视频均可在线播放，但受网速影响较大。
Musictube http://www.musictube.ru ★☆	一个音乐视频发布分享平台，分为视频、新闻、检索三个版块，收录俄罗斯和外国歌手的经典曲目的MV或演唱会视频，并设有排行榜和最新视频栏目。但需注册登录后方可收看。
Newstube http://www.newstube.ru/ ★★	一个新闻视频分享发布平台，主要是各电视台的新闻报道视频以及个人拍摄的新闻事件视频。所有新闻视频均可免费收看，无需注册，题材包括财经、汽车、体育、旅游、电影、趣闻、商务、文化、目击等。网站还设置了新闻话题、一周十佳、新闻人物、新闻频道等栏目。
RUHD http://ruhd.ru/index.php ★☆	这本是一个高清电影在线收看网站，后发展为一个综合性的视频分享网站。视频资源主要包括以下类型：朋友聚会、汽车摩托、视频博客、动物与自然、艺术与创作、灾害与斗殴、影视、游戏、时尚、音乐、动画、科技、新闻与政治、教育、旅行、体育、幽默、广告等。网站还提供按照点击率、新上传和评价进行检索。
SAVEVIDEO.ME http://savevideo.me/ ★★	一个国际性的分享视频下载工具网站（非俄网），英文界面，可以下载包括Youtube，Google Video，Facebook等等几十个分享、社交平台的视频资源，其中涉及俄罗斯普及性较高的视频资源的网站有：Youtube，Facebook，Megavideo，Smotri.com，Video.Google，Video Yandex等，还有优酷。
Skillopedia.ru http://skillopedia.ru/ ★★	俄网比较少见的专业收录各类教学、学习视频的网站，里面能够找到各类课程，从专业学习、商务教学到生活品味等等，种类繁多。其视频范畴有20余种，主要有：计算机和网络知识学习、宗教和社会、商务、科学、烹饪、业余爱好、体育、美容、音乐、舞蹈、绘画、手工等等。所有视频均可在线播放，注册用户可以下载，但短信确认服务需付费。
VideoSaver http://videosaver.ru/ ★☆	一个专门从Youtube，Rutube，Mail.Ru，VKontakte，LoadUp，Smotri.com，InTV等视频分享平台下载视频的网站，只需输入地址即可直接下载。
VKLife http://www.vklife.ru/	一个可以从ВКонтакте.РУ，YouTube.com,Mail.RU和http://my.mail.ru/下载分享视频、音乐的程序，下载后安装即可自动应用。
Vsave http://www.vsave.ru/ ★★	一个可以从几十个视频分享网站、新闻网站、电影网站、社交网站等下载视频资源的工具性质网站，实用性较好。
Web Камера http://www.webkamera.ru/ ★☆	它与muzvideo.com，filmzvideo.com，muzradio.ru构成了一个网络"出品"系列，它们设计风格相同，操作程序相似。WebCamera是个人拍摄作品的分享视频网站，可以按照国家地区、城市进行选择，还可以选择不同场景，例如宾馆、机场、路上、动物、俱乐部、船上、广场、沙滩、自然、学校、街道、比赛等等。所有视频均给出播放地址，大部分视频格式为wmv，flv等。

第四节 网络电视资源

我们在网络资源的"大众传媒"章节曾间接提到过"电视网络媒体"，其中那些以网络介质为基本存在形式的"电视"播放的"网络电视"资源我们将在本节进行简要介绍。实际上，此类"网络电视"并不算严格意义上的"网上交流"资源，只是因为在俄网的分类目录中通常是把这类资源同视频分享网站资源归入同一类。因此，为了符合俄网资源的分类习惯，我们也做同样处理。

名称与网址	说 明
Деловое ТВ http://delovoe.tv/ ★	"商务"网络台主要报道公司、财经、房产、汽车等各方面消息，许多商务专题报道较有价值。
KM TV http://tv.km.ru/ ★☆	著名门户网站Кирилл и Мефодий的网络电视频道，其中的"社会"、"娱乐"专栏有许多颇有深度的电视报道。视频格式为flv，借助专业工具可以下载。
О2ТВ http://www.o2tv.ru/ ★☆	О2ТВ又称作"你的电视"，以娱乐、音乐内容为主，网站设计精致，节目可在线收看。
Онлайн ТВ http://www.guzei.com/online_tv/ ★★	网络电视目录Top50，涵盖了俄罗斯、独联体和世界其他国家众多在线电视台，给出了名称、网速、简介等信息。
Рамблер-TV http://tv.rambler.ru/	著名搜索引擎Rambler的电视节目检索栏目，并列出了众多网络电视的链接地址。
Смотри сейчас http://www.smotriseichas.ru/ ★★	一个网络电视频道大全，可按国家、地区检索，分综合、新闻、娱乐、音乐、体育将几十种俄罗斯国内外网络电视频道收录，点击可自动链接，在线播放。
Список Интернет ТВ http://guzei.com/live/tv/ ★☆	该网页列出了俄罗斯国内外760多个网络电视的基本信息和链接，这些信息包括编号、排行、名称、城市、语言、网速等。
ТВ и Радио в Интернете on-line http://ozolotim.narod.ru/tv_radio.htm	几十个在线电视频道、在线广播的网址及信息。
ТВ Программы http://www.kulichki.tv/	400余电视频道的电视节目单，包括主流电视台、卫视、有线电视等。
ТВ со всего мира http://far.h1.ru/ ★	"世界电视网络"资源网收录有世界30多个国家的170个网络电视资源，126个在线广播资源。
A-ONE http://www.a1tv.ru/ ★	"嘻哈街舞音乐频道"是纯网络版电视，重点播报各类音乐及其新闻，mp4视频格式，借助专业工具可以下载。
eTV http://etvnet.com/ ★★☆	"中央网络电视台"是个比较包罗万象的网络电视网站，主要专栏有：电视频道、新出品、电视资料、连续剧、电影、人物、音乐、新闻间、有声书、广播等，其中频道栏目收录的数量达20多个，均可在线播放。但网站收录的节目资源需注册后才能播放，有些收费。
IPTV каналы http://www.piranya.com/iptv-channels.php ★★	网页收录有网络上丰富的IPTV资源，可以按国家检索，其中俄文频道近50家。
LifeNews http://www.lifenews.ru/ ★☆	一个较有影响的综合新闻报道网络电视频道，报道俄罗斯国内外政治、经济、商业、科技等以及重大事件的信息，视频均可在线播放。
LIVE TV http://livetv.ru/ ★☆	体育电视直播网，支持十数种语言，有各种体育项目，在线比赛均可直播。

续表

LiveTV Media http://livetv-media.com/ ★☆	收录有俄罗斯国内外数十个在线电视和在线广播的网址信息，并且还发布许多webcamera视频以及电视台、电台节目单。但网络电视直播是自动链接到来源网址。
Sat-Digest http://www.sat-digest.com/	一个为卫星电视信号、节目接收服务的专业网站。
Smotritv http://www.smotritv.com/ ★★	俄网在线电视资源网站，收录有几十个，均可在线免费收看。
SmotriTV http://www.smotri-tv.com/ ★★☆	一个综合性的网络电视集锦，分为音乐、体育、信息、家庭、新闻等类型，并设置了电视节目和视频片断、搞笑专栏。所有的俄国内外台都有简介和链接。
webAntenne.com http://www.webantenne.com/ ★★	综合性网络媒体资源网站，以网络电视资源为主，并辅以网络广播、网络报纸等资源，共收录有690个网络电台、273家网络电视、84份网络报纸资源，供来自54个国家。主要栏目有：要闻、电视、广播、视频、新闻、恐怖活动、广播间、电视节目表等。网络资源比较丰富，均可在线播放或收看，但受网速影响较大。

部分常用俄文网络术语、俚语

аватар	头像	офлайн	离线
аккаунт	账户	оффтопик	（论坛）关闭话题
аккомпанемент	伴奏	панель управления	控制面板
акронимы	首字母组合、谐音（网络缩略语）	пиринг	对等操作
альбом	专辑	поисковик	搜索引擎
АПВС?	А почему вы спрашиваете?	полезные статьи	帮助信息
аська	ICQ	портал	入口、门户
аудиокнига	有声图书	пост	（论坛）帖子
баг	程序漏洞	релизы	更新
бамп	灌水，顶	ремикс	混音
бан	封号，禁号	ретро	怀旧音乐
баннер	网幅广告	ролик	视频短片
Бася	在线忙	рубрики	专栏，导航栏
батон	任一键	рунет	俄网
батоны жать	使用键盘	саундтреки	原声音乐
бета-ридер	体验读者	сделать стартовой страницей	设为首页
блохи	程序错误	сид	种子
блютус	蓝牙	скрипты	脚本
браузер	浏览器	смайлики	表情符号
букварь	用户手册	смс-активация	短信激活
буржуйнет	西网（英语网）	спам	垃圾邮件
бутить	计算机重启	ссылки (полезные)	链接
варез	破解软件，破解资源	субтитр	字幕
Вася на линии	正忙着	счетчик	计数器
Веб-интерфейс	Web界面	тамблелог тлог	轻博客
входная страница	跳页、桥页	Твиттер	Twitter
главная страница	主页	торрент	种子
глаз	计算机监视器	тред	（论坛的）话题、主题
глюк	程序漏洞	трекер	追踪器；模块音乐
гостевая книга	访客留言	треки	单曲
гуру	大师、领袖、令人尊敬的人	треклист	曲目

Дарова	Здравствуйте!	тролл	网络上的脑残破坏者、坑人者
девайс	装置、设备	троллинг	网络发脑残贴找抽的行为
девица, девушка	装置、设备	тулза	工具软件
демон	演示版	тэги	标签
добавить в избранное	加入收藏夹	утилиты	应用程序
докачка жаба; лягушка;	断点续传	учётная запись	账号
мортыква; собака	@	файлообменник	文件交换器、网盘
жава	Java语言	Фейсбук	Facebook
железо	硬件	фича	性能、特点
ЖЖ (Живой Журнал)	LiveJournal	фишинг	（网络）钓鱼
закладка	书签	флейм	（论坛的）口水仗
заниматься делом	用del键删除文件	флуд	恶意灌水、发帖
информер	消息发布器	флэш, флаш	Flash
Ирка	IRC	фотожаба	PS或图形软件处理后的图片
искалка	搜索引擎	френд	好友
клип	MV	фривар	自由软件
коммерческая альфа коммерческая эт	@	фристол	盗版软件
комок	.COM	хак	黑客修改
КПК	便携式个人计算机	халява	免费软件供应
кросспостинг	重复发帖	хомяк	主页；计算机用户
линк	超链接	хост	主机；接入互联网
лицензионное видео	授权视频	хостинг	虚拟主机，托管服务器
личер	吸血鬼（只知索取不知回报分享的家伙）	цитатник цитатный блог	摘录博客
минусовка	伴奏带，伴奏音乐	ЧАВО	常见问题解答
модератор	版主	чайник	新手、菜鸟
некропост	论坛旧话题置顶	чарт	畅销唱片、磁带、硬碟目录
ник	昵称	читер	游戏欺骗手段
ньюса	新闻	чмок	啪（聊天中的亲嘴）
обои	桌面、墙纸	Ъ	нет слов!
обратная связь	反馈	экспишка	Windows XP
оверквотинг	过度引用	эмпег	MPEG
онлайн	在线	эсэсовец	屏幕保护程序
онлайн читалка	在线阅览器	юзер	用户
оперсистемы	操作系统	юзерпики	头像
ослик	IE浏览器	ютуб, ютьюб	Youtube

俄文聊天常用基本表情符号

:-)	простая улыбка	I-I	немного сонный
:-(	грустная рожица, грусть	I-I	спит
<:-(	очень грустно	I~o	храпит
>:-(	хмурится	(:I	умник
;-)	подмигивающая улыбка	8:-)	маленькая девочка
-)	хи-хи	:-)-8	большая девочка
(:-)	широкая улыбка	:-	он
:-D	очень смешно	>-	она
:-P	высунул язык	d8=	бородач в темных очках
:'(	вы плачете	:->X==|	джентельмен
:~(	вы ревете	:-)8-<	женщина
;-(	плачущая улыбка	:[	лодырь
%-)	вы не понимаете, что происходит, но думаете, что это круто	<:-I	тупица
%-(	то же, что и предыдущий вариант, но вас это огорчает	+-:-)	святой отец, Папа Римский
:-O	крайнее удивление	+:-)	священник
8-O	ну нифига ж себе!	o:-)	ангел
8-0	удивление	>:-)	дьявол
8-|	встревоженный; неопределенность	:o)	клоун
:-]	саркастичная улыбка	:*)	пьяный
:-|	равнодушие, отсутствие эмоций	[:]	робот
:-/	я тревожусь	(='。'=)	кошка
:-\	аналогично	/('。')c	щенок
:-E	злость	<:3)~~	мышь
8-)	в солнечных очках	~<:^~~	змея
B-)	надел очки в роговой оправе	d)i(b	бабочка

主要参考文献

Емельянов С. В. Информационные технологии и вычислительные системы. 2002-Вып.3. М., 2002.

Абрамзон М.Г. Яндекс для всех. Спб., 2007.

Белов Н.В. авт. сост. Словарь молодежного и интернет-сленга. Толкование более 10000 слов и выражений. Минск, 2007.

Гуляев И.А. ЖЖ. Живой журнал. Просто как дважды два. М., 2008.

Копыл В.И. Поиск в Интернете. М., 2006.

Крюков М. Интернет на все 100 pro. М., 2007.

Лоянич А.А. Где найти и как скачать море софта, вареза, фильмов и музыки. М., 2005.

Лоянич А.А. Жизнь online. Просто как дважды два. М., 2008.

Плюшев А.Н. "Халява" в Интернете. Практическое руководство. М., 2009.

柴晓娟. 网络学术资源检索与利用. 南京: 南京大学出版社, 2009.

储荷婷等. Internent网络信息检索——原理、工具、技巧. 北京: 清华大学出版社, 1999.

崔卫. 中俄信息技术环境下的俄语教学研究. 中国俄语教学, 2008 (4).

崔卫, 刘戈. 互联网: 俄语教学、学习及其他. 外语研究, 2002 (1).

崔卫, 刘戈. 互联网·俄语·俄罗斯. 中国俄语教学, 2000 (2).

崔卫. 新世纪计算机和网络辅助俄语教学研究的回顾与思考. 中国首届"海峡两岸俄语教学与研究学术讨论会"论文集(网络版). 2005.

华薇娜. 网络学术信息资源检索与利用. 北京: 国防工业出版社, 2002.

贾乐蓉. 当代俄罗斯大众传媒研究. 北京: 中国广播电视出版社, 2008.

刘戈, 崔卫. 互联网与俄语语言文学研究. 解放军外语学院学报, 2000 (5).

刘戈. 俄罗斯电子商务发展. 俄罗斯中亚东欧市场, 2010 (2).

刘戈. 俄罗斯网上零售(电子零售)市场研究. 俄罗斯中亚东欧市场, 2007 (11).

刘戈. 俄罗斯信息社会研究述评. 国外社会科学, 2010 (3).

刘戈. 俄罗斯电子政府发展思路分析. 电子政务, 2010 (5).

刘戈. 俄罗斯信息社会的构建: 理想与现实. 哈尔滨: 黑龙江人民出版社, 2012.

刘戈. 信息条件下的俄罗斯文化对外传播的措施及启示. 俄罗斯语言文化研究新进展, 哈尔滨: 黑龙江人民出版社, 2011.

史红改, 方芳. 实用网络文献信息资源检索与利用. 北京: 清华大学出版社 北京交通大学出版社，2009.

隋莉萍. 网络信息检索与利用. 北京：清华大学出版社，2008.

孙飞燕. 俄罗斯网络发展历程. 俄罗斯研究，2004 (1).

谭国雄. 世界政党对互联网的运用与启示. 桂海论丛，2005 (1).

谢新洲. 网络信息检索技术与案例. 北京：北京图书馆出版社，2005.

许汉成. 俄语语料库的新发展. 中国俄语教学，2005 (1).

赵为. 俄语教学与互联网. 中国俄语教学，2002 (4).

朱江岭. 网络信息资源检索与利用. 北京：海洋出版社，2007.

搜索引擎直通车 http://www.se-express.com/index.htm

后 记

　　随着键盘的最后一次敲击，揉揉点击鼠标、敲击键盘过久而"劳损"的手指，心中涌起一种并不轻松的"释然"：终于完成了……

　　回头看看这部越写越长的"成果"，心中百感交集。我们初次踏入Рунет的大门并开始"沉迷于"其中的时候，还是在用"瘟酒五"、"瘟酒吧"（Win95，Win98）系统，那蜗牛一样的网速也曾使得我们备受煎熬。那时，业界好像还没人专门研究俄罗斯网络资源问题。可以毫不夸张地说，我们当时发表的学术成果是业内最早的。还在新世纪初，在笔者所工作的学校，我们就在国内高校中最早为研究生开设了关于"俄网"的课程，那时的名称是"网络俄语"。之后，我们也为本科生、短训生讲授过类似课程。十余年来，我们一直对此乐此不疲，欲罢不能，为了职称评续需要也陆续发表了一些相关学术成果。但我们也不无遗憾地想点明，此类应用性研究不论过去还是现在，在业内似乎并不被一些"大"学者所认同，认为这不过是"小儿科"的东西，是"雕虫小技"，登不得"大雅之堂"，似乎只能是那些晦涩难懂的理论研究才配得上学术的"象牙塔"。笔者也是搞理论研究"出身"的，在理论研究方面也曾发表、出版了一些"小东西"，但总没有从事这类应用性研究的"快感"。

　　令人欣喜的是，在互联网时代大发展的今天，许多业内人士也越来越认同此种网络资源的应用性研究，国内相关学习学术刊物中该类研究也慢慢多了起来。我们的课程也随着时代的发展"升格"成了"俄文网络信息学"。笔者在一些高校的专题讲座总能激发起学生的强烈学习兴趣，总会见到许多求知的脸庞；我们为研究生开设的这一选修课程，十余年来都是满修，从无一人缺课。尤其是近几年，笔者不断地被问着同一个问题：为什么不把讲授的内容出版出来为更多人所共享？原先我们曾有此打算，但一直未动笔，一来是因为俄网信息资源太"浩大"了，使得我们心怀敬畏之心而不敢动笔；二来是自己学识浅薄，积累尚浅，怕不能胜任；三是没有出版方面的支持，只好作罢。然得机遇：解放军外语学院为本书提供了出版资助，黑龙江大学的赵为、荣洁教授穿针引线，北京大学出版社的张冰主任和李哲编辑给予大力支持和悉心帮助，我终得以完成心愿。

　　这是国内第一部关于俄罗斯网络信息资源的专著，其主要内容在于网络信息资源的应用。它不是一个俄网网站目录大全：网站的变更是常态的，书中所提及的有些网站也许过不了多久就消失了。本书的重点在于讲授方法，一种如何更好地利用网络资源为自己的学习、生活、科研服务的方法。

　　由于笔者水平有限，互联网新技术、新语汇层出不穷，书中难免会有这样或那样的失误，恳请读者批评指正。另由于篇幅所限，我们不得不对许多内容"忍痛割爱"了，欲了解这些"割爱"内容的读者可以和作者单独交流。我们也非常感谢那些为本书的出版提供帮助以及多少年来不断为我们提供新的"营养"和使我们保持"清醒"的人们！

　　就用本书开篇的一句话共勉吧：Кто ищет, тот всегда найдёт!

作者　2013年1月